史丹頓・沙門諾——著

STANTON E.
SAMENOW, PH.D.

譯——盧相如、麥慧

犯罪人格剖繪檔案

Newly Revised Edition

INSIDE THE CRIMINAL MIND

—增訂版—

A brilliant, no-nonsense profile of the criminal mind, newly updated in 2022 to include the latest research, effective methods for dealing with hardened criminals, and an urgent call to rethink criminal justice from expert witness Stanton E. Samenow, Ph.D.

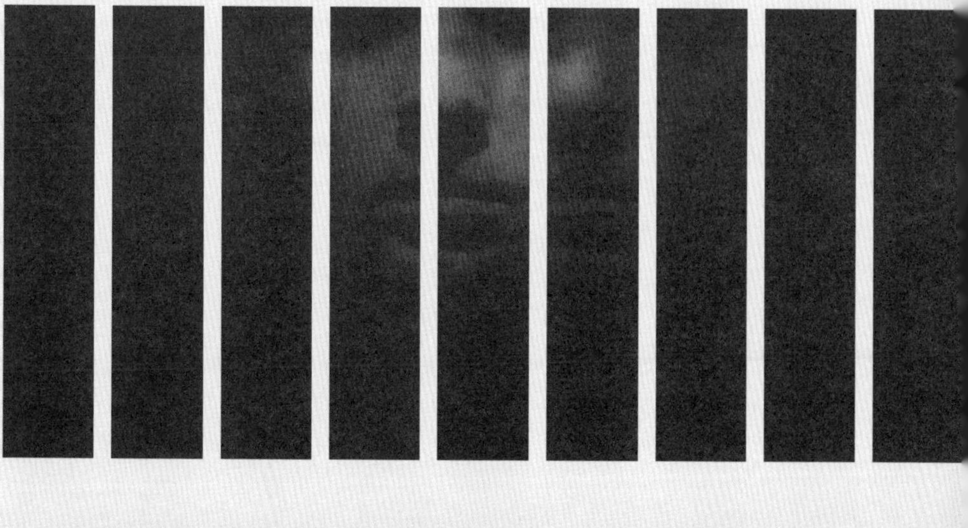

謹以此書紀念多年前教導與啟發我的山謬・約赫森博士（Samuel Yochelson）以及
我的父母查爾斯與席薇亞・沙門諾（Charles and Sylvia Samenow）

專文推薦

如果有一種人性的黑暗，是極致的黑，那看起來會是什麼樣子？

蘇益賢

心理學，作為一門探究人類心智與行為的科學，關注的不只是人，更是人何以為人（人性、性格由何而來），以及其之反面——人何以不為人，人為何失常、人性為何泯滅？

在學習心理學的路上，我們首先是在臨床心理學裡頭看見了人類失常的現象，探究其背後的原因，並以此構思，如何協助失常者有機會跳出失常的困境，找到改變的契機。

多數時候，「失常」本身會帶給此人諸多痛苦。因著此苦，在助人者的同理與連結之下，促成了一段屬於兩個人之間，關於人性的交流機會。也因為這樣被看見與「懂得」的經驗，催化著失常者，重新在自己身上找到勇氣，一步步踏上改變與成長的路程。

不過，在我們剛才討論的「失常者」中，有一群人的狀態十分特別。一般來說，好比憂鬱、焦慮、思覺失調的患者，多半都因著自身的失常狀態所苦。但另一群人，他們卻未必會因為自己的失常而苦；更精確地說，他們的行為苦到的並不是自己，而是他們周遭的他人。他們的失常，常是社會的隱憂，是衝動、失控，以及或大或小的各式犯罪行為。

為了探究這群人的心理狀態，另一門心理學專業從臨床心理學、異常心理學中被獨立了出來，即是本書聚焦的議題——犯罪心理學。

罪犯為何犯罪？究竟是因為「罪」就是他／她身上人類本性的一部分，還是因為此人的成長背景與外在環境因素，促成了罪的產生？這可類比為「人性本善」、「人性本惡」之間的辯論，引發了各種犯罪學理論的發展。不同專家有著不同看法，也促成了不同類型的政策或倡議出現。好比，認為犯罪是起因於環境的學者，自然會努力去釐清促成犯罪的因素（好比貧窮、婚姻問題，乃至於媒體上的暴力），以期能透過這些危險因素的移除，減少犯罪行為的產生。

在讀完本書之後，讀者會發現本書作者沙門諾博士並不這麼想。從他執業數十年，與罪犯第一線工作的經驗，他慢慢形成的一套關於犯罪心理的架構是：許多犯罪者的心智狀態（mind-set）都是類似的，而且多半從他們還小的時候就能觀察出來。這種特定的心智狀態才是決定犯罪行為是否發生的主因，而不是環境。

亦即，這種特定的心理狀態，讓犯罪者選擇了犯罪。環境論的學者常說，是「社會拒絕了這些人，以致於他們選擇犯罪」，作者則認為，在社會拒絕他們之前，其實他們早已「選擇」拒絕了這個社會。

對人性抱持不同論點的讀者，或許會對作者這樣（看似極端）的理念感到訝異。不過，這正是在探究人性的過程中，我們必須練習的課題。每一種對於人性的觀點與論點，都有它實用的一面，也必定有它的限制——就算它的立論是極端的。

因此，我們不妨把本書這樣定位，在這本探討犯罪心理的書裡，作者其實想探究與證明的主題是：如果真有所謂人性的黑暗面，那真正天生、純粹的犯罪心理，那種極致（或者也可說是「極端」）的黑暗，會長什麼樣子？它是如何發展而來的？回答這個大哉問，是本書作者在撰寫這本書時努力的方向與企圖。

此外，第二個在讀者閱讀本書時，可能會有幫助的切入與思索角度是：在心理學、精神醫學領域，非黑即白、二分思維的類別化思考方式（好比，一個人不是有病、就是沒病，這種沒有中間灰色地帶的判斷方式）已被許多學者挑戰。取而代之，我們現在在探究人類行為時，更偏好透過另一種稱為「光譜式」的思考方式。就像一道經過三稜鏡折射出來的彩虹光一樣，人類的複雜性與個別差異極大，不但有黑與白，更有灰，還有淺灰、深灰、標準灰，就連黑也可以分成不同深度的黑……帶著這樣的思維來閱讀本書，或許更能對人性的探究，抱持著更多開放與彈性。

以本書第三章討論的「思維錯誤」為例，追逐權力、追求獨一無二的感覺……等，其實每個人或多或少都曾有過這樣的念頭。但在我們良知的運作下，一般人會以較具適應性、兼具道德倫理的方式來達成這樣的需求。不過，我們也可以自問，我們的良知永遠都能百分之百運作嗎？有時，我們是否並非是純然的白？就像站在光譜上，雖然看似多數人都站在白色那一端，但仔細探究，其實有人離黑色那端近一點、有的人離的遠一點。

透過本書裡的各種案例與分析，讀者將有機會看到「極致黑色」那一端的樣貌。當一個人的良知，多數時候處於停擺狀態，將思維錯誤視為每天生活的正常預設值，無法意識與理解自己的行為可能會對他人造成什麼影響。在那樣極致黯黑的場景裡，人性劇本會怎樣地上演？

在探索極致黑色的人性路上，我們得時常提醒自己，極致黑與白的中間那一塊灰色地帶，其實比我們想像的還要更大、更寬廣。有待我們帶著更多好奇心、放下預設立場，方能重新看見、重新理解、重新定義。畢竟，人性本身就是個難解之謎。本書聚焦的極致的黑，只是黑色的一種切入點。

不同學者，或許會用不同方式來詮釋與理解這種黑。別忘了先前提過的，所有攸關人性的論證，終究難有所謂的「正解」。沒有一種可以讓每個人都被信服的說法。任何立場、任何解釋都會有它的限制，也會有它的參考價值。

我們也不妨反思，想像一下，如果有一天，每一次在探討人性的場合裡，我們都找得到「標準答案」的話，那世界會變得怎樣呢？在一個世界裡，人性思辨都能找到標準答案，那會是一個怎樣的世界呢？在看完本書後，我時常在內心這樣思考著。

在看完本書之後，我們或許不必大舉改變自己對人性的看法。不過，看見了極致的黑暗，並且知道這些黑暗確實真實存在之後，我們對人性的探索地圖，又多補上了一塊。而這樣的理解與認識，當然也是我們未來在與未知他者互動時，能夠用來保護自己的重要指引。最後，敬邀讀者一起帶著好奇心，進入這趟瞭解人性純然暗黑的探索之旅，持續與作者對話，接納人性模糊、難以明定的特色。

本文作者為臨床心理師，政治大學諮商與臨床心理學組碩士
現任初色心理治療所副所長，「心理師想跟你說」共同創辦人
著有《轉動內心的聚光燈，照亮人生更多可能》等多本大眾心理學書籍

專文推薦

犯罪者最硬核的心理問題——不負責任

陳建安

罪犯及其違法行為原因到底是一個什麼樣貌的存在，在專業的司法、教育、臨床，以及父母、一般民眾眼中，可說言人人殊。本書作者沙門諾博士是位臨床心理師，他累積半世紀的淬鍊之作，內容雖幾經改版，但依然指出犯罪人的關鍵問題，在於缺乏「責任心」。同時這群人也存在著自負、缺乏傷害他人的罪咎感、凡事怪罪他人、易怒，以及放縱自己欲望與權力自我中心等等的「罪犯認知思考」，使得他們無法覺知自己在做什麼，該怎麼負責任地做事。

犯罪人是環境的「受害者」，抑或本身選擇成為「加害人」的觀點爭論，衍生出不同的刑罰政策——懲罰或矯治模式。興起於十八世紀中後葉的古典犯罪學派，認為人是理性且具自由意志，而它建基於功利主義哲學，也假設人是追求快樂的個體。而十九世紀的犯罪實證主義，卻朝另一個方向尋找答案，認為人的犯罪源於不可控制的外在風險因子。就社會文化歷史觀而言，不同時代的「人觀」深深影響我們對犯罪行為的解釋。環境或自我決定觀，就如同古老的鐘擺般，一下靠左，倏忽又擺右。然而，儘管隨著犯罪實徵研究的發展，治療處遇實務卻也遭遇了效果困境。就算累積大量研究辨識出犯罪性（criminality）與負向因子，還是難以告訴我們核心問題。因此，僅理解罪犯行為成因，與罪犯行為改變之間其實還有一大段距離。舉例來說，成長於經濟匱乏家庭的孩子，並不一定會造成問題；相反地，家境富裕甚至也可能罹患心理富貴病（affluenza）。所以到底是貧窮，還是富裕是危機呢？

相對於較受大眾歡迎的犯罪心理手段與成因的研究與書籍，專業罪犯矯治心理的書籍可說寥寥可數。台灣對於犯罪與犯罪人的關注隨著時代在變化著，早期社會大眾與學術研究從只關注如何「破案」，進展到去探究人為何會犯罪的「犯罪心理與成因」，惟目前在罪犯矯正處遇治療這塊亟待開墾的田地，仍僅有相當隱晦微弱的亮光。在社區矯治業務開展與約三年前法務部矯正署開始大量引進心理與社工專業人員入監所從事性侵、家暴、酒駕及毒品等心理治療業務後，此助人領域人員與業務可說是成長最快。然而，由於一般心理師養成多只針對自願個案，至於非自願個案、頑固且具安全威脅個案的基礎訓練雖不到付之闕如，但仍尚難稱完整。當前矯治實務中的問題也一一浮現。因此，此時相關專業人員對臨床矯治心理的知識可說求知若渴，殷殷期盼一本不僅有說理、也確實能依循實作的書。本書累積大量的臨床實務知識，啟迪我們對罪犯心理的真切認識，破除過去罪犯矯治心理迷思。以我在這些年接觸偏差犯罪青少年、各類型成年犯，以及社會矚目的重大刑案與死刑犯的經驗，發現許多書中提出的觀點也相當符合我的經驗，並且不時讚賞作者採取直接「面質」那些認知扭曲和自我中心犯罪人的治療策略。我認為這正是罪犯矯正實務工作者需要的能力與自信。

曾經在和一位尚未定讞死刑犯的晤談中，我並沒對他侃侃而談「合理化」其訴諸殺人行為的起心動念和手段必要性，回以他所期待的認同。幾次談話之後，他便向監所提議更換晤談人員。事後私下探詢得知，因為他覺得我似乎不會在會談紀錄裡與出庭審判時「有助」於他。近年台灣罪犯司法心理領域大致發展分成兩個部分，一是精神鑑定，另一是矯治方案等工作。當然這兩項專家工作，很大一個任務都想爬梳出或產出犯罪人的所謂「悛悔的實據」，另一更加不可能的任務便是再犯可能性評估了。這概念目前仍然缺乏有力指標，且在實務上受治療者多善於光說不練，甚至你要回饋多感人，他們都會盡力想辦法達到你殷盼的「效果」！

在戒毒班上團體成長課累積的多年經驗，我也與本書作者所見略同。矯正方案與課程愈趨多元，但也一直以來多各吹各的調，然而核心指標卻東南西北，無核心的共同目標。在帶領戒毒班經驗累積中我也領悟到，如何學會為自己行為負責與回應自身理性抉擇，才是長期行為改變的關鍵。因此，第一堂課我都會對學生說到，本方案課程目標不是要你戒毒。受刑人學生當然瞪大眼感到詫異，這還真的第一次聽到戒毒班不是在戒毒！但矯正應該是聚焦在，要他們想想看，人生是不是還有其他（非犯罪）可能性。否則戒了毒，改喝酒，不喝酒改耍廢，行為和生命還是沒變。這一點，也呼應本書作者沙門諾博士看到的關鍵問題，犯罪人多是過著：「犯罪即生活，生活即犯罪」的荒謬人生。常見的教化情景便是教化人員講他自己的，受刑人想自己的，兩造似乎活在遙遠的地球兩端價值世界裡，鴨子聽雷有聽沒有懂，或對牛彈琴徒勞無功。漸漸地，矯正人員在缺乏成就感下，便失去了對罪犯的熱情。如何真正有效矯治罪犯行為，是本書關鍵的訴求。前面的說法容易讓人誤以為本書作者是主張「把他們關起來，並把鑰匙丟掉」嚴刑峻罰的強硬派，如果是這樣，就跟辦案人員沒兩樣了。書中最讓人感到激勵的是第十八章一位自稱具有三十年犯罪史的硬核犯罪者里羅伊，他幾乎無惡不作，他欺騙家人、司法及治療者，更想繼續糊弄周圍的人。但在罪犯改變計畫的約赫森博士（Samuel Yochelson）「嚴格」教導下，他學會控制自己、更有耐心，也培養出面對各種生活誘惑干擾與挫折的能力，並且漸能接受批評與改進，而不再只知推卸責任和放棄。在認知改變，習得嶄新思維與行為模式下，他學會省思與自我負責。

矯正相關執業人員是「人性改造的工程師」，尤其第一線心理治療專業者，在面對缺乏改變動機犯罪人，以及病態的性格、扭曲的認知，治療過程中轉來繞去總看不見罪犯承擔自我責任，而常感到挫敗。本書會讓你看到矯治的希望，避免掉入犯罪人的詭詐操作陷阱，提供你在罪犯矯正治療的荊棘之路上的一盞明燈。

本文作者為玄奘大學應用心理學系助理教授

初版專文推薦

不識廬山真面目——剖析犯罪人格

黃富源

繼沙門諾博士的《犯罪人格》（*The Criminal Personality*）一書震撼美國犯罪學界之後八年，他又出版了《犯罪人格剖繪檔案》，再次震撼犯罪學界與實務界，之後這兩本書分別各有再版，而最新的《犯罪人格剖繪檔案》第三版也在二〇一四年推出。這兩本書的真正作者，除了沙門諾博士，還有約赫森博士，因此讀了這本最新版的作品，等於吸收兩位學者近四十年來對犯罪人的研究精華，十分值得。

首先必須說明，沙門諾博士和約赫森博士的背景都是精神醫學，一個以個案和個體為研究主題的學門，沙門諾博士指出以社會學為背景的犯罪學理論，都認為犯罪導因於環境，無論是缺乏成功的機會、家庭聯繫的不足，還是學習的結果，最終都必須改變外在的社會因子，一旦這些負因改變了，犯罪者也就不會再犯罪了。這派理論樂觀地認為犯罪矯治乃在於一方面改變社會，一方面讓這些不完美社會的被害人（罪犯）願意接納社會、與社會規範磨合，犯罪人就不會再犯罪。

這個已經主宰美國犯罪學界半個世紀以上的普遍觀點，也曾是沙門諾博士相信的犯罪學理論，然而在他和約赫森博士的研究中，卻無法得到相對應的認同。因之沙門諾博士很嚴肅地反駁這樣的論調，他認為將犯罪因素全部或絕大部分歸因於家庭教育制度和社會，對解決犯罪問題不但於事無補，反而會增加我們對犯罪行為的誤導，也會導致犯罪矯治的無效。當然，這樣的觀點在美國的犯罪學界，五十年前不是主流，現在也不是主流，但是未必在將來不會成為主流，因為沙門諾博士的研究，有其精深的實證研究基礎，以及長期累積的個案佐證。

沙門諾博士在《犯罪人格剖繪檔案》一書中，幾乎反對了當前犯罪學界的所有普遍觀點，他不認為犯罪者是被害者，犯罪者不是父母管教失當、學校失職、同儕壓力下的犧牲品，當然這些因素也就不是逼使這些犯罪者去從事犯罪的原因。這些犯罪者之所以會犯罪是：「他們具有犯罪人格，他們根本就是想犯罪。」換言之，犯罪者想犯罪的思維模式，是他們犯罪的最重要原因。

這個看似單純的結論，卻引起了犯罪學界波濤洶湧的批判，也引起了堅信改善社會環境論者的反彈，根據沙門諾博士自己的說法，曾有民眾咒罵他為危險份子，因為他挑戰了環境論者對善良人性的執著。不過博士誠摯地指出經過這麼多年的實驗，如果我們仍然不願面對現實，承認犯罪者具有所謂的犯罪人格，而失去了協助其改善自身的犯罪思維的最佳機會，則犯罪者不會停止犯罪，所有的預防改善措施將徒勞無功，犯罪矯治也將沒有任何效果。

沙門諾博士的觀點在美國雖然不是主流，但是在實務界擁有許多支持者，尤其在許多犯罪防治措施於美國長期執行卻效果不彰的情況下，這股趨勢有愈演愈烈之勢。筆者於美國攻讀博士期間，就有一位一起攻讀學位的美國矯治工作者告訴我，有些監獄中的人犯善於操弄資淺的監獄官、善良的諮商師，甚至慈悲的法官，他們的個性與沙門諾博士所描述的犯罪人格完全一致，這些特質包括：自我中心、說謊成性、控制欲強、不負責任、冷酷無情、追求刺激等等。這位矯治人員深信「不改變犯罪者的思維過程，無法矯治當事人」。而這正是沙門諾博士的核心觀點。

這是一本值得學術界研讀的書，因為學術界需要汲取各家觀點，批判各派學說，進以「究天人之際，通古今之變，成一家之言」，對社會提出更合理、更有用的學說或貢獻。事實上，在沙門諾博士和約赫森博士發表相關學說之前，精神醫學界早有所謂「反社會人格」（Anti-Social Personality）的說法，犯罪學界也有所謂「核心犯罪人」（Hard Core Criminal）的觀點。比較不同的是，沙門諾博士和約赫森博士認為犯罪者的犯罪人格與思維是普遍性存在的，而「反社會人格」與「核心犯罪人」的說法，則僅限於較少部分的犯罪者才擁有這種人格特質。如若是，則沙門諾博士的觀點無疑是學界的暮鼓晨鐘，或至少也應該是一種反省的提醒。

這也是一本值得社會與實務界研讀的書。長久以來我們相信社會學立論的犯罪理論，或視犯罪者為值得同情的被害人，或視家庭社會為犯罪者之所以會犯罪的主要原因。前者可能讓我們錯誤地放縱了犯罪者的惡性，而譴責了無辜的父母、師長與相關人員；後者則可能導致我們忽略了瞭解犯罪人自身問題的機會，進而喪失了矯治犯罪者的契機。這個有別於傳統犯罪學理論的觀點，事實上提供了我們更多的思考空間，讓我們有更多審視以往犯罪防治策略和措施的機會。

這更是一本令人難以樂觀但不會絕望的書，作者對犯罪者最後的出路，藉由一個個案，提出了三種選擇：第一，他可以繼續犯罪，承擔後果；第二，他可以選擇自殺，讓這個社會變得更好；第三，他可以學著像文明人一樣生活，成為一個負責任的人。顯然第三條路是最有建設性的道路，但是犯罪者必須要改變自己，改變自己的犯罪思維，這其實並不是一件容易的事，對犯罪人、對社會都不是。這不是一條矯治「萬能」的道路，也不是一條矯治「無能」的道路，但是至少是一條矯治「可能」的道路。

也因此作者從本書一開始就以極大的破壞力，挑戰、推翻、否定當代的犯罪學理論，摧毀人們相信人性本善的樂觀哲學。犀利的筆鋒，佐以引人入勝的個案，讓讀者讀之欲罷不能，復以淺顯文筆，敘述晦澀理論，讓讀者讀起來輕鬆快意。好久沒有這樣讀書了，所以很樂意將自己的讀書心得，分享給讀者並為序推薦本書。

本文作者為犯罪學博士，銘傳大學犯罪防治系講座教授

二〇一七年元旦於銘傳大學桃園成功校區

初版專文推薦

逆襲揚昇——為悄然上身的黑色能量來點平衡光吧！

張艾如

從事臨床心理師實務工作二十一年，具十三年醫學中心司法心理衡鑑資歷，以及開業後數起少年及家事法庭解離司法心理衡鑑，於第一線執行司法心理衡鑑，透過與犯罪者深入訪談，一方面兼顧學理上的看法，同時也客觀評估犯罪者出了什麼狀況？從家庭背景、成長經歷、人格特質、支持系統、人際關係、壓力因應、疾病史的生命歷程，乃至於案發當天的前因後果、甚至導正「為自身行為負責」之後的未來之路，目的無非在減少社會上未來任何初犯與再犯的發生。然而，多年來層出不窮的案件，人們似乎也感受到即使投入許多專業人力，犯罪預防與治療的成效似乎不彰，實在令人憂心與挫折，原因則很可能與普遍未能清楚認識生命真相及犯罪行為背後更深層的原因有關。

談到犯罪行為，總會討論到是人格特質？還是心理疾病？從我個人陸續於國際和國內醫學會議發表與大力推廣多年的「葡萄理論：身心靈全人關懷模式」便可以一窺端倪。倘若我們可以將當代學術典範的西方醫學與心理學「實相／身心」科學研究極致的知識，加上東方老祖先「非實相／身心靈」（屬高等物理學範疇）的智慧結合，必能完整看透生命：「人本來就是由多元靈體（三魂七魄）與一個肉體組成」，每個人都是「多顆葡萄／靈體／意識／想法」與一個「梗／肉體」組成的一串葡萄／一個我，沒掉的葡萄形成每個人的「人格特質」（即本書討論的「人格」），因承擔了各種受創／壓抑情緒，又遇到重大壓力事件而解離了的「散落葡萄」，便會被醫界視為「多個我／多重人格」。對照佛洛伊德（Sigmund Freud）的「冰山理論」，那麼被覺知為「我」的外在理性意識（負責思考、判斷、因應、統整能力）隨時需要與潛在感性意識（負責以能量形式存在的七情六欲與創傷記憶）維持平衡，這是每個人一生都要學習的EQ功課，由「太極平衡」使個性轉趨成熟。

人是靈性的動物，而靈體是思維本體，以不可見光的頻率存在，所以靈體與肉體（神經系統）間也透過不可見光與可見光的物理頻率共振而存在。「身心靈」生命體本身就是磁場能量體，只是不同的靈體各司所職，除了理性意識與感性意識，還有高智慧意識，是提供靈感／第六感／直覺和天賦／能力的來源。感性與理性意識並存生活，但如果能量快滿了，便會於「無刺激」的前提下與理性連線，形成「莫名其妙的情緒」；若是創傷記憶，就容易在「有刺激」的引發下出現「一朝被蛇咬，十年怕草繩」的過度敏感反應，甚至被視為疾病（如焦慮症或恐懼症），而其實目的是要提醒理性意識「學會不同因應的成長以避免重蹈覆轍」的功課，因著連線頻波共振太強，於是引發磁場能量快速放電——所以靈體意識具有

「能量」與「記憶」兩個內涵。

靈體意識呈現出我們的「人格特質」，所以理性意識在普遍缺乏ＥＱ訓練的「調節情緒能量」與「學習因應與成長」下，因生活壓力事件衝擊而形成負向情緒能量累積（包括「貪嗔癡」與「七原罪」），再加上東方內斂與壓抑的文化，滿載的負向能量若沒有出口，容易因感性大於理性的比例失衡，形成失控行為或被視為心理疾病、甚至犯罪行為。特別是仇恨情緒更容易引發物理學中電磁場的「吸引力法則」（如收音機的電波），產生與「時空」或「次元」中強大負向靈體意識磁場相連結的現象（俗稱「召喚」負能量的「魔性意識靈體」，我稱「黑葡萄」），於是著了心魔、驅使情緒能量異常放大地籠罩著理性意識，形成理性全然斷線，而出現「致命性傷害」的行為，經常表現於性、血腥、暴力、毒癮等議題上。出事後，外來的黑葡萄有可能便因負能量快速減弱而離開，但若當事人未能走出創傷或持續累積負向能量，則未來仍有可能在滿載的時刻再度召來「瞬間失控」的犯罪行為，甚至還有先天共存的黑葡萄靈體，同樣因著能量共振而讓負面意識從內部活化強大。這就是作者苦口婆心將所見所聞呈現而出，與當代犯罪理論的不同之處——是的，犯罪人格的確存在！但那已經是人的負向情緒能量被黑葡萄能量共振放大的結果，黑葡萄就是被視為犯罪人格的來源。

舉凡想法、情緒、行為或身體，都只是思想外顯的結果，一般失控或犯罪行為的當事人，事後大都持續恢復理性思維，陷入驚恐、不解、害怕、四肢癱軟、腦子空白等當機狀態，反覆地懊惱、自責，因為不管是哪顆葡萄的能量釋放，畢竟都是「整串葡萄」生命共同體中的一部分，完全無法對自己的生命交代。但若是因著黑葡萄意識主宰了人的理性意識，那麼我們便不難理解許多慘絕人寰的社會案件，犯罪者居然可以對自己泯滅人性的行為露出邪笑、毫無悔意。此時黑葡萄意識當然不會認為與任何被害人有關係（包括肉身的親人），因為只有「人的靈魂與肉身」才有「人際關係」之別，於是我們便於未能理解生命真相的前提下，將該犯罪行為視為「隨機殺人」事件。

如果犯罪防治工作可以於全面瞭解生命後，著手協助提升犯罪者自身不同靈體意識「理性與感性」間的新認知，每個人都回歸將自己的負向情緒能量照顧好，強的負向情緒能量（煩、生氣、恨）需要透過身體活動轉動能調降，弱的負向情緒能量（委曲、難過、自卑、焦慮）需要練習冥想光，給予內在感恩、接納、擁抱的正能量，讓生命能量趨於平衡，於是不管是否先天「葡萄串」有黑葡萄也不會被共振活化，來自後天影響人格的成長背景（父母、同學、朋友、同事等等可能的傷害／創傷的壓力源，的確是促使犯罪行為發生的不利因素）而造成的負向情緒能量若被照顧妥，自然也不會輕易因「壓垮駱駝的最後一根稻草」的刺激而超越理性之上，做出失控後悔的行為，更不至於因而召來外在的黑葡萄能量，突發成駭人聽聞或再犯的重大犯罪行為。這麼做將同時達到外在行為「治標」，以及內在靈性「治本」的永續成效。

最後想補充說明，原本大家對犯罪成因的理解，以及作者投注一生心力的重要發現，其實都是正確且相輔相成的，人格與行為表現既是任務的「類別」取向，也是能量磁場的「連續」取向。生命經驗是在「充分」與「必要」的相對條件下發生的一連串歷程。心理學長期致力於每個人「自我強度」的提升，的確是相當關鍵與重要的一環。二十一世紀的我們的確該邁向對生命真相理解後，相對提升對犯罪行為的深入探索，才能將整體犯罪防治的盲點降至最低，避免犯罪預防工作的努力淪為替犯行脫罪的藉口，才得以真正杜絕初犯與再犯的發生。我們一起翻轉觀念，讓每個人學會多關照自己的負向情緒，給予自己正向光與愛的能量，平衡負向能量以回歸太極的平衡，人格與情緒平穩度才能更臻成熟；當然，也別忘了不吝惜給黑葡萄的世界點盞充滿愛的光明燈吧！

本文作者為臨床心理師，現任心靈之美心理治療所院長
前台北市臨床心理師公會理事、台灣創傷與解離學會創會人、
前國際創傷與解離學會亞洲國家代表暨不同委員會委員

二〇二二年增訂版序言

我在一九七〇年一月加入華盛頓特區的聖伊莉莎白醫院（St. Elizabeths Hospital）犯罪行為調查研究計畫，擔任臨床研究心理學家。我進入了約赫森博士的團隊。這項專案研究工作是約赫森博士於一九六一年創立，而在他去世兩年後的一九七八年，於我手上完成。我們的這項研究計畫，至今在北美依然是深入探討罪犯的研究治療的最長期計畫。參與研究的對象從偷竊這類輕罪犯到殺人狂都有，其中還有部分是「法院以思覺失調為由宣判無罪者」。我們用了成千上萬個小時，訪談出身各種不同背景，但都把犯罪當成生活方式的人。

從我早期在底特律市郊一家公立醫院的青少年病患臨床工作開始（他們當中許多人都曾犯下重罪），我就開始相信儘管不能原諒，但我們可以體諒有人因為貧困、缺乏機會、創傷與絕望而犯罪。換言之，我認為罪犯也是受害者。然而，在訪談了參與研究計畫的罪犯（以及對罪犯知之甚詳的人）之後，約赫森博士與我對於犯罪與犯罪原因的看法，出現了一百八十度的轉變。

這些罪犯的狀況與我們當初所相信的認知完全相反，他們既非環境塑造出來的倒楣鬼，也非思覺失調者。一開始，我們的研究重點聚焦於傳統心理學與社會學對於犯罪行為肇因的公式化研究方式上，但效果奇差無比，因為這種研究方向提供了罪犯更多的藉口——就好像他們原來的理由還不夠多似的。我們發現問題癥結是罪犯**選擇**犯罪。罪犯的心裡一直存在著犯罪的念頭，而致使他們犯罪的「原因」是他們思考的方式，並非環境。犯罪者的思維模式，其實迥異於行事負責任的人。

我們訪談的這些罪犯並非受害者，他們是可以自由選擇生活方式的加害者。在《犯罪人格》（*The Criminal Personality*）這套共三冊的著作中，我們不僅詳細描述了罪犯的思考模式，也提供了一套可以讓某些職業慣犯自願改變思維模式的作法程序，讓他們能夠不再以傷害他人的方式生活。

一九七八年在亞歷山卓（Alexandria）設立辦公室以來，我已為好幾百位被控犯行的男男女女與孩童提供了心理衡鑑。我以專家證人身分出庭作證的次數，也有二、三十回。我曾用成千上萬個小時，透過重塑罪犯的思維模式來協助他們改變。其中有部分的工作包括對罪犯的父母、手足、親戚，以及他們的老師與生命中重要的人進行訪談並給予建議。

我曾為美國四十八州和加拿大的專業人士提供諮詢與訓練，他們來自幾乎所有需要與罪犯日常互動的領域：執法、矯治、教育、心理衛生、社會服務、司法以及宗教。我的工作與這些第一線專業人員的工作互相呼應，然而在大多數的情況下，我的工作也遭到那些沒有與罪犯面對面接觸的閉門造車理論派學者的駁斥或忽視。這樣的現象從《犯罪人格》第一冊出版開始，持續至今。儘管如此，內布拉斯加大學（University of Nebraska）的心理學教授戴恩司拜爾（Richard Dienstbier）在他一九七七年一篇嚴厲批評的結尾卻承認：「對那些有實際執行需求、而非理論興趣的人，這部著作可能助益頗大。」[1]

研究罪犯五十多年，我目睹了對於罪犯是誰以及應該如何降低犯罪，美國在態度立場上的轉變過程。一九六〇年代，改造罪犯，不要再把罪犯置於矯治機構「集中處置」的呼聲高漲。一九七〇年間，由於罪犯的高再犯率，導出「做什麼都沒用」的結論，大家對於改造計畫的幻想也隨之破滅。一九七一年「反毒戰爭」號角響起。僵化的量刑指南在一九八〇年間生效。「三振出局」法案[2]在一九九〇年間通過。從一九八〇年代開始，一直到一九九〇年代，制訂死刑的州愈來愈多，聯邦政府與一些州政府也廢除了假釋制度。

經過了一段被稱為「大規模監禁」的時期之後，美國又摒棄了「嚴刑峻罰」的立場。隨著整體政治氛圍左傾，以下的觀念又重新浮上檯面：大多數罪犯本質上都有顆善良的心，只是因為機會之門的關閉以及不平等的遭遇而走錯了路。大多基於意識型態而非現實狀況的改革者，對有關當局施壓，要求釋放「非暴力」受刑人，讓這些犯人參與提供教育、工作技能等等協助的社區計畫。罪犯再次被視為受害者，因為自己無力操控的力量而犯下罪行，像是窮困、種族歧視、壞榜樣，甚至是自己的基因。除了國債，幾乎所有事情都可以是罪犯自己無力操控的犯罪肇因。

之前，美國已經走過這條路了，我們期待藉由因應非罪犯過錯的所謂「根本原因」，降低犯罪的發生數量，但是這條路在當時並沒有走通。再說，上一個世紀幾乎沒有產出什麼關於犯罪行為原因的確定性知識。就這樣，百年迷思再現，也移轉了需要聚焦的關注點——罪犯本身以及他們的想法。持續研究犯罪原因儘管很重要，但找出原因並不保證可以提出解決方法。耗費在因果之謎上的心力，或許可以帶來智識上的滿足，但對幫助罪犯改變致使他們犯下大屠殺的思維方式，幾乎毫無助益。

我強調抉擇與究責，因此一些批評者斷言我就是個反動死硬派，又或者更糟的形容，說我是個將罪犯妖魔化的保守派，想把他們全「關起來，然後丟掉鑰匙」。另有一些人認為我是個不諳世事的自由派，堅信只要有足夠的治療，罪犯就可以改變，而且該放他們在街上自由遊蕩。不過任何一位閱讀這本書的讀者都知道，我沒有政治訴求。

《犯罪人格剖繪檔案》在一九八四年初版上市。二〇〇四年與二〇一四年兩度修訂。儘管犯罪相關的政策、法令、理論與大眾觀點更迭變化，但犯罪心理的核心本質卻沒有變。不論犯罪者是否遭到逮捕，與其衡量美國各州的法律，我要在此提出一個強調人們彼此傷害的廣義犯罪概念，不管他們是否會因此而遭逮捕。

我們先把罪犯相關的理論和偏見置於一邊，試著從罪犯的角度來看生命，是件非常重要的事情。我會討論十種充斥於出身不同背景、犯下不同型態罪行的罪犯思維中的「錯誤」（譬如把別人當棋子、不切實際的期待、自己理所應得的感覺）。只有進入罪犯的心理，我們才會瞭解罪犯在家、在學校、在職場、在社會上，以及與同儕相處時，他們的日常生活活動是什麼樣子。知道罪犯如何思考，或許可以幫助我們避免成為受害者。

因為罪犯的思維模式異於負責任的一般人，他們使用語言的方式也不一樣。例如，如果一個罪犯說他「相信」你，你不要把這句話當成一種讚揚。他所使用的「相信」這個詞，反映出的是他的世界觀，因此它所承載的意義與一般的用法不同。熟悉這種異質性的詞語用法，是避免誤解的重要方式。連罪犯使用的「瞭解」這個詞，都可能會遭到誤解。

最近的大規模槍擊事件，引發了大眾要求「紅旗」立法[3]的聲浪。這種狀況表示執法機關與心理衛生專家，都注意到了那些心理狀況不穩定，且會對自己或他人帶來潛在危險的人。紅旗立法的提案受到了相當多人的支持，但這樣的努力實際嗎？效果又有多少呢？我會在討論心理疾病的章節中探討這個複雜的問題。透過研究曾經遭受罪犯恐嚇與霸凌的家人與同事，我會討論以家庭暴力、兒童監護權之爭以及職場上虐待同僚與下屬等表現型態存在的恐怖主義。

每次出現特別離奇或出人意料的犯罪事件時，大家的直覺反應大概都是**那個人一定是瘋了**。但一般而言，暴力行為並非「病態」心理或精神疾病的產物。我舉個例子來解釋。一名因精神疾病而長期住院的男子，殘暴地殺害了自己的母親。表面看起來，這起殺人案似乎是因精神疾病引發。然而冗長的心理衡鑑卻得出了意外的發現。

保守派與自由派都呼籲刑事司法系統進行改革。在政治上幾乎沒有共識的人們，對於影響深遠的刑事司法體系改革的必要性，似乎也看法一致，但兩邊強調的重點以及應該採取的具體步驟卻大相逕庭。話說回來，一頭熱地拒絕接納嚴厲打擊犯罪的政策，很可能會讓大眾暴露在安全受到威脅的風險之下。打開監獄大門、釋放受刑人的善意努力，是否會導致比五十年前關閉州立精神病院[4]更嚴重的災難？當年因為「去機構化」，精神疾病病人離開了醫院，最後只能落腳在橋下、被監禁在當地監獄，或在街上搭帳棚度日。

關於刑事司法改革的書不勝枚舉。我只聚焦於兩件事。一是全面瞭解罪犯是誰的重要性，因為這樣才能發展出打擊犯罪的有效政策。二是採納以協助罪犯改變思維模式為目的的專門計畫。我的建議並非建立在思想體系或政治層面之上，而是奠基於犯罪心理的知識。

注釋

1 Richard A. Dienstbier, "Exceptions to the Rule: A Review of the Criminal Personality, Volume 1: A Profile for Change," *Law and Human Behavior*, March 1977.

2 譯注：美國一九九四年通過的累犯法（habitual offender laws），俗稱三振出局法或三振法（three-strikes law），正式名稱為《暴力犯罪控制暨執行法案》（Violent Crime Control and Law Enforcement Act of 1994），對三次（含）以上重罪累犯採用強制性量刑準則。

3 譯注：美國所謂的紅旗法案，是指允許警察或家人向州法院陳情，要求法院下令暫時沒收可能對自己或他人帶來危險者的槍枝武器的槍枝管制法。

4 譯注：此處指的是一九六七年美國總統雷根簽署了《蘭特門—裴特里斯—秀特法案》（Lanterman-Petris-Short Act），終結違背病人意願的強制住院治療行為，之後，各州州立精神病院就開始陸續關閉。該法案也稱為病人權利法案（patient's bill of rights）。

為了解釋罪犯為什麼會有犯罪行為，形形色色的理論各自表述。某些因果論的解釋也許涵蓋了一定的真實性，但卻沒有任何一個理論導出解決之道。改善社會狀況，希望許多人因此受益，這是大家合理的期盼。然而犯罪心理不會因為這些努力而改變。

CONTENTS

管這兩名年輕人在家庭背景幾乎毫無相同之處，但思維模式和人格卻很相像。他們都有同樣的錯誤思維模式。

對一名罪犯來說，不論會不會遭到逮捕，犯罪過程中的每一個階段都存在著讓人興奮的因子：構思、計畫、招募從犯、接近目標、執行犯行、設計突破口，以及進入犯罪現場後會發生的所有事情。

虐待、忽視、管教不當或心理失常的父母，對子女很可能會造成不良的影響，但這並不代表在這種家庭教養下的孩子就會走上犯罪一途。令人驚訝的是，多數罪犯都來自父母個性穩定且負責任、為孩子盡心盡力的家庭。事實證明，父母往往是受害者，孩子才是加害者。

多年處於情緒虐待環境中的罪犯子女，最後卻會長成我們可能意想不到的人。

CONTENTS

我曾碰過多起這樣的案子，身為罪犯的父親或母親，既愛著自己的孩子，卻也讓他們成了受害者。罪犯可以堅信自己是個超級稱職的父母，但他們卻毀了兒女的童年。為人父母的錯誤思維，會讓自己的孩子飽受折磨，但不會讓他們成為罪犯。

第八章　同儕壓力不是犯罪的理由　185

「我喜歡那些跟我一樣的人。」我們會結交那些與我們有相同興趣的人。具有犯罪人格的青少年，會拒絕接受身邊負責任同儕所過的生活，認為自己是個獨一無二的人，於是脫離了一般人的群體，也不接受社會制約的束縛，而是選擇把自己的時光耗費在街上那些和自己一樣的人身上。孩子會與擁有相同興趣的同儕交往，他們之所以犯罪，並不是因為被別人帶壞或受壓力所迫。

第九章　學校：犯罪的舞台與掩護　205

社會要求每個人接受教育，這樣才能找到工作，擁有一個較好的生活。然而對罪犯而言，接受教育這件事一點都不重要，找工作更是不重要中的最不重要。由於社會極為重視在校的出席表現，因此好的上課出席率會讓人忽略其他許多

不負責任的表現。如果罪犯滿足了他人的要求，大家也就比較容易原諒他們的不當行為。於是上學就成了罪犯在校園內、外繼續犯罪的一種掩護。

第十章　工作與罪犯　229

為什麼一個看起來事業有成的人，要在職場犯罪，拿自己的生計去冒險？若想回答這個問題，就得回頭去看，罪犯在根本上把工作看成什麼？答案就是只有奴隸與蠢蛋才會做的事。不論罪犯的工作提供多少正當的薪資報酬，他們都覺得不夠。他們永遠想要有更多的權勢、掌控和刺激。他們必須一而再、再而三地展現自己比起其他人更聰明、更有能力。

第十一章　性征服以及建立自我　247

性犯罪者經常被描述為性欲異常強烈。然而，追求征服的刺激感才是性犯罪的主要動力，不是生理需求。罪犯的這種想要征服他人的欲望很早就開始。具有這類犯罪人格者，可能早在孩提時代就發現到性是攫取權力的一種方式。

CONTENTS

罪犯思維。不論被害目標是人、家庭、社區或是整個國家，罪犯都是「恐怖份子」，因為強暴犯、劫車匪徒、連續縱火犯和兩人狙擊小組，執行的都是恐怖行動。

即使是在計畫犯罪時，罪犯也會堅持「自己是正派人士」的觀念。如果他們認為自己很「邪惡」，他們就不會去進行正在考慮的特定行動。儘管大家可能難以理解，但罪犯並不需要為他們正在計畫或進行的事件提出正當或合理的理由，因為他們從一開始就不認為自己是罪犯。當事人只有在事發被究責的時候，才會為自己的行為提供理由。

進行心理衡鑑的專家，有三點需要注意。首先，若要看透被告自述的那些符合他自身利益的證詞，以及瞭解被告的思維過程，一定要經過許多個小時的細心探究。第二，衡鑑者不應該因為被告在衡鑑當下遭判定處於思覺失調狀況，就假設他在犯案的當下也處於思覺失調的狀態。最後，即使被告經確定在犯罪當下確實處於思覺失調態，也不盡然代表他無法分辨是非對錯。

第十七章　關起來　419

有些人聲稱監獄、拘留所與少年觀護所是犯罪學校，這些地方把入監的囚犯變成了比之前更糟的人，但這其實是謬論。儘管受刑人在獄中很可能會不斷接觸到犯罪、毒品與性方面的話題，但他們卻可以選擇加入或不予理會。罪犯在過去做出了選擇，但是不論在獄中還是重返社會，他們依然要繼續選擇是否持續他們自己的犯罪生涯。

第十八章　罪犯真的有改變的可能？　445

「當你回顧過去的一生，看到的只有傷害，那麼要不要為自己創造一個新的人生，完全在於自己的抉擇。沒有人會為你做出決定。」

第十九章　還可以做些什麼？　485

改變計畫是否有效，責任全在罪犯身上，他們有機會與能力做出新的選擇。這種作法強調的不是罪犯會發生什麼事，而是他會對其他人做什麼事。在這樣的計畫裡，「決定」並不是由他人為罪犯而做出。計畫的重點在於罪犯做出決定所經歷的過程。

謝辭　517

第一章
專注於找出犯罪成因是徒勞無功之舉

為了釐清自己的世界，人類藉由提出「為什麼」來尋找解答。我們以為只要辨識出造成問題的原因，就有能力找出解決方法。數十年來，旨在找出犯罪原因的社會學、心理學以及生物學理論，一直在持續發展。我無意把這些理論重新拿出來翻炒一遍；我要討論的是一種難以改變的普遍見解，它建立在錯誤的結論上，即人們之所以會成為罪犯，是因為他們無法控制的環境因素。

二〇一九年，改編自一九五七年伯恩斯坦（Leonard Bernstein）音樂劇《西城故事》（*West Side Story*）的新劇在百老匯開演。劇中配樂做了改變，但那首諷刺意味十足的歌曲〈去你的，克拉基警官〉（Gee, Officer Krupke）卻留了下來。歌詞中，幫派份子把他們的犯罪行為歸咎於社會經濟剝奪或根深柢固的精神病理學因素：易於走入歧途的孩子之所以是廢物，完全是因為他們的父親是酒鬼。他們是被誤解的一群，不是作惡多端的滋事份子。社會「開了他們一個可怕的玩笑」，讓他們深受「社會疾病」所苦。歌詞所反映出的這種從根本上就有偏差的誤解，傳達著一種觀念，那就是犯罪事件的出現，社會要負的責任，比罪犯更大。

最早將貧困與犯罪連結在一起的引述，出自古羅馬哲學家皇帝馬可・奧理略（Marcus Aurelius，西元一二一—一八〇），他說：「貧困生罪惡。」

大家持續把犯罪當成一種對於經濟弱勢的規約性與適應性反制行為。耶魯大學教授安德森（Elijah Anderson）在他的《大西洋月刊》（*Atlantic*）文章〈街上的規矩〉（The Code of the Streets）中，描述了一群「為了建立聲譽而必須維護規矩的少數頑固街頭年輕人」之間的「對立規矩」。[1] 根據二〇一九年「我們都好集團」（WeAlright Group）[2] 的研究，安德森的文章「不但將犯罪行為正當化，甚至使犯罪行為成為必要」。[3] 一如無數的研究表示，貧困對於那些為了生存而必須掙扎努力的人，有著巨大的影響，然而即使是最貧困的人，也絕對沒有任何證據指出他們透過犯罪來應付自己的困境。

半個多世紀前，美國歷史協會（American Historical Association）曾報導：「我們完全可以理解為什麼在我們的城市裡，少年犯罪與成人犯罪比例最高的地區都在貧民區。」但是歷史協會也指出：「罪犯出現在社會的所有階層……。我們必須一再強調……貧民區的大多數孩子長大後，都會成為正派而守法的公民。」[4]

依然有人用「根本原因」這個詞來指稱造成犯罪的社會條件，但是專家認為沒有任何一個單一因素可以充分解釋犯罪行為。專家採用的是「風險因子」這個詞。風險因子原來是指所有可能增加罹患疾病機率的事物。疾病管制與預防中心（Centers for Disease Control and

Prevention, CDC）已辨識出十一項個人風險因子、八項家庭風險因子、六項同儕與社會風險因子，以及六項社區風險因子，然而該中心警告：「風險因子並非青少年暴力犯罪的直接原因。」[5] 疾病管制與預防中心所列出的這些看似包羅萬象的三十一項風險因子，幾乎囊括了所有我們可以想像得到的社會或家庭困境相關因素。然而，有些風險因子其實是結果的描述，不應定義為「風險因子」。「與偏差的同儕交往」也不該列為風險因子，因為那是出於個人的選擇，也是青少年罪犯的一項特徵。另一個不應列入風險因子的例子是「對父母或照顧者的情感依戀度低下」。具犯罪思維模式的人，在孩童期間，對他們父母的「情感依戀度低下」，並不令人意外，因為父母會干涉他們的非法活動。

疾病控制與預防中心另外也羅列出「可避免年輕學子落入暴力犯罪風險的保護因子」。其中包括高學業成績、積極的社會價值取向，以及宗教信仰。我曾訪談過展現出這些保護因子、但依然犯下罪行的青少年與成人。

一個人的風險因子很可能會變成另一個人的機會。我所訪談過的那些出身貧困與混亂家庭、生活環境中槍枝和毒品取得就跟買菸一樣容易的罪犯，根據呈報，幾乎都有面對相同風險因子、卻沒有走上犯罪一途的兄弟姊妹。看到父母或手足因為犯罪而毀了自己的人生，反倒激發了許多生活在「犯罪溫床」中的人，讓他們負責任地過活。

琳達是我訪問的對象，她的父親在坐牢，哥哥在看守所。在華盛頓特區東南區的國宅中長大的她，在紅十字會組織中找到了自己視為職志的工作，有自己的家，而且從未遭到逮捕。我問她在家庭與生活環境中「不良榜樣」比比皆是的情況下，她為什麼沒有變成罪犯。琳達用三個字回答了我的問題：「沒興趣。」她從童年開始，就決定了自己要效法的對象，以及自己要過的生活方式。如果琳達真的成為毒販、竊賊或妓女，或許有很多人會說，從她的背景來看，這是意料中的結果。但這個意料中的結果並沒有發生。她力求上進的動機，反而因為周遭的風險因子變得更強大。

犯罪事件發生後，幾乎任何生活狀態都可以解釋成風險因子，包括生長在富裕的環境中。心理學家寇特與安・巴托（Curt and Anne Bartol）指出：「來自高經濟地位的孩童與成人，確實也會犯下嚴重的少年犯行或重罪。」[6] 二〇一三年，一名青少年因為酒駕撞死了四名路人。他的律師向法官解釋，這個孩子因為有錢父母的寵溺而失了分寸。這種「心理富貴病」（affluenza）的辯護效果奇佳，所以那名青少年被判緩刑，沒有服刑。這位有錢人家的小孩持續犯下違法行為，在緩刑期間違反規定。他和他的母親逃到墨西哥，後來母子都坐了兩年牢。顯然犯罪心理並非局限在特定的社經階級範圍內。[7]

許多住在犯罪猖獗區域的人都不是罪犯，而是受害者。一九七〇年代，巴西大量農村民眾湧向城市，貧民窟開始迅速增長。由於無法找到可以負擔的住處，大家只能擠在貧困社區。僅僅里約一個地方，就有約一百五十萬人住在一千多個由販毒集團所掌控的貧民窟區。

這些區域因為在毒梟的掌控之中，武裝年輕人以保護居民的名義，在自己的地盤上巡邏。羅西尼亞（Rocinha）是里約最大的貧民窟，居民接近十萬。地頭蛇幫派「朋友之友」（Amigos dos Amigos）涉入的犯罪包括謀殺、販毒、賣淫、非法賭博與綁架。然而貧民窟大多數的居民都是奉公守法的公民。許多人都有工作，而且成為中產階級。這些人的辛勤工作幫助貧民窟成為有自來水、電力、衛生設施以及網路的住宅區。羅西尼亞有各種小企業、一間社區活動中心、一所學校、各種遊憩設施，以及有線電視。好幾世代辛勤工作的人依然住在這裡，努力地改善條件。然而他們依舊是受害者，因為每當幫派內部或幫派與警察之間爆發暴力衝突時，這些循規蹈矩的人們就得被迫待在屋內，孩子不能上學，衛生醫療單位也無法提供服務。[8]

從羅西尼亞可以看到富裕柯帕卡巴納區（Copacabana）的摩天大樓。這樣巨大的貧富差距與大規模槍擊有關。在為《BMC公共衛生》期刊（*BMC Public Health*）撰著的論文中，權（Roy Kwon）與卡布瑞拉（Joseph F. Cabrera）主張：「貧富差距培育了一個憤怒與仇恨且終將導致暴力的環境。」這兩位社會學家強調，為了有效應對「大規模槍擊的流行」，我們必須「遏止貧富差距的擴大，以及因這類不平等所帶來的不穩定因素」。[9]這樣的觀點忽略了有錢人也是大規模槍擊罪犯的事實。曾下注數萬美元在電子撲克遊戲中豪賭的派鐸克（Stephen Paddock），於二〇一七年攻擊拉斯維加斯米高梅曼德勒海灣度假村，槍殺五十八人。二〇二〇年四月八日，百萬富翁沃特曼（Gabriel Wortman）在加拿大新斯科細亞的一個鄉間小擊斃十八人。聚焦於不平等狀況的社會學解釋，讓社會扛起快速變遷的所有責任，卻漠視數十億受到貧富差距影響者並未開槍射殺過任何人的事實。這些社會學學者的解藥完全不對症。犯下大規模槍擊行為的，是一種犯罪心理，而擁有這種心態的人，存在於社會各個階層。

與其說不平等造成犯罪，不如說犯罪會使得不平等狀況明顯惡化。當一個人遭到監禁，他的家庭資源不論原來有多麼捉襟見肘，都會變得更加拮据。只要一份穩定的收入終止，生活水準必然下降。因一個罪犯而受害的小企業可能被迫倒閉，致使企業主與員工都陷入經濟困頓。

針對犯罪行為，風險因子的概念似乎提供了我們一套全面又高妙的解釋方式，然而這套說法事實上卻沒有闡明問題所在。而所謂風險因子的清單也沒完沒了，遠遠超過疾病管制與預防中心所辨識出的數量範圍——糖分攝取過多、高膽固醇、睡眠障礙、體態不佳、含鉛油漆、月相盈虧、維生素攝取不足，還有戶外高溫。

根據心理學家赫許泰納（Camelia E. Hostinar）與米勒（Gregory E. Miller）的說法，對於某些在「經濟艱困」環境中成長的孩子而言，保護因子對於他們的「正向適應」有很大的影響。年輕孩子「積極、善於交際的氣質」以及對於自己「社會環境」的整體「復原力」，都與這些因子有關。[10] 然而這些心理學家卻沒有解釋，為什麼有些在相同環境下成長的孩子，卻會選擇完全不一樣的路，其中還有部分進了看守所。

不論我們正在討論的結果是什麼，似乎總存在著一種垂手可得的輕率解釋。

環境確實可能提供犯罪的機會

環境儘管不會**造成**犯罪，卻可能帶來影響。

《紐約時報》記者爾比納（Ian Urbina）在《罪行海洋》（*The Outlaw Ocean*）中，把大海描述為最後的邊界。因為大部分的海洋空間都不受監管，因此文明與不文明之間的界線薄弱。在不受法律管控的國度裡，罪行很可能沒有人報導、沒有人調查，也沒有人會被起訴。走私、人口販運、非法捕撈猖獗。海上的環境提供了人們一個犯罪卻不受懲罰的機會。什麼樣的人會受到這樣的環境吸引？爾比納先生認為有相當數量的人之所以受到海洋吸引，在海上度日，就是因為希望逃離政府與法治的束縛。[11]

機會不會造成罪犯，是罪犯因為尋找脆弱的目標而發現機會。冷天，當車主熱車時，若把鑰匙留在車上就離開，車子就會成為竊賊眼裡不會飛的煮熟鴨子。罪犯利用租車應用程式鎖定鑰匙留在車內的車輛，然後再利用這些車輛犯下其他罪行。[12]二〇一九年與二〇二〇年間，新冠疫情被視為華盛頓特區劫車事件爆增百分之一百四十一的肇因之一。《華盛頓郵報》說：「路上那麼多的外送者不熄火就下車送餐、送包裹，對於劫車匪徒與臨時起意的竊賊來說，簡直遍地都是機會目標。」[13]

罪犯善於找出弱點，在危急期間下手。《財星》雜誌報導罪犯利用新冠疫情，駭進醫院與實驗室的電腦，把狀況危急病人的資料檔案加密。這些網路罪犯很清楚院方在取用這些資料上，有非常高的時間迫切性，因此漫天提出天價贖金。[14]

當數以百萬計的人們因為防疫而都待在家裡時，詐騙犯創下了獲利新高。根據非營利消費者組織「記帳大師」（Checkbook）的報導：「詐騙犯正在從各個方向發動攻擊：自動語音電話、簡訊、電子郵件與社群媒體的廣告，提供五花八門的財務協助以及假療程、假藥的販售。」[15]《華盛頓郵報》專欄作家辛格泰瑞（Michelle Singletary）警告大眾，罪犯正在透過高投資獲利以及「在家行銷」的各種騙局，剝削那些急於賺取收入的人。[16]根據聯邦貿易委員會（Federal Trade Commission）消費者保護局（Bureau of Consumer Protection）局長史密斯（Andrew Smith）所述，在二〇二〇年第二季，也就是新冠疫情第一次高峰期間，詐騙金額創下了歷史新高。

除此之外，罪犯還會利用極權統治者被推翻或意外死亡後的法律空窗期作亂。蘇聯瓦解之後，俄國犯罪案件狂飆。伊拉克獨裁者海珊（Saddam Hussein）垮台後，帶來的是社會的混亂與內戰。利比亞革命領袖格達費（Muammar Gaddafi）死後，也發生了同樣的現象。

環境可以制止犯罪

罪犯不會因為不利的環境或其他阻礙而改變自己的人格。當環境的阻礙降低了犯罪的機會時，他們會避免行動，至少暫時如此。二〇一〇年（置於《基督科學箴言報》〔*Christian Science Monitor*〕平台上的）英國智庫亞當・斯密研究院（Adam Smith Institute）部落格報導巴爾的摩的高謀殺率，在一次巨型暴風雪期間遽降為零。《基督科學箴言報》表示：「不平等、貧窮、剝奪以及理所當然的憤怒這些狀況，不可能在暴風雪的日子就不存在。」這篇文章最後用了一個簡潔的句子作為結論：「犯罪的根本原因，在於犯罪的機會。」[17]

二〇二〇年新冠疫情期間，因為大家都在家隔離，某些犯罪的機會因此大降。根據《紐約時報》的報導，薩爾瓦多二月與三月的殺人案數量比平均值低了百分之五十。[18]《華盛頓郵報》說華盛頓特區的搶劫案下滑了三分之一。[19]因為無法輕易在街上找到作案目標，罪犯改採其他的方式進行劫掠。他們以擔驚受怕的民眾為對象，宣傳騙局、兜售不合格的新冠快篩試劑以及未經測試的療法。關於暴力犯罪，華盛頓特區的警察局長這麼說：「我想，對於我們的暴力罪犯而言，這場疫情完全沒有改變他們的行為。」

透過環境設計升高犯罪阻礙並做出改變是有效的作法。美國國家鐵路客運公司在遭遇數量攀升的攻擊與小偷小搶事件後，增加了火車上的警察人數。[20]建築師、土地開發商以及城市規畫師採用預防性設計來阻礙犯罪，例如明亮的安全照明設備、監視器以及輔助鎖等。他們也會在公共聚會場所設計開放的空間，讓罪犯難以藏身。費城貧困地區的空停車位，被改建成整齊的綠地，結果三年後，槍枝相關的暴力事件下降了百分之二十九．一。[21]

身為哥倫比亞卡利市（Cali）市長的維拉斯科（Rodrigo Guerrero Velasco）不得不處理「猖獗的」凶殺案。在二〇一五年《科學人》（*Scientific American*）的一篇文章中，維拉斯科博士回想起當時有人警告他，除非解決社會經濟問題，否則暴力犯罪不可能減少。面對需要立即應對的凶殺案浪潮，他增加了街上的巡邏警力，並為警察配備了監視攝影機。結果「因預防措施而未能得手的犯罪事件增加，更多的嫌疑犯被送上了法庭」。另外，限制發放酒類與槍枝販賣許可證的時候，凶殺案數量也會下降百分之三十五。[22]

阻礙犯罪的設計並不能改變罪犯的人格。如果一套又一套的設計增加了他們的犯案難度，罪犯會去尋找其他的出路。

存在於大眾媒體中的暴力

認為媒體暴力與犯罪行為有關的主張，已盛行了長達半個多世紀。一九六三年，心理學家艾隆（Leonard Eron）提及電視收視習慣與攻擊行為間的因果關係。[23]一九六九年，社會學家克里納德（Marshall Clinard）發現廣告「為參與詐欺行為以及聽任這種行為擺布的傾向，提供了養分」。[24]一九七二年，精神科醫師沃瑟恩（Fredric Wertham）稱漫畫書為「犯罪的啟蒙讀本」。[25]

充斥著暴力內容的電影、電視影集與電玩遊戲，是否是暴力行為之所以發生的危險因子，這場爭論數十年來始終沒有停過。二〇一七年，《牛津研究百科全書犯罪篇》（*Oxford Research Encyclopedia of Criminology*）曾評論：「說這場論辨有時會引發爭議，實在太含蓄了。」[26]暴力電玩遊戲銷售在孩子與青少年間爆出天量的情況，一直都被視為犯罪的肇因之一。十九年前，美國心理學會（American Psychological Association）曾表示：「大量接觸暴力電玩遊戲，一直都與少年犯罪與學校鬥毆事件……以及更暴力的犯罪行為有著連結。」[27]近來，一個更低調的主張認為玩暴力電玩遊戲與攻擊行為的增加有關。二〇一六年，美國兒科學會溝通與媒體委員會（American Academy of Pediatrics Council on Communications and Media）在彙整將近四百份各種型態媒體暴力影響的研究結果後指出：「媒體暴力的接觸與攻擊行為之間有深遠的關聯性。」[28]

模仿型犯罪確實存在。然而每一個模仿犯出現的同時，還有數百萬暴露在相同環境下的人，他們想都沒有想過要用實際行為把眼睛所看到的東西親自實現。二〇二一年有份根據長達七年的四份調查做出的分析發現：「媒體消費量並不能預測男性或女性的模仿型犯罪。重要的是觀眾的心理結構，而非螢幕上的內容。負責任的人不會因為自己所看的節目或玩的遊戲而變成罪犯。」[29]

也有人報導電玩遊戲的好處。葛書華（Anna Goshua）在《華盛頓郵報》上發表的文章就斷言，這些遊戲因為「以微妙的差異手法探討暴力，把暴力置於一個社會環境中，讓玩家實際體驗與探索他們在真實生活中可能永遠都不會碰到的道德難題」，所以「可能對你有好處」。她在結論中說：「如果有更多人玩電玩遊戲，我們可能會過得更好。」[30]

生物學與犯罪

各種研究試著找出一個人可能出現犯罪行為傾向的生物學因子。半個世紀前，社會學教授傑佛瑞（Clarence Jeffrey）預測，隨著大家對於行為在生物學各個層面的瞭解加深，未來數十年將可見到「犯罪學出現重大的變革」。[31]研究依然在持續進行著，但變革卻一直沒有出現。

賓州大學的神經犯罪學專家雷恩（Adrian Raine）曾說過，過低的靜止心率，可以作為青少年成年後變成暴力犯的一個有意義的生理決定因素。他推測這樣的人可能會為了讓自己的心率正常化而去尋找刺激。[32]神經科學家基爾（Kent Kiehl）在掃瞄了四千多名服刑人的大腦活動後，發現「心理病態者」的杏仁核有活動不足或體積過小的狀況，而杏仁核對於大腦情緒處理與同理心發展極為重要。[33]亞利桑納州立大學犯罪學專家帕丁尼（Dustin Pardini）則發現心理病態者之所以犯下殘暴的罪行，是因為「他們的大腦漠視與危險相關的信號」。[34]二〇二〇年倫敦大學發表的一項報告提到，大腦結構的差異，「會使得某些人很難發展出讓自己避免反社會行為的社交技能」。至於這些大腦差異是「出於遺傳或後天反社會行為」，抑或是「一種堅定的反社會生活方式」，調查人員表示並不清楚。[35]

芬蘭進行的一項研究發現有兩種基因與暴力犯罪有關。科學家的報告認為芬蘭百分之四到一成的總暴力犯人口，可以歸因於擁有這些基因型態。然而該研究的首席調查人員又說，即使具有這類「高風險組合」的基因條件，絕大部分的人也永遠不會犯下任何罪行。[36]所以這項研究其實並沒有證明什麼。

科學家知道基因與環境相互作用的關係很複雜。耶魯大學社會學教授與醫師克里斯塔吉斯（Nicholas Christakis）正在研究環境各個面向對於基因表現方式的影響。[37]維吉尼亞大學心理學系克洛爾博士（Kathleen Krol）的論文雖非針對犯罪這個議題，卻提出了一個一般性的問題：「嬰兒期經歷會影響發育中孩童的基因表現」，這是否為真？[38]不過生物學傾向並不一定是命運。雷恩博士指出：「相同的生物構造與氣質，可能產生不同的結果。」[39]犯罪與不犯罪者之間，在特定情況下展現的差異，至今依然沒有人弄得清楚。

環境或生物構造致使人類犯罪的想法，其實是罪犯為受害者概念的延續。而這種專注於找出原因的態度，尚未對打擊犯罪帶來任何助益。

社會學、心理學以及生物學領域的決定論者，幾乎完全不考慮個人選擇與個人責任這個層面。他們似乎是在說：因為外力把我們像塊黏土一樣塑造成型，所以大家不該期待我們對自己的行為負責。有兩位在矯治機構工作的心理學家，因為努力想要協助罪犯成為負責任的人，就在工作上遇到了這樣的阻礙。

一九九一年，我收到了一封在新英格蘭矯治機構工作的臨床心理學家的來信，他聲稱自己正在執行一項協助服刑人改變思維方式的計畫。這位心理學家指出，「對於『罪犯的思維模式』這個概念」，學院派心理學家有一種「奇怪但有趣的抗拒態度」，他們似乎相信「罪犯就跟我們一樣」。這位臨床心理學家發現，許多學院派的心理學家「不願意把罪犯描述為不負責任的人——因為以責任感為中心的理論，讓他們覺得很尷尬」，而他們的這種態度讓他很困惑。

十九年後，一位在佛羅里達矯治機構工作的社工人員寫信給我，他也碰到了類似的心態。好幾位行政職的同僚都相信服刑人需要學習「應對的技能」，這是服刑人在惡劣環境成長過程中，或是因為飽受精神障礙之苦，所沒有發展出來的技能。這位社工人員說：「心理衛生專家被引領走上了一條提供服刑人學習應對技能的路，然而這些服刑人的應對能力其實非常好。」這位社工人員還注意到，服刑人「被當成精神疾病病患對待，但卻沒有人觀察到他們表現出精神障礙的症狀」。他發現「壞行為繼續存在，卻沒有人花任何力氣去處理思維過程的問題」。同僚都批評他「冷酷而頑固」，因為他更重視個人責任感與思維過程，而不是所謂的犯罪行為根本原因。[40]

結論彙整

為了解釋罪犯**為什麼**會有犯罪行為，形形色色的理論各自表述。某些因果論的解釋也許涵蓋了一定的真實性，但卻沒有任何一個理論導出解決之道。改善社會狀況，希望許多人因此受益，這是大家合理的期盼。然而犯罪心理不會因為這些努力而改變。舉例來說，罪犯或許可以學到一技之長，但他們卻會用這個技能去取得進入另一個犯罪新舞台的門票。一輩子的思維過程不會自行消失。

人類境況許多層面之所以如此的肇因，至今依然不可知，但這並不代表我們無力因應犯罪行為。真正重要的是採取我稱之為「桌上刮痕」的作法。你不必知道桌面**為什麼**會有刮痕，反而有必要去弄清楚桌子的組成材質，再依此決定該如何處理刮痕。儘管我們不知道罪犯**為什麼**會去做他們做的事情，但我們卻很清楚他們的思維過程。在下一個章節中，我會討論引發犯罪行為的思維錯誤。

注釋

1 Eljiah Anderson, "The Code of the Streets," *The Atlantic*, May 1, 1994.

2 譯注：「我們都好」是一個非營利基金會，成立主旨在於協助需要幫助的人以及幫忙建立鄉間的社群。

3 Wealright Group, "The Code of the Street: Cultural Insight Enhancing Acceptance and Efficacy in Antiracism, Anti-bullying, Anger Management and Community Resilience Programs in Schools, Criminal Justice, and Public Policy," in *Making the Good Common*, codeofthestreet.net/criminal-thinking-personality-theory-critique-and-challenge, March 5, 2019.

4 American Historical Association, "What Causes Crime?," 1946, www.historians.org/about-aha-and-membership/aha-history-and-archives/gi-roundtable-series/pamphlets/em-3-is-a-crime-wave-coming-(1946)/what-causes-crime.

5 Centers for Disease Control and Prevention, "Youth Violence: Risk and Protective Factors," August 30, 2011, www.cdc.gov/violenceprevention/youthviolence/riskprotectivefactors.html.

6 Curt and Anne Bartol, *Criminal Behavior: A Psychological Approach*, 11th ed. (Boston: Pearson, 2015), p. 33.

7 " 'Affluenza' Teen, Ethan Couch, Now 20, Nears Prison Release After DUI Crash That Killed 4," Fox News, March 21, 2018, www.foxnews.com/us/2018/03/21/affluenza-teen-ethan-couch-now-20-nears-prison-release-after-dui-crash-that-killed4.

8 Dom Phillips and Júlio Carvalho in Rio de Janeiro, "Brazil's Army Returns to Rio Favela amid Clashes Between Gangs and Police," *Guardian*, September 22, 2017, www.theguardian.com/world/2017/sep/22/brazils-army-deployed-to-rio-favela-amid-clashes-between-gangs-and-police.

9 Roy Kwon and Joseph F. Cabrera, "Income Inequality and Mass Shootings in the United States," *BMC Public Health* 19 (2019): 1147, bmcpublichealth.biomedcentral.com/articles/10.1186/s12889-019-7490x.

10 Camelia E. Hostinar and Gregory E. Miller, "Protective Factors for Youth Confronting Economic Hardship: Current Challenges and Future Avenues in Resilience Research," *American Psychologist* 74 (2019): 641-52.

11 Ian Urbina, *The Outlaw Ocean: Journeys Across the Last Untamed Frontier* (New York: Knopf Doubleday, 2019).

12 Luz Lazo, "Peer-to-Peer Car Rental Apps Are a Boon to Auto Thieves," *Washington Post*, February 16, 2020.

13 Paul Duggan, "Puzzling Spike in Auto Thefts, Many of Them Violent, Worries D.C.-Area Police," *Washington Post*, December 22, 2020.

14 Ryan Gallagher and Bloomberg, "Hackers 'Without Conscience' Demand Ransom from Dozens of Hospitals and Labs Working on Coronavirus," *Fortune*, April 1, 2020, fortune.com/2020/04/01/hackers-ransomware-hospitals-labs-coronavirus/.

15 "Scammers Are Cashing In on COVID19," *Checkbook Update* 20 (Summer/Fall 2020): 10.

16 Michelle Singletary, "The Pandemic Has Created New Jobs—for Scammers Preying on the Unemployed," *Washington Post*, December 16, 2020.

17 Tim Worstall, "The Root Cause of Crime? It's Simple," Adam Smith Institute Blog, February 22, 2010, www.csmonitor.com/Business/The-Adam-Smith-Institute-Blog/2010/0222/The-root-cause-of-crime-it-s-simple.

18 Kirk Semple and Azam Ahmed, "Murder Rates See Steep Decline: 'It's Taking People Off the Streets,' " *New York Times*, April 12, 2020.

19 Peter Harman and John D. Harden, "Robberies Down but Assaults Up in District," *Washington Post*, April 10, 2020.

20 Luz Lazo, "To Combat an Increase in Crime, Amtrak Calls 'All Aboard' to Police Officers," *Washington Post*, February 23, 2020.

21 "Editorial: Reimagine Safety," *Washington Post*, March 21, 2021.

22 Rodrigo Guerrero Velasco, "An Antidote to Murder," *Scientific American*, October 2015, pp. 47-50.

23 Leonard D. Eron, "Relationship of TV Viewing Habits and Aggressive Behavior in Children," *Journal of Abnormal and Social Psychology* 67, no. 2 (1963), 193-96.

24 Edwin M. Schur, *Our Criminal Society* (Englewood Cliffs, NJ: Prentice-Hall, 1969), p. 169.

25 Fredric Wertham, *Seduction of the Innocent* (Port Washington, NY: Kennikat Press, 1972).

26 Nickie D. Phillips, "Violence, Media Effects and Criminology," *Oxford Research Encyclopedia of Criminology*, July 27, 2017, oxfordre.com/criminology/view/10.1093/acrefore/9780190264079.001.0001/acrefore-9780190264079-e-189.

27 Craig A. Anderson, "Violent Video Games: Myths, Facts, and Unanswered Questions," *Psychological Science Agenda*, October 2003, www.apa.org/science/about/psa/2003/10/anderson.

28 Council on Communications and Media, "Virtual Violence," *Pediatrics* 138, no. 2 (August 2016), pediatrics.aappublications.org/content/138/2/e20161298.

29 Ray Surette, "Female Copycat Crime: An Exploratory Analysis," *Violence and Gender* 8, no. 1 (March 2021): 1.

30 Anna Goshua, "How Violent Video Games Can Be Good for You," *Washington Post*, August 30, 2019.

31 Clarence R. Jeffery, "Environmental Design and the Prevention of Behavioral Disorders and Criminality," *Proceedings: Crime Prevention Through Environmental Design Workshop*, Ohio State University, July 19-23, 1972.

32 Adrian Raine, *The Anatomy of Violence* (New York: Pantheon Books, 2013).

33 Yudhijit Bhattacharjee, "The Science of Good and Evil," *National Geographic*, January 2018, p. 131.

34 Barbara Bradley Hagerty, "When Your Child Is a Psychopath," *Atlantic*, June 2017, p. 82.

35 "Lifelong Antisocial Behaviour Linked to Brain Structure Differences," UCL News, February 18, 2020, www.ucl.ac.uk/news/2020/feb/lifelong-antisocial-behaviour-linked-brain-structure-differences.

36 Melissa Hogenboom, "'Two Genes Linked with Violent Crime,'" BBC News, October 28, 2014, http://www.bbc.com/news/science-environment-29760212.

37 Bruce Fellman, "Nature, Nurture, and Nativity," *Yale Alumni Magazine*, March/April 2015, p. 30.

38 Caroline Kettlewell, "Nurture Shapes Nature in Early Infancy Bonding," *Virginia*, Spring 2020, p. 30.

39 Raine, *Anatomy of Violence*, pp. 103-8.

40 這位社工人員的名字是赫策爾（Walter Hirtzel），他是位有執照的臨床社工師，在州立監獄體系中有十八年的工作經驗。

第二章　釐清「犯罪心理」的概念

《犯罪人格》於一九七六年發行初版後，便遭到一些批評者的駁斥，他們堅稱天底下根本沒有所謂的犯罪人格或犯罪心理這種東西。這類的批評包括：

一、「罪犯」由法律定義，而法律則是由特定地點、時間的人類行為決定。

二、「罪犯」這個詞並未區分輕罪犯或重罪累犯。

三、罪犯的犯意並非源於惡意，而是出自他們無法控制的環境使然。

四、犯罪是精神出問題，不是邪惡的意圖。

五、任何人都可能因為嚴重的壓力或意外災難而「情緒失控」或「忍無可忍」，進而犯下罪行。

六、那些傷害他人卻從未受到執法者注意的人，是「罪犯」嗎？

在逐一回應這些論點時，我也會提供一個基礎，讓讀者能夠在人類如何思維與生活的情境架構下，審視「犯罪行為」。

一、「罪犯」由法律定義，而法律則是由特定地點、時間的人類行為決定

在這個司法管轄區或社會中的罪犯，在另一個空間背景下，不見得是罪犯，一切都視法律而定。但是有些人不論身處何處，也不論法律有什麼規範，都會一而再地傷害他人的身體、財物或情緒。有位罪犯告訴我：「如果強暴今天合法，我就不會強暴了。不過我會去找別的事情做。」這個人以及和他一樣的那些人，對他們自己以及對世界都有著獨特的看法與思維方式，而他們的思維方式與一般負責任者的思維方式存在著巨大的差異。這種人會利用各種機會趁人之危，而且鮮少會感到內疚。他們就算沒有從事非法行為，對他人所造成的傷害，也會比某些最終身陷囹圄的歹徒更嚴重。

二、「罪犯」這個詞並未區分輕罪犯或重罪累犯

從順手牽羊摸走一根棒棒糖到大屠殺，都屬於會被逮捕的罪行範圍。試想歸於同一個類別的「違規駕駛」罪行：一位駕駛刻意緊貼速限，從來沒有收過罰單；另一位駕駛多次違反

交通規定，但是即使駕照被吊銷，依然繼續開車。在進行心理衡鑑時，我發現後面那種累犯駕駛不僅開車魯莽，他們在生活的其他方面也同樣輕率躁進。駕駛紀錄其實可以當成一個人的性格線索。

以保羅為例，多次無照駕駛之後，他終於被警察攔下來，吃了一張罰單。但是保羅不負責任的行為早在這次罪行之前就已開始。他念書的時候逃學、拒絕做功課、擾亂教室秩序，還因為打架被校方勒令停學。他十四歲開始喝啤酒，後來還嘗試了禁藥。在一次口角衝突中，他攻擊了自己的父親，之後逃家。獨立之後，保羅只有在他覺得想工作的時候才去工作，成了一個沒有節制的酒鬼，基本上，他就是個我行我素的人。取得駕照後不久，他就因為危險駕駛而遭到逮捕。保羅後來愛上了騎摩托車，也產生了動力，工作了相當長的一段時間，直到賺夠了錢買了輛哈雷機車——結果因為騎著新機車在結冰的路面上超速打滑，提早結束了生命。他的犯罪心理早在他被逮捕的好幾年前就已顯現，而且導致後來的早逝。但是光看他的駕駛紀錄，無法知道這些事情。

三、罪犯的犯意並非源於惡意，而是出自他們無法控制的環境使然

我們所生活的家庭或廣義的社會環境確實會影響我們，但這不是唯一的決定因素。我們

應對周遭環境的方式，透露出我們的基本人格。

就以十七歲的蕭恩為例。他被控多起侵入住宅竊盜的罪名。蕭恩出身於一個中產家庭，但家庭狀況似乎很混亂，而他與家人之間似乎也存在著永遠的衝突。他的假釋官費盡了力氣也想不通這名青少年的行為邏輯。對於蕭恩的特點，假釋官一開始的描述為「與他的出身成長環境和家庭價值典型非常不一致」。假釋官在蕭恩的報告中，提到幾個他認為可能是造成這個孩子不守規矩與做出違法行為的原因：「他父親在遠地工作，（於是）大人的責任就落在青春期的兒子身上」、一家人搬到了蕭恩必須與「霸凌者對抗」的居住環境、「青春期的自我意識／困惑的出現」，以及「父親的回歸與兒子的無所適從」。假釋官注意到，蕭恩父母因為缺乏溝通及互相尊重所造成的不穩定婚姻關係，使得蕭恩的生活進一步複雜化。在假釋官口中，蕭恩的父親「無情」、死板，「不知寬忍為何物」，因此他的結論是蕭恩一家人從小鎮搬到郊區，是蕭恩變成一個「硬漢」的關鍵原因。

假釋官對於蕭恩有他自己的一套看法，但不管從哪方面來看，他都錯了。蕭恩父母的婚姻確實每下愈況，但這對夫妻的爭執主因卻是蕭恩。我用了好幾個月的時間對這個孩子進行心理諮商，與他的父母交換意見。甚至早在這家人還居住在如詩如畫的海濱小社區時，蕭恩就已經開始打惡作劇電話、說謊、偷竊，以及做些他稱之「會引起腎上腺素飆升」的其他事情了。蕭恩宣稱：「我就是為了刺激的事情而活。我一直都喜歡緊張不安的狀態。」

成千上萬的人都需要適應新環境，每個人都有過青春期，但這些因素與蕭恩反社會行為的爆發都無關。搬家後，蕭恩發現他更容易找到志同道合的朋友，並利用這個人口稠密且缺乏規畫的郊區來遮掩他的罪行，而這些都是他在原來彼此都熟識的小鎮裡辦不到的事情。

蕭恩從小就表現出犯罪心理。在他那個狀況不斷惡化的家中，他是加害者，而非受害者。整個家庭都因為他的欺騙與對立變得更混亂，衝突也更激烈，但他卻把所有問題都歸咎於父母。

四、犯罪是精神出問題，不是邪惡的意圖

某些人的犯罪似乎出人意料——犯行者呈現出情緒上的困擾，但他們不是罪犯。伊蘭諾被捕的原因是她沒有付錢，就把裝了價值兩百美元日常品的推車推出超級市場。她的父母知道後非常震驚，他們都不知道自己的女兒竟然會做出這樣的事情。伊蘭諾沒有前科，似乎也沒有犯罪意圖。她因為工作受挫以及與男友關係生變，開始陷入深度抑鬱的情緒中，她聲稱自己是因為過於專心想著自己的問題，所以不小心就推著購物車走出了賣場。

然而進行了心理衡鑑之後，我發現她被起訴的重竊盜罪[1]並非像她堅稱的源於一時衝動或腦霧。當她曾多次在商店內順手牽羊的事件揭露後，伊蘭諾說：「不過就是偷偷摸摸而

已。我以為可以順手拿走一點東西。」她承認就算是被捕，但只要她在商店裡，腦子裡仍會閃過偷竊的想法。

伊蘭諾偷竊的動機並非出於貧困或飢餓；她出身於一個中上階級家庭。除了皮包中有現金與一張信用卡外，她所偷竊的食物也遠遠超乎她能食用的量。此外，她還隨身攜帶夠多的紙袋，足以把推車裡的所有東西全裝進紙袋中。伊蘭諾的打算是如果推車裡的商品全都裝進了紙袋，那麼當她把推車推過沒有收銀員的付款通道後，店員應該會假設她已經結過帳了。

我在心理衡鑑過程中，對於伊蘭諾的性格有了更多的瞭解。對於那些泛泛之交而言，她似乎是個大方而敏感的人，但伊蘭諾在與他人相處時，其實鬼鬼祟祟又不真誠。她常常與家人和男友進行權力鬥爭，而且因為堅持獨斷獨行，她總是讓身邊的人必須有所提防。

因為伊蘭諾沒有前科，法院理所當然地視她為初犯。但是在我對刑事起訴罪犯進行心理衡鑑的經驗裡，我從來沒有發現過真正的初犯者。相反地，被控的罪行代表的，只是罪犯第一次被捕的紀錄。在伊蘭諾的例子中，所謂的初次犯罪，其實是雙面生活與她違法應遭逮捕行為癖性的冰山一角。

五、任何人都可能因為嚴重的壓力或意外災難而「情緒失控」或「忍無可忍」，進而犯下罪行

你可能會爭辯，任何人在經歷無法承受的壓力或創傷而變得絕望後，或許都會犯罪。當逆境超過我們可忍受的程度時，可能會把我們推向「忍無可忍」的境界，進而「情緒失控」，犯下似乎完全「反常」的罪行。我們來仔細推敲這幾句話的意思。試想某人在公司大規模裁員期間，突然遭到解雇。靠著他每月薪水度日的家庭，因為這個傷害而難以為繼。這名被解雇的員工決定報仇，因此買了一把槍，回到公司開始掃射。

瞭解一個人的行為，就是瞭解一個人的個性。一個人應對壓力或創傷的回應方式，取決於他在厄運出現**之前**的行事作風。在這個例子中，其他遭到裁員的員工都沒有訴諸報復手段。遭遇到相同的情況，一個人的反應可能是嚴重酗酒、自我孤立，或產生動機去尋找新的工作，卻不會出現身體力行去消滅那個造成自己沮喪的根源的想法。

其實「反常」的罪行根本不存在。對於那些我們很熟悉的人，或許我們會以為自己知道什麼是他們「意料之內」的行為。但是當我們認為某個人的行為不符他的個性時，那是因為我們對這個人的瞭解，根本就不像自己以為地那樣深刻。這樣的人有能力利用自己的才華、

成就與魅力去隱藏他的犯罪心態。

六、那些傷害他人卻從未受到執法者注意的人，是「罪犯」嗎？

心理衛生領域的診斷標籤不斷更變，但人類的天性卻始終如一。「心理病態」、「社會病態」以及近來出現的「反社會人格障礙」常常互換使用——儘管現在的精神疾病診斷，已經不再使用「心理病態」與「社會病態」這兩個詞了。根據美國精神醫學學會（American Psychiatric Association）最新出版的《精神疾病診斷與統計手冊》（*Diagnostic and Statistical Manual of Mental Disorders*，簡稱 DSM-5），具有反社會人格障礙的人，會展現出「一種無視或侵犯他人權利的普遍模式」。[2] 這樣的人通常都很衝動、魯莽、具攻擊性，而且不會後悔。顯然，這些人都是罪犯，但其中有些人的表面舉止卻能夠迷惑受害者，並欺騙執法人員與心理衛生專家。

有些人造成了大規模的傷害，卻沒有違法。他們也是罪犯。擁有「自戀型人格障礙」的男女會操縱以及利用他人來支撐自己已經膨脹的自我形象。這群人所表現出來的藐視與不耐煩，會對他人產生負面的影響，特別是身邊的人。《精神疾病診斷與統計手冊》提到這些人需要不斷地被讚美，他們會利用他人，而且缺乏同理心。這種人因為試著要滿足自己無法被滿足的自戀心理需求，所以配偶、孩子與同僚每天都會受到他們的折磨。就算是陌生人，與這種人的相遇，也會是很不愉快的經驗。服務生、業務員或櫃臺接待人員都可能成為這種人鄙視、羞辱或擺架子的目標。

有位心理學家這樣描述他的自戀客戶：「這是個習慣一意孤行、不顧慮他人意見，也不在意自己的行為會對他人造成什麼影響的人。他專攻要害，需要成為所有場合的掌控者，常常明目張膽地罔顧規定與他人感受，也不在意自己行為帶來的影響，他就是要做他想做的事情。為了達到他的目的，他會提出質疑、威脅或進行哄騙。」

永遠不要低估這種人所作所為會帶來的傷害。自戀者就是一個會持續傷害他人並相信自己怎麼做都可以逍遙法外的「罪犯」。

「**罪犯**」這兩個字會引發強烈的情緒反應。請讀者瞭解我所謂的「罪犯」，與僅在法律框架中的用詞不同。我強調的是**思維的過程**。負責任的人偶爾會犯下「思維錯誤」——就算是正直的人，也不是時時刻刻都正直。大家會因為遲鈍的感覺、無禮、固執或口不擇言而不經意地傷害他人，有時候也會刻意出口傷人。然而那些把犯罪當成一種生活方式的人，他們的思維錯誤卻是以極致型態呈現。結果就是與基本上負責任的人相比，他們的思維方式在本質上就有差異。

注釋

1 譯注：美國以偷竊金額分成輕竊盜罪（petty larceny）與重竊盜罪（grand larceny），但每一州對於金額的訂定均不同。台灣沒有這樣的分別。

2 American Psychiatric Association, *Diagnostic and Statistical Manual of Mental Disorders*, 5th ed. (Washington, DC: American Psychiatric Association, 2013), p. 659.

第三章 思維錯誤

行為是思維的結果。想瞭解行為的「因」，需要辨識出引起這個行為的思維。若不知道罪犯的思維過程，接下的陳述就很難理解。一個闖入民宅行竊的罪犯表示：「當我走進一個房間，房間裡的所有東西就都是我的。」另外一位罪犯則說：「希望他們有好好保管我的錢。」他指的不是存在他戶頭裡的錢，而是他打算要搶的那家銀行裡的錢。有名因殺人未遂而入監的罪犯說：「我從來沒有傷害過我的家人。」自述是個以家庭為重的好男人罪犯表示，他常常在妻兒面前喝到不省人事；有時候為了「餵飽肉體」，他會有好幾個晚上跟其他女人廝混。一個侵占他人財產並犯下性侵害的罪犯說：「如果我覺得自己邪惡，我根本就無法活下去。」

在本章裡，我將討論十二種將犯罪當成生活方式的人會展現到極致的「思維錯誤」。為了要能夠正確地理解「思維錯誤」，各位讀者必須記住，每一種思維錯誤都是以一種**連續**的方式存在。舉例來說，撒一個小謊，與把欺騙當成一種生活方式之間，存在著非常大的程度差異。罪犯的思維方式，與基本上負責任的人截然不同，而罪犯的思維錯誤在加綜之後，更會導致廣泛的傷害。試想下述三位面臨相同職場挑戰的員工反應。

鮑伯在汽車維修廠工作，賺的錢勉強維生。當工作量降到季度低點時，廠方會希望員工進行一些不必要的修護，提高顧客的維修費用。鮑伯認為這種作法形同偷竊。因此當他的長官指示他這麼做時，儘管他非常需要這筆收入，卻還是轉請其他同事負責，並毅然決然地放棄了工作。他去找了一份不會違背自己原則的工作。另外一位技師道格拉斯，對於把顧客當肥羊看待的作法，同樣抱持保留態度，他只有在自己真的亟需用錢的時候，才會做不必要的汽車修護。第三位技師卡爾卻是例行性地開單進行不必要的維修工作，有時候甚至向顧客收取他根本沒有執行的維修費。他對於自己詐騙顧客的行為毫無愧疚感，而且還因為詐騙得逞而洋洋自得。不誠實不僅僅限於他的工作表現，也充斥在他個人的生活中。

或許你會以為汽車維修廠生意冷清是一種環境壓力，足以讓員工絕望到欺騙顧客。然而個人行為的關鍵決定因素，其實在於思維方式，而非環境。鮑伯和道格拉斯的思維模式，與卡爾不同，也因此造就了他們行為的差異。

本章的焦點放在這個世界上的眾多卡爾。對這些人而言，欺騙、剝削與恐嚇都是生活日常。辨視出這些思維錯誤，可以讓我們瞭解罪犯在家、在學校、在工作職場，以及在社群中如何行動。

罪犯的思維模式與一般人不同的概念，並不是現在才出現的新東西。著名的心理學家阿德勒（Alfred Adler）[1]早在一九三〇年就曾說過：「就罪犯而言，事情就是不一樣。他們有一套自己的邏輯、自己的智識。他們的折磨源於一種錯誤的世界觀，源於對自己以及他人重要性的錯估。」阿德勒又繼續提到，罪犯的罪行「與他對生命的一般性認知相符」。[2]阿德勒的作品中處處暗示著罪犯是當事人有意選擇為之，以及他們是一種不一樣類型的概念。九十多年來，阿德勒的這個認知，始終獨行踽踽。有鑑於大家相信罪犯都是環境受害者，而非思維模式以及自身不切實際的認知本身出了問題的傾向，就算是現在，阿德勒的概念也不太受歡迎。

儘管罪犯各種不同的思維錯誤層見疊出，我還是提出了十二種最普遍、但在扭曲到極致時，必然會為其他人帶來傷害的思維錯誤。熟悉這些基本的思維過程，可以讓讀者更瞭解罪犯的結果行為。

一、說謊

罪犯會撒謊。但誠實的人在試著避免尷尬、獲取暫時優勢，或者在努力讓他人留下印象的時候，也會說謊。製片人與時裝設計師福特（Tom Ford）曾對《浮華世界》（*Vanity Fair*）這麼說：「一場雞尾酒會上，如果不說上幾十次謊，根本撐不下去——『你看起來美呆了。』

噢，我的天啊，看到你實在開心極了。我們一定要常常見面。』——但事實上，我想死了回家看網飛。」[3]

當孩子說謊時，他們一般都不太情願，而且之後都會遭受嚴厲的良心譴責。對大多數的孩子而言，說謊不會成為一種生活方式。罪犯說謊的目的在於自我保護，在於掩飾真正的計畫、動機、企圖以及行蹤。但是就算沒有什麼明顯的理由，甚至只是為了芝麻蒜皮的小事，罪犯也會說謊。他們「漫無目的地扯謊」，其實存在著一個目的：維持他們掌握權力與控制的形象，因為他們已經藉此矇騙他人獲利。

就是因為罪犯說謊猶如呼吸般簡單，所以說謊看起來似乎成了他們不由自主的行為。只不過自發性的習慣並非不由自主；是否說謊，完全在罪犯的控制能力之內。如果說實話可以讓他達到目的，他就會說實話。為了讓他人棄甲投降，罪犯可能會說出部分的事實，讓天真的對象相信自己知道了事情的全貌。詐騙高手特別善於使用這種戰術，他們藉著謊言、歪曲事實與假冒他人，犯下各式各樣的罪行。只要其他人相信了罪犯所說的話，罪犯就會產生勝利感。

罪犯的謊言全是為了切合環境與場合需求量身打造而成，並以蓄意遺漏重點作為運用謊言的主要策略。罪犯會預判情境，預謀謊言。他們會刻意討好，表面上看似贊同某人，實際上卻心懷鄙視。罪犯會隱藏自己的想法與掌握到的資訊。別人稱他們為操縱者時，會令他們惱羞成怒，因為根據他們的思維邏輯，他們只是在做自己需要做的事情。

罪犯有能力分辨事實與謊言，隨時可以脫口說出對自己最有利的言論。因為跟許多不同人說了許多不同的謊，他們或許會忘了自己跟誰說了什麼。當罪犯必須要為互相抵觸的說詞自圓其說時，就可能會拆了他們的台。

二、受害者姿態

罪犯的目標在於不論處於什麼樣的情況之下，都以勝利者的姿態出現。他們不但看不到自己的錯誤，還會怪罪他人，並抱怨自己受到不公的指控、誤導、欺騙或對待。當事情與他們的處境無關時，他們會主張自己受到歧視。有時候罪犯因為陳述自己是受害者的次數過多，以致於他們都開始相信自己就是受害者。如果有人挑戰他們的說法，他們不但不會退縮，反而會聲稱自己受到誤解，而這正是一種反過來要讓他人做出澄清的策略。

與那些並非源於自己行為的結果、對現實也真的毫無掌控力的真正環境受害者相反的是，罪犯往往都是在遭遇不利狀況時，才以受害者的姿態出現。如果女朋友離開他，絕對不會是因為他做的任何事情，必然都是對方的錯。當罪犯面對譬如監禁這類無法接受的後果時，他會認為自己是受委屈的一方。有名竊賊說：「我知道那傢伙想念他的東西，可是我也付出了時間蹲苦窯啊。」

當罪犯的罪行鐵證如山時，他還可能怪罪真正的受害者：「是他把鑰匙留在賓士裡的。就好像在求別人把車開走。」「那女人本來就不該在晚上穿成那個樣子出門。」「我本來沒有計畫開槍打那傢伙的，可是他開始把手伸進口袋裡。」

罪犯都會脫口說出任何可能減輕自己罪責的話。就如前述的例子，他們會試著將焦點從自己的行為，移轉到包括受害人在內的其他人做過或沒有做過的事情上。在大多數的情況下，罪犯對於對錯，其實看得很清楚。就像有位罪犯所說：「我可以把所有對的事情都做錯。我可以把所有錯的事情都做對。只要是當下我想要做的事情，就是『對』的事情。」這些罪犯從童年開始，每當需要為自己的行為負責時，就會熟練地禍水東引指責他人，於是在他們成年後，這種行為也成了一種自發的習慣。

三、權力的追逐

罪犯為了權力而追求權力，無關他人利益。權力是他們生活中的氧氣。在他們眼中，這個世界是他們個人專屬的棋盤，其他人全是棋子，而他們也期待自己次次勝利。罪犯認為所有人都跟自己一樣滿肚子心機，所以也很享受玩弄人心，在他人卸下防備時為所欲為。這樣的鬼祟行事，讓罪犯有種擁有權力的感覺。有名罪犯在回想自己的歷程時說：「每一次的轉變，我都讓自己成為一個小小的神祇。」他強調的是他對所有事情的掌控。

儘管罪犯對於權力的追求可以表現在動用恐嚇或暴力上，但他們更常採取比較隱晦的策略。在家人、朋友、同僚或泛泛之交這種只專注對方正面性格的人面前，罪犯看起來也許負責任，甚至溫和慈愛。這些人看到的是罪犯的才華、善行以及迷人的個性，但事實上，他們對人類的信任，反而成了罪犯可以利用的弱點。祕密掌控者手下的受害者，會容忍掌控者做出他們平常會加以譴責的行為，而因為他們心甘情願地信任他，他們甚至會拒絕相信罪犯犯下了令人震驚的惡行。

多年來，我遇到過許多在童年都幻想成為執法警員或打擊犯罪英雄的罪犯。軍服、武器、徽章與追捕壞人的機會，對這些人都有深深的吸引力。進入執法機構或軍職的罪犯會藉由過度執法、收賄以及監守自盜等方式濫用權力。

有些罪犯想要透過經營事業的方式「一鳴驚人」，然後再把這個企業當成非法活動的前鋒。不過由於缺乏成功所需要的實際運作概念，他們的重點於是放到了成為發話當家人的目標之上，夢想著如何支用自己搜羅到的鉅額金錢。有些罪犯根據自己的穿著以及駕駛的車輛，塑造出一種享有權勢的形象。他們可能會不實地宣稱自己擁有專業認證或證照。有些罪犯甚至有能力透過合法的努力臻至成功，卻對現況不滿，再以違反規定與法律的方式，轉而鑽營制度的漏洞。適用於他人的制約，對他們一點都不管用。

在人際關係方面，罪犯追求權力的方式是完全掌控。取得犯罪的利益所得當然重要，但他們更重視權力與興奮感。有些罪犯甚至會捨棄或丟掉他們奪取到手、但沒有用處的戰利品。在阿姆斯特丹盜走兩幅梵谷畫作的竊賊，完全不知道該拿這兩幅畫怎麼辦。他告訴一位《紐約時報》的訪問者說：「我之所以下手，只是因為有機會。」[4]

在犯行的每一個階段：籌畫、與共犯合作、準備、執行犯行，然後脫身，罪犯都會經歷一種權力加身的感覺。即使落網，罪犯對於權力的追求也不會停止。他們會試著智取律師、在司法體系全身而退。就算罪犯遭到監禁，他們的思維過程也不會改變。竊盜、傷害、賄賂與性剝削的事件，在監獄裡層出不窮。

四、缺乏對他人造成傷害的概念

在大多數的情況下，罪犯認知裡的傷害只局限在肉體，完全無視對他人情感或財物的損傷。為了達到目的，罪犯也會承認自己傷害了某人，甚至承諾痛改前非。當然，鮮少有罪犯會守住承諾。從罪犯的思維角度來看，自己並沒有做錯任何事，所以也沒什麼需要痛改的地方。相反地，其他人都錯待了他們，所以其他人應該要有所改正。

十六歲的威爾有次在看守所的訪談中告訴我，他搶劫自己工作餐廳的來龍去脈。他知道餐廳經理會準備好錢，去銀行夜間存款，所以他在打烊時間衝進餐廳裡。威爾掄著一把槍，搶走很大一筆錢。餐廳經理向警察指認出威爾，威爾第二天就遭到逮捕。討論罪行時，這個青少年告訴我：「又沒人受傷。沒有人流血，也沒有人的骨頭被打斷。」他完全沒有考慮過他的罪行對受害者造成的影響，遑論受害者的家人、他自己的父母、餐廳的其他員工，以及在附近店家工作的人。

罪犯一輩子的焦點，幾乎全都放在自己可以得到什麼好處上。他們會算計要如何讓人印象深刻，獲取自認應該得到的認可。就算做了善事，他們心心念念的，依然是如何獲利。舉例來說，他們之所以與長者結交，並非是要慰藉老人家的孤獨，而是可能計畫要得到信賴，竊取對方銀行裡的錢。

罪犯對那些他們聲稱心愛的人，帶來了難以形容的悲痛。我在一處看守所對湯姆進行訪談時，他告訴我他有多感激他母親對他的容忍。他感謝母親在他監禁的期間來看他、在他的戶頭裡存錢，並在他出獄後給他一個重新開始的機會。然而在家待了幾個月後，湯姆抱怨母親對他嘮叨不停、毀了他的一生、把他當孩子對待，讓他住在家裡就跟被監禁一樣令人忍無可忍。過去他描述成如同聖人一般的至愛之人，現在成了怪物。湯姆的母親也是極度焦慮不安，因為他兒子在深夜藉著位於地下室的臥室窗戶販毒時，總是把音樂開得震天價響。當她質問兒子在做什麼時，她得到的回覆都是如狂流般迸發的咒罵與威脅之語。湯姆的母親只有在聽話辦事以及不干預的時候，才是兒子心愛的母親，否則就會因為好管兒子閒事而被視為仇敵。

罪犯沒有把人當人看的概念。湯姆的行為就展現出只有配合罪犯的期望行事而且不加干預的人，才能討得罪犯的歡心，但只要檔到了路，翻臉就像翻書。就像有名罪犯所說的話：「同理心這種東西，對我有什麼好處？」

五、獨一無二的感覺

罪犯所感覺到的獨特感，是他們形塑自我形象的基石。他們堅信其他人都不可能瞭解自己或是擁有和自己一樣的想法，因為他們相信自己的想法優於其他人，所以他們對於其他人的想法毫無興趣。這些人排斥所有不是他們提出來的建議，因為它們不是**自己**的想法，所以毫無價值。採用他人的建議，是可恥的行為。他們提出建議的次數，遠比尋求他人建議多得多。至於開口發問，那更無疑是承認自己無知的舉動。

罪犯制訂自己的遊戲規則，並決定其他人的行為準則是否適用。他不需要解釋自己的所作所為，所有事情也不需要得到他人的同意。罪犯的獨一無二感，是一堵抗拒改變的障礙巨牆。在另一個人面前完全坦露自己、承認錯誤，或聽取不同的看法，等於投降以及心理毀滅。

六、自負與自己理所應得的感覺

對於自己的能力，罪犯都有誇大的想法，但實際的技能或成就卻鮮少配得上他們的自負心態。這些人根本不相信盡力而為這回事，他們篤信的是自己**就是**實至名歸的天下第一。他們也許會吹噓自己擁有醫學學位，自己是合格飛機駕駛，或是曾以世界級運動員的身分參加過競賽。就算是缺乏必要的教育或訓練，他們一樣會傲慢地宣稱自己可以成就的功績。罪犯相信自己的知識比別人高、經驗比別人足，對於其他想法不同的人，全都置若罔聞。

在篤信天底下沒有任何凌駕於自己之上的權威、其他人都應該對自己必恭必敬的想法上，罪犯絕對是終極的無政府主義者。這種膨脹的自我形象並非精神疾病的徵候。罪犯的自負，與那些可能被視為躁鬱症特徵的「輕度躁狂」或思覺失調的指標並不一樣。罪犯儘管不切實際，卻很瞭解現實。

監獄、社區矯治計畫，甚至有些雇主，都會提供罪犯或更生人接受教育、工作技能訓練、社交技能以及個人輔導的機會。罪犯就算可能會踴躍參與這類的計畫，之後仍會因為期待幻滅而退出。無法為他們提供興奮感或讓他們覺得有成功保證的事情，都不值得他們關注。

對許多罪犯而言，「退出」成為一種生活方式。如果他們沒有獲得立即的認同，可能就會放棄手上正在做的事情。他們憎恨依照他人的意見行事。如果有個由九名罪犯組成的球隊，那麼他們每個人都會認為自己應該當隊長。如果當不成隊長，這些人不是退出，就是在旁伺機而動，讓所有人的生活都悲慘萬分。

罪犯的自負心態是他們自我認知不可分割的一部分；堅持這種自負的心態是攸關生死的大事。他們營造的自我形象極其頑固，必須不計代價維護。

七、沒有負責任的概念

罪犯自認不欠任何人任何恩情。負責任這個概念，與權勢對立。他們想要掌控一切，卻不願意受到責任或義務的掌控，因此放人鴿子、遲到，或者不論什麼事情都毫無準備地現身，就成了他們的家常便飯。不論罪犯在表面上是否遵守規定，抑或根本不把自己的承諾當回事，但他們始終堅持其他人必須恪守對他們應盡的義務。

輕諾與寡信一樣隨便。舉例來說，罪犯答應在下午兩點與某人碰面，但沒有說出來的前提，是如果屆時沒有更好、更令人興奮的事情發生，他就會出現。若到時候真的發生更令他興奮的事情，他就會宣稱自己忘了約定、生病不舒服，或不瞭解自己的義務。當有人提醒他們該履行什麼責任時，這些人可能會施展拖字訣，說晚一點再處理，但事實上完全無意處理。罪犯之所以會忘了自己許下的承諾，是因為這個承諾打從一開始就不重要。

當罪犯其實別有目的時，他們很可能會兌現承諾。透過履行責任的作法，最起碼可以暫時讓人留下很好的印象，建立他們言出必行的形象，也因為如此，罪犯會覺得其他人都欠他一份情。

八、缺乏負責任的時間觀念

大概在六十年前，精神科醫生卡普門（Benjamin Karpman）曾將「思覺失調病患」與「違法犯紀者」描述為「缺乏遠見的完美機會主義者」。[5]這些人並不認為有長遠規畫的必要，因為他們確信不論自己想要的是什麼，都可以很快到手。然而另一方面，他們又會因為期待在一次重要犯行中「大有斬獲」而用好幾年的時間擬定犯罪計畫。這些人也會汲取過去的教訓，只不過他們所謂的教訓，不見得是他人希望他們能學習之處。譬如他們看不到自己行為舉止的錯誤，這群人記得的是他們如何「出錯」被逮，並發誓未來犯案時，絕對不再重蹈覆轍。

罪犯所追求的，是不必付出責任義務就能設下的責任陷阱。他們會毫不猶豫地向親友伸手「借」錢資助自己的行動，確保大有斬獲計畫的成功。在罪犯的心中，遠在勾勒出可行計畫前，他們就已經在揮霍自己轟動武林的大事業營收了。這些人不太可能去進行資料搜集、計畫擬訂、循序漸進，以及困難應對的過程。他們期待的是立即的結果以及當下的滿足。

九、善變的心理狀態

罪犯的思維與行為並不一致。他們可以在幾分鐘之內，對同一個對象，從願意幫助的心態轉變成憎厭。罪犯會一反常態地提供協助，然後轉頭就以惡毒的字眼抨擊剛才幫助過的同事。他們的態度隨著心情而變，與環境的現實沒有任何關聯。因為罪犯的善變，在他們身邊的人會覺得自己面對的是完全不同的人。

罪犯覺得有趣或享受的事情，隨時都會改變。因此不論在校或在職場，他們的表現都極其善變。為了達到刺激與興奮的目的，他們著眼的事情一件換過一件。

為了支撐自我形象，罪犯不斷追求征服，行為表現也因此顯得任性與反覆。他們在乎的焦點隨時在改變，卻找不到造成改變的明顯原因。有些罪犯會去教堂、猶太會堂或清真寺做禮拜。他們會遵守特定的宗教儀軌，但它們鮮少融入他們的生活中。罪犯也許會在上午十點祈禱，但晚一點就會去扒竊別人的錢包。有些罪犯發誓要信教信得更虔誠，因此連續好幾週或好幾月都不再從事任何不法行為。只不過沒有刺激興奮感的生活，就像是少了空氣，他們的決心無可避免地衰弱，直到他們重拾舊有的生活方式。正是因為罪犯誠摯的心意無法持久，所以大家認定罪犯從一開始就在說謊。然而他們誠摯的心意其實有時確實是發自真心，只不過我們無從得知與確認。

十、阻隔對於後果的恐懼之心

恐懼是負責任行為的指引。我們安排健康檢查、儲存緊急備用金、購買壽險，都是出於可能遭遇厄運臨身的恐懼之心。但對於罪犯而言，「恐懼」兩個字就是髒話。承認恐懼就等於承認自己是「孬種」、「娘娘腔」、「軟腳蝦」。罪犯鄙視懷有恐懼之心的人。當其他人害怕的時候，罪犯能夠以一種具掠奪性、有如雷達的方式探測到對方的恐懼，進而利用。

罪犯**確實會**害怕犯罪的「職業傷害」：遭到逮捕、獲罪判刑、監禁、受傷或被殺。但是他們有一種令人不寒而慄的能力，能夠立即擺脫擔憂這些後果的恐懼，而且維持夠久的時間好犯案。這樣的能力並非源於不可抗拒的衝動，而是出於選擇。如果詢問犯人是否想過自己會遭到逮補，他可能會回答他知道這種事情**也許會**發生。但是犯案的當下，他們認為自己刀槍不入；否則一開始就不會從事非法行動。他們的經驗也支持這樣的想法，因為他們功成身退的次數遠比預料的要多。罪犯至高無上的樂觀心態，是犯案絕對重要的關鍵，卻也是罪犯最可怕的敵人。就是因為這樣的心態，罪犯很可能會低估自己會面臨的風險。

十一、遭人看輕的恐懼

遭人看輕是罪犯放諸四海皆準的最大恐懼，因為這會威脅到他們的心理存在狀態。罪犯對於他人的不贊同極為敏感。他人的一道眼神、一種語氣、一個手勢，都可能被他們解讀成威脅。他們把所有無法掌控的事情，全都視為對自己的冒犯。搭乘大眾交通工具時，行李架上若是已經沒有讓他們擺放行李的空間了，他們會惱怒。路上若有另一輛車過於靠近他們的車，他們也會大發雷霆。如果店員沒有立刻提供服務，他們就會讓店員的日子不好過。只要罪犯認為應該發生的事情未如預期地發生，他們就會覺得自己受到了羞辱。這些人不會去判斷自己為什麼失望或反省自己的期待是否合理，他們只會變得憤怒。

基本上負責任的一般人，在他人的行為不符合自己的預期時，也會失去耐心，並變得有些咄咄逼人。但對罪犯而言，只要他人未能肯定自己心中那個雄偉高大的自我形象，他們就會認為自己所有的自尊都受到威脅。他們不太可能會去分析當時的狀況，釐清為什麼他人會用這種被他們視為冒犯的態度對待自己。他們的反應與感知到的怠慢不成比例。

至於批評，就算是以嚴厲方式提出的批評，都可能對我們有所幫助，大家可以從中學到一些東西。如果老闆批評一位員工總是遲到或工作懈怠，這是中肯的批評，並非針對個人的中傷。但罪犯對於批評的回應，卻可能是連珠砲般的藉口，或有如生命受到威脅般猛烈地攻擊批評者。

罪犯對於自己認定的他人貶抑極為敏感，而這樣的高度敏感與精神病理學中對於一個人錯認某件事與自己有關的「被議感」（idea of reference）徵狀不同。舉例來說，當一個人身邊有兩個一面聊天一面大笑的陌生人，而這個人想像那兩個人不但在嘲笑自己，而且還密謀要對自己不利，這就叫做「被議感」。

罪犯的自我形象一旦受到輕視的威脅，他們往往會把憤怒發作在他人身上，進而讓情況變得更加不可收拾。無法掌控的可能性沒有極限，罪犯回應他人輕視的反應也因此沒有極限。即使面無表情，他們大多時候都非常憤怒。

十二、零態思維

罪犯的思維只有極端。他們堅信自己就是「第一」，不然他們就什麼都不是。零態思維出現在罪犯的自尊瓦解以及面對全面的潰敗之時。因為罪犯的思維沒有層次，因此他們不是極度樂觀，就是灰澀悲觀。

罪犯的零態思維與非罪犯的抑鬱不同，後者所經歷的是自我厭惡、過分的罪惡感、自卑與悲傷。然而罪犯的焦點並不是自己的缺點，他們之所以絕望，是因為他們對一個無法提供自己所應得一切的世界失去了控制。

零態具有三個特徵：普遍的無價值感；相信他人看透了自己，而且他人正是以這樣的方式看待自己；失去對所事情都會改善的希望。因為失去掌控的可能性無所不在，所以罪犯對於零態的恐懼也永遠存在。

罪犯在學校或職場的表現也許很糟，但如果他們不在乎這些不佳的表現，這些情況就不會導致零態思維。在他人眼中，罪犯也許是失敗者，但如果他們做的正是自己想做的事情，他們就不會認為自己是失敗者。當他人追究他們的責任時，他們看起來也許顯得懊喪，因為他們沉默，而且幾乎沒有任何外露的情緒。但事實卻可能並非如此。沉默是罪犯用來控制他人的戰術，並不一定代表零態思維。

零態最可能發生在罪犯遭到逮捕之後或監禁的當下。自從遭補之後，傑若德告訴我他看不到自己的活路了。他的罪行讓他失去了父母的信任，在等待審判期間，朋友也都孤立了他。傑若德害怕如果繼續他之前的犯罪生活方式，自己恐怕就要一命嗚呼了，他說：「我已經騙了死神好多次了。」數年前，他絕望到拿刀捅進自己的肚子，他女友在他血流乾之前，把他救了回來。憤怒的他說：「把我救回來做什麼？」傑若德聰明、外向，身體健康，有著疼愛他的父母，他的父母曾試著說服他接受治療，不過沒有成功。我在訪談傑若德時，他很明顯地認為自己是「零」，覺得生命沒有任何意義，對於未來也沒有期待。

當罪犯心中自認的好人形象崩塌時，他們可能覺得死了最好。他們對治療沒有興趣，因此拒絕協助。一位毒販告訴我：「我以為自己如果擺脫毒品，就沒有任何問題了。」但他發現了與他期待不同的現實：工作上各種惱人的事情、水準降低了的生活、與假釋官定期的強制性會面、隨機的藥物檢測，還有其他形形色色的麻煩規定。他說：「如果這就是生活，那就是狗屁不通的生活。我現在的問題比以前多太多了。」他考慮過自殺，不過最後他轉向犯罪。

在零態狀況下，罪犯總是渾身怒火，因為他們沒有掌控力，而且他們發現生活其實令人無法忍受。犯罪是這種心境的一帖解藥。

以上有關思維錯誤的介紹，應該可以讓讀者更容易理解本章一開始提到的四句罪犯陳述：闖空門的竊賊認為屋裡的一切都是他的；銀行搶犯希望銀行可以好好看顧「他」的錢；遭判刑的殺人未遂罪犯自認是個以家庭為重的好男人；不認為自己是個好人就活不下去的竊賊。

在竊賊認定「闖入的民宅內，所有的東西都屬於他」的陳述背後，是自負、缺乏恐懼、缺乏傷害他人概念的結合。罪犯非常清楚屋裡的現金、珠寶與電子產品全都是他人的財產。他的挑戰就是占有這些東西，把贓物藏起來，留下自己想要的部分，再把其他部分處理掉或賣入黑市套利。

犯案未遂的銀行搶犯也有相同的心態。他根本就不需要存款帳戶。在對銀行仔細踩點與研究後，他確定自己可以搞定這次的搶案。他不但關閉了對後果產生恐懼的所有可能機制，而且從走進銀行、掏出槍、要求現金，然後逃離現場的行動中，獲得了一種強大的權力感。如果搶劫行動中有無辜者受傷，那也只是他執行工作時非刻意的成本支出。

「以家庭為重的好男人」的確在乎擁有家庭，但他卻不想要家庭帶來的義務，也不反對自己在婚姻關係之外尋求刺激。他把酗酒歸咎於兵役經歷的創傷後壓力症候群（但當事人嚴重的酗酒問題其實可追溯至青春期早期）。他責怪妻子不願理他，所以他才會去追求其他的女人。因為沒有會對他人造成傷害的概念、沒有責任感，再加上關閉良心的異常能力，都是造成當事人摧毀自己以身為其中一份子為傲的家庭的重要因素。

性侵竊賊堅稱自己是好人，這又是怎麼回事？從這個罪犯的角度來看，其他人都是騙子、無賴、變態、罪犯，而自己的所作所為無可非議。藉由上學、工作、參加宗教活動等等，罪犯披著體面的外衣，提升自己心中的自我形象，同時也讓自己可以偷偷地進行非法活動。

不論犯罪種類，思維錯誤在罪犯的行為上都扮演了一定的角色。舉例來說，縱火犯、強暴犯、貪污者以及銀行搶匪，全都是為了追求權力與掌控。他們關閉了良心，也封鎖了對犯罪後果的恐懼之心。他們自認是世界的中心，一切人事物都該繞著自己轉，而且根本沒有會對他人造成傷害的概念。這種思維錯誤的存在，不會因教育、族裔或社會經濟地位而有所不同。

在介紹了上述的十二種思維錯誤後，讀者就更能理解可能既令人困惑又害怕的犯罪行為。

注釋

1 譯注：阿德勒，一八七〇－一九三七，奧地利醫生、心理治療師，也是個體心理學派（individual psychology）的創始人。

2 Alfred Adler, "Individual Psychology and Crime," Police Journal 17 (1930), reprinted in *Quarterly Journal of Corrections* (1977), pp. 7-13.

3 "Tom Ford Answers the Proust Questionnaire," *Vanity Fair*, March 2020, p. 137.

4 Nina Siegal, "What Do You Do with a Stolen Van Gogh?," *New York Times*, May 27, 2020.

5 Benjamin Karpman, "The Structure of Neuroses: With Special Differentials Between Neurosis, Psychosis, Homosexuality, Alcoholism, Psychopathy, and Criminality," *Archives of Criminal Psychodynamics* 4 (1961): 599-646.

第四章

兩名謀殺犯：不同的背景但雷同的思維錯誤

賴瑞跟崔佛都因為犯下謀殺罪而登上頭條。賴瑞生長於美國南部偏鄉小城的少數族裔貧困區，國中遭到退學，由單親媽媽扶養。崔佛與父母住在郊區，是個大學生，家境富裕。儘管這兩名年輕人在家庭背景幾乎毫無相同之處，但思維模式和人格卻很相像。在賴瑞殺害一名完全不相識的陌生人以及崔佛殺害自己的父親時，下列的錯誤思維模式明顯扮演了重要的角色。

- 缺乏會對他人造成傷害的概念
- 聲稱自己才是受害者，把過錯推給別人
- 關閉良心譴責的能力
- 對於自己理所應得的堅定信念
- 認定自己獨一無二
- 缺乏責任的觀念
- 關閉恐懼感的能力

賴瑞

賴瑞和朋友看見一位老人家走出商店的時候，才二十歲出頭。「我們只是想找點樂子。」我到監獄訪談他時，他這麼告訴我。於是，因為感到「無聊」，他跟死黨便走向那位完全不相識的老人家，一番攀談後，拿起球棒不斷毆打對方。他們把人打倒在地後，又開始用力踹他，然後搶走他的皮夾，留下受害者倒臥血泊中。解剖報告指出，被害者是因頭部受到「多次重擊」致死。

基本狀況如下：賴瑞出生時，是個沒有任何併發症的「足月產寶寶」，父母在他國中時離異，賴瑞和其他五個兄弟姊妹與母親艾黛納．葛林同住在一處破舊的社會住宅。根據法院的緩刑部門調查，葛林太太因為失業而接受社會救助，而且情緒不穩，很難管教孩子。賴瑞的父親告訴調查人員，他的前妻和孩子「老愛在街頭遊蕩」，孩子的行為簡直就像「野獸」一樣。葛林先生有份正職工作，有時候會帶吃的去探望他們，也會幫前妻付帳單。父母雙方都沒有重罪的判刑紀錄。賴瑞的成績一直在及格邊緣，直到國三時，他終於受夠了學校，開始不做功課，也開始翹課，最後在十五歲時遭到退學。賴瑞偶爾替人除草，除此之外，做過最長的工作不超過一天。

我對他的訪談用了近十個小時，也問了其他與他親近的人。我甚至調閱了法庭與緩刑相關紀錄。除了與謀殺案有關的事之外，賴瑞有問必答。他對母親沒什麼好話，他聲稱「我們相看兩厭」，他還指責母親刻薄又不負責任，批評她經常情緒失控，打他耳光。他說他希望自己沒有這樣的母親。

當然葛林太太有她自己的問題與力有未逮之處。家裡總是一團亂，管教也無方。然而，其他幾個孩子，除了一個在青少年階段曾出現過行為問題，都沒有犯罪紀錄。通常罪犯在遭到逮捕後的審訊中，都會自稱是家庭、貧困、同儕壓力或其他種種的環境受害者。但是當我訪談葛林太太時，她並不符合那種漠不關心、充滿敵意的家長形象。她感嘆地說賴瑞是個很難帶的孩子。他無法與老師和平相處，也討厭人家告訴他要怎麼做。「他在學校老是打架鬧事。」她說。對於兒子抱怨她「老愛發飆」，葛林太太承認自己脾氣不好，但那是因為「他根本不想理我」。賴瑞不論去哪裡，都會打架。「他根本就是跟他的狐朋狗黨出去找架打。」而最令這位母親難以忍受的是賴瑞對手足的殘暴，他的行為已遠遠超過逗弄家人的分寸。每當一個弟弟不小心吵醒了睡著的小弟時，賴瑞就會大發雷霆。葛林太太回憶道：「他會氣得跳到對方身上，猛打他的頭，還用腳踹他。」有一次他因為太氣了，「差點掐死他弟弟」。葛林太太說：「兄弟姊妹沒一個喜歡他，他們都叫他瘋子。」當她催促賴瑞去找份工作時，他會回嘴說：「我不需要工作，如果我需要什麼的話，我可以去偷。」當問及賴瑞成天都在做什麼時，葛林太太回答說：「他就呆坐在家裡，聽聽收音機、看看電視。」他還會去隔壁一位老奶奶家，對方有個女兒生了一個小男孩。「他非常疼愛那個男孩。」她這麼說，並注意到兒子迷上了小男孩的母親。賴瑞想回家就回家，要離家就離家，對母親要他工作的懇求充耳不聞。

葛林太太說賴瑞的壞脾氣不斷給他自己惹麻煩。「他那種和人說話、找人麻煩的樣子。如果多看他兩眼，他就會嗆對方『看什麼看？』」她說：「我把孩子養大，可不是為了讓他們去傷害別人。我自己也不會去害別人。真希望他早早就把我的話聽進去。」她很難過兒子對她似乎充滿怨恨，她一廂情願地說：「我不知道他怎麼可以把照顧他長大的人說成那麼壞。」對於賴瑞因為謀殺而遭到逮捕一事，她覺得心力交瘁：「真是瘋了，怎麼會去招惹一個沒有打擾到任何人的人。我希望那位老人家可以從天堂走出來，狠很罵賴瑞一頓，讓他好好想想自己是怎麼對待別人的。」葛林太太表示，如果她可以預先知道會發生的事情，她一定會「把老人家推開，讓賴瑞打自己」。她接著又說：「我愛我兒子，但是我從來沒有教他出門去傷害別人。」賴瑞的姊姊凱洛琳認為她弟弟的問題在於態度。她說：「如果有人試圖糾正他，他總是會強辯自己是對的。我想他應該是想要所有的事情都照著他的意思走。」有些人則看到賴瑞善良的一面。隔壁那位老奶奶說：「賴瑞把我當成祖母一樣對待，他會替我跑腿買東西，也不跟我拿錢。他還會過來帶我的小外孫一起去買東西。」賴瑞的父親認為他兒子是因為交友不慎才變壞。「他就是要跟那些麻煩鬼混在一起，」他還補充說：「孩子會選擇自己想要湊在一起的人當朋友。」葛林先生拿自己的其他孩子與賴瑞比較。他提到第二小的兒子時說：「他不會跟賴瑞待在一起。他就是不想跟他在一起。他不想跟麻煩扯上關係。」賴瑞與母親一起生活後，葛林先生很少陪在他身邊，所以葛林先生並沒有親眼目睹過賴瑞發脾氣與攻擊挑釁的那一面，也因此當他從收音機上聽到賴瑞因為謀殺而遭到逮捕時，他直接愣在當場。葛林先生的腦子裡，依然是兒子小時候畫畫以及幫助老人家的美好回憶。當被問及賴瑞為什麼沒有繼續跟他住在一起時，這位父親回答：「他想回去跟那群野孩子待在一起。」

賴瑞非常堅持己見，對任何不同意見都充耳不聞。遭退學後，他平常就在街頭遊蕩、在家看電視、找找女人或流連酒吧。他開始喝酒、吸大麻以及使用其他毒品。他說退學是因為「我的心根本就不在學校。感覺自己好像在做白日夢。我會在課堂上睡覺。我不想做功課。我放棄了。我想要照我的方式做事，不想再有人告訴我該做些什麼」。退學之後，他在家與母親相處的時間變多了，兩人的衝突也愈來愈多。他抱怨說：「她總是對我嘮叨『出去找份工作』」。但賴瑞打死也不願意到速食店工作，他表示：「我才不想在什麼鬼餐廳賺什麼最低基本薪，」他肯定地說：「我喜歡錢多的工作。」但是他並沒有去賺錢，反而向母親伸手，而且每當「她遲疑及生氣」的時候，他就更討厭母親。他會不停地聲稱他母親對她男友比對他好，根本不把他當兒子看。母子衝突到最高點時，葛林太太會威脅要找警察，因為她實在拿兒子沒辦法。賴瑞對警方也一樣態度惡劣。他對我說：「我實在無法忍受看到那些警察。如果警察叫我回家，我就跟他說『老子愛去哪就去哪』。警察都是蠢蛋，他們別想告訴我該做什麼。他們只想抓人。抓人可以讓他們有點事做。」他多次提供警察假地址和假名字。他記得有次在一場節慶中，他喝得酩酊大醉，大聲咒罵路人，結果警察把他攔了下來。警察要他回家，結果他假裝離開，過一會又溜回了舉辦節慶的公園裡。

賴瑞非但沒替自己的壞脾氣辯解，似乎還感到驕傲異常。他主動告訴我：「如果對方硬要跟我辯，我就會理智斷線。」就連他的女友，也就是他很寵愛的那個小男孩的母親，也知道他的怒氣是怎麼回事。「有時候當她提到她前夫時，我就會發飆，對她破口大罵。」他這麼說。賴瑞回憶有天他女友以為他在發燒，就把手放在他的額頭上。結果賴瑞當下的反應卻是一把抓住她的手往後摜。「她常看到我發脾氣。」他這麼說。被問及是否對女友忠心，還是到處留情時，賴瑞的回答是「如果我不跟其他女人鬼混的話，事情一定會變得大條」。他甚至還說，跟人發生性行為時，「我從來不用保護措施，因為我就是要有那種感覺」。

賴瑞跟我談到良心這個議題時異常坦白。（雖然他的正式教育程度只有到國三，但是他很聰明，而且能言善道。）我們在談到他暴怒時的狀況時，他說：「我也不知道自己會做出什麼事。我只想傷害對方，讓他們知道我不好惹。如果當時我看到手邊有什麼東西的話，我會抓起來就往他們身上砸。很多人都對我說我有良心。他們其實一點都不瞭解我。他們知道什麼？他們又不知道我在想什麼。他們以為如果我惹了大麻煩，就會感到良心不安。我想都沒想過這件事。他們還說我需要幫助。他們才需要幫助。我沒有良心。我幹過很多壞事，但我一點都不擔心。有些人有良心，他們的良心會譴責他們。對我來說，完全沒有這樣的問題。」被問及有沒有什麼讓他後悔做過的事情，賴瑞想了一會，然後回答：「沒有。就算我做過什麼，大概也不記得了。也許我會跟某人說對不起。不過大多時候，我都是盯著他們，然後大笑。」他說如果他曾傷害過女人的感情：「都是她們自找的，不是我的問題。」賴瑞表示：「我是個好人。我不喜歡給別人找麻煩。」

賴瑞被控謀殺之前，已經有一長串犯罪紀錄，包括攻擊、闖空門、竊盜、擾亂治安、損害公物以及商店行竊等等。大多都是隨機犯罪或情緒失控。說到隨機犯罪，某天晚上他跟一群死黨經過一所學校時，突然決定要闖入校園。他們沒有特定目標。「只不過是一時興起。」他如此回憶道。於是一群年輕人打破窗戶闖入校園，洗劫教室，將桌椅翻倒，然後把偷來的課本丟到草叢裡。賴瑞被逮捕的罪名只是他犯行的冰山一角。他對於偷竊這個行為毫不在意，他說：「如果我看到想要的東西，我就會拿走。貴不貴根本無所謂。」他吹噓地說：「我可以做到神不知鬼不覺。」

賴瑞說自己九歲開始迷上打鬥，都在電視上看功夫電影。他想像自己「在電視上耍弄功夫的樣子。功夫跟跳舞沒什麼兩樣」。但是他的身體力行遠遠超過對於武術表演的喜愛，他喜歡為了打架而打架。「我打架時一定會用力飛踢。」他說道：「前一分鐘我還和和氣氣的，下一分鐘就可能大發雷霆，抓起一把椅子扔出去。」他坦承喝酒的時候特別火爆。我問他是否被別人攻擊或痛毆過，他毫不猶豫回答：「那種感覺很棒，讓我覺得自己承受得住壓力。我可以應付兩個人的攻擊。有人想撲過來揍我，而我知道自己可以撐得住的感覺，真的棒透了。」他提到有天晚上「有兩個傢伙從後面衝過來攻擊我。我頭上還留了個硬疤」。他拒絕去醫院，因為「我對醫院沒有什麼好感。就像我痛恨他們一樣。我寧願自己忍受疼痛」。當我們討論到他涉及的非法活動時，賴瑞一開始推給「同儕壓力」，接著表示「看看街上是什麼樣子、混混幫派是什麼樣子，看看自己接受考驗的能耐」是種挑戰，讓他樂在其中。

賴瑞的刑期不長，輕判的主要原因是法官希望給他一個機會，讓他在緩刑期間改過自新。賴瑞完全不理會緩刑條件，他拒絕好好找份工作做，換住處沒有通知緩刑官，每個月也沒有依照規定提交報告。法院不只一次撤銷他的緩刑判決，所以他必須服更長的刑期。當我問他有關頻繁違法緩刑規定這件事時，賴瑞一臉憤慨地指責緩刑官：「他根本不知道他在說什麼。他一定是沒帶腦子出門。也或許我就是天生反骨。我只想照我的方式做事情，而不是他們的方法。我才不要在什麼鬼餐廳或速食店工作。割割草也許還可以。」

我到監獄訪談他時，賴瑞說：「我希望自己一覺醒來，發現這一切不過是一場夢。我希望自己醒來之後，看到前面有個嶄新的未來在等著我。」說完這番話之後，他又說：「我一點都不覺得自己很壞。」對於可能被判死刑，賴瑞清楚表示：「我寧可自行了斷，也不會讓他們拿走我這條命。」他提到自己可能會在監獄自殺，他希望一直到最後，他都能掌握完整的掌控權。他在法庭上對法官出言不遜，賴瑞說：「我才不在乎法官生不生氣。我一點都不害怕。他們根本不知道我的脾氣有多火爆。不過他們會有機會知道。他們頂多判我藐視法庭。」儘管他對謀殺案的供詞反覆，但是他試著把罪過推給朋友。賴瑞強調他過去跟這個死黨的感情有多好，兩人曾歃血為盟。不過現在身陷囹圄，盟誓道義也沒有意義了；人不自私，天誅地滅。「我還是會試著保住我這條小命。我以前就曾打電話給警察告發過很多朋友。他們永遠也不會知道我打算要幹嘛。」賴瑞被判無期徒刑。

崔佛

崔佛在一個郊區的富裕中上階級家庭長大。他的兩個弟弟在學校與職場都表現優異。父母和弟弟都沒有任何犯罪前科。崔佛和他父親在爭論自己是否該入院接受精神治療時發生口角，崔佛一氣之下刺死了他父親，因而遭到逮捕。我接獲法院的命令後，花了近二十個小時對崔佛進行心理衡鑑。

崔佛很崇拜他的父親溫特先生，因為他父親有一顆非常優秀的「百科全書」腦袋，而且工程師的事業也很成功。「追求知識對他來說是一種熱切的渴望。」崔佛這麼說，他很難想像自己有生之年會有這樣的熱情。然而他卻殘酷地批評他父親的性格，說溫特先生對他人都是魅力無窮，但對他卻像個惡魔。他堅稱在他父親「可悲的生命」中，只有錢和物質最重要，而且努力想當社區裡的楷模。他稱他父親是個「工作狂」，他自己完全不明白工作有什麼重要。他聲稱「工作讓我頭痛」，認為過得開心更重要。被問及父親的成功是否為他帶來任何好處，崔佛不情願地坦承他的生活的確過得很舒坦。然而他也說與其住在家裡過著優渥的生活，自己寧願住在小公寓，有一份規律而輕鬆的工作。儘管不苟同父母的價值觀，他的焦點卻一直都放在他們的錢上。崔佛稱溫特先生是「一個除了錢，其他一無是處的人」。他說：「要是我爸肯乖乖閉上嘴，替我付帳單，那我就有如置身天堂了。」每次要錢，如果父母不給，他就會自己想辦法。他知道父母的皮夾裡若是少了錢，他們通常會以為是對方拿走的。就這樣，崔佛偷了好幾百塊美元。

至於母親，崔佛認為她不過是父親的「傳聲筒」，而他很討厭他母親這一點。另一方面，他又替母親感到難過，因為她老是唯唯諾諾的，從來不敢違抗自己的丈夫。崔佛回憶起自己的青少年時期：「只要在她身邊，我就一肚子氣，氣多了，情緒就會非常非常惡劣。」

他記得有次因為勃然大怒，就抓著母親轉圈，「好讓她注意我」。崔佛承認母親基本上是個不錯的人，會忍受自己的壞脾氣，「因為她覺得我需要有一個出口」。

崔佛形容他父親是個「情緒虐待者」，但在他們家裡，長期以來的施虐者其實一直都是崔佛。他從上小學開始就欺負弟弟，而且每次把他們揍哭，就會覺得很爽。他瞧不起弟弟認同父母的價值觀。「我弟弟對我很不錯。」他這麼承認，但儘管如此，他還是會攻擊他們。「每次看到他們，我就想打他們或捶他們一頓。」他對自己這種蠻橫行徑的唯一解釋是「感覺很爽」。他吹噓說只要他假裝對自己的錯誤行為表現悔意，就可以擺平父母：「但我其實一點悔意也沒有。打人很好玩。對於表現懺悔這回事，我有很多練習的機會。」父母的處罰完全阻止不了崔佛無時無刻的身體霸凌行為。失望的這對父母最後訴諸體罰，結果換來崔佛對父母的「殘忍虐待」的抱怨。崔佛幾乎將他父母試圖管教他的所有舉動，全視為身體或是情緒上的虐待。

「殺人在我腦子裡不是什麼新鮮事。」有次在監獄的訪談中，他這麼對我說。他記得小時候「毀滅過一堆蟲子」。那可不是在家裡踩死一隻螞蟻或蟲子那麼簡單。他會追捕成群的蟲子，然後「把牠們踩在腳下，用我的方式殺光牠們」。他想起自己「和玩具間的關係，完全都是暴力」，「全都與打架有關」。他曾因打傷了一個男孩而遭到學校短暫停學。有一回不知道為了什麼事，他很生他父母的氣（他完全不記得是為了什麼事），結果一氣之下就拿起一座貴重的瓷器雕像摔個粉碎。崔佛還說自己沉迷於大屠殺的電玩遊戲，而且他幻想要殺害的對象，並不僅限於電玩中的角色。從他上小學開始，他對他父親愈來愈不滿，以致於他曾想像過各種不同殺死父親的方式。他告訴我，他真希望自己「很久以前就痛揍他的臉，而且勒死他」。他對他的母親也有過類似的想像，不過次數比較少。

崔佛在進入競爭激烈的高中前，學業表現一直不錯。一開始，他的成績相當傲人，但漸漸覺得「幻滅」、「作業令人厭煩」。他覺得學校很無趣，大部分的學習內容也沒有意義。令他父母失望的是，他開始翹課、不寫作業，成績因此一落千丈。如果老師指定了冗長的作業或報告，他回家根本不會提。「我從來不告訴他們學校的繁重功課。我會假裝做功課，然後看電視、放鬆自己。」第二天早上，他會進入「臨時抱佛腳」模式，成功騙過所有人，至少可以騙上一陣子。他抱怨父母對他無情施壓，只為了要他取得可以進入好大學的好成績。他決定違抗父母，用「我告訴自己再也不要拿好成績。我已經計畫好了。我知道要怎麼搞砸這一切」，來打破他父母的「傳統價值」。

當幾所精英大學拒絕了他的入學申請時，崔佛大大鬆了一口氣。然而，令他失望的是有一所頂尖大學接受了他的入學申請，他知道自己一定得被迫入學。進入大學後，他不用功，被當了好幾門課。從高中就開始使用的毒品，成了他生活的中心。他偷父母的錢買毒品，後來很快便引來一群渴切分享他的慷慨的同好。崔佛告訴我：「我從來就不善於交談。」他說因為自己有錢可以買到大量優質的毒品，所以「才會有朋友；不過他們之所以會在我身邊打轉，全是因為我有錢。」

有位關心崔佛的系所院長告訴他的父母，愈多輔導老師試著幫助他們的兒子，他的表現就愈糟糕。崔佛大一只撐了四個月就辦了休學，表面上是返家進行治療，實際上只是假裝順從。再次與父母同住後，他把時間全花在看電視與打電玩這兩件事情上；他戒了毒，因為必須不時接受尿液檢測。度過了他所稱「人類可以經歷的最無聊且緊繃得有如橡皮筋的幾個月」之後，他得出的結論是回到學校比較好，只不過這次，他換了一所比較輕鬆的學校。

沒有人真的瞭解崔佛，對於這一點，他感到很得意。他跟家人不親，也沒有至交好友。事實上，他跟任何人都不親。即使在工讀場所或運動場上，他也都只是與人維持表面的互動。他說自己「不擅與同儕交談」，不過可以和「高智商的人」處得很好。他對於自己社交技巧的評論，可以用他自己的一句話總結：「糟到離譜。」問他為什麼會有這樣的認知，他淡淡地說：「運氣太背。」他也說自己有「情緒障礙」，因為被「怪胎父母撫養長大。他們並沒有善盡養育我的責任，而是以各種可能的方式搞砸一切」。他指控他的父母「強迫我過著一種必須專注在課業上的生活」。他斬釘截鐵地宣稱：「我想不出來有哪件事不是他們的錯。」

崔佛總是獨來獨往，從來不關心其他人。他坦言自己對別人不感興趣：「除非我可以從他們身上得到好處。除非可以讓我得到什麼，不然我怎麼可能有興趣？」他寧可自己一個人玩電玩，而且有不少電玩遊戲是他從店裡偷來的。（他之所以偷東西並不是因為缺錢，而是因為「我想我應該不會被抓」。）他的父母想盡辦法限制他看電視和玩電玩的時間，但徒勞無功。崔佛與父母幾乎每天都因為這件事爭執不斷，火爆的氣氛甚至對崔佛的弟弟造成了戕害。做父母的因此選擇退讓，他們的另外兩個兒子值得更好的家庭環境，不該被迫適應根本與他們無關的喧囂狂暴。溫特夫婦不想因為與崔佛不斷的對抗而毀了整個家。

崔佛轉學到另一所他預期會比較輕鬆的學校後，持續使用大量毒品「放鬆」。至於需要放鬆的理由，他回答吸毒是為了減輕必須要上課、寫報告和準備考試的壓力。他很後悔與父母爭執有關毒品的問題，因為這些爭執給了他們「一扇進入我心裡的窗戶」，讓他們知道了自己是多麼冥頑不靈、毫無悔意。為了平息父母對於毒品的「嚴厲態度」，他參加了戒毒教育課程，但不是在課堂上呼呼大睡，就是直接蹺課。

崔佛的父母對於如何幫助自己的兒子，感到愈來愈束手無策。崔佛拒絕父母的關心與介入。從他青少年時期開始，他就厭惡父母對他各種活動的詢問，他稱這些詢問為「質問」，而且他稱自己的父母是「愛管閒事的混蛋」。他不斷與父親發生爭執，因為崔佛告訴他父親的事情愈少，他父親的問題就愈多。「我從來就不想跟他說話。如果我不回答他的話，他就會發火。我不想理他，他就對我大聲咆哮。」

崔佛的父母從來沒有放棄過他們的兒子。他上大學時，父母還替他請了家教。但崔佛說：「我爸認為這是給我的禮物，可是我根本就不需要家教。」儘管如此，他說家教確實讓他的成績有所起色，因此有段時間，有了家教，「爸媽就沒來煩我」。他的父母經常與校方保持聯繫，崔佛覺得他們實在是多管閒事。他認為：「我父母根本是故意要破壞我的生活。」要是可以殺死他們，肯定輕鬆多了。「我總是想像我父親死了的情境。殺他是件痛快的事。我真希望他去死，但他的錢很不錯。如果他死了，錢留給我，那就太好了。」他曾想像過以勒斃、刀刺或槍擊的方式折磨並殺害自己的父親。在這個世界上，崔佛最討厭的人，就是他的父親。他也很氣自己的母親，總是順從父親，什麼事情都跟他一個鼻孔出氣。

在高中時期以及無法在第一所大學繼續就讀之後，崔佛的父母都要求他接受治療。崔佛聽話接受了，但除了呆坐在不同診間的椅子上以外，什麼話也不肯透露。他告訴我，他並不反對心理衛生專業人員，覺得他們當中有些人很聰明、人也很不錯。他只是覺得自己沒有和他們見面的任何必要。崔佛沒有興趣改變自己的任何一方面，他盡最大的努力說服治療師，需要改變的人是他的父母。他說他的父母希望他可以「變好」，可是他才希望父母可以「變好」。治療毫無進展，一切徒勞無功。「不是他們做不好，只是我不需要他們。」崔佛這麼說。

其中一位治療師強烈建議崔佛入院接受精神疾病治療。溫特先生也積極安排這件事。在一個跟平常一樣的日子裡，崔佛與他的父親因為自己正在做些什麼事、沒有做些什麼事，以及自己應該做些什麼事，發生了激烈的爭吵。真正讓兩人吵得不可開交的是，溫特先生堅持崔佛需要住院進行密集的精神疾病治療。在那個時點，崔佛暴怒到抓起一把刀，不斷狂刺他的父親。當我在一次獄中的訪談過程，問他是否想過殺害他的父親，以及這件事對他其他家人會造成什麼樣的後果時，他冷漠地回答，他早把這件事從自己的腦海抹除了。

賴瑞與崔佛：思維錯誤

缺乏會對他人造成傷害的概念

賴瑞對於那位從店裡走出來的無辜老人一無所知。賴瑞也沒興趣知道他是誰。漫無目的尋找刺激的賴瑞，有興趣的是「招惹」這名完全不相識的陌生人所帶來的期待。在殺死對方之前，把對方變成一個渾身顫抖、哀求一點點人性光輝的東西，是他極致的刺激。對他而言，這名受害者就像一隻腳下的螻蟻。我對賴瑞的幾次訪談中，他從來沒有對自己犯下的罪行表達後悔。他希望時光可以倒流，但不是出於殺人的悔意，而是這樣他就不用一輩子待在監獄裡。這是他唯一擔心的事。

崔佛殺了父親，也擺脫了他這輩子視為仇敵的那個人。他的受害者並非陌生人，但對他來說，是不是陌生人無關緊要。他並沒有把他的父親當成一個人。他曾多次想像要把溫特先生從地球上抹去，這樣自己才能自由自在地去做他想做的事。入監之後，崔佛幾乎從來沒有想過他的罪行對他的母親、弟弟、親戚、父親的同事、家人的朋友，抑或是他們社區的鄰居，會帶來什麼樣長久不去的衝擊。如同賴瑞一樣，崔佛的心思全擺在自己以及如何度過牢獄生活之上。被監禁在郡監獄時，他拒絕訪客，因為他不想有任何來自過去的人帶著一堆問題來打擾他，要求他做出一堆解釋。

目標受害者與其他非直接受害者，全都因為一項罪行的結果而飽受折磨。但像賴瑞與崔佛這樣的罪犯，對於他們的罪行所掀起的漣漪效應毫無知覺。

聲稱自己才是受害者，把過錯推給別人

在要求罪犯為自己的行為負責時，他們會認為自己是受害的一方。若從他們的角度來看，因為其他人會干預他們想要做的事情，接著還會設法限制他們，所以他們一直都受到不公平的對待。賴瑞覺得他的受害者是一個剛好在錯誤的時間出現在錯誤地點的傢伙，就好像過錯全都在受害者，誰叫他要在那裡呢？

長久以來，崔佛一直自認是他父親「瘋狂惡劣情緒」下的被害者，而且憎恨他父親試圖

將他的價值觀強加在自己身上。他對自己的母親也沒有什麼好話，他聲稱她正在「毀滅我的人生」。溫特夫婦的期望，與大多數的父母都一樣，不論來自什麼樣的社會階級，他們都希望自己的孩子得到教育、公正地對待他人，最後還能夠自己養活自己。

關閉良心譴責的能力

像賴瑞與崔佛這樣的罪犯，似乎無法與他人產生共鳴，因為他們不會展現出任何同理心，他們對於自己帶給其他人的痛苦漠不關心。崔佛的母親在試著與他談論家裡因他而導致的混亂時，因為他「冷淡的反應」或拒絕表現任何感情的態度而感到沮喪。崔佛從未表達懊悔之意。他的父親針對任何事情與他進行的溝通，都是困難重重。除了依照他的主張行事外，他不想跟自己的父母有任何瓜葛。對於自己的父母可能會有什麼反應，崔佛完全無感，他會說出令所有父母驚恐慌張的話，然後開心地看著他父母的愁苦。他平靜地說過：「我有時會脫口說出一些瘋狂的事情，不過我只是隨口說說，不會像我父母那樣認真對待。我媽對於激怒我這件事，還挺擅長的。我會用暴力威脅他們。」

當賴瑞堅持「我沒有良心」的時候，態度異常固執。但是他卻對鄰居的一位老奶奶和老奶奶的外孫產生了依戀。這位老太太指望著賴瑞幫她許多忙。賴瑞其實跟他的母親也很親，儘管他不斷地在抱怨她。他從來沒有想過他的犯罪行為會讓在乎他的人千瘡百孔。當他攻擊那名從商店裡走出來的老人時，其他的一切都不再重要。就像賴瑞對我說的話：「事情發生了就是發生了。」不論他的良心是如何破碎，在他追逐當下那個目標時，他關閉了自己僅有的良心碎片。

罪犯短暫的感情用事，不該被誤解為良心。在罪犯意志消沉的時候，他們很可能會回到自己的母親那裡尋求慰藉。過去他們曾經多次依靠自己的母親，特別是靠著母親把他們保釋出來，遠離麻煩。然而不論他們對母親有多麼殷勤或多麼崇拜，他們都讓自己的母親活在地獄裡，他們在她反對他們想做的事情時破口大罵，他們偷她的錢、威脅她、讓她夜裡無法成眠。罪犯對自己母親的評論在聖人與魔鬼之間搖擺不定，一切都取決於他們的母親願意聽從他們命令的程度。然而不論罪犯讓自己的母親經歷過什麼樣的折磨，他們的母親依然會原諒他們，並給予支持，希望他們改過自新。

當崔佛描述自己是「情緒障礙」時，他指的是自己並沒有與任何人建立任何有意義的關係的事實。除了抽大麻或玩電玩時的那些膚淺之交外，他並沒有向任何人坦露過自己。對於自己對其他人造成的傷害，他似乎從來不會後悔。除了他自己，其他人的生命在他眼中也似乎沒有任何價值。

對於自己理所應得的堅定信念

儘管兩人家庭背景迥異，然而賴瑞和崔佛卻有許多相似之處，兩人都曾犯下侵犯財產罪、使用非法毒品，也都暴力對待過別人。兩個人都認定自己有權去做任何心裡閃過的事情。崔佛的父母因為看到兒子「持續而頑固地變壞」而心生恐懼，他們害怕這樣的情況可能是心理疾病之故。但是崔佛卻一點都不覺得自己每下愈況，他認為自己的行為全都只是在反制他那對不可理喻的父母而已。

像賴瑞與崔佛這樣的罪犯期待在任何情況中勝出。他們自認是輪軸的中心，永遠不會成為眾多輪輻之一。他們已經決定採取行動的事實，就已經賦予了這個行動應有的正當性。其他人對於隱藏在溫和外表之後的險惡意圖毫無所覺。罪犯期待占據上風。其他人要做的事情就只有別擋路、別成為他們的包袱。至於其他人想要的東西與期望，一點都不重要。賴瑞說：「如果我看到想要的東西，我就會拿走。」崔佛在未告知的情況下拿走屬於他父母的錢時，也是一樣的想法。他不需要對自己或其他人交代自己偷竊行為的正當性。在崔佛的心裡，這些錢早就屬於他，他要考慮的，只有這些錢該怎麼花。

認定自己獨一無二

罪犯持續努力強化自己的獨特感，這是他們人格的一道驅力。在他們的內心，他們認為自己就像一枚指紋一樣獨一無二。他們堅信自己與眾不同的想法，源於他們把其他人都關在他們的生命之外。除了私利的目的，崔佛與賴瑞都不會去尋求其他人的建議。

當崔佛的父親告訴他，他需要住進精神科醫院的時候，他震怒不已。他覺得如果有任何人需要治療，那也是他的父親。崔佛找不到任何應該順應大多數同儕的理由。在他眼裡，他的同儕全愚蠢地走在別人為他們鋪好的路上，他們不像自己有個自由的靈魂。

崔佛與賴瑞的人際關係都不好，部分是因為他們覺得沒有人跟自己一樣，所以不會有人瞭解自己。他們自認高人一等，他們確信適用於其他人的東西，與自己一點都不相關。他們會制訂出屬於他們自己的規矩。

缺乏責任的觀念

罪犯對於他人的態度反覆善變，完全視對方是否對自己有用而定。今天他可能把一個人當作至親至愛的盟友，明天就可能是非死不可的敵人。崔佛在享受父母富裕生活型態所提供的物質舒適的同時，也對他們因為自己的不合群與壞成績而一再打擾自己感到憤怒。他的母親發現與兒子周旋的過程非常痛苦，因為他總是「發脾氣、沮喪而自大」。崔佛對於家人想要伸出援手的所有提議，都會暴怒不已。甚至在父親或母親對他好的時候，他也會表現出一副不屑的態度。他回憶說：「我媽會幫我做一頓很豐盛的午餐。我直接丟掉。」他堅稱：「他們要我變成他們的複製人。」他對父母所累積的痛恨，遠遠超過了青少年叛逆期的表現。他不要他的父母出現在自己的生命中。

和所有的父母一樣，溫特夫婦也有缺點。但是他們另外兩個兒子卻設法容忍了這些缺點。崔佛在殺害他父親時，從未想過自己對家庭的責任，不過入獄後，他卻認為他母親有義務要幫他聘請一位頂尖的辯護律師。

賴瑞的父母、手足以及其他親戚都為他祈禱，希望他能有所改變。有一段時間，賴瑞的父親甚至說服了兒子與自己同住。不過對於他父親以一種管教的方式試圖安排他的生活，賴瑞感到極度惱火。就在他的父親以為兒子要安定下來時，賴瑞離開了，又回到母親的住處，他在那裡可以有更多的自由。不論犯案前後，賴瑞都沒有展現出任何跡象，顯示他意識到自己對那些關心他的人有責任。他只在乎自己想要的東西。

關閉恐懼感的能力

大眾普遍認為罪犯不會去考慮自己行為的後果。然而事實上，他們會去考慮後果。從經驗來看，罪犯很清楚自己的計畫如果出了差錯，大概會發生什麼事，以及遭到逮捕的可能性。他們在生活中，都曾經歷過父母的懲罰、親戚的規勸、在學校行為不端的懲處；在許多情況下，他們也有待在警察局、法庭、看守所、社區監獄或州立監禁機構的經驗。罪犯不但不會漠視這些可能的結果，也不會忘記這些經驗。但是罪犯在實際做出犯行的當下，這些後果全成了過去式。這一次，他們確信自己會成功。

從孩童時期開始，賴瑞與崔佛就已成功關閉了他們對於自己行為所可能引發後果的恐懼感。他們做壞事後成功逃脫的次數，比大家知道的還要多出不知多少倍。當這兩名年輕人在奪走另外一個人的生命時，就好像他們只是輕輕按下了一個開關，就消除了腦子裡所有關於後果與恐懼的考量。

無聊與思維錯誤

就像賴瑞與崔佛一樣，罪犯往往都會說自己無事可做，抱怨生活無聊。其實具強烈責任感的人也會這麼說，他們也許會覺得某次的演講很無聊、某次的死記硬背很無趣。在二〇二〇年新冠疫情期間，因為冠狀病毒傳播，大家的活動受到了限制，很多人都有極度無聊的體驗。但是一般人不會為了消除這樣的無聊而去犯罪。罪犯則不然，大家因為無聊而在家日復一日的上網，反而成了罪犯開心剝削大眾的豐收期。他們把假的產品賣給大眾、提出假的聘雇計畫，或承諾根本不可能實現的高投資報酬。

當罪犯說他們很無聊時，他們其實是很生氣，而且很危險，因為他們要找發洩的出口。崔佛曾描述過他所經歷的「生活中爆量的無聊」。他對學校開始感到無聊，或者如他自己的話，開始覺得「幻滅」。在他父母的眼裡，他非常抑鬱，因此他們很怕兒子會傷害自己。崔佛把他的抑鬱歸咎於「無趣」。他說完全是因為他父母堅持要他上大學，他才會出現「抑鬱」的情形。進入大學後，不到一年他就因為成績不及格，必須休學回家。再次感到無聊的崔佛，迫切地想要離家，所以他威脅父母，如果不讓他回到學校，他就要拿槍自盡，儘管他說的學校是另一所大學。

崔佛對我說，根本沒有工作的必要，生活的目的就是要開心。他說：「我覺得絕大多數人都是這樣想。不然呢？人類就是會感到無聊。自娛的方式多得不得了。我不喜歡我的家人。我也沒有朋友。」對他而言，開心就是吸毒以及一天玩六到八個小時的暴力電玩，他覺得這兩件事一點都不無聊。（電玩並沒有讓他變成一個暴力的人。早在他第一次玩電玩前，他就已經是個暴力的人了。）賴瑞與崔佛沒有朋友，拒絕接受家人，對工作也沒有宏圖大志，他們缺乏人生目的。兩人藉由毒品與犯罪來舒緩他們的「抑鬱」和無聊。崔佛說：「大麻就是我的抗抑鬱療法。」他完全不需要醫師開立的抗抑鬱藥物。

當一名罪犯說「無事可做」時，他指的是沒有令人興奮的事情。然而只要他們開始思考犯罪，這種挫敗的心態就會獲得緩解。賴瑞所處的環境很混亂，所以沒有人可以長期關注他的行徑，他能活動的舞台，要比生活在父母嚴格監督下的崔佛大得多。崔佛住進大學宿舍後，因為沒有父母的干預，也開始可以肆無忌憚地去做他想做的事情。

賴瑞殺了一名完全不相識的陌生人，這件事解除了他的無聊感。崔佛殺他父親不是因為無事可做，而是因為怕被關進精神科治療醫院，他在那裡會感到無聊，而且無法掌控自己的日常生活。

罪犯對於無聊這件事的回應，是他們思維錯誤的直接結果。在追求刺激的過程中，他們只在乎自己想要的東西。如果要求罪犯對自己的行為負責，他們就會怪環境、怪其他人。一如賴瑞與崔佛，罪犯為了達到他們的目標，會關閉自己的良心運作。罪犯理所應得的感覺，反映出他們的認知：他們可以藉由任何自認必要的方式，得到任何自己想要的東西。罪犯認為自己獨一無二的這種觀念，強化了他們不論做什麼都必然會成功的自信。當罪犯試圖抒解無聊時，責任與義務完全無足輕重。在尋找「該做些什麼事」時，罪犯關閉了他們對可能後果的恐懼。因為這些思維錯誤，大家都可能成為失去生命的受害者。

第五章 犯罪前、中、後的心理過程

從童年開始，罪犯對於自己可能犯下的罪行都會有一種持續不斷的想法。大多數的想法都不會成為行動，因為他們腦子裡要處理的想法實在太多。部分想法由於環境的限制，顯得並不實際，譬如缺乏合適的設備，或者需要從犯協助等。有些想法則只是在腦子裡進進出出的幻想。然而另有一些發展成熟並轉為計畫的想法，罪犯會評估將之實現為犯罪行動的可行性，確認犯案的時間、地點以及方式，籌畫犯行的突破口，以及琢磨出如何處理犯案收益。

十三歲的亨利就像是一股活的犯罪浪潮。多次對學校提出炸彈威脅的他，被關進少年監獄，而我就是在那裡對他進行訪談。他驕傲地透露自己長久以來的犯罪活動史，為了證明這些事情不是無中生有的虛構，他提供了足夠的具體資料。他大言不慚地說：「除了帶火器到學校跟性變態外，我違反了幾乎所有的其他校規。」一年當中，亨利逃學幾乎半年。學校的文件中，記錄著他抽菸、賣菸給其他學生、破壞學校公物、勒同學脖子、威脅同學與老師、攜帶武器到學校、在校車上從事破壞行為，並在「冷靜室」內隨地便溺等事件。亨利羅列了自己從未因此遭到逮捕的犯行：無數次的商店行竊、將偷來的身分證明據為己有、縱火、蓄意破壞文物、未成年飲酒、使用偷來的提款卡、用塑膠子彈槍射擊窗子、非法入侵、闖空門，以及攻擊他人。而亨利實際犯下的龐大罪行，只不過是他幻想犯行中的九牛一毛。

對一名罪犯來說，不論會不會遭到逮捕，犯罪過程中的每一個階段都存在著讓人興奮的因子：構思、計畫、招募從犯、接近目標、執行犯行、設計突破口，以及進入犯罪現場後會發生的所有事情。

外部震懾

最強大的震懾來自外部，而這些震懾正是阻擋罪犯做想做之事的障礙。外部的震懾阻礙可謂犯罪的「職業災害」：逮捕、定罪以及監禁。罪犯當然很清楚這些阻礙，也很瞭解高風險罪行的傷亡可能性。

如果你可以在州立監獄裡找出最強悍的罪犯，並問他：「你有沒有想過自己會被抓？」他的回答可能會出乎你的意料之外。他很可能會說：「當然有，可是沒想過會是這一次。」之前，他曾逃脫過太多太多次，以致於他覺得自己已經天下無敵。但落網機會依然存在。

罪犯眼中的「警察」是任何可能發現他所作所為的人：父母、老師、員工、鄰居，或真正的警察。罪犯永遠不會對自己就他所籌畫的行為提出理由。理由與理性，只有在罪犯遭捕**之後**才會發揮作用。這些人想要犯下某種特定犯行的欲望，終將戰勝任何有所保留的想法，包括對於後果的恐懼。就算之前監禁的記憶鮮活，也無法阻止他們的欲望。有些罪犯即使身陷囹圄，依舊在計畫新的犯行。他們堅持要從過去的錯誤中記取教訓，創造更成功的下一次犯行。

內部震懾

罪犯沒良心，至少大家是這麼以為。雖然從罪犯造成的重大傷害與悲痛角度來看，我們可以理解這種想法的存在，但這種認知其實是誤解。在現實生活中，罪犯擁有一顆支離破碎、無法完全正常運作的良心，但這顆良心可以阻止特定的犯罪行動軌道。

當問及是否相信自己還有良心的時候，一名十四歲大的竊賊猶豫地回答：「我不知道。我想我應該有吧。」他隨後又說道：「問題在於我要不要聽它的話。」一位侵占客戶銀行存款的律師用隱喻的方式，描述自己那顆還在運作的良心：「我有能力封閉自己的良心。我可以開一扇小門，做錯事的感覺就會跑出來。我也可以把這種感覺關進一間隔音的屋子裡，那麼就沒有人會聽到它的叫喊了。整體來說，這套系統運作得還不錯。偶爾失靈的時候，我會在半夜驚醒，擔心害怕。」可惜良心偶爾現身，以致可以阻止他犯行的焦慮時間，並無法維持太久。另一名犯行人曾闖入一位長者家中，竊取了老人家珍藏的傳家寶物。當得知老人家飽受癌症折磨時，他突然受到良心的譴責，物歸原主。這名罪犯因為嘗到了悔恨的感覺，並將這次犯行所得歸還給受害人，讓他相信自己的同情心多到爆表。然而，他的良心卻無法制止他在其他地方犯下類似的闖空門罪行。

感情、宗教信仰或人道關懷偶爾都會出現。罪犯也可能在家祈禱或捐錢給遊民，然後再去扒人家的皮包。他們會為了維持自己心中的好人形象，而克制不去從事某些型態的犯罪。有位青少年告訴我：「不管是誰，撞倒老太太然後偷她皮包的人，都該被吊死。」儘管這個孩子的良心不允許他攻擊老太太是事實，但他卻會毫無愧疚地搶走老太太的錢包。

震懾的消弭

當罪犯在籌畫特定犯行時，他們會消弭掉震懾因素。勾勒複雜計畫時，他們考慮的是什麼地方可能出現問題。一旦排除了各個阻礙因素，他們犯罪的欲望就會戰勝被逮捕的恐懼。關鍵點在於他們切斷了所有震懾的考量，確定犯行會成功，讓曾經的天馬行空變成既定的事實。就算罪行種類不同，這樣的心理過程卻相似。

當一樓辦公室最後下班的人是年輕女性時，喬伊就會開始他的偷窺。他描述自己「徘徊在附近，幻想著我所看到的女人，再用我看到的景象自慰」時，愈來愈高漲的興奮感。在辦公大樓內部各處踩點後，喬伊會找出偏僻的區域與看得到的出口。他注意到停車處通常都連接著一條快速進出的通道。喬伊在系統性地做好了自己的準備工作，並確認了獵物後，就會感覺到萬事具備、自信滿滿。

他會等到目標對象收拾好東西準備離開的那一刻。他回憶道：「一旦開始攻擊，因為不知道會發生什麼事，所以會產生一股突然湧至的興奮。」喬伊衝入辦公室，抓著受害人拖入洗手間或其他封閉的區域，強暴後立刻逃脫。喬伊的恐怖統治持續了一年多，直到最後他攻擊到錯誤的目標。一位便衣女警吸引了喬伊的注意，並做好萬全準備應對攻擊。

隨著犯行執行細節的逐漸完備，震懾因素很可能逐漸瓦解。有些犯行的思考與計畫並沒有花太長時間，這些犯行可以被視為機會犯罪，亦即罪犯掌握了靈光乍現的想法，快速採取行動。這樣的狀況幾乎有點像是罪犯在腦子裡把開關關上了，於是所有具震懾效用的想法全都消失不見。罪犯這種快速採取行動的立即性，**看起來**也許是源於某次突然的衝動。然而罪犯其實並不衝動，他們的犯行是決策的結果。

執行犯罪行為

罪犯在靠近犯罪現場時，也許會因為期待而渾身顫抖。一旦阻斷了思維中的震懾想法，他們就會覺得成功犯罪已是鐵打的事實。一如十三歲的青少年亨利，罪犯的樂觀心態因為避開了良心的探查而更上一層。他們在實際犯罪前，會先想像收割犯罪成果的畫面。這種毫無節制的樂觀會導致草率行動，因為罪犯太過專注於他想要的東西，所以會忽略當下所處的環境現實。罪犯所冒的風險，也許會讓外人覺得很奇怪，進而讓人誤以為這些狀況代表罪犯想要被逮捕或「求助」。

對於大多數人而言，自信奠基於成就之上，而不是源於自負。然而罪犯的自尊卻主要建立在他們對其他人的控制上，控制的方式包括欺騙、恐嚇或暴力。如果罪犯在某次做案中失手，原因絕對不是因為他們想要被逮捕或求援。心理衛生專家或許會對這類的解釋做更進一步的深入探討，但是這類的解釋並沒有反映出罪犯的思維模式。或許根本就是罪犯從未考慮過「謹慎」這兩個字，或者他們單純地誤判了情勢。一次的失誤，也許就是自大以及不現實期待的結果。

犯罪活動往往代表著求助，這種主張始終存在。一九八〇年代，有位非常焦慮與困惑的家長，因為女兒多次在商店行竊，寫信給備受敬重的專欄作家布拉德博士（Joyce Brothers），請她提供建議。這個十七歲女孩的家庭富裕，她所偷竊物品的費用，對她而言根本就是九牛一毛。布拉德博士這麼寫：「她可能真的很想遭到逮捕，這樣她就能得到自己迫切需要的幫助。」[1]這樣的主張堅信有些罪犯想要被逮捕、他們的罪行是他們向外求救的方式。心理分析師邁爾赫佛（Will Meyerhofer）在二〇一七年表示，在商店行竊的律師「在某個程度上想要被逮捕」。[2]我在評估與治療罪犯的五十年生涯中，還沒有碰到任何一個案子符合這種主張的說法。事實上，情況恰好相反。犯行者最希望的事情，就是避免被抓。

犯行過程中，恐懼也許會回歸，促使罪犯謹慎行事。舉例來說，闖空門前，罪犯會停下腳步，仔細環顧周遭的環境。他或許會看到意料之外的阻礙，譬如叫不停的狗、停好了車卻仍坐在車裡的人，或是一個動態監視器。沒有人強迫他依照原訂計畫行事。他可以放棄這個計畫，或等周遭環境較有利於行動的時候，再重新來過。

即使在罪犯以為萬無一失的時候，預期外的情況仍可能發生。有位罪犯回憶說：「我本來計畫打劫那家酒品專賣店搶現金。不過櫃臺後的那個傢伙突然試著反擊，我只好開槍把他給殺了。我不是故意的。」警報響起，很快他就遭到逮捕。另有一位更謹慎的加油站搶匪，曾多次像個普通客人一樣進入加油站附設的商店踩點：「為了自己的安全，我向來都盯著受害者的雙手，確認他的兩隻手不會垂到櫃臺下方。我也會跟對方保持五公尺的距離，以防他突然反擊——這些都是安全措施。」這名罪犯在無人發現下，成功從加油站撤退，但因另一起搶案被捕，自此承認了一連串的搶劫犯行。

犯罪後的興奮之情

如果罪犯沒有被捕，那麼即使犯案之後，刺激與興奮的感覺也依然持續。一名擔任義勇消防隊員的縱火犯，犯案後留在現場協助消防隊撲滅他所放的火。罪犯總會沾沾自喜地享受媒體公開描述他們的壯舉以及如何逃避偵察的內容。有些人還會收集相關的媒體報導。我所約談的一些罪犯，會吹噓並美化那些曾經發生的事件。

謀殺犯麥克奈爾（Richard McNair）神通廣大地三次逃獄。為他做傳的傳記作家克里斯多夫（Byron Christopher）在撰寫麥克奈爾的千里逃亡過程時，描述他對於媒體報導自己豐功偉業的那種持續不滅的興趣：「麥克奈爾確保自己可以看到所有的新聞報導，而且他每週六晚上都會找時間觀看《全美通緝令》（*America's Most Wanted*）。」[3]

每次成功的犯行都會讓罪犯因為智勝他人而強化他對自己獨一無二的認知。對某些罪犯而言，犯罪獲益是次要的收穫，最重要的是成功執行犯罪時所經歷的刺激，以及事後的勝利感。他們也許會把戰利品丟棄或送人。有一名連續在超商行搶的劫匪說：「大多數的時候，我都把錢送給別人。因為我所犯下的罪行，是遊戲，也是挑戰。」

就算罪犯遭到逮捕，刺激的興奮感或許還不會結束。現在，他們必須打敗司法體系，可能需要用智謀贏過許多人，包括警察、警探、心理衛生專家、法庭相關人員，以及他自己的律師。在他們遭到逮捕並被究責**之後**，他們做出犯行的理由開始發揮作用。有名商店竊賊告訴我：「我沒有偷別人的東西。我偷的是商店的東西。他們完全賠得起。他們剝削大家。他們才不會在乎這些東西被偷了。」這都是東窗事發後的想法。在罪犯懷著偷竊犯意走入商店，看到珠寶首飾時，他想的是如何把這些東西摸出來，然後撤離。他很清楚自己在犯罪的時候，根本沒想過這家店是否可以負擔得起丟失商品的損失，也從未考慮過消費者是否受到商店矇騙。多年來，這名竊賊偷過許多店家和人，包括自己的母親。

辨識犯罪行為背後的「動機」

某些犯行背後的動機看起來很明顯，譬如中飽私囊、嫉妒、報復，或想以眾所周知的案子惡名遠播。然而有些犯行的動機就可能令人摸不著頭腦了。為什麼一個富有的人會到商店行竊廉價首飾？為什麼青少年會殘忍地攻擊陌生人？為什麼一個男人在與他人完成你情我願的合意性交幾個小時後，就又去性侵一位從未謀面的女性？諸如大規模屠殺或爆炸的一些犯罪案件，在經過大肆報導的餘波蕩漾後，罪犯的動機依然是個謎。

如果我們瞭解罪犯的心理，也許就能找到他們的動機，只不過這些動機可能與表面上的情況迥異。口袋裡的錢比偷竊商品多好幾倍的一位商店竊賊，在事後告訴我：「可以偷，幹嘛要買？」在商店行竊相當刺激，步驟包括踩點、探查監視器位置、找出撤退點、掩蓋掠劫的痕跡，然後聰明快速地撤離。有兩名青少年，在天橋上朝著一輛在下方道路行駛的車子砸下一塊大石。他們兩人完全沒有考慮過那位不幸的駕駛可能遭遇的後果。這兩個小子一直在附近晃蕩，想要找些刺激來驅離無聊的感覺，而撞擊經過車輛的擋風玻璃，倒是一個挑戰。於是他們抬起石頭，準備往下砸，而這個時候的他們，體驗到一種巨大的權力感。兩人很清楚自己會造成重大傷害，但也確信沒有人會知道把石頭推下去的人是誰。兩人在親眼目睹擋風玻璃破裂、駕駛人撞車後，就消失了。另外有個男人跟蹤目標受害人強迫性交，他從這個經驗中得到的快感，遠遠高過合意伴侶所能給予的感覺。這名罪犯的犯行動機與制服受害人並成功脫身的權力感有極大的關係，反而與性沒太大關係。

對某些罪犯而言，終極的權力感來自於奪取另一個人或許多人的性命。這些罪犯不但在腦子裡幻想著犯行，也實際準備著自己的大業，他們累積武器與彈藥、對犯案地點進行詳細觀察。在類似商場或音樂會等戶外活動中，對著群眾掃射，然後看著掃射所引起的恐慌與害怕，這會讓罪犯產生一種極致的「快感」。

極端的政治觀點或意識型態都可能被視為暴力行為的動機。然而一個具備犯罪人格的人，也可能是為了執行暴力行為，而把社會或政治主張當作藉口。調查發現許多以這種方式犯罪的人都不是新手。他們在獲致屬於自己的新惡名之前，都曾參與各種不同的犯罪行為。

「反常」的罪行

時不時地，大眾會在新聞上看到一起似乎是普通人犯下令人髮指罪行的報導。嫌犯沒有前科，在社區的聲譽很好。甚至熟識嫌犯的人都很難相信他犯下被控訴的罪名。一切似乎完全「反常」。

羅素朝一個男人狂刺近四十刀之前，沒有前科。法院紀錄寫著他在軍中表現優異，並於服役時獲得軍功，是位預備軍官。一位同袍描述他「是位獨一無二、深具榮譽感與氣節的正直軍人」。

羅素的罪行似乎與他的性格完全不符。然而除了外表，他的舉動卻並非衝動的結果，也不是「狂熱式犯罪」（crime of passion）。羅素發現了一個祕密與他女友往來的情敵後，就開始在腦中反覆思考消滅情敵的方式。羅素多次發送威脅性電子郵件給對方，後來終於追蹤到人，進行攻擊。

羅素遭到監禁後，我對他進行訪談，而他所顯露的本性，與被捕和判刑前所努力留給大家的好印象，呈現出截然不同的樣貌。

羅素的犯罪行為起點，並不是「惡意傷害」的那一天。他有長期使用古柯鹼的習慣，曾有過一週花費一千美元購買毒品的情況。吸食毒品前，他曾經是「一個大聲喧鬧的醉鬼」以及長期使用大麻的人。當我探究他與毒品扯上關係前，是什麼樣的人格時，他向我承認：「我不太能接受失敗。」羅素從小就是個堅持為所欲為、違抗父母師長的孩子。不論是在家還是在學校，他都曾因為撒謊、拒絕做功課、破壞公物，以及好鬥和惡劣的態度而受罰。小學的輔導老師因為他的不聽話，還曾引介他去進行心理衡鑑。

羅素承認儘管自己服役紀錄耀眼，但他常常會捲入與同袍的衝突當中。他的異性史也混亂不已，他曾跟蹤過女子、施壓對方走入婚姻，然後在完成了征服大業後，又轉頭出軌。羅素與後來和他離婚的第一任妻子，在五年內生了三個孩子。他對第二任妻子不忠。第三次的婚姻也因為他的妻子堅持要他工作賺錢，但他卻無所事事與吸食毒品，而以失敗告終。羅素因為有軍人的退休俸，完全不覺得自己有找工作的必要，再說，他也痛恨為他人工作、屈居人下的想法。

儘管軍旅事業成功、彪彰卓著，羅素還是以脾氣暴躁聞名。他推測這是因為他無法「在我的腦子和嘴之間放個過濾器」。易怒的羅素總是很快就會「冒火與發洩不滿的情緒」。至於蓄意傷害罪名，他謊稱自己之所以捅刺對方，完全是出於自衛，他說：「我當時拚命想保住自己的小命。」

沙尤克（Cesar Sayoc）承認自己犯下了六十五項重罪。他在二〇二〇年向知名民主黨人士與有線電視新聞網（CNN）寄送自製炸彈郵包後，遭判二十年監禁。由於他製作的炸彈郵包不夠精良，因此它們都沒有爆炸。川普總統以前就是他的偶像。沙尤克告訴法官，對他而言，川普集會「很有趣……就像是新發現的毒品」。在那個被媒體界稱為「福斯新聞辯護」方式的策略下，沙尤克的律師群辯稱他們的當事人因為對於川普過於「執著」，以致於「總統與總統的媒體啦啦隊，等於是在要他做出犯行」。[4] 然而沙尤克為什麼這麼做的原因依然成謎，因為川普數千萬的其他粉絲都沒有這樣的行為。

一如既往，這並不是一起反常的犯罪案。沙尤克早在一九九一年就有犯罪案底。這些年間，他曾遭控偷竊、暴力行為，以及擁有意圖出售的類固醇，此外，也有人投訴他家暴（這項控訴後來經被告撤銷）。自稱前「鐵籠格鬥士」的沙尤克在過去曾多次發出暴力威脅，二〇〇二年還因炸彈威脅遭正式起訴。

當我們看到像羅素與沙尤克這類行為「反常」的罪犯或罪犯突然「崩潰」的相關報導時，那不過表示，對於這些罪犯個性的真實狀況，我們知道的其實不多。報導之外必然有更多不為人知的事情。

不同的罪行，類似的思維過程

人們通常以罪犯遭逮捕的罪行來稱呼他們，將他們分類。強暴犯是「性犯罪者」；挪用公款的人是「白領罪犯」；放火的人是「縱火犯」。然而在放大鏡的檢視下，這些區別其實並不成立。罪犯對於選擇的罪行種類有不同的口味與偏好，犯罪過程的運作也有差異。他們蔑視其他使用不同犯罪手法的人。許多白領罪犯認為暴力犯罪者是惡棍，而在暴力罪犯的眼中，白領罪犯很「弱」、很「廢」、很「娘娘腔」。

罪犯鮮少會自我設限在一種罪行之內。我還沒有碰到過沒有其他罪行的強暴犯。毒販的犯罪生涯往往都不是始於毒品供應。持械搶劫犯在揮舞著武器威脅店東前，都曾犯下過其他型態的罪行。

領有專業證照的詐欺審查員派瑞（Frank Perri）曾長篇累牘地撰寫過白領罪犯的人格與行為。他指出因為白領罪行歸類於非暴力犯罪，大家因此以為罪犯也都是非暴力者。儘管外表看似如此，但這些罪犯在感覺到威脅時，還是會動手以暴力回應。派瑞提及他們會出現預謀殺人行為，因為詐欺犯要讓那些可能揭露詐欺的人閉嘴。他寫道，任何會威脅到這些罪犯對自己的「高度評價」的人，都可能成為他們施暴的目標。[5]多年來，我曾經訪談過多個關起門來家暴配偶、虐待兒女的白領罪犯。

不同的罪行型態主要都源於相同的思維錯誤。強暴犯與銀行搶匪追求的都是權力、掌控力，以及征服過程中的刺激感。強暴犯與持械搶匪同樣都有理所應得的感覺、自認與眾不同、關閉了遭逮捕的恐懼之心，以及缺乏會對他人造成傷害的概念。

戰勝審訊者或評估者

罪犯因某個罪行遭到逮捕後的問訊，其實是種雙向的評估。審訊者在審訊罪犯的過程中，罪犯也在評估審訊者。罪犯在案發之後對他人所說的一切，都與案發前、案發期間以及案發剛結束時的實際情況不同。他們有一種見人說人話、見鬼說鬼話的獨特本領。任何不熟悉罪犯心理的審訊者，都很可能完全相信對方說出的理由與藉口。罪犯獨惠於己的故事情節，就是在刻意降低自身得要面對的風險。對那些想要相信他們親身說法的人，罪犯可能會展現出悔意。然而事實卻是這些罪犯並不後悔自己的行為，他們悔恨的是被捕。

一旦被追究責任，罪犯就會部署一連串他們從孩童時期就相當熟練的戰術。罪犯會改變對話主題、主動攻擊（提問而非回答）、努力模糊化、讓大家摸不清頭腦、推卸責任、盡力淡化自己行為的嚴重性、表面上對於自己根本不認同的事情表示認同，抑或是陷入沉默，拒絕合作。

從構想到犯罪行動的過程：華盛頓特區狙擊手馬爾佛

馬爾佛（Lee Boyd Malvo）在與穆罕默德（John Muhammad）讓整個瑞奇蒙與巴爾的摩之間的區域都活在恐懼中的那個時候，他才十七歲。這兩人的無法無天導致十人遭到殺害，三人受傷。（後來找到的證據顯示，這兩人至少還在其他四個州犯下了謀殺案。）接下來的內容出自我根據官方紀錄的摘要，包括我自己對馬爾佛先生三十四個小時訪談後所提出的證詞內容、執法單位的錄音紀錄與轉文字檔，以及媒體報導。

馬爾佛清楚描述了他和穆罕默德如何籌畫行動中的每一步。他們之所以選擇華盛頓特區是因為「這裡是世界的首都」，也是因為穆罕默德先生的前妻與孩子都住在這裡。馬爾佛先生告訴一位警官：「殺人之前，我們都不吃東西。這樣腦子才能獲得較多的氧氣，人也更機警。」提到他行動時有條不紊的程度，他對一位警探這麼說：「我們不是隨便亂開槍。那是經過計畫的。一切都是精心挑選後的結果。」他描述自己與穆罕默德先生在和警察互動時，就好像是在下棋（他最喜歡的遊戲）。自認是個執行「任務」的「觀察者」，馬爾佛先生描述自己在執行「偵察」時的狀況。他決定動手的地點與方式；他測量風速；他計算與射殺目標之間的距離。他仔細「研究進出的路線」。警察就在犯罪現場附近的事實，對他們完全沒有震懾作用。馬爾佛先生說：「警察在的時候，我們照樣開槍。你們什麼都不是。你們在那裡，我們會開槍，你們不在那裡，我們也會開槍。」[6]他有次對一位警探這樣說：「我大可射殺那位警員。他把頭伸出來了。」[7]他對於自己「放空」的能力非常自豪，意思就是馬爾佛一旦決定了行動計畫，「其他所有東西就都不存在了」。[8]放空表示他可以放下所有可能干擾他執行心中任務的情緒。

馬爾佛成功塑造出讓其他人低估自己的形象，這讓他相當驕傲。他在監獄裡寫的一封信中說：「我扮演愚蠢的傻子，看看我如何行事、如何說話。每個人都低估我，（因此）給了我優勢，好用來學習、征服與克服。」[9]一位研究馬爾佛先生的心理學家作證說道：「他相信自己比其他人聰明、比其他人更棒。他有一種需要，需要感覺自己很優越、很強大。」[10]

馬爾佛先生完全看不起警察，因為警察花了很長的時間才逮捕到他和穆罕默德先生。他覺得警方搜尋一台白色的小貨車[11]，並警告大眾小心的舉動，是件很好笑的事。馬爾佛對一位警探這麼說：「你們抓住我不是你們的功勞。你們能抓得住我得要歸功於我，因為我懶。」他指的是他和穆罕默德把他們的雪佛蘭卡普里斯開進休息站，在車子裡睡著了的事實。雖然遭到逮捕，但馬爾佛並不願意放棄他的自由。他爬進天花板上的一個空間，試圖從看守所脫逃，不過看守所人員阻止了這個行動，還是抓住了他。

入獄後，馬爾佛先生依然在思考著逃脫的辦法。他寫了一封信給一位獄友，根據《華盛頓郵報》的說法：「信裡的內容像是逃獄的入門指導。」他建議那名服刑者：「注意守衛的弱點，若找到弱點，就要等待你最佳的離開機會。」單獨監禁讓他非常沮喪，他寫道：「如果我在人群中……你覺得我會做什麼？計畫！等待，每一天都要緊緊地盯好。我不知道你會怎麼做，但我死都要試一試……這是一場等待的遊戲，絕對不要因為他們而氣餒。」[12]他還指示那位獄友向他學習：「善用你的才智。克服你的弱點……掌握你的情緒，學著低調，等待機會。管好你的嘴……要讓他們認為你是個跟真實的你截然不同的人。我的策略對我非常有效，因為我的敵人根本不認識我，所以『驚訝』是我的隊友。」[13]

馬爾佛先生的辯護律師群提出精神錯亂的辯護，辯稱當事人無法判斷對錯。他的律師團進一步表示，馬爾佛無法與生父建立父子關係，但他在穆罕默德身上找到這樣的關係，而後者藉此支配並毀滅他們的當事人。證人聲稱穆罕默德先生等於是對馬爾佛先生洗腦，以致於讓他產生一種「解離性」障礙，悖離基本人格，讓他覺得不論對方想要什麼，他都只能聽從，別無其他選擇。代表馬爾佛先生出庭作證的一位鑑識精神科醫生表示，被告「不具備與年齡相符的技能」，而且沒有他自己的意識。另一位證人作證說：「我覺得他好像在呼救。」[14]

陪審團拒絕接受精神錯亂的辯護，宣判馬爾佛一級謀殺，處以終身監禁，不得假釋。然而二〇一二年，最高法院裁定對青少年處以終身監禁不得假釋乃屬違憲。馬爾佛先生未來可能會有重新量刑的聽審會。

即使遭到囚禁，罪犯的人格也不會改變。不論他們自認多麼會算計、多優秀，終究還是在挖坑給自己跳。他們利用自己的才智脫罪，或是招募其他人來幫助自己。馬爾佛儘管可能是件極端的例子，卻鮮活地證明了罪犯不論在過程中遭遇到什麼樣的阻礙，他們在犯罪的各個階段，都體驗到了刺激。

注釋

1 Dr. Joyce Brothers, "Daughter's Shoplifting May Have Been Plea for Help," *Anchorage Daily News*, October 6, 1980.
2 Leigh Jones, "Lawyers Who Shoplift: 'A Cry for Help,' " Law.com, December 12, 2017, www.law.com/sites/almstaff/2017/12/12/lawyers-who-shoplift-a-cry-for-help/?slreturn=20210615222036.
3 Byron Christopher, *The Man Who Mailed Himself Out of Jail* (self-published, 2020), p. 175.
4 Marisa M. Kashino, "In Memoriam," *Washingtonian*, September 2020, p. 120.

5 Frank S. Perri, "Silencing the Truth: Fraud Detection Violence," *Journal of Forensic and Investigative Accounting* 12, no. 3 (September 2020): 407-21.

6 "Testimony completed in trial of Malvo," *Baltimore Sun*, December 16, 2003.

7 "A Remorseless Malvo Heard on Recording," *Washington Post*, November 22, 2003.

8 "Psychologists Refute Mental Illness Theory," *Northern Virginia Daily*, December 16, 2003.

9 "Psychologists: Malvo Was Not Mentally Ill," *Richmond Times-Dispatch*, December 16, 2003.

10 "Malvo Is Sane, Experts Testify," *Washington Times*, December 16, 2003.

11 譯注：他們作案的交通工具是台藍色的轎車。

12 "Letters Show Malvo as Trying to Deceive," *Washington Post*, December 16, 2003.

13 "Psychologists Refute Mental Illness Theory," *Northern Virginia Daily*, December 16, 2003.

14 "Malvo Trial: The Day in Court," *Washington Post*, December 4, 2003.

第六章 不是父母讓孩子變成罪犯

長久以來，大家一直都把青少年的不當行為怪罪到父母身上。如果你的孩子不斷說謊、打架、破壞公物或他人財產、逃學、涉入其他反社會行為，專家會告訴你，那是因為你的教養方式有問題。類似沒有「壞孩子」、只有「不稱職父母」的觀點，在美國以及全球各地都占據絕對主導地位。大家都說青少年犯罪，是因為家長具備下列這些缺點：

- 不善溝通
- 虐待孩子
- 太過放任孩子，無法給孩子適當的管教
- 很少參與孩子的生活，沒有監督孩子
- 過度批評與挑剔
- 心理狀態不穩定，因此對孩子的教養方式也反覆多變

青少年罪犯在接受教育者與心理衛生專家評估時，通常都不太誠實，因為他們會試著讓評估者留下一個好印象。這些青少年罪犯藉由把問題癥結集中在自己父母的缺點上，移轉評

估者對於他們犯行本身的質問，而立意良善的專家也很快就會相信這些孩子所說的事情。我訪談過不少把父母描繪成惡魔的少年犯和成人罪犯，但是在這些罪犯的兄弟姊妹口中，同一位母親或父親卻是慈愛、奉獻而寬厚，而且這樣的情況極其普遍。我也訪談過因為自身問題而疏於教養孩子的父母；但是每一件這樣的案例，罪犯幾乎都有成長在相同環境、卻沒有犯下任何罪行的兄弟姊妹。我對罪犯父母的訪談時間，高達數百個小時，卻沒有發現任何一種特定的人格型態或教養方式，可以解釋兒女之間產生如此巨大的行為表現差異。

在《戰爭與和平》這本書中，托爾斯泰這麼寫道：「一切都取決於教養。」這句話如果是真的，那麼孩子不論變成什麼樣子，責任都在父母身上。然而有些孩子的發展，卻與熟識孩子父母的人所期待的情況迥異。心理學教授柯恩（David Cohen）在他的著作《天性與遺傳如何影響孩子的性格、能力及未來》（*Stranger in the Nest*）一書中論定：「父母對孩子心理發展的影響，要比起普遍的認知小很多。」在檢閱大量的研究資料後，柯恩博士這麼寫道，「強烈的內在潛力可以戰勝父母的影響」，而結果就是「孩子看起來可能像個完全不相識的陌生人」。柯恩博士批評怪罪父母的傳統，因為這樣的傳統導致父母背負了沉重的罪惡感，但事實證明，他們其實不該承擔那麼大的責任。[1]

儘管特定基因與青少年犯罪並沒有關聯，但過去十年的研究卻指出遺傳因素可能會讓某些孩子出現偏好犯罪生活的傾向。根據二〇二〇年美國國家衛生研究院（National Institutes of

Health）發表的文獻：「科學家估計人類有百分之二十至六十的性情是由基因決定。」[2]賓州州立大學在《行為遺傳學》期刊（*Behavior Genetics*）中所發表的論文也發現：「父母的協助，可以激勵孩子發展成一個負責任、有良心的成人，然而同時，潛在的遺傳因素也可能影響這些特質。」[3]孩子生活的環境可能影響基因表現的方式，至於這兩者之間的關聯可能以什麼樣的方式發生，我們還有太多太多需要瞭解與學習的地方。

就算決定個性的遺傳基因真的存在，也無法減輕父母的教養責任。精神科醫師卡瑞（William Carey）指出，即使父母「無法改變孩子的基本性格」，也可以掌握自己對待孩子的方式。[4]為人父母者既然讓孩子來到這個世界，就有義務提供孩子安全與護育的環境。只不過履行父母的責任，並不代表可以得到父母期待的結果。不論父母本身是如何耿直，他們的孩子仍會做出自主的決定。簡言之，把子女的犯罪性格歸咎到父母身上，毫無科學根據，大家也不該期待有缺點的父母「變好」後，他們的孩子就能避開犯罪的道路。

心理衛生專家說，導致青少年犯罪的其中一個原因，是孩子在兩歲前，生活中缺乏母親的親密關愛。一九五〇年代，精神科醫生鮑爾比（John Bowlby）堅稱母子依附關係的中斷，會帶來孩子的不安全感與不良的社會適應力。[5]後續的依附理論研究也引導大家注意到缺乏強烈母子關係的孩子，無法將可能讓孩子避開犯罪行為的傳統價值內化。而缺乏同理心的孩子，更可能會在日後生活中，對於關係的建立漠不關心。五十多年來，我評估與治療過數百位罪犯，他們與父母之間的關係，根本挨不到「理想關係」這四個字的邊。許多罪犯的母親都記得孩子在襁褓時就易怒、不好哄，對於自己的安撫與撫慰也無動於衷。但是說這些話的母親，卻都能與自己的其他孩子建立非常親密的關係。

根據美國精神醫學學會《精神疾病診斷與統計手冊》對「反應性依附障礙」（reactive attachment disorder）的描述，這是一種「嚴重的社交忽視」所產生的結果。[6] 這種問題特別容易出現在嬰兒時期由某個機構照顧、而非父母扶養的人身上。然而這種情況並不適用於我所訪談的大多數罪犯。因為目前還無法理解的原因，有些備受寵愛並被照顧得無微不至的孩子，從很小的時候就會抗拒父母的接近，而非父母拒絕孩子。

試想一位母親使盡全力，正在哄著就算是個小寶寶，也極難安撫的孩子，但孩子卻拒絕母親努力與他建立緊密關係的嘗試。儘管史蒂芬太太知道兩歲大的孩子可能很難應付，但她的兒子傑真的愈來愈難管教。「他會用力踢我。」她提到幫兒子換尿布時所經歷的試煉時這麼說。因為傑太多次陷入崩潰的情緒中，以致於史蒂芬太太擔心自己可能是罪魁禍首。她想也許等孩子大了就會比較平靜，脾氣也會變得比較小。可惜事實並非如此。傑四歲的時候，只要沒拿到想要的東西，「他就會發飆，狂吼一個小時，然後睡著。醒了之後繼續大吼大叫，就好像有人拿刀刺他一樣」。史蒂芬太太送傑去上幼稚園，希望社交環境能對兒子有所幫助。結果這孩子卻掌控了整個班級，並挑戰老師的權威，直到老師最後別無選擇，只好把他帶到教室外面，「讓他反省並冷靜」。家庭出遊的目的地由傑說了算，只要有一點點不順他的意，就暴怒發飆。他從妹妹剛出生起就不斷折磨她，而且程度嚴重到家人根本不放心讓他與妹妹獨處。每次他母親叫他回房，傑都會抗拒。就算大人親自送他回房，他也會繼續咆哮，猛力地捶打房門和家具。史蒂芬太太帶著傑去進行醫學與心理評估，卻沒有得到任何有幫助的建議。她覺得是自己出了問題，因為心理諮商專家難以相信這麼小的一個孩子，竟然會有如此極端的行為表現。史蒂芬太太開始接受兒子與其他大多數的小孩子不一樣，其中當然包括家裡那個性情安靜討喜的小女兒。儘管如此，史蒂芬太太仍然相信兒子：「我們很愛彼此——他大部分的個性都很好。」史蒂芬太太非常擔心傑會變成「小掠奪者」。她說：「我的目標就是和他一起努力，讓他擁有最好的可能結果。」

從表面上來看，罪犯似乎都是成人版的小娃娃。他們和小小孩一樣，認為這個世界都是繞著自己在轉。因為幼稚，所以只要不順心，很快就會發飆。他們也沒有良心。一九六三年華盛頓特區的《晚星報》（*The Evening Star*）刊登了一則文章，監獄心理醫生貝克（J. L. Baker）表示，罪犯就像孩子一樣，完全不瞭解為了將來利益而克己的必要性。這篇文章的結論這麼寫：「讓你傷心的，是成人版的小嬰兒。」[7]這種解釋的謬誤，在於罪犯和剛開始生命旅程的小寶寶其實完全不一樣，因為罪犯始終處在社會化的影響下，只不過他們拒絕被社會化。

小孩子並不像沒有形體的黏土，可以由父母任意塑造。相反地，親子的行為會相互影響，這是個雙向的過程。（《精神疾病診斷與統計手冊》上說：「父母對孩子的敵對態度，與孩子的行為之間的因果關係，往往很難確定。」）許多男孩、女孩都會違抗他們的父母，這些孩子說謊、打架、擋不住誘惑、偷棒棒糖或其他小東西，然而這些行為不會成為孩子的一種生活方式。犯罪兒童悖離父母與社會期待的行為，並不僅僅是獨立事件。不論父母如何努力去阻止或幫助他們，那些終會為社會帶來巨大災害的少數孩子，很可能早在學齡前就已顯露出一些未來會出現犯罪生活型態的模式。

罪犯在孩童時期就是個發電機，擁有鋼鐵般的意志，堅持主導一切，期待他人縱容他們每一次的心血來潮。這些孩子對於冒險的胃口，永遠也餵不飽。他們冒險，經常讓自己陷入困境，然後要求大家在他們陷入麻煩時解救並原諒他們。不論這些孩子的父母如何試著瞭解與引導他們，這些嘗試總是會以失敗告終。當其他孩子透過學業表現、體育競賽或社會活動的參與來追求認同之時，這些有犯罪傾向的孩子則是藉由從事他們不准做的事情來成就自己。

這些行為不端的孩子與他們的父母之間，存在著溝通隔閡。而當他們要遮掩的事情愈來愈多，並開始對父母的詢問憤怒以對，要對方不要多管閒事、說對方沒有權力刺探自己的事情時，孩子與父母之間的溝通隔閡就已然擴大成鴻溝。有位叛逆的青少年說：「我只願意在我高興的時候溝通。我其實一點都不想聽他們要對我說的任何話。我們是完全不一樣的人。」

如果這些孩子的父母在監督方面不是特別用心，他們還會利用父母關注不足的機會。想想那些放學後進入空屋的「鑰匙兒童」。然而大多數的鑰匙兒童都不是少年犯。那些孩子一回到家，不是埋頭寫作業，就是自己找樂子。我曾訪談過一位做兩份工作養育一對兒子的母親。在她的安排下，兒子放學後會待在有大人在旁看顧的鄰居家裡。每天下午她都會打電話確認兩個兒子的狀況。只要他們想要做些例行安排以外的事情，譬如到附近的同學家去玩，都必須打電話給她，告訴她相關的細節，然後取得她的同意。這位母親的其中一個兒子乖乖遵守規定，另一個兒子卻利用了這樣的狀況。後者會打電話與母親聯繫，然後在住家附近閒晃，和年紀較大的孩子鬼混。這個孩子後來涉入商店行竊與破壞公物等罪行。這位母親的兩個兒子，以完全不一樣的行為，應對完全相同的環境。也許讀者會質疑如果兩個孩子的母親在家的話，有偏差行為的那個兒子可能就會管得住，也就不會捲入麻煩。但事實是就算她在家，也不會改變她兒子的人格——這個孩子任性、鬼祟，而且不誠實——至於那個守規矩的孩子，不論是否有人看管，都值得信賴。

有犯罪傾向的孩子有能力說實話。如果他們願意，他們會與父母對視，然後說出實話，但前提是這樣做有助於他們達到眼前的目的。然而就算是這種時候，這些孩子也只會透露部分的事實——足以說服迫切想要相信自己的父母就好了。有位母親形容他的兒子「非常有說服力——冷靜而沉著，再配上一雙綠色的大眼睛，以及有如小鹿斑比般的哀傷臉龐」。在一次心理諮商課程上，這位青少年承認：「如果我說實話，我就可以有更多的空間去擺脫更多的東西。」

有犯罪傾向的孩子總是抱怨父母不信任自己、做出不合理的限制與過度的保護。父母在被孩子連續欺騙與利用後，會開始遲疑該不該相信孩子，於是孩子每次提出要求，他們的父母都會感到困惑。孩子會在他的父母拒絕要求時，斥責與威脅他們，或是利用父母的內咎感。這些孩子在心理層面上盡其所能地勒索自己的父母，在要他們允諾自己每次要求的同時，卻對父母要求合作的請求置若罔聞。這些孩子長大成人後，會繼續威脅以及利用父母的內咎心理，恐嚇對方。

行為偏差的孩子在與父母交戰的過程中，為了確保優勢，會密集部署各種強大的戰術。親子之間的戰鬥遠多於交談。這些孩子把父母拒於門外，聲稱沒有聽到他們說的話。他們爭辯說父母的訊息不明確，令他們摸不清頭腦。這些孩子經常使用的一個戰術，就是堅稱父母誤解他們的意思，並藉此轉移自身應負的責任。有位青少年的父親說他兒子是「滔滔雄辯界的博士」，他指的是那孩子毫無節度的談判姿態。這些孩子不斷指控他們父母不公平、反應過度、施加過多的壓力，以及要求完美。他們責怪父母讓他們憤怒。或者，他們也會採用另一種策略，露出鬱悶的樣子，然後哀嘆自己永遠也達不到父母的要求。他們會利用父母的內疚感，聲稱父母不關心他們、不愛他們，而且正在毀掉他們的人生。滿心愧疚又心力交瘁的父母，這時會立刻安撫子女，然後放鬆管教。孩子的錯誤行為於是淡出鏡頭，焦點變成了父母做了與沒做的事情。循規蹈矩的孩子或許也會做出相同的事情，但這些行為對有犯罪傾向的孩子來說，卻是固定的家常便飯。

一般而言，就算父母當中有一個人堅持拒絕孩子的要求，孩子也會很快就明白如何讓另一個妥協。在選邊讓父母彼此對立，並視情況變換結盟者，以達到自己目的這方面，這些行為偏差的孩子簡直就是高手中的高手。在心理諮商課程中，艾拉把他母親比爾太太描述成刻薄的嘮叨鬼，總是「盯著自己」，永遠也不滿意。他說：「當她找不到別人怪罪的時候，就會說都是我的錯。她把我看成最大的問題。她還跟別人造我的謠。」另一方面，他和他父親的關係比較好。艾拉告訴我：「他對我還不錯。也許他可以讓我媽冷靜下來。」比爾先生對他兒子如此討人喜歡的表現非常滿意，所以他認為或許母子關係愈來愈惡劣的原因，出在妻子身上。比爾先生私下告訴我：「問題是我老婆對待艾拉的方式——她咄咄逼人的作風，以及有罪推論的態度。」比爾先生讓他的妻子感到「孤立與被遺棄」，因為他白天從來不在家，根本沒有見過兒子粗暴、充滿敵意，以及不管要求他做什麼，全都拒絕的樣子。艾拉很清楚他有父親當盟友，他對我說：「他比較好說話。他會聽我說話。」艾拉會把他父親渴望相信他真的沒有什麼問題的心理，當作自己的籌碼。然而當他的父親開始更關心他的母親，進而對艾拉的狀況比較瞭解後，艾拉的態度就轉變了。他開始改變盟友，並告訴我，他現在和他母親處得比較好，不過他父親對他卻愈管愈多，對他更疏遠，也更不講理。我協助這對父母發展出聯合陣線，讓艾拉再也無法執行離間計，輕易分裂兩人。

親戚、鄰居、老師以及其他那些不清楚門關起來後發生了什麼事情的人，也許會很喜歡這些孩子，因為他們會在大人面前表現得進退得宜，而且很有禮貌。當這些外人得知這麼乖的孩子竟然惹上了那麼嚴重的麻煩時，他們會懷疑真正有問題的人，其實是孩子的父母。十四歲的布萊德·阿特金斯被控多項闖空門的罪行。他另外還在商店裡扒竊了價值數百美元的光碟、衣物與食物。他總是吹噓別人對他的評價有多高，有次在評估訪談中，他說：「我的校長跟老師都認為我是個乖孩子。我很重視教育。我從來不蹺課。」在學校的時候，布萊德是個非常循規蹈矩的學生，有次當他在課堂上罵人時，他的體育老師因為覺得這孩子的表現實在太反常，還特地打電話告知布萊德的父母。例行去教堂做禮拜的人，對布萊德的印象也非常好，他還是童子軍隊長。然而在家的時候，布萊德卻完全是另外一副樣貌。他會在晚上偷溜出門，跟那些破壞他人財物、但與他志同道合的孩子會合。布萊德在一次夜間竊奪行動中，因為盜取好幾輛汽車裡的財物而遭到逮捕。在等待法院審理期間，他在家受到嚴格的管制。阿特金斯太太說因為她兒子在各個方面都挑戰他們夫妻的管教，拚命「爭取、爭取、再爭取」更多的自由，最後她和丈夫不得不變成家裡的「警察」。阿特金斯太太對於嚴管兒子這件事，感到心力交瘁，她說他們覺得好像應該「對他網開一面，但是我們絕對不能屈服」。她很不喜歡自己變得多疑又愛批評的樣子。但是每當布萊德親切又聽話時，她和丈夫都無法判斷兒子是真心誠意，還是又在找機會要求特權。她在極度惱怒的情緒下說：「我們不知道該相信什麼。我們不得其門而入，完全不得其門而入。」她又接著說：「他讓我們不知所措的能力，從來都沒有停止過。他的行為影響了家裡所有的人。整個情況就像是一把長矛穿透了我們的心。」

如果你曾與一個像布萊德這樣不斷說謊的騙子住在一起，你就會知道那有多麼令人不安。你很想要相信這個人，但是又不知道該相信什麼。最終，你會懷疑對方說的每一句話。可是你又不想讓那些對他印象很好的人幻滅。於是回答那些不明所以的親友所提出的問題，就變得愈來愈困難。你要怎麼去跟孩子的奶奶說，在她眼裡那個不可能做錯事的乖孫，正在等待法院的審判？你要怎麼跟朋友說？你會擔心他們和你兒子的關係發生永遠的變化。你也擔心親友可能會把一切發生的事情，都怪罪到你的頭上，讓你的自我懷疑變得更嚴重。

像布萊德這種孩子的父母，一開始會認定兒子的錯誤行徑，只是成長階段的一部分，是幼稚的一種跡象，不然就是典型的青春期症狀。他們並不認為這樣的行徑會成為一種模式。在短期內，拒絕相信，是面對令人憂心事實的一種有效防禦機制。因為擔心自己兒子會變成少年犯，孩子的父親藉由聚焦於孩子的成就來自我安慰。在一次訪談中，阿特金斯先生對我說：「他是個天賦很高的孩子。他是個非常優秀的守門員。他喜愛動物，想要當個海洋生物學家。」有犯罪傾向孩子的父母，會像這位父親一樣，在最後發現這個成長「階段」永遠不會終結。因為擔心會發生可怕事情的念頭始終縈繞不去，父母只能試著用新方法來應對孩子的錯誤行為。如果他們施加新的限制，他們會比孩子更痛苦，但孩子卻會變得更狡猾或更叛逆。或者，為了緩解布萊德父母所稱的「游擊戰」，他們也可以對孩子更寬容。然而，不論他們怎麼做，都不會有太大效果。

當孩子的問題愈來愈多，父母要維持對孩子的正面思考也愈來愈難，最後甚至變得不可能。看起來正面的特質，譬如冒險的精神，都會變成不一樣的意思。有位母親說：「『可愛』的特質全被『難以置信』取代。」看到自己的兒女傷害他人以及讓他們自己置身險境，為人父母者混亂的情緒會變成一種持續而極度煎熬的痛苦。他們為了努力應付這些問題，大量消耗精力、財力，婚姻因此陷入困境，家裡其他的孩子也受到傷害。

把體罰當成一種應對孩子不聽話的工具，一直都是個飽受爭議的議題。沒有證據可以證明打孩子能改變孩子的行為。不過罪犯在小時候不但可以承受體罰，而且還會表現出他們有膽識承擔體罰。十六歲的約翰告訴我，大人在他小時候用木板打他屁股「當然痛」，可是不會讓他「記取教訓」，意思是沒有任何懲罰可以長時間讓他不去做想做的事情。一位成人罪犯還記得他父母用木匙或皮帶打他，而他寧願挨打也不想忍受「三個小時的訓斥」。他的父母不管做什麼，都不會帶來任何改變。

有兩種著名的理論把孩童受虐與成人犯罪連結在一起。一種認為虐待孩子，就表示父母本身具攻擊性以及變得暴力。另一種則表示，對孩童執行嚴酷懲罰，會導致孩童變得過於唯唯諾諾，以致於很容易就受到他人影響，並被引領去從事犯罪行為。

華盛頓大學二〇一五年的一份縱向研究提出了另一種理論。社會工作者赫倫寇（Todd Herrenkohl）表示受虐的女孩子「最終可能會達到一個臨界點，在這個臨界點上，她們被壓抑的情緒會變得外顯並具攻擊性，或許還會因此走向犯罪的道路」。這個陳述中的一個關鍵詞是「或許」——赫倫寇先生並沒有提到女孩應對虐待的其他方式。他還說女性在早期生活中受虐，「可能會陷入暴力或犯罪行為的關係中，並以此為常態」。但就算這些女性後來才發現自己的伴侶有暴力傾向，她們自己也很可能並不會涉入任何犯罪行為。這些華盛頓大學的研究人員，之後對賓州兩個郡的受虐兒童在年滿三十六歲時，進行了追蹤研究，但研究只關注這些研究對象前一年的行為。研究對象中，僅四分之一的人犯罪。於是研究人員呼籲「進行更多研究，揭開從受虐兒問題行為到成人犯罪的複雜軌跡」。[8]

孩子對受虐情況顯然有不同的反應方式，包括變得退縮、沮喪、焦慮、缺乏自信，或是具攻擊性。然而那些個性堅韌，走過受虐經驗的人，不但沒有認同施虐的父母，並因此轉而虐待他人，反而把施虐者當成自己絕對不要效仿的反面教材。那些人長大之後，與他人互動良好，也成了很好的父母。我們之所以沒有聽到他們的消息，純粹是因為他們根本不會上新聞版面。

既然罪犯不可信，有關虐待的指控就必須仔細剖析，這樣我們才能瞭解真正發生的事情。對一個素行不良的孩子來說，「我要報警，告你們虐待小孩」是項非常強大的武器。這項指控不但會移轉孩子錯誤行徑的焦點，還可能導致父母受審。我就曾看過很多人因為兒女謊報父母虐待孩子，而造成工作、婚姻以及穩定的財務狀況全都岌岌可危的情形。戴安的母親伊麗莎白·透納就碰到了這樣的事情。社福機構把當時已經懷了孕的十六歲黛安帶走，並判定她受到精神與身體的虐待，需要安排寄養。法院命令透納太太接受心理評估。

黛安在五歲的時候，因為父母離異造成的混亂狀況，被送去與叔叔嬸嬸同住。到叔叔家後沒多久，黛安就顯露出非常不聽話的態度，常常讓自己與其他人陷入險境。後來因為嬸嬸很快就要生寶寶，而他們又發現黛安實在無法管教，所以黛安又被送回到她已經再婚的母親身邊。透納太太之前一直都會固定探訪女兒，而她新婚的丈夫也正式收養了當時已經七歲的黛安。六個月的蜜月期過後，黛安變得完全無法控制。她放火、用刀子威脅其他孩子、在商店裡行竊、折磨小狗，還故意用力關門，夾斷了一個小孩子的手指。她在學校裡也是麻煩不斷，多次遭到學校停學。透納太太毫不猶豫地尋求心理諮商協助。

只要是做她喜歡的事情，黛安就會非常乖。透納太太很珍惜母女一起出國旅遊以及在海灘度假的時間。只要離開熟悉的環境，黛安就是個可愛又有趣的孩子。然而一回到家，她似乎就會變成另一個完全不一樣的小孩。

當透納太太發現九歲的黛安在偷看色情影片時，她立刻封鎖了女兒所有可以使用電腦的管道。黛安大發脾氣，而且攻擊她的母親，在母親身上留下淤青與流血的傷口後，衝出家門。家人遍尋不著。等到透納太太報警時，黛安早已打了電話叫救護車把自己送到醫院，並在醫院告訴檢查的醫生她母親打她，但是醫生找不到虐待的證據。後來黛安向自己的小兒科醫生坦承撒謊。黛安向老師與輔導人員提出的控訴，引來了兒童保護服務人員的調查，只不過最後的調查結果都是「沒有根據」。

因為工作地點變更的關係，透納夫婦遷居到另一個州。黛安持續向老師、治療師以及所有願意聽她說話的人告狀，說她母親虐待她。社會服務單位在收到大量湧入的指控，以及一位被黛安說服她母親有罪的治療師報告後，判定透納家一直存在著「長期嚴重虐待」的情況。有關單位對黛安安排了寄養。

儘管經過多年的心理諮商，母女兩人的關係依舊沒有改善。透納太太心力交瘁、沮喪不已，而且已經不知道該怎麼辦了。她工作的時數縮短了、訴訟也花了她數千美元。她希望透過法院命令執行的心理評估，可以幫她挽回早已聲名狼籍的信譽，但更重要的是，她希望這個評估可以為她與女兒帶來新的相處模式，改善兩人的關係。這項評估花了好幾個小時評鑑透納太太本人，評估她的工作表現紀錄，瞭解黛安的醫療、心理以及教育紀錄，也訪談了其他熟識透納太太的人。在評估者的最終報告中，他描述透納太太是位性情穩定、各方面都正常的女子，沒有精神疾病的問題。而且，這位評估者判定透納太太已在能力所及範圍之內，盡了一切的努力去處理黛安的問題，並試著解決母女之間的衝突。在一次法院審理過程中，透納太太上訴成功，社福單位的心理與生理虐待判定遭到撤銷。在這場嚴峻的考驗裡，透納太太仍不斷地在女兒同意見面的時候，去探訪住在寄養家庭的黛安。雖然面對各種拒絕，但透納太太從未停止疼愛自己的女兒，也從未停止期盼女兒的心可以改變。

如果你的孩子也是這樣叛逆且想毀滅一切，把所有對他們的要求都當成戰場、破壞家庭的運作，而且無法讓你信賴，你覺得自己會不會有一天終於失去所有耐性，賞他們一巴掌？就算為人父母者平時的個性冷靜自持，但遇到了像黛安這樣的孩子，因為他們毫無節制的挑釁，很可能會引發父母的暴力反應。只不過，在類似黛安這樣的實際案例中，宣稱受虐的人，其實正是施虐者。

罪犯在小時候也會對其他家人施虐。在父母離婚與再婚的情況下，繼子或繼女很可能成為施虐目標。（因為孩子要適應與非親生父母的成人同住，所以重組家庭永遠都是個挑戰。）犯行兒童非常善於利用不安全感與脆弱感。就算繼父母努力與孩子建立關係，也不一定會得到回報。取而代之的是孩子不斷抱怨繼父母的特質，譬如體型、習慣性動作，或者說話的語氣，並且堅持自己沒有義務聽從繼父母的話，因為那個人不是自己「真正的」媽媽或爸爸。某些繼父母與孩子之間維持的心理距離要比生父生母客觀一些，這種時候，生父或生母會捍衛自己的兒女，對於配偶過於批判或嚴厲的態度感到惱怒。這類的糾紛也會轉移孩子不良行為的焦點。

如果在分居或離婚的過程中，孩子得輪流與親生父母同住，那麼他們就會見縫插針，利用父母兩人的相左。這是許多父母離婚孩子的典型表現，然而犯行孩子的戰術尤其精於算計，也特別殘酷。

唐的母親把家管理得井井有條，她規定固定的時間讓孩子寫功課、做家事，以及就寢。唐比較喜歡待在父親家裡，因為在那裡受到的監督比較少，規矩也沒那麼多。唐沒完沒了地抱怨母親令人窒息的規定以及做事的方式。於是他母親放寬了規定，並試著和兒子討論如何改善兩人的關係。然而唐認定自己沒有自由，也討厭母親不請自來的干涉，兩人的摩擦並未減少。唐愈來愈看不起他母親，而且開始對她吐口水、威脅她，還在牆上打洞。他指控母親挑釁自己，拒絕和她說話，然後把自己關在房裡生悶氣。他好幾次打電話給父親，捏造母親虐待自己的謊話，然後哀求離開她家。這個時候，他父親就會開車過來把兒子接走，破壞前妻在孩子面前的權威。最後唐切斷了與母親的關係。

當唐的父母為了孩子的監護權而出現在法庭上時，法官在談到孩子的母親時說：「她展現出評估與滿足所有孩子情緒需求的能力。」在提到唐的父親時，法官說：「相反地，這位父親認為自己更像是孩子的知己。」唐選擇了可以擁有更多自由、但不太需要為自己做的事情負責任的家。因為年齡的關係，他可以一直住在他父親那裡。

家裡其他的孩子都是這位不良兄弟的受害者，他霸凌他們、未經同意就擅自取用他們的東西，而且在自己即將受到懲罰時，把黑鍋甩在他們身上。這樣的行為已遠遠超過一般會出現在兄弟姊妹之間的對立。唐不但不經過同意就霸占大家的玩具、電玩遊戲、電子產品與衣物，而且還會丟失與損毀這些東西。唐會威脅年幼的弟妹屈服與就範、警告他們不准聲張，並在他們大聲啼哭時威脅他們。有些孩子因為覺得要忠於自己的兄弟姊妹，所以會默默承受施虐者的錯待。這些受害的孩子如果洩漏祕密，讓施虐者受到懲罰，可能會背負良心的譴責。

然而就算這些品行不良的孩子讓兄弟姊妹的生活有如置身地獄，他們有時也會以兄弟姊妹的保護者自居。不論他們對待手足如何凶狠，都不會允許他人傷害自己的兄弟姊妹，而且會很快地採取護衛手段——如果他們覺得有必要，甚至會訴諸暴力。有犯罪傾向的孩子一方面會因為兄弟姊妹的乖順而看不起他們，另一方面卻也會制止他們的錯誤言行，並威脅要告狀。如果在一直都是乖寶寶的兄弟姊妹當中，有人對言行不端孩子的舉止開始感到好奇，希望能參與他的祕密任務，都會遭到阻止。他不希望任何人跟著他、妨礙他的大計。此外，行為偏差的孩子也會設法讓他們的兄弟姊妹遠離會受到傷害的道路。不過，要是他們的手足原本就跟自己一樣熱愛冒險，他們就會將之視為伙伴與幫凶。

奧利佛的父母因為他對弟弟比爾與妹妹琳達的殘暴而擔憂不已。他偷弟妹的玩具、威脅並攻擊他們，也會極盡一切所能地把自己做的壞事，都栽贓到他們身上，讓他們惹上麻煩。當十六歲的奧利佛被少年法庭送進社區的中途之家時，他的父母親眼看到家裡兩個小的如何大大鬆了一口氣。夫妻兩人堅信小兒子小女兒值得擁有一個不會經常陷入混亂的家。奧利佛返家後並沒有待太長的時間。他曾告訴一位心理諮商人員，只要他的父母「不煩我、不擋路、給我機會結交我自己的朋友」，他就可以容忍他們。最後，在一次未告知父母就失蹤出門去玩滑板玩到半夜，而與父母發生嚴重衝突後，他決定離家出走。他在離家之前，留了一張紙條給父母，紙條上寫著：「我不喜歡跟你們住在一起。你們就是一對脾氣暴躁、愛挖苦人的笨蛋。我不會打電話給你們。我有朋友。我有錢。省省你們的時間。忘了我。」但在紙條上，他對弟弟妹妹卻表達了不一樣的感情，奧利佛強力要求他的父母：「拜託絕對不要讓比爾或琳達認為我不曾愛過他們或甚至不愛他們。我很愛他們。我願意為他們犧牲我的生命。」

在幫助孩子改過自新這件事上，鮮少有父母會顯得無動於衷或甚至放棄。他們總是竭盡所能：花更多的時間在孩子身上、安排孩子轉學、支持孩子參加運動與社團、安排心理諮商，或者父母本身去接受心理諮商。每當身為父母的人手上有可能的解決方案時，他們就會開始自我反省的旅程。兩人不是自責、互相指責，就是怪罪旁人或發生在家庭之外的事件。注重心理層面的人，為了找出孩子之所以從事犯罪行為的原因，還會大量閱讀各種書籍，甚至尋求治療方式。

尋求心理諮商人員或治療專家的協助，或許是為人父母者的最後一線希望。遺憾的是，在某些情況下，父母在尋求協助後所需要面對的問題，可能會比遇到心理衛生專家之前更多。即使經驗老到的治療專家，也經常假設問題的源頭在家族「系統」當中。有一位拖著兒子到處求助治療專家的父親，最後得出的結果是孩子被診斷患有「天底下所有的病症，從亞斯伯格、思覺失調、躁鬱，到注意力不足混合對立性反抗症，應有盡有」。這位父親說：「在尋求治療的整趟過程中，心理衛生專家普遍的感覺就是身為父母，我們需要透過教養，讓孩子脫離這些行為。」不同的治療專家，對於不知道該怎麼治療的同一個孩子，診斷出不同的病症結果，這並不是什麼新鮮的事情。我曾經碰過如難民般逃離家族治療的人，在他們的親身體驗中，最後除了金額巨大的帳單和更多的壓力外，其他什麼都沒得到。

每位治療專家都可以摸索到任何一個家族中某些潛在的問題與衝突點。犯罪的孩子可能會非常具有說服力。治療專家在聽完孩子抱怨父母反覆無常、不公平、無法溝通、過度保護、怠忽責任、死板以及嚴厲的時候，本能地都會同情孩子的處境。而根據這些偏聽一方所得來的說法，專家很可能會錯判孩子的犯罪行為，是源於家族的精神病理問題。然而在治療過程中常常發生的狀況，卻是家族才是犯罪孩子的代罪羔羊。這些孩子主張需要協助的人是他們的父母，而非自己。如果除了孩子的問題之外，夫妻間也出現嚴重的失和問題，治療專家更是特別容易把矛頭對準孩子的父母。

湯瑪斯夫婦在如何處理兒子的問題上，有嚴重的意見分歧。十一歲大的格雷已經變得無可救藥。湯瑪斯先生因為工作性質的關係，白天大多時候都會在家，因此在應對格雷暴躁脾氣的問題時，管教孩子的主要責任就落在他的身上。當湯瑪斯先生覺得車上播放的音樂並不適合青少年時，他會關掉音樂，卻引來格雷大喊大叫：「我恨你，爸。如果我有槍，我一定會殺了你。」當湯瑪斯先生拒絕讓格雷玩街上遊戲機台的暴力電玩時，格雷把冰紅茶倒進了自己的午餐中。當父子兩人在商店裡時，格雷因為得不到一台非常昂貴的自行車，就威脅要放火把家燒了。在一次與他母親罕見的對峙中，格雷抓起一輛模型車就朝著他母親砸過去。在和妹妹因為誰要坐在家裡廂型車的哪個座位而起衝突時，他不但用力捶妹妹的腹部，還打她的臉。

相較於被湯瑪斯太太描述成控制狂的丈夫，她自稱是個隨和的人。在一次心理諮商中，她對丈夫說：「格雷強烈渴望你的關愛。他希望你注意到他。」她堅稱湯瑪斯先生對於女兒的讚美會激怒格雷。當湯瑪斯太太工作了一整天，筋疲力盡地在傍晚回家時，她期望得到的是平靜，而非白天家裡所發生的戰事。儘管如此，她還是無法倖免於與兒子相處的難熬時刻。格雷八歲的時候，因為多次暴怒，毀了一扇門、一張四柱床，以及其他的家具。湯瑪斯太太親眼目睹了坐在自己車上的兒子，為了抗議被禁足的懲罰，在她開車時，直接打開車門，威脅要往外跳。湯瑪斯太太指責她先生挑釁兒子後，又不知道該對如何善後。每次發生事情，湯瑪斯太太總是會責難丈夫，並說些像「你又做了什麼讓他變成這個樣子？」的話。某一次我對這對夫妻進行心理諮商的過程中，湯瑪斯先生說：「這最後會激怒格雷。」他妻子隨後就喃喃嘀咕著：「我才不相信什麼『最後』。」她轉而要求丈夫跟兒子好好講理。湯瑪斯先生反擊說：「你從來沒有教養過孩子。」湯瑪斯太太針對這個指控的回答是「也許那是因為我很溫和。你必須要溫柔地呵護孩子」，接著她又指控對方「選錯了戰場」。

與我對話時，格雷強調錯不在他。他的父母合不來，他們需要看精神科醫生。當他在學校捲入麻煩時，也是這個態度。格雷還試著抹黑自己的老師，因為那位老師打電話給他的父母。葛雷告訴我：「我討厭那個人。我要殺了他。」對格雷來說，問題永遠都是其他人做錯了事。

湯瑪斯太太控訴她先生放棄了格雷，但事實並非如此。儘管他和全家人都吃盡苦頭，湯瑪斯先生依然對我說：「在這一切的表現之下，他其實是個非常乖的孩子。總是會有一閃而逝的善良特質。他內在有顆善良的心，大多數時間也都很溫和。他不是一個少年犯。」

湯瑪斯夫婦之間的裂痕，並非格雷出現偏差行為的成因。事實上剛好相反，是格雷的行為導致他父母之間不斷的戰爭。然而父母的不合不但助長這個孩子的氣焰，他還讓父母之間的隔閡愈來愈嚴重。湯瑪斯家的另一個孩子在個性上與哥哥完全不同。她是個優等生，鮮少因為紀律問題遭到懲罰，也與父母都親。格雷在接受我心理諮商的期間，會有幾個星期住在親戚家。在那段被湯瑪斯先生稱為「幸福時光」的時間中，這對夫妻只吵過一次架。不過格雷一旦返家，和諧的家庭時光也就嘎然而止了，家裡再度燃起戰火。湯瑪斯先生難過地說：「鍋子現在又要開始滾了。」

這類孩子當中，也有些人發現作勢要自殺是取得掌控權的終極武器。一個男孩用他父親的幾條領帶，做了一條套索，然後寫紙條把自己的問題全怪在父母頭上。幸好他發出的聲響夠大，家人及時衝進他的房間，叫救護車把他送去醫院。在醫院裡，這個孩子說服了一位同情自己的心理諮商員，讓他去遊說自己那對已經相當沮喪的父母，不要管自己太多。同樣地，一間少年觀護所的人員也發現，觀護所裡一位十多歲的女孩用床單製作了一條套索。這名少年犯想要透過自殺威脅，讓有關當局把她轉到她男朋友可以來探訪的社區醫院精神科病房。做父母的人在遭到兒女自殺威脅時，都會嚇傻。他們擔心如果自己不讓子女順他們的意，災難就會發生。有位母親告訴我：「我們已經碰過一次自殺未遂了。（我兒子）割開了手臂，很靠近手腕。相信我，我希望我永遠都不要再經歷那種事情了。有時候我覺得自己需要一位心理分析師。這些孩子根本不瞭解他們對自己父母做了什麼。」

另一種犯罪孩子會採用的不同戰術，是打乖乖牌來達到自己的目的。這些孩子會試著說服父母自己值得信賴。他們會演場扛負責任的大戲，也許是不需要大人嘮叨就清理自己的房間、展現出勤奮做功課的樣子，也或許是擺出一副總是樂於助人的態度。不過這些行為通常只是一種詐騙的手法、一種專門設計來哄騙家人，讓他們以為自己已經改過向善的掩護，其實當事人根本沒有這樣的意思。然後他們會提起自己的這些行為，期待大家原諒之前的錯誤行為。

在兩所學校的學業成績都不及格而且留下品行不良紀錄後，喬治的父母決定把他送去軍校。對於這個計畫，喬治誓死抵抗，並將它稱為他父母單方面的「不成熟」。參觀完軍校後，他說：「這裡不適合我。」然後指控他的父母沒有在他小時候管好他。他堅持自己不該離家去一個「太死板、太遠、太多要求、太貴，什麼事情都太過分的地方」。喬治承諾只要可以不去他認為有如監獄的地方，他願意做任何有必要做的事情。「我會成為上帝派給你的天使。」他在哀求一位幫自己說情的親戚時如此承諾。喬治的言行雖然有好轉，但是他的父母因為經歷了太多的混亂與痛苦，最後還是把他送去軍校。故事的結局是喬治得償所願，只不過不是因為言行像個天使，而是遭到學校退學。返家後的喬治變本加厲，在滿了十八歲以後，就因為好幾個不同的罪行，在郡監獄服刑。

每當孩子光明的一面從他們陰暗的個性中閃現，當父母的人就會覺得從戰鬥的疲勞中，找到了喘息的機會。他們會再一次懷抱希望，儘管他們因為兒女變得愈來愈痛苦、愈來愈煩躁、愈來愈易怒。然而對這些孩子來說，外人因為自己變好而慷慨湧入的讚美，根本與他們喜歡的生活刺激無法相提並論。

孩子在各個階段所展現的負責任態度，其實不見得都是詐欺的手段。在這些行為不端孩子的一生當中，的確也有他們真心想要改過向善的時候。他們意欲振作的想法或許維持幾個小時、幾天，或幾個星期，卻足以讓父母震驚於自己的兒女竟然變得如此規矩、熱情以及充滿了愛。雖然家人通常無法得知這些孩子的改變，是真的發自內心抑或只是另一場騙局，但是孩子體貼與周到的每一刻，都讓他們欣喜不已。在這種情況下，父母希望的破滅，可能需要一件非常戲劇化的事件才會發生。法蘭克的父母就經歷了這樣的過程。

十四歲的法蘭克是個人帥、能言善道、廣受歡迎又有禮貌的孩子。他討喜的個性，迷倒了一堆老師。法蘭克的父母非常重視兒子的這些特質，然而他們卻也必須全力應付這孩子的說謊、偷竊、反抗、破壞，以及每次為了他的行為而與他對陣時，孩子對於不當行為的否認。不時地，這對父母都會以為看到了兒子轉變的跡象，尤其在二〇二〇年學校因為新冠疫情而停課三個月的期間，法蘭克的課業全透過函寄作業與線上課程完成。對任何一位家長而言，青少年時期的兒女一天二十四小時都在家裡，可能是個巨大的挑戰。然而法蘭克在這段期間卻似乎努力在改變，而有他在家的日子，也是和諧得令人耳目一新。法蘭克的母親巴尼斯太太與她兒子的心理諮商人員談話時，以鮮少有機會使用的誇讚詞彙描述自己的兒子：「有趣、開心、迷人、成熟、十分投入，而且積極。」法蘭克早上不用人催促就起床、勤奮地埋首於學校每天寄來的作業當中，而且專心上著網路課程。享受著兒子這一長段時間的優異表現，巴尼斯太太不但讚美「新的法蘭克……是我從未見過的法蘭克」，也毫不吝於以熱情的態度讓兒子知道自己有多開心。法蘭克愉快地對他的父母說：「一切都進行得很不錯。我全跟得上，沒有落後。」他把這個改變歸因於得到了更多的自主性，他指的是沒有人再對他緊迫盯人、催他用功讀書。他還未雨綢繆地為了上大學打算，發誓要拿到好成績。兩個多月的時間裡，法蘭克的父母覺得「有兒子在身邊真好」。

比新的讀書習慣更令人驚喜的是法蘭克主動寫給父母的一封令人感動的電子郵件，他在裡頭說：「我的家人鼓勵我去愛、去關心其他的人以及他們的家庭。還有，去活得充實，以及擁有良好的……人際關係。你們幫助我走過了開心與難過的時刻。我想我要說的是我愛你們，我要永遠和你們在一起。」

寫完這封郵件的兩週後，該來的還是來了。學期結束，總結的時候到了。送達的成績單顯示法蘭克缺交的作業至少多達十多份。在此同時，法蘭克的父母也開始發現，他們兒子的那些老習慣又回鍋了。一開始，法蘭克否認在交作業這件事上騙人，而且辯稱是學校的紀錄有問題，是校方沒有給他做完的作業打分數。接著重新出場的是他的無禮態度，以及數週來第一次的暴怒。這只是一場為期三個月的騙局。「新的法蘭克」根本就是一個謊言。巴尼斯太太努力克制自己的情緒，在一封寫給她兒子的電子郵件中表達了自己的心情：「我覺得自己受到深深的傷害，而且感到非常難過。這可能是你讓我最難過的一件事。我以為你變了。我相信你，但你卻再次踐踏我的心。」

法蘭克的父母與這個孩子談到這幾個星期以來，他對他們表達的愛以及同時間欺騙他們，這兩者之間的落差。當這對父母質疑他那封電子郵件是否只是在扯謊時，這名青少年開始淚流滿面、生氣且堅稱信上的每一個字都是出自他的真心。顯然法蘭克並不瞭解告訴對方你愛他們，然而又在這麼說的同時，背叛對方的信任，這兩件事無法共存。法蘭克很難過，但那只是因為他的把戲被揭穿了。對於這場三個月的騙局，他沒有展現出一絲的悔意。

成為罪犯的孩子會漸漸走出他們父母的掌握範圍之外，變得更鬼祟也更大膽。這些孩子令父母心力交瘁的小麻煩與重大違規行為不斷累積，終究會讓父母屢屢懷疑自己能否再繼續忍受與兒女同在一個屋簷下多待一天。然而不論這些孩子在家中製造了多少的動盪與不安、不論他們的犯行有多嚴重，他們的父母都會堅持相信自己的孩子基本上還有一顆善良的心。這些父母不斷地乞望自己的孩子只要長大就好了、他們最近發生的事件只是單一事件、孩子有問題的行為只是成長過程中的一個階段。

這些孩子的父母常常會經歷一些生理症狀，如憂鬱與焦慮。他們的家無法成為抵擋外界壓力的避風港，而是充滿了緊張。每次電話鈴響，這些父母的心就開始緊緊糾著，擔心這通電話的另一頭是幾乎要發狂的鄰居、是學校通知另一起不端行為的事件、是警察，或最可怕的，是醫院告知他們的孩子受了傷或喪了命。

有些父母因為已經走到絕望的臨界點，因此轉向法律當局求助。舉例來說，家長在維吉尼亞州的少年法庭可以提出「兒童服務或兒童監督」（Child in Need of Services or Child in Need of Supervision）的請求。（其他州也有類似的作法。）這種政策的目的在於建立一種「需要協助的兒童服務」，由法院指派一位司法人員監督與規勸孩子，降低他們未來從事犯罪與面臨刑事起訴的可能性。這個計畫的期望，是藉由提升孩子對不良行為後果嚴重性的瞭解，並讓孩子明白出庭受審的程序，進而防止孩子的違法行為。有這種風險的孩子，很可能會親身體驗「坐牢的滋味」，他們因為逃家或逃學這類的「身分犯行」（status offenses），會在拘留所裡待上一段很短的時間。不止一位家長告訴我，當孩子被關起來時，他們覺得大大鬆了一口氣，因為他們至少知道自己的孩子在哪裡。

有些父母出於不確定感、恐懼以及責任感，會試著幫孩子脫罪。就算孩子罪證確鑿，這些父母依然無法接受兒女犯罪的事實。他們到處借錢、聘請辯護律師，或努力找出其他協助孩子的方式。他們的兒女認為這些都是理所當然之事，而且幾乎不會對父母表達任何感謝之情。他們認定父母有義務替自己解決麻煩。

蓋瑞因為一連串的竊盜案面對長期監禁。梅鐸夫婦寫信要求檢察官減刑。他們說搬家之後，蓋瑞在試著「融入新人群」的過程中，經歷了「文化改變」的適應問題。這對夫妻解釋：「在一夜之間，他接觸到昂貴的汽車、超有錢的同儕，以及他所就讀高中認為可以接受、如家常便飯般的罪行：酗酒、大麻、毒品、商店行竊以及考試作弊。」梅鐸夫婦說他們兒子的學習障礙讓他處於劣勢。他們還解釋蓋瑞之所以捲入信用卡偽卡詐欺，是因為有人介紹他認識了一個教他如何利用信用卡系統漏洞的人。在這對夫妻的上訴書中，他們回憶起自己念大學的那個年代：「大多數十八到二十二歲的孩子，都處於叛逆時期，認為父母與權威人士都是錯的，而且不可能做出任何正確的事情。」梅鐸夫婦在他們的上訴書結論裡指出，蓋瑞心理層面的不成熟與天真，讓他陷入了「困惑」，而「受損的自我」又令他在面對誘惑時，不知道「如何應對」。

我訪談蓋瑞時，他卻呈現出一個完全不同的形象：一個與困惑、不成熟、容易受到影響的年輕人完全相反的類型。他在坦承犯下一系列竊盜罪行的同時，也表現出精明與條理分明的特質。他說：「我不會留下任何證據。我沒有戴手套，但也不會用手指碰觸任何東西。我把車子停在半條巷子以外的地方，再跑向車子。我知道自己在做的事情非常危險，而且如果被逮，會有很大的麻煩。」蓋瑞補充說：「我知道拿槍指著對方，可以讓他們害怕到自動把錢交給我。不過我盡可能試著和善。」

為人父母者總是會找各種理由責怪自己做過或沒做的事情——他們背負著強烈的愧疚感。在挽救孩子的時候，有些父母後悔自己過於天真或過於寬容。其他父母則是自責過於嚴厲。有位母親雖然已是全職媽媽，卻仍說她沒有給兒子足夠的關注，也沒有讓他充分接觸宗教。另一位母親認為她給兒子太多壓力。有對夫妻覺得他們對兒子犯下了大錯，因為兩人沒有在孩子小時候給他足夠的玩樂時間。

部分父母在自己的價值觀遭到多年持續的攻擊後，會逐漸接受他們孩子的觀點，而它們全是過去他們無法接受的想法。有個母親原本反對所有非法毒品，但當她試著支持兒子時，卻出現立場軟化的情況。這位母親因為無力制止兒子吸大麻，後來成了大麻合法化的擁護者。這樣的態度轉變，往往出於父母亟欲和日漸疏離的孩子拉近距離。另一方面，這些孩子也會以一種算計的態度，無情地利用父母想要與自己維繫感情的渴望。他們相信自己的父母寧可在所有事情上都妥協，也不願危及親子之間的關係。

不論父母多麼堅持自己的孩子基本上其實很善良的想法，他們終究還是會走到一個確實認知到事情的發展已非自己能力所能改變的時點。不論他們做什麼，他們兒女的偏差行為模式都會繼續惡化與激化。有位母親對我說：「我正處於一種損害控制的狀態。我想任何感情的束縛都沒有用了。我正在為我兒子會從我們生命中消失的可能性做準備，我要在情感面做好準備。」另一位非常哀傷的父親說：「我正在學習如何放手。我不想把自己的一輩子都綁在這個問題上。就像一位病入膏肓的親戚，我們要有隨時會失去他的心理準備。」每一件事都像是在提醒著這些父母，在養育孩子這件他們可能會認為是生命中最重要的事情上，自己竟然失敗了。然而面對這一切的一切，他們的孩子對於身陷痛苦的父母，卻沒有一絲的悔意或關懷。從這些孩子的角度來看，他們父母的問題全是自找的，因為父母要求他們成為自己根本毫無興趣做的人。他們覺得父母的擔憂全是庸人自擾——自己現在這個樣子就已經很好了，當家長的人不該找他們的麻煩。

父母常常希望能給孩子他們追求的獨立。但在年滿十八歲前，父母還是要背負子女的法律責任。寄宿學校因為昂貴的費用以及青少年（如前述的喬治）可能會被學校踢出去的可能性，通常並非一種靠得住的選擇。當孩子大到可以獨居時，父母之間可能會因為擔心這種從一開始幾乎就可以確定會失敗的安排，而在是否該讓孩子獨居的問題上意見分歧。等孩子到了不受約束的法定年齡，部分父母會乾脆地說再見。但對大多數的父母而言，這個時刻依然會帶來令人痛苦的經驗。

對於是否該要求成年的孩子離家這件事，有些父母非常擔心如果硬要子女離家，可能會迫使他們做出激烈的事情，因此希望我能提供一些建議給他們參考。我認識一對夫妻，他們已經開口要求成年的兒子離家，也給了他一筆生活費。然而沒多久後，他們的兒子花光了錢，無處可去，重新又站在父母親的家門口。我告訴這對父母，現在該是時候優先考慮他們自己的健康與幸福了。如果讓兒子搬出去所造成的困擾，要比讓他住在家裡還大，他們就應該和兒子住在同一個屋簷下，但他們要過自己的生活，不要太關注兒子的狀況。這樣的安排並不表示為人父母者應該忍受兒子的苛待。我曾指導過家裡同時有成年與未成年子女的父母，如果兒子或女兒在他們的資產範圍內犯罪（如攜帶毒品、攻擊家人、毀損財產或偷竊等），就直接對孩子提出告訴。除此之外，當父母的人還應該明確提出自己的要求，最好以書面方式陳述，但他們也要認知到，他們的孩子可能根本不會把這些要求當一回事。一旦兒女的生活變得令他們無法忍受，就是該讓孩子離開的時候。有位母親提到她那個已經成年的女兒時說：「愛倫就像顆蛀牙。你幾乎會不計代價地拔掉它，消除疼痛。」

但是完全斷開與孩子的關係，卻是鮮少發生的事情。父母與難以相處的子女之間總是會維持著某種連結，不論多麼脆弱。有位母親在提到她那個超級自私自利又不負責任的女兒時說：「我一次又一次地對她抱持希望，但她總是會做出可怕的事情。可是如果不抱希望，我算什麼母親呢？」在某些情況下，就算是身心俱疲的母親與父親，也不願意下定論說自己已經走到了無力讓情況好轉的地步。儘管如此，他們在選擇唯一能做的事情——與自己的孩子切斷關係——的時候，仍是非常痛苦。然而在面對這一切時，他們的孩子卻對於父母的痛苦毫不在乎。在被問及他對父母的悲楚有何想法時，一個男孩冷漠地回答說：「就像是動了一場手術。他們必須忍受痛苦。這是他們的問題。」

有些司法管轄區會因為孩子的罪行而對父母進行懲罰。如果孩子在法定宵禁時間之後依然在街上閒逛，或參與其他違法行為，父母會被處以罰款或監禁。《華盛頓郵報》在二〇一七年曾報導過，美國有十九個州的父母，會在子女遭到監禁時被罰款。有些人的薪水還會因此遭到扣押。[9]這種作法源於一項已有數十年歷史的假設，那就是「犯行孩子的父母逃避責任，而且期待政府幫他們收拾爛攤子」。當時這個想法是希望因此可以鼓勵父母為兒女負起更大的責任。我訪談過一些身陷困境的父母，他們在能力所及的範圍內，盡了一切努力去引導、限制、管教自己無可救藥的兒女，結果卻只得到這些孩子繼續逃避並厚顏無恥地反抗他們掏心挖肺的所有付出。對那些不負責任又怠忽職責的家長來說，法律懲罰犯罪孩子的父母，或許確實有所幫助，但是對那些認真負責的父母，卻是進一步的打擊與潑冷水，這些父母需要的是來自於執法機構與法庭的協助，而非譴責。

閱讀本章的父母若發現家裡的孩子出現前述內容所提到的任何行為，要有所警惕。但是在遽下結論，認為家中確實有個潛在罪犯之前，父母應該自問，孩子顯現的問題行為是單一事件，還是一種隨著時間逐漸深化與激化的**模式**。

當然，我並不是說父母完全都沒有問題。虐待、忽視、管教不當或心理失常的父母，對子女很可能會造成不良的影響。然而，這並不代表在這種家庭教養下的孩子就會走上犯罪一途。事實上，大多數遭到父母忽視或虐待的孩子都沒有成為罪犯。而且令人驚訝的是，根據研究，多數罪犯都來自父母個性穩定且負責任、為孩子盡心盡力的家庭。遺憾的是這些父母努力協助並矯正孩子的行為，最後卻是徒勞而返。而且事實證明，父母往往是受害者，孩子才是加害者，與一般認知的情況完全相反。

注釋

1 David Cohen, *Stranger in the Nest* (New York: John Wiley & Sons, 1999), pp. 4, 7.

2 "Is Temperament Determined by Genetics?," Medline Plus, September 17, 2020, medlineplus.gov/genetics/understanding/traits/temperament/.

3 Penn State, "Some Personal and Moral Beliefs May Stem from Genetics," *ScienceDaily*, www.sciencedaily.com/releases/2019/02/190225145632.htm.

4 William B. Carey, *Understanding Your Child's Temperament* (New York: Macmillan, 1997), p. xxi.

5 John Bowlby, *Child Care and the Growth of Love* (Baltimore: Penguin Books, 1953).

6 American Psychiatric Association, *Diagnostic and Statistical Manual of Mental Disorders*, 5th ed. (Washington, DC: American Psychiatric Association, 2013), pp. 265-68.

7 Jenkin Lloyd Jones, "What Makes a Criminal," *Evening Star* (Washington, DC), 1963.

8 Deborah Bach, "Behaviors Linked to Adult Crime Differ in Abused Girls and Boys, Study Finds," *UW News* (University of Washington), August 11, 2015, https://www.washington.edu/news/2015/08/11/behaviors-linked-to-adult-crime-differ-in-abused-girls-and-boys-study-finds/.

9 Eli Hager, "Your Child Is Jailed. Then Comes the Bill," *Washington Post*, March 3, 2017.

第七章　罪犯父親

這一章描述的是多年處於情緒虐待環境中的罪犯子女，最後卻長成了我們可能意想不到的人。我曾碰過多起這樣的案子，身為罪犯的父親或母親，既愛著自己的孩子，卻也讓他們成了受害者。當你看到卡爾與南西・亞當斯和他們的兒子陶德時，你就會知道罪犯如何堅信自己是個超級稱職的父母，然而他們卻毀了兒女的童年。這件案子說明了為人父母的錯誤思維，會讓自己的孩子飽受折磨，但不會讓他們成為罪犯。

儘管亞當斯先生遭到監禁的時間很短，卻具備了前面有關思維錯誤章節描述的所有特徵。因為他要掌控所有事情、所有人的堅定決心，卡爾不惜訴諸欺騙、霸凌以及暴力威脅的手段。遭遇挫敗時，他歸咎於他認為導致自己挫敗的人，其中最大的受害者，也是他公開宣稱最珍愛的人——他八歲大的兒子陶德。

我與這家人見面的時候，身為父母的亞當斯夫婦正在辦理離婚，並因為孩子的監護權而陷入激烈的爭奪。我依照法院命令對父母兩造和孩子進行評估，然後針對孩子最大的利益，提出建議。

亞當斯先生堅稱自己是更稱職的家長，他向法院陳情，要求陶德的單獨監護權。在進行法律程序的那幾年間，他始終如一地堅稱：「我看不出來陶德和我之間存在著任何問題。我們相處愉快。我們深愛彼此，在一起的時光都很開心。」相反地，卡爾描述他的妻子善變、任性，因此減緩陶德長期情緒傷害的方式，就是「說服她接受長期的密集治療」。（亞當斯太太的心理衡鑑結果與亞當斯先生的指控並不相符。）

亞當斯太太對她先生的描述，是他對所有人都毫不留情地批評，沒有朋友，不論到哪裡都與其他人對立。他曾經是個公務員，後來遭到開除，無業在家待了好幾個月，之後又丟了好幾個其他的工作。亞當斯先生曾在股票市場上投機炒作，把南西繼承的很大一筆錢都賠光了。後來她還發現他不但十年沒有報稅，還把國稅局寄來的數十封調查函全藏起來。

根據醫療紀錄，亞當斯先生向他的內科醫生施壓，要對方為他開立含有鴉片成分的鎮痛藥物處方箋，而且要求的劑量讓醫生推測他應該已經對這類鎮痛藥產生癮頭。有張處方箋顯示核准連續領藥的劑量經過了竄改。亞當斯先生的病歷中夾了一張紙條，紙條上面寫著：「病人指責他人、暴怒且破口大罵；我們試著調解；無法安撫病人。」亞當斯先生濫用藥物，讓已經很糟的情況更加惡化，然而這並不是他犯罪的主要原因。

南西．亞當斯打從心裡懼怕她的丈夫。他在家裡擺了好幾把槍，而且拒絕處理掉。亞當斯太太描述有次她在哄陶德睡覺時，她那八十多公斤的丈夫憤怒地指控她說：「你寧願跟你兒子睡，也不願意跟我睡？」接著他「把我拖回床上強迫行房。陶德在隔壁房間，所以我不能大聲抵抗」。

除此之外，卡爾也身體力行地毀損南西的名聲，對大家說她吸毒、她有帶著兒子逃跑的風險、她會帶著家裡所有值錢的東西潛逃，讓他一文不名。他騷擾所有跟他太太有關的人，有時候還會在半夜打電話給他人，而他之所以被監禁了數日，就是因為電話威脅。

亞當斯太太說卡爾對陶德從來不會投注太多的關注，也未能與陶德建立父子關係。更有甚者，她堅稱卡爾變得太過反覆無常與暴躁，兒子都已經開始怕他了。雖然南西因為對卡爾的恐懼，而讓她勉強維持著婚姻狀態，但身體與情緒上的虐待終究還是迫使她離開，因為她無法再忍受陶德所受到的折磨。「他根本不願意把孩子當成一個人來看待。」她這麼說，並陳述卡爾把陶德在內的所有人，都看成是他的所有物。

對亞當斯太太來說，壓倒駱駝的最後一根稻草，是有天晚上，陶德要媽媽為他讀一篇床邊故事。卡爾聽到了兒子的要求後，插嘴說：「你從來都沒有要我讀給你聽。你要我離開嗎？」陶德回答：「是。」卡爾繼續問：「離開這個屋子嗎？」陶德說：「不是，你去睡覺。已經是晚上了。」卡爾因此變得憤怒不已，他咆哮道：「你別想惹我。」然後大步離開房間，留下哭泣的兒子。那件事情過後不久，南西正式告知卡爾兩人的婚姻結束了。

當身為父親或母親的罪犯面對配偶終於鼓起勇氣離開的現實時，他們會把這種遭到拒絕的經驗當成終極羞辱。當罪犯父親堅稱自己是個充滿愛的丈夫與善盡養育責任的父親的自負說法，遭到了直接的挑戰時，他們會憤怒回應。

南西．亞當斯離開卡爾之後，他發動了最刻薄的攻擊，聲稱她從來沒有真正關心過陶德，她只是把陶德當成反抗自己的棋子。接下來，在長達五年的時間裡，亞當斯先生一方面採用焦土策略，一方面尋求陶德的單獨監護權。他使出最大的力量詆毀他的妻子、騷擾他認為與妻子結盟的所有人。卡爾威脅南西的一位友人，要把他打到住進加護病房；他與南西的雇主通電話時，粗魯又滿嘴髒話；當他得知他妻子的代接電話服務公司抱怨他的騷擾時，他留話警告該公司，他會要求法院傳喚每一名員工，進行交叉詰問：「直到大家的眼神閃現出恐懼與憤恨時，我就會提出他們是滿肚子偏見的不可信騙子的告訴。」對於那些不順著他的意行事的人，卡爾的憤怒爆點極低，即使只是芝麻蒜皮般的小事也不例外。舉例來說，他曾凶狠地對會計師事務所一位職員說：「我可以一拳就打死你。」他與政府機關的人員在通電話時，也是辱罵不斷，而且後來憤怒到威脅當局開除那名公務員。

亞當斯先生甚至威脅試圖幫助陶德的人。他寫信指責兒子的學校，誣控學校人員「在官司裡選邊站」。卡爾要求學校對陶德的老師進行紀律處分，因為她「顯然隨時都準備批評我」。陶德的導師告訴我：「亞當斯先生從來沒有和我合作的意願。他只想告訴我，我哪裡做錯了。」

兒童監護權評估的標準流程，包括對熟識孩子與孩子父母的人進行訪談。一位鄰居說卡爾「是那種一旦鎖定了對象，就會對對方很惡劣、很刻薄的人」。事實上，這位鄰居非常怕卡爾，而且恐懼到擔心她自己兒子的安全。有位鐘點保姆呈報，當她在自己家裡照顧陶德的時候，卡爾會不斷地打電話給陶德。這位保姆表示：「我實在看不出他父親打電話到這裡來找他的必要性；對孩子來說，這裡就是避風港。他唯一不開心的時候，就是聽到他父親找他。」他父親來電所帶來的焦慮感，已經嚴重到陶德寧願待在母親的辦公室，也不願意去（他非常喜歡的）保姆家，因為在那裡他得面對必須接父親電話的可能。

卡爾的好戰態度，在陶德心理醫生的面前最明顯。他曾威脅要向州政府主管機構提告，以違反醫德的理由，撤銷其中一位心理治療師的執照。他接著又仇視繼任的心理醫生，稱他為「媽媽的小男妓」，意思是不論陶德的母親要他說什麼，這個人都會照著說。亞當斯先生警告這位心理醫生，如果對方不能在特定日期安排他見陶德，他就會讓這位醫生吃上藐視法庭的官司，然後他就「可以穿著條紋睡衣了」——換言之，送進監牢。

我第一次與陶德見面時，這個八歲大的孩子並不太願意開口說話。我請他畫一張他家人的圖畫，他回答：「我沒有家。」一開始聽起來，他對和父親一起做的事情很熱衷，譬如玩遊戲、到速食店吃東西，他也喜歡父親給他的垃圾零食。他告訴我他喜歡和父親在一起，也喜歡和他講電話。儘管他傳達給我的這些景象全都相當正面，但是他告訴他的心理治療師哈洛德醫生的內容卻完全不同。

當分居確定時，亞當斯先生的怨恨也開始不斷累積。哈洛德醫生眼睜睜看著他的小病人狀況一天不如一天。在報告裡，這位心理醫生表示陶德已陷入「中度憂鬱，他失去了人與人之間的信賴，對於社交關係感到愈來愈不安與憤怒，而且感到被遺棄」。這個孩子非常焦慮，愈來愈不開朗，也愈來愈消極，而且當他與他父親獨處時，對父親的抗拒程度也愈來愈高。在遊戲治療的過程中，陶德甚至開始出現口吃的問題。哈洛德醫生注意到這個孩子呈現出「自責的狀態，自尊也出現問題」。

亞當斯先生把哈洛德醫生視為仇敵，一再拒絕哈洛德醫生提出的見面要求。陶德親耳聽到他父親宣稱會「把哈洛德醫生揍得半死，讓他一年都不能走路」。根據哈洛德醫生的觀察，他認為亞當斯先生的威脅「對陶德而言，似乎真實到令人害怕」，導致這個孩子很擔心再失去另一個在乎自己的人。

有位私家偵探描述卡爾家裡的狀況「非常惡劣」，充斥著人類與犬類的排泄物、狗食與陳腐煙囪塵灰的味道。家裡幾乎沒有家具。這位私家偵探呈報他在屋裡一張床的床單上發現血液與精液的污漬，還有看起來像是排泄物的髒污。冰箱裡的食物都發霉了，冷凍庫裡的食物也「處於不可思議的腐敗狀態」。

這對父子通話的文字紀錄顯示亞當斯先生藉由嚴重詆毀孩子母親的作法，以及讓孩子感到內疚的策略，從心理層面霸凌與傷害陶德。下段文字是摘自一次冗長的電話對話內容，甚至還是在亞當斯太太正式告知她丈夫，自己會監聽所有他和陶德之間的電話對話**之後**。南西的律師描述卡爾的舉止，反映出「我所見過或聽過對孩子最令人震驚的精神虐待與騷擾型態」。

卡爾：你媽就是個瘋子。

陶德：我知道。

卡爾：你怎麼會知道？

陶德：因為你跟我說過幾百萬次了……

卡爾：你不想跟爸爸說話。你讓我覺得很難過。你永遠都不想再看到爸爸了嗎？

陶德：是，不是。

卡爾：很好。我不喜歡應付你媽媽雇用的爛人……我永遠都不想跟那些人說話，因為他們跟忍者龜一樣，都是從污水道裡出來的垃圾。你知道我的意思嗎？……他們為了賺錢，什麼事情都會做。我不喜歡應付這群狗娘養的東西。你知道嗎？

陶德：知道。

卡爾：你為什麼不打電話給我，我覺得非常難過。

陶德：我沒有聽到電話鈴響……

卡爾：你知道我非常想念你，因為想你，我每天晚上都哭。

陶德：不知道。你從來沒有跟我說過。

卡爾：你會因為想我而哭嗎？

陶德：不會……

卡爾：你為什麼不讓你媽知道你想我，你希望她不要再瘋下去了？你有沒有聽過「狗屎撞上電扇，事情搞得不可收拾」這種說法？

陶德：沒有……

卡爾：我必須跟你媽媽的噁心律師上法庭。我覺得她的律師爛透了……我沒有錢請律師，但我還是做得比較好，因為我非常聰明。我不是一個噁心的人。為了見你，什麼事我都會做。

陶德並沒有公開反抗他的父親，甚至連象徵性的反對都沒有表現出來，他往往以安撫他父親的方式回應。同時，儘管他是個很乖的小孩，卻變得非常困擾與不安。他出現入睡困難的問題、開始戴著拳擊手套用力打著一個被他當成父親的紅色枕頭。他懇求母親不要告訴他父親他去哪裡或做什麼。他拒絕參加課後的運動活動，因為他父親可能會突然現身。他堅持不讓父親知道自己正在上音樂課，因為他不想讓亞當斯先生以父親的身分帶他去上課。法院在命令中安排陶德與他父親通電話和探訪他父親的時間，但他開始拒聽電話，而且求他母親取消與父親會面的行程。亞當斯太太回報，當陶德要依照排定的計畫與他父親相處時，陶德會嗚咽、哭泣、尖叫，甚至嘔吐。與父親相處後回家的他，憤怒、流淚、發脾氣。即使在最艱難的環境下，像陶德一樣的許多孩子，不論要付出什麼樣的代價，都依然極度渴望獲得平靜的生活，而且他們都相信確保這種平靜日子的責任在自己身上。

對陶德而言，學校就像個庇護所。根據他的成績單，他所有學術科目表現都是「中等」，但在公民教育與學習技巧方面，卻拿到了「特優」的成績。他老師給他的評語是「當其他人難過時，他有顆寬大容人的心。他是個非常棒的孩子，心中懷著許多愛。他快樂與恐懼的時候，你都可以看得很清楚。他深愛他的母親與父親，但他心中有恐懼；面對他父親時，他必須謹慎地選擇自己的用詞。這是我涉入最令人難過的情況」。一位學校的輔導老師觀察到陶德與他母親在一起的時候，感覺「非常安心與安全」，「與他父親在一起的時候則沒有安全的感覺」。

法院接受了我的建議：陶德探訪父親時，必須要有一位心理衛生專家在旁監督。我還建議亞當斯先生接受有權察看我報告內容的合格心理治療師的治療。可以預見地，卡爾．亞當斯對於監督訪視的要求非常憤怒，他對我說：「我才不會照著你們的什麼狗屁監督會面走。我根本無法想像你們這些傢伙編造了什麼東西。」他宣稱：「陶德和我根本就沒有任何問題。在我的陪伴下，陶德非常安心。」直到他面臨根本見不到兒子的可能性時，亞當斯先生才重新考慮，並決定忍受監督會面，但也只是暫時如此。

五年的官司纏訟，以及依然只能在監督下會面，讓亞當斯先生不願再配合。陶德的心理醫生在提交給法院指派代表陶德的律師（「訴訟監護人」）報告中這麼寫道：「亞當斯先生完全切斷了監督過程，還要求他的兒子保密……根據我的專業意見，這位父親所呈現的狀況，是他根本無法控制他對其他人的敵視，也無法以他兒子的最大利益行事。」

哈洛德醫生告訴我，他對陶德狀況的看法總結：「我對這個案子有種非常不好的預感。我在他父親身上看到無法控制的怒氣。」在哈洛德醫生的口中，陶德是「一個很可愛的小男孩，他不想談論、也不想看到他的父親」。這位心理醫生建議暫停所有的會面。

陶德依然還是那個不知道該怎麼辦的「可愛小男孩」。他依然努力地與生父、生母和平相處，而且不希望他們任何一個人生自己的氣。根據陶德母親的回報，陶德曾經一度壓力大到想投降，就這麼搬去與父親同住。

試著協助陶德多年之後，哈洛德醫生辭去了這份工作，他在寫給律師的信裡說：「在倫理層面上，我已經無法再勝任他的治療師工作，我也不願參與這個我堅信已對我的病人變成一種逼迫的過程。」他宣稱多年的訴訟「對陶德帶來的傷害，遠比他得到的好處更多」。亞當斯先生依然堅持自己是個好父親，也從來不承認他傷害了自己的兒子。

偶爾我會得知罪犯當事人或子女監護權之爭的訴訟當事人如今的生活狀況。陶德的母親提供了最新的進展。法院終於同意她擁有陶德的單獨監護權。她再婚了，而已經成年的陶德把她現任的丈夫當成了父親，並切斷與亞當斯先生的聯絡。

儘管陶德是個絕頂聰明的孩子，他的求學之路卻充滿了顛簸。他是班上最受歡迎的孩子，但很難專注於課業。中學時期，他母親送他去寄宿學校就讀，他在那裡過著安穩的生活，條理分明地安排一週的七天。他適應良好，最後以非常優異的成績畢業。上了大學後，因為一切都要靠自己，他的表現很糟糕，輟學後用了好幾年的時間在社區大學選修學分，但依然手足無措。後來他決定到一家建設公司當全職員工。現在的他和一位年輕女子已經穩定交往了相當長的一段時間，自給自足，奉公守法。

簡而言之，亞當斯太太說她的「乖」兒子「結果還不錯」。

根據一般人的想法，在經歷了一位罪犯父親嚴重的精神虐待後，這個孩子很可能會出現嚴重的心理問題，或許還會成為一個虐待他人的施暴者。包括心理衛生專家在內的許多人都覺得很驚訝，像陶德和其他有相同處境的孩子，儘管可能經歷過情緒問題，卻沒有成為罪犯。事實上，他們反而能夠更敏銳地同理他人的感覺，並成為充滿關愛與護育之心的伴侶和父母。

第八章
同儕壓力不是犯罪的理由

當行為偏差的孩子被究責時，不論男女，他們常常都會把自己的犯罪行為歸咎於他人的影響。他們會堅持說自己是受到不良影響、霸凌、誤導，或甚至脅迫，才會去犯罪。十八歲的佛洛斯特在闖入九十歲寡居老太太的屋內行竊後遭到逮捕。他堅稱：「這是我的生活環境，以及那個城區的影響。」他說他開始涉入偷竊後發現：「偷竊要比工作容易多了。」他說，不良的影響「離我只有十分鐘的車行距離」。佛洛斯特在擺脫了家以及覺得格格不入又沒有朋友的學校的無聊生活後，認為相比之下，現在的生活讓他更能接受，也覺得更有生氣。最後佛洛斯特坦承，吸引他進入城裡這個雜亂地區的原因，是出於和一群進行「持刀傷人、鬥毆與槍戰」的凶狠青少年鬼混的誘惑。佛洛斯特相信唯一的改變方式，就是搬到城裡的另一個城區。

長久以來，許多專家都認為同儕壓力是孩子犯罪行為的一個強勢風險因子。然而，問題不在於同儕壓力是否存在，而是大家選擇什麼樣的人作為同儕。我所訪談過的不良青少年，不論男女，幾乎每一個人都說過類似「是我的死黨把我扯進這個竊案裡。我所有的朋友全都在做這類勾當」的話。事實上，同儕壓力是從出生到死亡這個過程中的生活現實，不論是幼稚園遊戲場、職場，還是成人的社交圈。每個學校都有小團體：富家子弟、書呆子、運動明星、怪咖等等。孩子會自己選擇交往的同伴。一名十四歲的青少年告訴我：「像我哥一樣上學、回家、寫功課、打籃球、只在家附近晃——簡直就像一條拴了鍊的狗。」這個孩子過著與他哥哥完全不一樣的生活，他逃學、在商店行竊、抽大麻，甚至在取得駕照之前飆車。

罪犯在小時候會拒絕與負責任的同儕來往。十四歲的麥特解釋：「我跟好人在一起時覺得很無聊。」他說：「待在家裡做功課的傢伙，都是自以為是的大書蟲。」像麥特這樣的孩子不會順應同齡的孩子，但是他們會具備猶如雷達一樣的敏銳度，找到其他和自己一樣大膽、愛冒險、敢於行動以及「讓腎上腺素飆升」的其他人。一名在看守所裡和我對談的年輕人，在提到「我們這類人就是會找到彼此」的時候，駁斥了同儕壓力的這個觀念。

有些人認為孩子之所以犯罪，是因為他們耳根子軟。我們每個人在某方面都有個軟耳根，但其他方面就不會如此。其實一個人是否容易受到他人影響，取決於對他來說，重要的東西是什麼。承認自己容易受人左右，與罪犯的自我形象其實互相矛盾。罪犯會受到刺激行為的吸引，而這會讓他的自大感膨脹。罪犯若在小時候容易受到他人的影響，那也是因為他人給了他想要的東西。

布萊特的父母迫切地想讓兒子脫離「不良的影響」。他們希望一家人遷居到一個不一樣的區域後，兒子就可以找到一群較健康與正常的孩子為伴，遠離現在那群逃學、吸毒的同儕。這家人在做出一些犧牲後，遷到較好的居住環境。然而即使新學校、新社區的各種機會都擺在眼前，布萊特依舊拒絕父母的用心。這個孩子又結交了一群朋友，而這群人做的事情正是布萊特的父母試圖讓他遠離的行為。

基本上，負責任的孩子有時候也會受到他人的影響。他們也會惡作劇、偷偷溜進電影院、未成年就飲酒，或涉入一些更嚴重的事件當中。但是當他們親身承擔自己行為的後果，或目睹其他人因為相同的行為所付出的代價後，他們就不會再參與這類行為了。與行為偏差的孩子來往，對他們的自身利益和目標都有抵觸。為人父母者所遭遇的難題，在於如何應對孩子所做的事情。孩子的行為僅僅只是典型的青少年行徑、缺乏智慧的判斷，或稚嫩的實驗？兒子在聚會上喝啤酒的行為有多嚴重？用借來的塑膠子彈槍，不小心射穿了窗戶的嚴重性有多高？許多品行不端的孩子聲稱，他們與那些做了違規的事情卻沒有被逮的「好孩子」沒有差異。

舉例來說，艾倫在一次接受心理諮商的時候抱怨他的父母：「他們需要讓我過我自己的日子。就讓我當一次青少年就好，讓我和我的朋友一起坐下來開心玩樂。」他聲稱他的父母漠視他做的好事，並哀嘆：「我必須要等到十八歲才能擁有正常的生活。」事實上，艾倫的父母對他去哪裡與回家的時間，都給了很大的自由。而且這對父母在確定他們所需要面對的事情，遠遠超過了青少年體驗的嚴重性之前，他們一直很信任自己的兒子。後來他們察覺到兒子逃學，又在兒子的房間發現了他們知道他並未付錢購買的衣服，而在質問他去哪裡、與誰在一起時，他們看到了兒子的閃爍其辭。大多數成年人在回顧青少年階段時，總是能記起幾樁自己曾經做過的不負責任事情。但在未來準罪犯的生活中，出現的是行為的**模式**，而這些模式就是在向孩子的父母示警，他們正在面對的事情，遠比青少年的不成熟要嚴重很多。

對所有的青少年來說，誘惑無所不在：擺在沒關門的儲物櫃中的昂貴皮夾克、遺漏在男生洗手間裡的手機、吊在跑車啟動鎖上的車鑰匙，還有父母酒櫃裡的烈酒。同儕壓力不會迫使青少年犯罪。負責任的孩子不會去動那些不屬於自己的東西。就算面對壓力讓他們去做些與自己是非觀念有所抵觸的事情，負責任的人也會選擇退出。倘若這些孩子因為判斷錯誤與無法抵抗誘惑而犯了錯，他們也很可能在事發時，內心出現懊悔自責，並不再重蹈覆轍（有時就連犯行未被發現也會如此）。相反地，發展中的罪犯對於自己的犯行不會有任何悔意。他們只會遺憾自己被抓，並且下定決心，未來一定要更謹慎。

行為偏差的青少年不會因為他人而墮落，也不會仰賴其他人的想法。他自己就會在腦中盤算一連串的犯罪行動，然後去執行其中最刺激且可行性最高的那個計畫。這樣的孩子本來就有很多自己的想法，對於其他人提出的任何建議，也有很高的敏感度。父母、師長，以及其他自以為認識這些孩子的人，其實對他們的祕密生活一無所知。如果他們擁有這些青少年日常活動的紀錄片，應該會非常震驚地發現這些孩子犯罪的數量、類型與嚴重程度。

雙薪家庭的父母很難掌握孩子的交友狀況。多數父母只會設法與孩子聊聊他們去哪裡以及跟誰在一起。許多父母都曾告訴我，他們拜託兒女把朋友帶到家裡玩。但是品行不端的孩子會迴避這樣的要求，也不會把朋友帶回家，因為他們很清楚自己的父母不會同意他們與這類朋友交往。有名青少年說他的母親與父親「因為愚蠢的原因而不喜歡我的朋友；因為我朋友都會惹上麻煩」。他補充說：「我爸媽不該打擾我、擋我的路，他們應該給我機會讓我去結交我自己的朋友。」

孩子會藉由運動、宗教、社團去認識新的人、發現新的興趣；在這些社會化的過程中，他們學習合作、競爭、分享和自我控制。負責任的孩子可能會因為自認缺乏能力或發現了其他更喜歡的事情，於是從某個活動中退出。例如，打棒球的小男孩因為一直被安排在右外野而感到挫敗，在發現了網球後，他覺得自己更適合這項運動。但是犯罪的孩子卻會因為其他的原因退出各種活動。他們鄙視團隊中的領導者，因為他們確信自己知道得更多。他們討厭依照其他人的方式行事，卻期待別人立即認可自己的才華。一旦這些期待都沒有得到滿足，他們不是退出，就是繼續留下來，讓隊友的日子悲慘不已。

身為他所就讀高中棒球校隊最優秀隊員的赫伯，渴望以運動員獎學金進入大學校隊。但是他對於體能訓練與練習開始生厭，並開始翹逃。他的學業平均成績也跌落至全隊最低。赫伯在球場上的靈活度開始下降，擔任跑者時，速度也變慢了。坐板凳時，他指控教練偏心。赫伯在對我描述發生事情的過程中承認：「我不是那種未來型的人。我想要的是當下。我想要用我自己的方式做事。」和其他許多犯罪孩子一樣，赫伯擁有才華，卻拒絕以更自律的隊友作為邁向成功的學習榜樣。

專門為打擊少年犯罪所設計的計畫，強調的都是藉由各種緩解無聊感的機會，讓青少年不要在街上遊蕩，譬如參加體育隊伍、社區中心活動以及青少年社團。這類的安排雖然吸引人，卻無法滿足行為偏差者對於犯罪所提供的那種高強度刺激的渴望。克里斯加入了童子軍，期望晉級為最高階的鷹級，但沒多久就失去興趣。他抱怨童子軍活動的要求太多，自己也沒有足夠的時間全心投入。結果克里斯開始每天打好幾個小時的電玩，並與製作爆炸裝置和在商店行竊的朋友鬼混。

當然，年輕人都會覺得無聊，不論他們多有責任感或能多出色。但是多數人都不會為了緩解無聊的感覺而去犯罪。對不良青少年來說，打籃球或移轉注意力的其他活動只能讓他們暫時投入。波西十六歲，他的焦躁與對於刺激的渴望導致他犯下了幾十起的案子，包括商店行竊、入室偷竊、傷害、非法使用藥物、販毒，以及敲詐勒索。我對他進行訪談時，他明確表示他不斷地在抗拒無聊的感覺。「正常簡直就是件讓人沉悶到死的事情。」他這麼說，而且還強調他鄙視「沒有好玩或刺激事情發生的正常無聊日子」。波西的父母迫切地想讓兒子遠離一切的麻煩，於是送他去參加夏令營。但是波西討厭這樣的安排，還說其他參與夏令營的人都是「笨蛋」。當他的父母帶他去山上住幾天時，他抱怨又熱又無聊，因為「沒什麼事情可以做」。當被問及抽大麻的日常生活嗜好時，這位青少年說：「比讀書好多了。」波西厭惡遵守規定，對他來說，那是一種乏味到令人無法忍受的存在方式。波西說：「我遵守規定時，只會得到大人的讚美，可是破壞規定時，卻可以得到刺激。」規畫與執行犯罪，總是可以緩解無聊的感覺。

青少年與成人一樣都會不帶任何負面隱喻地使用「混」這個字。當不良少年說自己和朋友一起混的時候，他們不太願意明指他們做的事情，因為他們沒有打算做什麼好事。「混」意味著與父母不認識、也不會認同的人在一起。十五歲的寇帝斯把暑假時期的鬼混稱為他的「儀式」。一開始，他用正面的措辭描述他和朋友做的事情，他說「每天都過得像週末」。他會在上午大概十點起床，那時他父母早就去上班了。接著吃早餐、與朋友在游泳池裡耗上幾個小時。然後在父母不在的時候，他、他的死黨跟一些女孩會在家裡開派對。他們為了喝醉而喝酒、抽大麻，還會發生性關係。下學期開學後，寇帝斯依然會在他父母早上離家去工作後，繼續回到床上睡大覺。他說：「我必須要有足夠的精力才能起床。」不過只要跟同樣蹺課的朋友碰面，寇帝斯立刻就會變得精力十足。他們花幾個小時打電玩、喝酒。有時候還會外出惡作劇：把蛋砸在汽車上、把垃圾桶翻倒，以及小範圍放火。雖然翹了幾乎三分之一的課，但寇帝斯在下學期還是設法維持了八十分的平均成績。他的父母並不知道他逃學的事情，直到收到了學校的通知。

不良青少年往往喜歡跟年紀較大的孩子鬼混，因為這樣更刺激。這些孩子並不是因為壓力而去犯罪，而是努力地想要向那些年紀稍長的青少年證明自己值得信賴。有個十歲的孩子告訴我，那些年紀較大的孩子之所以喜歡他，就是因為他熱切地想要加入他們，而且會在他們敲了門就跑、拿石頭砸車以及把衛生紙捲掛在樹上、車上以及小屋上的時候，充當他們的把風。他的年長同伴還會把他們的塑膠子彈槍借給他打松鼠跟小鳥。

罪犯在小時候就會闖出凶狠、狡猾或狂野的名聲。他們會在運動比賽與遊戲中表現出粗暴的行為，並利用不公平的優勢。這些孩子透過刻意傷害自己來向彼此證明他們的無敵；他們會展現自己不論經過多麼痛苦的經驗，都可以不流淚地承受的能力。這些孩子會試著超越彼此，藉由從高處往下跳、滑著滑板從陡峭的坡面向下俯衝，或是騎著自行車在別人的花圃上急馳等行為，來彰顯自己的勇氣。一名十一歲的滑雪新手認定自己可以做出陡坡跳躍的動作，於是為了向朋友炫耀，從山坡上摔了下來，造成手肘粉碎性骨折。另一名十六歲的孩子雖然已經五年沒有滑過雪，但他還是在第一天就選擇了難度最高的滑雪道。「我以為自己很棒。」他這麼告訴我，結果令他非常意外的是，不到十分鐘，他就摔斷了腳。

行為有偏差的孩子可能會為了增加體力與發展體態而執著於健身訓練。他們會專注在體重、肌肉增長、身高，以及外表的吸引力上。泰瑞利用類固醇與舉重來保持最佳狀態。他自認是團隊中的游泳冠軍。「我覺得我比其他人優秀。」他在沉思後這麼說。「這是一種天賦。很多人都做不到。我一直都想當第一。」然而泰瑞從未證明過他究竟有多厲害，因為在賽季開始前，他就因為非法行為被禁止參與任何游泳活動。

不良少年會以各種不同的方式來追求權力與吹捧自己。對某些人來說，凶狠代表樹立名聲：任何膽敢惹上自己的人，都要付出慘痛的代價。十四歲的埃德加表示在學校裡一個星期不打架就會覺得無聊。他隨時準備應付任何推他或揍他的對手。他誇耀著其中一場打鬥：「我打破了一個傢伙的嘴唇，讓他嚴重淤青，結果到年底前，那傢伙的嘴唇就一直這麼吊著。」他看不起避免打架的人，稱他父親是個軟腳蝦，因為他父親從未捲入任何打鬥。像埃德加這樣的孩子都會堅稱自己從來不會先動手，但他們很快就會投入戰事，事後再自命不凡地表示他們是為了保護朋友或遭到欺負的孩子。埃德加吹噓地說：「小孩都會來找我當他們的保鏢。」

許多行為偏差的孩子從小學開始就受到槍枝的吸引。特倫在十一歲時潛入了一間上鎖的房子，偷走一把玩具槍。他告訴我：「我很瞭解步槍、手槍跟其他這一類的東西。」特倫每天都花好幾個小時打暴力電玩。他會用包裝紙、衛生紙捲筒、錫箔紙和鉛筆製作玩具槍。當他開始拿槍指著家人時，他父親沒收了他的槍。他母親則是弄不清楚自己兒子對槍的興趣是一種必經的「小男生舉動」的過程，還是更嚴重的情況。她要求有狩獵經驗的親戚不要對特倫提到打獵這件事。家人送給特倫的玩具步槍也被她退回。即使是看起來無害的射飛鏢這種消遣，也會讓她感到不安，因為這些事情都會讓她的兒子深陷其中。特倫從 YouTube 學習如何利用家裡散落各處的材料製作武器。特倫雖然不喜歡上學，卻很認真地掌握了軍事史，特別是關於戰爭如何進行的細節。

特倫告訴我：「我媽也不希望我大一點後有槍。」但他對火器的興趣始終不減。就算在自己的漆彈慶生會上被射到了膝蓋，也沒有嚇到他。他在生日時拿到的玩具槍，令他著迷不已。特倫說父母「因為我愈來愈成熟」而讓他留下了那份禮物。不過沒多久，在他用槍射擊朋友的背部後，他的父親就沒收了那把玩具槍。隨著成績的退步，特倫愈來愈常捲入打架事件，不但如此，他還抽大麻，於是他的父母安排他轉學到一所寄宿學校，希望他在高度組織化的環境中，可以受到嚴密的監督。

犯罪的孩子總是有辦法取得父母放在家中的火器。馬克的父親在家中的櫃子裡鎖了一把點二二步槍以及一把手槍，除非自己在場，否則他嚴禁兒子碰觸這些槍枝。馬克把他父親的警告與禁令全當成耳邊風。馬克下課後的很多時間都是禁足時間，因為他父親堅持要他好好寫作業，拯救持續下滑的成績。然而由於他父親鮮少在家執行這些禁令，馬克總是會溜出家門，邀請朋友來家裡玩。朋友願意去馬克家的原因之一，就是馬克會把槍枝從槍盒中拿出來給大家玩，當作大家守密的封口費。有一天，曾多次看過那兩把槍的馬克死黨到他家中玩。馬克宣稱好友一再「慫恿」，纏著他把槍拿出來玩。馬克以為手槍沒有上膛，就把槍遞給了朋友。他的朋友想玩「你搶我閃」的遊戲。馬克說：「我搶到槍後，因為努力不讓他搶回去，結果不小心扣動了扳機。」他的朋友中彈身亡。馬克用令人不寒而慄的冷漠說：「他的死，他自己也要負部分責任。」

馬克漠視他父親對於朋友「不良影響」的警告。在我執行的衡鑑過程中，馬克告訴我：「他阻止不了我出去跟朋友見面。」他用幾乎是吹噓的語氣說：「他們當中有兩個人經常打架鬧事，甚至鬧上警局。」他說話的口氣彷彿把進警局當成榮譽的象徵。

品行不良的孩子可以把許多東西都改造為武器。丹告訴我，他對自己那台全地形車（沙灘車）「上癮」。那是他父母買給他，只讓他在附近森林裡騎乘的交通工具。他們完全不知道自己的兒子會在凌晨兩點到四點間騎車。有天晚上，丹卡在一個雪堆中，不得不放棄沙灘車，到天亮之後才找到人協助。除此之外，他還違反自己與父母約定的條件，把沙灘車開到一般道路上。丹在路上失去對車子的控制，撞上一根柱子。他的父母支付了五百美元的修理賠償費，條件是丹必須賺錢還給他們。父母沒收沙灘車的鑰匙後，丹試著以電線對接的方式發動沙灘車，在這個過程中，他剪斷了好幾根線路，導致另一次高昂的修理費用。丹假裝很後悔，並承諾日後會更小心，讓他的父母放下戒心，接著又重新開始騎車。之後沒多久，丹就因為在一位鄰居的私人土地上騎車，而以非法入侵罪遭到逮捕。那個（之前曾多次提出警告的）「怪老頭」竟然對他提出刑事訴訟這件事，讓丹暴怒不已。

對於那些已經達到開車年齡的青少年來說，汽車大大拓展了他們的機會，但也可能帶來新的同儕壓力。負責任的青少年會把「代步工具」視為降低對父母依賴的表現，但有些孩子卻會濫用這份自由。他們為了讓朋友另眼相看而以魯莽的方式駕車，不然就是開車去他們父母不同意他們去的地方。許多言行偏差的孩子都迫不及待地想開車，很多人早在沒有拿到駕照前就已經坐在駕駛座上了。他們的好友放任他們開車，或者他們自己未經任何人同意就自行使用家裡的車子。這些青少年利用自己毫無限制的自由，開車的樣子就好像馬路都是他家的。有了車，犯罪的機會也隨著增加。城市裡的孩子可以去更富裕的區域，郊區的孩子則可以和城裡連上線。

在提到選擇另一半時，「我們就是會找到同類」算是相當貼切的描述。有犯罪傾向的男孩子往往都會與志同道合的女孩子交往。針對十六歲的李查，他表哥說：「他找的對象，都是和他一模一樣的女性。」李查的女友麗茲比他小兩歲，有過逃家、偷車、退學、吸毒的紀錄，以熱衷於性行為出名。當我詢問李查是否曾經為了要達到某個特定的目標而努力時，這個孩子回答：「跟我女朋友的關係。」讓兩人關係加溫的原因在於只要李查說什麼，麗茲幾乎都會照做，而且經常與他調情，麗茲常常會說出像「你今天看起來性感極了」這類的話。

在李查的描述中，麗茲「好可愛、好會照顧人、好美麗」。在李查看來，兩人進行沒有保護措施的性行為是樁小事，他說：「我一點都不擔心。我們會和其他人一樣養孩子。」李查的父母非常失望，但對於浪費他們兒子人生的這段關係卻無能為力。李查那位焦慮的母親說：「他的心都放在與麗茲的關係上。現在他還想娶她。」李查告訴我：「如果事情都很順利，對我女朋友來說，我是個非常好的男朋友。」這句話中的「如果」兩個字，透露了非常多的訊息，因為他們的關係其實非常不穩定。由於李查脾氣很大，又有超強的占有欲，這對情侶經常吵架，而麗茲跟誰來往的問題更是爭執重點。李查告訴我：「我不喜歡她跟那些會帶來不良影響的人混在一起。」但麗茲卻常常因為跟李查開玩笑說，其他的男人都在排隊等著她，因而引發李查的怒火。他的反應很火爆，不斷咒罵她，並威脅永遠不再見她。

儘管有一群混在一起的朋友，但罪犯小時候往往是獨行俠。或許從當事人的行為上看不出來，但這種人眼中的自己不但獨一無二，而且優於他人，因此他們不會與其他人同道。就算與同儕的互動看起來愉快，實際上他們還是會算計與操縱其他人。在社交團體中，這些人不會與人合作，只會指揮別人。最後，其他的孩子都會厭倦這種被呼來喚去的交往方式。

孩子在弄清楚朋友的真面目之前都很寬容。不過一旦發現這人是個騙子、不遵守大家遵循的規定，而且只在乎他自己時，大家就會遠離這個人。心理學家寇特與安．巴托在寫到「同儕拒絕」這件事時指出，孩子都不會想和「情緒狂暴……導致言行攻擊」的人有任何關係。[1]

罪犯在小時候就會對他人的想法與經驗展現出興趣缺缺的樣子，但他們卻要求別人仔細聆聽自己的每句話。這些有犯罪傾向的孩子對別人始終懷有戒心。朋友只有在遵照罪犯指示行事的時候，才會是朋友。罪犯在小時候雖然也可能基於共同的興趣（譬如對於特定類型音樂的愛好）與人來往，但他們不會為了友誼而珍惜這段關係。這類的孩子不會真正地去認識其他人，因為除非眼前有什麼令人覺得刺激的事情，否則他們對其他人根本沒有興趣。在負責任孩子的眼中，這種人是麻煩製造者，因此會避開他們。

十一歲的范恩承認：「我在學校沒有太多朋友。他們都不喜歡我。他們會說：『走開。我不是你的朋友。』」多次遭遇的拒絕令范恩感到困惑，他說：「我又不壞。」他實在不理解為什麼沒有人邀請他去他們家玩。范恩的父親認為兒子的不受歡迎並沒有太多奧祕之處。「他一直在做些讓人倒胃口的事情。」這位父親這麼對我說。范恩玩遊戲的時候會作弊、輸的時候會發脾氣、偷其他孩子的遊戲機與玩具，還會在校車與操場上與人打架。

有些品行不端的青少年擁有磁鐵般吸引人的個性，而且看起來與范恩非常不同。這些孩子的運作模式與范恩迥異，但他們同樣是掠食者。不論是令別人害怕又疏離，抑或喜歡交際又有魅力，這些青少年內在的人格其實都一樣。不管是強悍的硬漢，還是討人喜歡的萬人迷，都是在防止其他人太過靠近，因為他們有太多需要隱藏的事情。這些孩子的焦點只會放在自己身上，他們沒有建立關係所必備的互惠與同理心概念。愛、信任、忠誠與持久的友誼，都是他們生命中缺乏的東西。

「獨行俠」向來被歸納為校園槍擊案兇手的特徵。根據描述，校園槍擊案兇手都曾經是被排擠與遭到霸凌的學生，但事實其實正好相反。一九九九年科羅拉多州科倫拜中學（Columbine High School）校園槍擊事件兩名惡名昭彰的槍手，曾威脅過其他學生，而且用極盡詆毀之能事的詞彙形容他們兩人痛恨的那群人。這些可怕罪行的罪犯是加害者，不是受害人。他們是樂於排斥與霸凌同學的人。這些校園槍擊兇手根本不想與主流社會生活扯上任何關係，他們對同學也心懷鄙視。他們具威脅性的行為讓其他的學生因為恐懼而對他們敬而遠之。

二〇一八年二月十四日，克魯茲（Nikolas Cruz）在佛羅里達州帕克蘭市的瑪喬利・史東曼・道格拉斯中學（Marjory Stoneman Douglas High School）開槍殺人，造成十七名學生死亡、十七人受傷。這起案件發生前，學校許多教職員與學生就已經都很懼怕克魯茲了。他虐待並殘殺動物、威脅和攻擊其他學生、跟蹤女孩子，而且對武器很著迷。他在社群媒體上張貼刀與槍的照片，而且宣告想要殺人。學校禁止他攜帶背包入校，最後還把他退學。但是其他人對克魯茲的印象，卻是個沒有異常問題的安靜大男孩。大規模槍擊案的兇手可以迷惑某些人，但排斥其他人。沒有人真正認識他們，也鮮少有人想要認識他們。

霸凌是犯罪行為的前兆。《華盛頓郵報》近三十年前報導了一份長達二十年的研究報告，這則報導的標題寫著：「八歲的霸凌者具有持續霸凌行為的傾向。」這篇報導的重點在於「持續終生的攻擊行為習性，在八歲時就已成形，而且異常穩固」。[2]

透過令他人害怕與痛苦的行為，霸凌會讓人產生一種權力在手的感覺。隨著網路的普及，網路霸凌甚至不需要面對面的接觸，就可以讓更多人處於痛苦。克萊門森大學（Clemson University）心理學家克瓦爾斯基（Robin Kowalski）與林伯（Susan Limber）發現了存在於傳統霸凌與網路霸凌之間的一個重要交集。兩人表示網路霸凌主要是「另一種霸凌的方式」，他們注意到愈來愈多的孩童「在更小的年紀就暴露在網路霸凌的風險之下」。他們在報告中也提出網路霸凌的受害者會出現「抑鬱、傳統的受害反應以及焦慮」，但相對而言，網路霸凌的受害者卻鮮少會轉而霸凌他人。[3]

如同在面對父母施虐時會出現不同的反應一樣，孩子在應對霸凌者施予的虐待時，也會有不同的方式。有些孩子會感到無助，在社交上退縮，避免前往霸凌者會出現的地方，甚至拒絕上學。有些孩子會把霸凌者加諸身上的貶抑言詞內化，變得失去自信。有些孩子情緒低落，另外一些孩子則是會挺身面對霸凌或尋求大人的協助。大多數的霸凌受害者即使可能幻想施虐者的死亡，卻不會以暴力的手段報復。

年輕孩子因為壓力而加入幫派的經歷又是怎麼一回事？許多針對幫派成員之間的關係所

做的研究指出，幫派提供了年輕人他們所缺乏的家庭溫暖。表面上看來，幫派提供了支持、接納、一種組織結構，以及一種領導的階層和一種得到認同、地位與權勢的途徑。部分社會科學家認為，幫派提供了一種可以理解的、甚至正常的工具，讓成員可以適應看似無望的環境。然而大多數生活在貧困或不安穩環境中的人，並沒有因此變得暴力或加入幫派。

即使面對加入幫派的各種壓力，每個人依然可以決定要不要這麼做。荷西住在一個主要由幫派控制的社區中。不論進出監獄多少次，他最後都會不斷重回「幫派」與毒品之中。他告訴我，沒有什麼比得上幫派的刺激生活。在被判監禁與緩刑期間，他拒絕接受主動想要積極協助他的心理治療師。

荷西的弟弟佩德羅下定決心要過另外一種生活。他經常被人騷擾，被要求加入幫派。對方會辱罵他、毆打他、吐他口水。對佩德羅而言，幫派帶來的只有毀滅、監獄與死亡。他想要協助母親搬離這個社區，讓母子兩人可以過更好的生活。「幫派不過是大千世界裡微不足道的一件小事。我想要成為像比爾．蓋茲那樣的人，而不是被槍殺的對象。」佩德羅這麼解釋。他眼裡的世界，是一個只要自己不惹麻煩，就可以提供無數機會的地方。他堅持著這個想法，拒絕那些對他來說根本不是誘惑的誘惑。佩德羅乖乖上學、用功念書，參與體育活動。至於他的哥哥，佩德羅說：「我哥依舊陷在裡頭，我清楚看到了這個狀況，也看到了我哥犯下的錯。」

對於成長在穩定家庭生活以及郊區的青少年，幫派都同樣具有吸引力。在沒有幫派行動的社區裡，尋找刺激行為的不良青少年會刻意不遠千里地去接觸幫派。一名出身中上階級背景的十五歲男孩告訴我：「不去美化幫派有多棒，實在不容易。圍在身邊的，全都是支持你這麼做的人。」

與被究責時的說法完全不同的是，幫派成員其實都不是被迫加入幫派。加入幫派這種組織與加入大多數的團體不同。有時候，準幫派份子必須經過殘酷的入會儀式，而過程中可能還會送掉小命。當事人的投名狀可能是毆打其他成員、被迫謀殺競爭幫派的成員、讓其他人在自己身上劃幾刀，或者，如果當事人是女性的話，可能還要獻身接受強暴的對待。

幫派的目的並不是提供一個穩定、具護育意義的家庭環境。這樣的組織是由一群盲目的鬥士組成，他們殘酷地追逐目標，除掉背叛他們的人。效忠幫派意味著「不告密」。殘暴的入幫儀式、暴力跟毒品都無法與真正的家庭提供的支持相比。大多數缺乏穩定家庭環境的孩子，都對幫派毫無興趣。他們下定決心接受教育，取得一技之長，希望有朝一日能夠建立屬於自己的家庭，努力讓童年的缺憾不會出現在自己孩子的身上。

前黑幫成員派勒吉（Nicholas Pileggi）在他五十多年前的作品《黑道大人物》（*Wiseguy: Life in a Mafia Family*）中明確指出，決定他人生道路的關鍵抉擇所扮演的角色。「我十二歲時的夢想就是要加入黑幫，成為一個黑道大人物。對我來說，當一個黑幫老大比起當美國總統要風光多了……當黑幫老大，就是擁有整個世界。其他的孩子夢想成為醫生或電影明星，消防員或棒球投手，而我的夢想就是要當一名黑幫老大。」[4]他並沒有把他的決定歸因於同儕壓力或任何其他的外在因素。

十五歲的羅夫告訴我：「我喜歡那些跟我一樣的人。」這句話對我們大多數來說都成立。我們會結交與我們有相同興趣、同樣品味的人。羅夫也不例外。一如其他具有犯罪人格的人，羅夫拒絕接受身邊負責任同儕所過的生活，他自認是個獨一無二的人，於是脫離了一般人的群體，也不接受社會制約的束縛。他選擇把自己的青少年時光耗費在街上那些和他一樣的人身上。羅夫因為謀殺罪被判處無期徒刑，目前正在監獄服刑。

孩子都會與擁有相同興趣的同儕交往。罪犯在小時候也會因為與其他和自己一樣的人相處而感到興奮。這些孩子之所以犯罪，並不是因為被別人帶壞或受壓力所迫。

注釋

1 Curt R. Bartol and Anne M. Bartol, *Criminal Behavior: A Psychological Approach*, 11th ed. (Boston: Pearson, 2017), p. 36.

2 "8 Year-Old Bully Apt to Remain That Way," *Washington Post*, August 27, 1983.

3 Robin M. Kowalski and Susan Limber, "Psychological, Physical, and Academic Correlates of Cyberbullying and Traditional Bullying," *Journal of Adolescent Health* 53 (2013): 513-20.

4 Nicholas Peleggi, *Wiseguy: Life in a Mafia Family* (New York: Simon & Schuster, 1985), p. 19.

第九章

學校：犯罪的舞台與掩護

孩子的「工作」就是上學。社會要求每個人接受教育，這樣大家才能找到工作，擁有較好的生活。然而對罪犯而言，接受教育這件事一點都不重要，找工作更是不重要中的最不重要。罪犯會用最少的力氣過日子，因此他們之所以留在學校，純粹是因為這樣做有好處。他們會安撫其他人，這樣他們就不必去找份全職的工作。由於社會極為重視在校的出席表現，因此好的上課出席率會讓人忽略其他許多不負責任的表現。如果罪犯滿足了他人的要求，大家也就比較容易原諒他們的不當行為。於是上學就成了罪犯在校園內、外繼續犯罪的一種掩護。

不論是研究所的退學生或是已經拿到博士學位，罪犯其實並不太重視教育。他們對於學校教育有三種應對方式。第一種是在學校的表現令人滿意，直到出現了令他們感興趣的其他事情，這時學校的重要性就會大幅降低，當事人可能會決定輟學。第二種是敷衍了事；不良青少年會待在學校裡，但只會完成最低限度的校方要求。第三種是上大學，或甚至攻讀更高的學位。

輟學生

有些孩子輟學的原因與犯罪毫無關聯。很多人就只是對傳統的學科沒有興趣，他們也不在乎分數。這些孩子逃避學校的功課，但會因其他的興趣而去選擇職訓課程，發展市場需要的技能。他們會認錯，從錯誤中學習，也不會怪罪他人。他們的人格結構與罪犯完全不同。

對輟學的罪犯來說，學校只是一個他們尋找刺激的競技場。這些學生專門與老師和行政人員作對、幾乎從來不做功課，卻會耗費老師大量的時間，因為他們會干擾其他想要學習的孩子的受教過程。

有些行為偏差的孩子從入校就難以管教。一開始老師都會抱著同情的心態，試著引導這些孩子適應或解決他們面對的困境。但這些學生永遠無法適應環境，而老師的慈愛也會被當成弱點利用。老師的同情心態隨著他們愈來愈叛逆以及行為愈來愈具破壞性而消褪。對老師而言，應對一兩名個這類的惡棍學生，要比教導一整班想要學習的學生更困難、更辛苦。

傑夫從幼稚園開始就是名問題學生。相對於許多出現適應問題、但最終還是能安定下來的小朋友，他的惡行程度非常嚴重。傑夫三歲的時候，學校的評估判定他具備接受特殊教育的資格。然而心理學家卻寫道：「他的最大優勢包括運動技能。他的最低分數包括團體生活技能。」這位專家的結論，是傑夫並不符合該州「為任何身心障礙狀況」所設定的特殊教育條件。傑夫在幼稚園時，家中接到了學校的通知，通報傑夫「多次動手打老師、推倒書架與檔案櫃」，以及「打、踢、抓、咬幼稚園裡的其他三位行政人員」。他被勒令在家三天，也被引介至治療專家與精神科醫生處進行診斷與治療。醫生開了一些藥，「改善他上學與課業學習的能力」。小學一年級的時候，傑夫有部分時間進行「居家」教育指導課程，但他的母親無法應付兒子整天在家裡的情況。她要求有關當局安排他兒子接受身心障礙孩子的特殊教育計畫。一年級的老師表示傑夫非常聰明，「這個孩子的行為以及拒絕做功課，讓他無法達到一年級的成績水準」。一份「隔離與約束報告」記錄了傑夫因為咬了一位老師並試圖跑出教室，接著又抓傷另一位老師後，被強行控制住手腳兩分鐘。兩週後，傑夫又被強行控制手腳達八分鐘之久，這一次他咬、踢並抓傷兩位老師。在一封送到校長室的短信中，傑夫的母親氣憤地寫斥責校方：「做好你們的工作，你們沒有做好你們的工作。」

評估繼續進行。結果判定傑夫符合「個別學習計畫」（individual education program）。根據維吉尼亞州費爾費克斯郡公立學校所公布的父母手冊內容，每個個別學習計畫都會找出孩子的需求，讓孩子能「在限制程度最低的環境中進步」。[1] 根據有關當局進行的情緒與行為篩查，傑夫「在學校所有的場域……以及家裡，都有應對障礙」。然而他沒有認知障礙、沒有視覺或聽力障礙，也沒有特殊的溝通需求。傑夫的「需求部分」被設定在「社交／情緒行為」。傑夫是否具嚴重的情緒障礙或社交失調問題，都有待確定。然而如果是社交失調的問題，那麼他就不符合特殊教育計畫的資格。

學校裡有許多「傑夫」，他們的行為問題是科羅拉多州教育部門所稱的「一種違反社會規範的持續模式」。這個單位列舉了「社交失調」的各種跡象：操控他人、進行權力鬥爭、怪罪他人、冒險、與管理者發生衝突、嗑藥、無法遵守規定或融入組織。「意向性」是社交失調的決定性因素。[2]除了嗑藥這一項外，傑夫符合「社交失調」學生的所有描述。

上了小學二年級後，傑夫被安排到關注行為矯正的短期班級中。更多的評估接踵而至。因為沒人知道還能拿這些需要行為矯正的孩子怎麼辦，所以有關單位投入大量的資源，為這些孩子進行測試、篩查與評估。評估之後，大家發現傑夫具一般水準的智力，沒有任何已知的情境性創傷問題，也沒有任何運動障礙。更有甚者，他的數學成績在平均水準之上，閱讀能力也達到一般的標準。傑夫的不聽話、搗蛋、叛逆、說謊與違反規定的行為持續不斷。他被診斷患有「對立反抗症」。然而這樣的診斷結果並不符合聯邦政府《身心障礙者教育法案》（Individuals with Disabilities Education Act）所提供的教育協助計畫條件。傑夫就讀的學校設計了「最低限度的限制性治療程序」，希望能應付傑夫每下愈況的行為表現。辦公室的治療轉介表格上持續記錄著他拒絕念書、不聽話、毀損家具，以及對老師與同學吐口水、打人、咬人的情況。

不論是住院、門診、日間治療，還是藥物治療，對傑夫的行為幾乎毫無助益。學校擬出一項規章，設置一個能夠讓這個孩子安全受教育，同時也保護其他學生的環境空間。傑夫每天有部分時間都要待在一間獨立的教室裡，接受一位經過特別訓練的老師監督與教導。學校也設定了他可以轉到一般教育課程的行為標準。傑夫還能賺取可轉換成獎勵的點數。如果他對自己或其他人造成威脅，他可能要接受七分鐘以下的隔離，而在整個隔離期間，學校的行政人員會與他對視。報警是校方最後的手段。一開始，這個計畫在幫助傑夫規範自己行為上，似乎取得了一些進展。但是傑夫的母親非常不滿意這樣的作法，她一狀將這個學區告上法院，堅稱她的兒子受到嚴厲的紀律處分，因為他被隔離在單獨的教室裡，而不是接受他所需要的協助。

根據規定，只有在當事人對自己或他人造成嚴重身體傷害的迫切風險下，才能執行強制壓制或隔離。《華盛頓郵報》報導在二〇一五至一六學年間，美國有超過三萬六千名學生「遭到隔離」。一直以來，大家同聲譴責對孩童進行隔離與一對一教學是不人道的行為，認為這會對孩童造成心理創傷。然而維吉尼亞州勞頓郡的一位公立學校發言人表示，「隔離教室」是一個措辭不當的描述。他指出學校「針對需要安靜場所念書或恢復平靜的學生」，有設置特別教室的需求。《華盛頓郵報》這篇報導的標題「這就是牢籠：對學校隔離的憤怒」，凸顯了學校不讓學生留在一般教室裡、將他們安排在一對一教學環境中的爭議。[3]

許多學區都設有因應特殊需求學生的「變通學校」。維吉尼亞州費爾費克斯郡就為十七歲到二十二歲的高中學生設置了變通高中。在這個郡的公立學校網站上，當局解釋這些機構會提供教室給那些「可能需要較小環境才能茁壯」的學生。然而在某些司法管轄區，實際狀況卻是變通學校成了那些非常難管教學生的傾銷處。《底特律自由新聞報》（*Detroit Free Press*）報導，為「高風險」學生設立的變通學校中，有兩位老師在遭到學生「恐嚇」後，向密西根州傑克森市的公立學校體系提出聯邦訴訟。這兩位老師指稱他們遭到學生的霸凌與威脅。那些學生砸窗子、丟電腦與椅子、性侵其他學生。兩位老師表示學生不斷對他們飆髒話與侮辱之言，還會嘲諷他們，吹噓地說「什麼事都不會發生」。這些情況導致行政人員、教師、社工人員與保安人員的出走。這兩位老師提出的訴訟，要求有關當局給予病假以及對於低薪、精神折磨與律師費的賠償。[4]

在馬里蘭州的查爾斯郡，有人提議成立一所名為「新開始」（Fresh Start）的變通學校，作為幼稚園到二年級學生「日益增加的破壞性行為解決方案」。[5]根據二〇一九年九月二十七日《華盛頓郵報》的報導，這所學校會設計治療重點，並敦聘受過訓練的教師，協助學生「規範情緒與行為，回到原來學校」。這個提議被全國有色人種協進會（NAACP）的一個郡分會斥為「野蠻」。有位母親指控學生會因此被污名化「一輩子……同儕都會遠離他們」。另外一位家長認為這樣的處置會給「仍在試著找尋自我」的孩子，帶來外界的過度反應。但是相反地，另外一位家長指出，漠視這個問題，並不是對「班級上其他所有孩子的公平作法」。[6]

對於一個剛被搶走午餐費，並被警告第二天要繳出更多錢的孩子來說，專注於早上的數學課，是件非常困難的事。有些孩子想盡辦法不去使用學校的廁所，因為他們害怕成為無人監督之處的受害者。走廊上瀰漫著恐懼的氣氛，因為勒索、打架常常在這裡發生。如果一所學校裡聚集了夠多的不良青少年，那麼它就會像個被敵軍包圍的陣地，受到莫大的影響，整個教育程序也會成為恐嚇他人以及干擾學習者的人質。

對於傑夫學校對他所安排的作法等類似計畫，反對者聲稱教育機構是在隔離「身心障礙」學生，只是把他們放在一起，卻不提供他們支持。這群人抱怨隔離這類的孩子，是不合法、違反孩子公民權利的行為。事實上，相較於一間正常的教室，在一間刺激較少的教室內執行個別計畫，是為了有嚴重行為障礙的學生所客製化的教育課程。這種規畫提供了一個讓傑夫這類學生可以擁有更好教育機會的架構；在這個架構中的教育可行性，遠比在主流教室中更高，因為這些孩子在正常的教室裡，不但學不到任何東西，還會阻礙其他同學的學習。

我們也可以主張，為傑夫所設計的這類計畫，成本高到令人卻步，因為這樣的教育計畫需要特別的教室以及一對一的監督。然而如果沒有這樣的選擇方案，要付出的代價可能更昂貴，而且還可能導致訴訟、傷害或死亡。根據《教育週刊》（*Education Week*）的統計，二〇一五至一六學年間有百分之四十三的教育者通報影響他們教學的行為問題。[7]根據美國教育部的統計，當年有百分之六的老師在學校遭到學生的暴力攻擊，而這個比例比前一年的調查還高。[8]司法部的報告指出二〇一六年七月一日至二〇一七年六月三十日間，學校相關的暴力致死案件高達四十二起。[9]

碰到像傑夫這種每天都可能對他人帶來危險的學生，學校該怎麼辦？

我們不知道有多少像傑夫這樣的學生。不提供適當的計畫來教育這些學生，是主事者瀆職。漠視這樣的問題，更可能演變成生死大事。允許長期搗亂與叛逆的學生待在班上，使得其他想要學習的學生以及想要教學的老師全都成了受害者。「情緒障礙」所指稱的範圍彈性，往往大到足以納入那些只為了證明自己沒有被忽視、而出現行為規範障礙表現的學生。對於同時出現「情緒障礙」與「社交失調」問題以及有嚴重行為規範障礙的學生，學校必須安排他們離開主流教室，並以最終回到正常教學體系內為目標，提供特別的教育計畫。

美國精神醫學學會對於「行為規範障礙者」的描述，是「涉及對他人的人身攻擊、擾亂同儕關係，以及可能在童年期間罹患過對立反抗症」的人。美國精神醫學學會表示：「行為規範障礙者的行為，可能會使得他們無法在一般學校上學。」[10]

有行為規範障礙的孩子，並非全部都是輟學生，但人數也不少。他們覺得學校很無聊，會避免去做他們不喜歡的事情。這些學生只會付出最低限度的努力，也不在乎成績。他們自訂標準，自行決定什麼才是可以接受的事情，拒絕遵從管理者的要求。有些孩子甚至連敷衍都懶得去裝。像傑夫這樣的孩子，幾乎無可避免地會成為輟學生。

二〇一四年初，美國司法部長霍爾德（Eric Holder）使得大眾注意到所謂的「學校到監獄管線」（school-to-prison pipeline）。[11]這背後的概念是如果孩子在校的不良行為「犯罪化」，進入了刑事司法系統，被貼了標籤、輟學，那麼他們最終就會進入監牢。每當孩子出現這些問題時，大家都推測是不是學校對學生做了些什麼事，鮮少有人考慮過這些孩子對學校造成的大規模殘害。

學校不會讓孩子的行為「犯罪化」。不論從哪個角度來看，傑夫的行為都是犯罪。如果學校讓他繼續待在主流的教學教室裡，就沒有一個人會安全。於是校方在不涉及任何刑事司法體制規範下，於能力所及的範圍內，盡了一切努力遏制這個孩子的暴力行為。「學校到監獄管線」的說法其實倒果為因。學校與學校的政策並不是破壞教育的凶手。是有像傑夫這樣的學生，才會導致執法警員必須介入，中斷教育。難道像傑夫這樣的學生，應該被允許毫無約束地搗毀公物、攻擊他人以及行竊嗎？

寇特與安．巴托在他們的教科書《犯罪行為》（*Criminal Behavior*）中說，學校的失能是一個「在犯罪行為發展中……明顯的社會風險因子」。[12]傑夫這樣的學生無法達到學校的要求而輟學，並不是學校造成的問題。這些學生早在學校拒絕他們之前，就拒絕了學校。

若是對程度輕微的不當行為施以嚴厲懲罰，那就是學校的錯。但是類似傑夫的犯行若在校園裡經常出現，校方就該採取法律行動。校方通常不會向警察機關舉報犯罪，因為它們寧可關起門來處理，避免受到大家關注。校方如此處理的一個原因，是它們不會把學生的偏差行為視為犯罪。第二個理由是報案會引來外力的介入調查，很可能會引起騷動。第三個理由則是只要有警察介入，學校及其管理者面子上都不好看。

警察出現在校園內一直都是樁爭議。有些人認為警察現身可以確保安全，但也有人指出這可能會對孩子的不當行為造成倉促且沒有必要的刑事論罪。有人表示反對的原因，是逮捕的決定常常受到族裔偏見的影響。根據一份政府研究：「教職員的隱性偏見，可能會讓他們根據學生的性別與種族，對學生的行為做出不同的判斷。」[13]另外有些人則極力主張把學校保安人員的費用，轉為心理衛生與暴力防制計畫之用。

沒有父母希望自己的孩子成為罪犯的受害者。學校應該是一個教育與社會化的安全場所，事實上，教育與社會化也不太可能在一個不安全的環境中進行。對於像傑夫這樣的罪犯來說，學校只是他們用來追求權力與掌控他人的競技場。社工人員與心理學家必須認知到這個現實。學校的管理者必須要有足夠的權限去做任何必要的事情，確保他們的學校可以提供孩子一個安全的學習環境。部分學校或許並不需要聘僱保全人員，不過，就算它們這麼做，也不會讓一個不是罪犯的學生變成罪犯。

敷衍了事的學生

有些品行不端的學生，不費吹灰之力就可以拿到高分。小學的時候，不論老師指定什麼樣的作業，這些孩子都能夠在學校裡就全部做完，不然就是回家後三兩下便解決。二十二歲的莫特告訴我：「我現在把重心都放在其他事情上。」他指的是電玩。莫特認為家庭作業毫無意義，他說：「那些東西讓我有很大的壓力。不過就是學習嘛，一而再、再而三地看。簡直是在浪費我的時間，而且跟我的未來毫不相干。」莫特符合資優生學習計畫的資格，不過他一點都不想把握這個機會，因為若是加入這個計畫，他就必須非常用功。

莫特這類的孩子可以輕鬆地跳級學習。有些學生在學業上的表現實在過於優異，以致於老師在面對他們的不當行為時，都是睜隻眼閉隻眼。這些孩子進入中學後會覺得耳目一新，他們很開心地從這個教室換到那個教室，不用再待在某一位對班上所有學生都知之甚詳的老師眼皮底下。莫特告訴我他喜歡學校，不過只有「學年剛開始」那段時間，因為那時候很輕鬆。隨著中學的新鮮感褪去，課業的進度與難度增加，這些孩子不再盡力，他們的學業表現也開始下降。這些學生喊出崇高的目標，卻都是信口開河，並非真的目標。他們只會付出最少的力氣，因此無法再維持高分的表現。

有一陣子詹姆斯是我輔導的對象，他是名高二的學生。某次他告訴我隔天有歷史考試。我觀察到他直接從學校來我辦公室，但沒有帶任何課本。他有把握這次的考試可以拿到九十分以上，所以不覺得有必要再做任何複習，看一眼都覺得多餘。隔週見面時，我問他考得怎麼樣，但他壓根忘了這回事，還問我什麼考試。詹姆斯的那次歷史考試並沒有及格，他知道成績後責怪老師與試題。接著又吹噓說他有本事寫「一本令人難以置信的書」，這本書不但會成為暢銷書，還會讓他獲得榮譽學位。

這就是罪犯的思維模式。光是空想就認為可以成真。當詹姆斯堅持不念書就可以拿到九十分以上的成績時，他並非只是說說而已，他是真的這麼認為。他認為自己不需要把書背回家，為考試花好幾個小時複習。從老師手裡拿到考不及格的考卷時，他氣壞了。他覺得這種事情根本不該發生。老師就是白痴。考題完全無法反映出他所學到的知識。事情的的發展一旦不如罪犯預期，必然是別人的錯，就算他們的預期從一開始就極其不切實際也不例外。怨天尤人是罪犯的習慣性行為，而且沒有極限：學校太爛、老師不會教、老師不喜歡自己等等。

當學生的表現低於他們的潛力時，教育者會試著找出原因。教育專家為了找出可以補救的不足，通常會引介孩子進行各式各樣的評估。評估後所經常提出的問題，包括生活環境出現重大變化、注意力不足過動症以及其他的學習障礙。

重大事件的發生，對孩子在學校及生活的其他方面確實可能產生負面的影響。特倫認為自己成績不好的原因在於父親的辭世。然而查驗他的成績資料卻發現早在這件憾事發生之前，他的成績就一直很糟糕。他父親去世六年後，他的學業表現依然沒有起色。特倫從未在學習上付出太多努力，他在小學四年級就已經跟不上進度了。進了高中後，情況完全沒有改變。他告訴我他之所以蹺課，是因為「我不喜歡那些課程。我跟所有的老師都處不來。他們根本不在乎我有沒有及格」。特倫的母親下定決心要幫助兒子，因此請了一位家教。特倫在一對一的課程中表現得很不錯，但在學校裡依然缺乏動力。簡言之，他父親的去世的確對他有影響，但在這件事發生之前與之後，不論是他的學業成績還是學校行為，都是明顯低落。

艾倫發生了車禍，導致他輕微的腦震盪。他的高中成績下滑，大家懷疑是「輕微的腦震盪症候群」所致。然而為他進行測驗的心理學家表示，艾倫的「認知能力，在他選擇使用的時候，介於平均值與優於一般人的水準範圍內」。他的母親表示：「他似乎很快就能掌握重點。」她說：「我幾乎沒有看過他寫作業。」其實他在腦震盪前就是如此。艾倫的缺課當然是他成績表現不佳的原因之一。特倫的母親說她兒子「懶惰但聰明」，還說「很難讓他積極地去做些什麼事」。

逆境並不是特倫與艾倫學業成績糟糕的原因，這兩個孩子也沒有出現什麼新的行為問題。在評估一個學生的表現時，確定關鍵因子是由單一事件引發，抑或僅是這個學生既有行為模式的持續，是非常重要的一件事。

教育者與心理衛生專家往往會鎖定一個病因不放，進而用它來解釋一個人表現出來的所有問題。若老師觀察到某個學生因為無法集中注意力而表現不佳，因此懷疑這個孩子有注意力不足過動症的問題，這是可以理解的情況。根據美國精神醫學學會的說明，注意力不足過動症「並非叛逆所引起」。[14]學會指出孩子可能同時有對立反抗症與注意力不足過動症的問題。至於罪犯在孩童時期的注意力渙散問題，則是要釐清是源於生理因素，還是因為他們對課業缺乏興趣，進而拒絕學習。特倫告訴我，他的老師相信他有「學習障礙」。他坦承看到引起自己興趣的東西，會變得非常專注。舉例來說，他覺得小說《大亨小傳》（*The Great Gatsby*）就相當引人入勝。有位檢查特倫的精神科醫生在他的報告中提到，特倫本人「低估了注意力缺失症的可能影響」。有時候父母會比教育者與心理衛生專家更瞭解自己的孩子。有位母親明智地表示，注意力不足過動症與她兒子的偷竊無關。特倫的母親對我說：「他的問題在於動機。當功課難度較高時，特倫就跟不上了。他很容易放棄。如果你讓他選擇，他會選擇輕鬆的那條路。」有位老師說：「有時候特倫會有非常紮實的表現。只要他努力，就會表現得很好。」特倫後來去念寄宿學校時，學業成績很出色。從學生少於十人的環境，到一般的教室課程，再到強制自習的自習室，他都可以適應，而且不再和朋友到街上去閒晃。他告訴我：「就算不服用注意力不足過動症的藥物，我也沒有問題。我在課業上投注的額外努力，解決了我的注意力不足與過動的問題。」

我一再地從不良青少年的父母那裡聽到，他們被貼上注意力不足過動症標籤的兒女，若是對某件事情有興趣，就會在那件事上堅持好幾個小時。大多數學科都不及格的菲利普說：「我無聊的時候就會玩電子產品。」他把自己關在房間裡，心無旁騖地依照複雜的說明組裝了一艘遙控船。他也會組裝玩具飛機，還在飛機裡放進一個遙控駕駛。

有犯罪傾向的孩子就算在其他科目表現優異，也鮮少會在外語這門學科上有出色的成績，因為精通外語需要注意力的高度集中、寫每日家庭作業，以及經常練習。相較於天賦，這門科目對努力的要求更高。罪犯孩子儘管能夠關心主題，卻沒有耐性。他們想要的是立即的結果。部分不是不良青少年的孩子也不會選擇外語課，因為他們覺得這門科目非常乏味。他們會專注於自己發展出來的其他興趣。

注意力不足過動症並不會阻礙成功。許多專注力有問題的孩子都想在學業上有出色的表現。這些孩子不會出現反社會的行為。為了讓成績進步，他們會做所有必要的事情，包括下課後花好幾個小時複習、備課與寫作業，有時候還會請家教。他們也可能試著在其他非課業領域有傑出的表現以彌補學業成績的不足，譬如運動、藝術或工藝技能。沒有證據顯示注意力不足過動症的處方藥可以改變罪犯的思維。

當老師眼看著自己的學生無法致力於學習，而且經常出現不端的行為時，他們往往會對這些學生寄予同情，並希望提供協助。他們始終相信這些孩子有調適或情緒上的問題。老師採取的策略是培養學生的強項，發展積極的自我形象。老師大方讚揚這些學生的不錯表現，卻對他們的弱點與不守規矩的行為大事化小。不論這些孩子做了什麼好事，都會成為班上其他同學的榜樣。額外的關注與遷就，還有家庭作業與專案研究期限的延後、一對一的協助，以及轉介其他家教與輔導老師。有的老師還可能放鬆紀律方面的規定。教育科學學會（Institute of Education Sciences）在二〇二〇年的一份報告中提到了學校裡的「寬容文化」，表示教育者其實很怕懲罰學生，特別是屬於少數族裔的學生。這份報告指出，對老師而言，降低懲罰的必要性，甚至避免採取他人眼中「放棄」學生的作法，就是與這些難以管教的學生培養正面的關係。[15] 然而老師一旦放鬆了管教，問題青少年就會掌握這個天賜良機。他們知道為了維持和平的關係，老師會盡可能不懲罰自己。如果老師提高要求，他們就會表現出師生同盟關係遭到背叛的樣子，任何問題都是老師的過錯，再次擺出受害者的態度。這些學生利用老師的特別關注，期待老師做出進一步的退讓。

堅稱如果父母不干預，自己就會做得很好，這是行為偏差孩子慣用的伎倆。法蘭克林說他的父母應該「讓我自己做功課。如果他們不來騷擾我，我想我一定會做得更好」。然而不論他的父母是否盯梢，事實上，這個孩子不是擺爛，就是只做一點點。就算他的父母採取放任的態度，法蘭克林的學習動機也不會改變，對學校的興趣也不會增加，只會讓他平白多一張可以什麼都不做的空白支票。

對於家境超好而父母又非常絕望的不良青少年，「治療性寄宿學校」隨時準備好要啟動感化療程。這類大多安排了長期高度組織化課程的學校，特點在於經過認證的學術課程以及奠基於同儕對立而促進改變的治療方式。進入這類學校就讀的孩子，通常都是在公、私立學校待不下去或遭到退學，而且犯罪紀錄輝煌的「死硬派」學生。經營這類住宿學校的人，經常要面對不滿的學生與他們家長的施虐指控。一旦負面報導纏身以及必須花費高昂的訴訟費用為自己辯護，部分學校就會被迫關閉。不論是聲譽卓著的學校，抑或是施虐指控罪證確鑿的學校，都會面臨這樣的困境。然而在成功的案例中，這些學校卻達成了好幾個目標：學生受到經常性的監督，學生的人身安全受到保障，學生的家人可以從這些孩子製造的日常混亂壓力中解脫，而且家中的其他孩子也因此能夠擁有類似正常童年的生活。至於學生因為就讀治療性寄宿學校，人格產生了多少改變，則是另一個尚未經過仔細研究的問題。

進入大學或研究所的學生

大學生如果離家就學，就會享受到從未有過的自由。對於具有犯罪人格的男女來說，大學可能因此成為他們的遊樂園。其實早在上大學前，這些孩子就已經利用自己所能得到的各種自由自己作主，而且違抗為了他們而設定的規範。上了大學後，只要維持成績及格，避免因嚴重違規或犯罪而被逮，他們就可以繼續享受當個無拘無束大學生的特權，由別人支付所有的費用。在學業表現上，這些孩子會展現出幾種不同的表現模式。有些學生在第一年就輟學或被死當退學，主要是因為他們幾乎沒有花任何心思在課業上，以致於無法達到最低的成績要求。有些人勉強混到畢業。另外部分的學生，則是在學業上有出色的表現。

我知道有些情況是學生已經蹺課了好幾個月，但他們的父母卻一直以為他們在專心鑽研課業。為人父母者若想確實掌握子女在校表現的正確資訊，可能並不容易。根據美國聯邦《家庭教育權利和隱私權法案》（Family Educational Rights and Privacy Act），孩子在年滿十八歲後，父母的很多權利就必須回歸孩子本人，譬如向第三方揭露學生的成績，需要取得學生的同意。[16]在未取得當事人同意的情況下，父母對於自己子女在校的狀況，通常一無所知。

傑克的高中平均成績在七十八、九分左右，剛好在八十分邊緣。在心理諮商過程中，他說自己遠比成績所示的聰明。他發誓：「上了大學後就會不一樣了。」他相信自己上了大學後，動機會增強，也會變得更自律。成為一名律師的想法令他著迷，因為「你可以論辯與玩弄這個體制」。傑克預見自己的獨立會是一種令人暢快的自由。他說他會努力拿到好成績，不是為了父母，而是因為他需要這樣的成績表現。傑克承認自己有「規畫上的問題」，但也表示一旦生活在沒有父母監督的不同環境中，他就會改變。他期待毫無限制的自由與大學生活，因為「我可以在我高興的時候，做任何我想做的事情。我會成為掌控者」，不再「被拴上狗鍊」，他也期待屆時一切都會變得很有趣。他期盼住到以派對著稱的大學宿舍裡。「我很聰明；我才不會被死當退學。」他這麼預測，並聲稱自己可以毫不費力地就拿到七十分。於此同時，他的室友已經看過學校的課程介紹，也選好了課，而傑克卻還沒開始。儘管傑克的父母不斷提醒，但到了上大學的前一天晚上，他的東西還是沒有收拾好。到了學校後，他發現「很多好課都額滿了」。一個學期後，傑克判定這所學校不適合自己，他輟學了。

瓦利一直留在學校裡，後來進入法學院深造，也通過了律師考試。當他被控侵占客戶近五十萬美元以及逃稅後，他的名聲一夕崩解。瓦利的法學學位之路並非一帆風順。他被就讀的第一所大學退學。酗酒是主要的原因之一，他回憶當時「酗酒嗑藥」，尤其是週末。瓦利並沒有特別反省，也沒有遮掩這些事情的意思，他只說：「我不知道自己的成績為什麼沒有進步。」瓦利後來進入一所他覺得「如沐春風」的小型大學就讀，所有學科沒有花太多力氣就全部拿到九十分以上。至於後來幾年的大學生活，他回憶說自己當時「發了瘋地跟所有可以上手的女孩滾床單」。他坦承挪用了家人給他的生活費去找樂子，他的酗酒問題也變得更嚴重。他也承認自己對法律其實並不是真的有興趣，他說自己之所以選擇進入這個專業，是因為其他人的建議。法學院畢業後，瓦利加入一家律師事務所，而且很快就升任為合夥人。他說自己的妻子是個奢侈品的無底洞。瓦利雖然薪水很高，卻始終入不敷出。他的酗酒問題已經嚴重到會喝得「非常非常茫」，而且還有婚外情。瓦利告訴我，他認為自己只是借用客戶帳戶裡的錢，原本就計畫要在日後歸還。在他被捕並遭控詐欺與逃稅後，他把自己的犯罪行為歸咎於不擇手段地想要維持自己的婚姻。在瓦利被控多起詐欺之前，他與警方的唯一接觸是一張超速罰單。他對自己盜用客戶資金的行為大表不解：「我當時怎麼沒有拒絕？我不知道為什麼。」一個對他知之甚詳的朋友說：「他永遠都在努力爭取著什麼。爭取就是他最大的弱點。他永遠都有這種證明自己的需要。」瓦利的一位治療師在提到他時，表示這位病人對人的看法，都是以對方的財務價值作為評斷依據。他說瓦利缺乏良知，而且還具有關閉認知的能力，讓他可以漠視自己行為可能帶來結果的認知。「他根本沒想過這些事情會爆發出來。」這位治療師如此說，指的是瓦利揮霍無度的花費。瓦利自己也承認：「我成功地關閉了我正在偷錢的認知。」他指責他妻子迫使他過著入不敷出的生活。瓦利在判刑後寫信給他的律師，批評他們在審判過程中採用的辯護策略，並扣下了部分應付的律師費。

許多罪犯選擇最簡單的課程來滿足學位所需的最低要求。他們會衡量必須付出的努力，然後試著去找出擊敗這個體制的捷徑。他們閱讀摘要、而非指定的課本，向同學「借」功課。只要能達到目的，任何手段都是可以接受的作法，作弊與抄襲更是司空見慣。由於他們知道老師會利用電腦程式檢測是否抄襲，有些學生因此乾脆雇人替自己寫報告。如果無法在校園內找到這樣的槍手，他們會上網去找願意這麼做的人。現在有些網站可以讓顧客「付錢買到專家撰寫的報告」，甚至還可以選擇報告的作者。

部分有犯罪人格的學生具備足夠的動機在課業上展現優異的表現，而且會去選修具挑戰性的課程。出色的學業表現，是他們通往一份兼具權勢與聲望的工作的車票。然而，他們雖然可能成為優等生，但在生活其他方面的行為卻與「優等」二字有天地之遙。他們無法與室友相處、在學校團體裡和其他學生對峙，也會與教職員產生衝突。

學業領域的優異表現，可以成為犯罪行為的保護色。一個在學校享有領導者與優等生名聲的罪犯，不太容易引來大家的懷疑。對某些罪犯而言，他們的學術成就為他們鋪設了類似的職涯成功之途，讓他們可以獲得大責任、大權勢之位，而成功又為這些人提供了一個備受敬重的假象，不但讓他們可以逃避許多行為的後果，還讓他們獲得豐厚的利潤。像瓦利這樣擁有白金般閃亮名聲的人，因為重罪而遭到逮捕時，往往令大家跌破眼鏡。

在下一章裡，我們會仔細研究那些就各種標準來說都算成功，但就是無法滿足於任何合法成功的罪犯。不論多麼有名望的工作都無法讓他們滿意。這些人的成就，只會存在於另一個讓他們展現犯罪行為的舞台。

注釋

1 Fairfax County Public Schools, *Special Education Handbook for Parents*, p. 13.

2 Colorado Department of Education, *Social Maladjustment Topic Brief*, November 2015.

3 Debbie Truong, " 'It's a Cage': Outrage over School Seclusion," *Washington Post*, May 27, 2018.

4 John Wisely, "2 Jackson Teachers Claim Violent Abuse by Students Goes Unpunished," *Detroit Free Press*, October 18, 2019.

5 "Alternative School Divides Md. District," *Washington Post*, September 27, 2019.

6 Donna St. George, "Alternative School Divides Md. District," *Washington Post*, September 27, 2019.

7 National Center of Education Statistics, "Indicators of School Crime and Safety: 2017," p. 82.

8 Lauren Musu-Gillette et al., *Indicators of School Crime and Safety: 2017* (Washington, DC: National Center for Education Statistics, March 2018), p. iii.

9 Ke Wang et al., *Indicators of School Crime and Safety: 2019* (Washington, DC: National Center for Education Statistics, July 2020), p. iii. www.ojp.Gov/library/publications/indicators-school-crime-and-safety-2019.

10 American Psychiatric Association, *Diagnostic and Statistical Manual of Mental Disorders*, 5th ed. (Washington, DC: American Psychiatric Association, 2013), p. 471.

11 Nicki Lisa Cole, "Understanding the School-to-Prison Pipeline," ThoughtCo., May 30, 2019 (updated October 21, 2020), www.thoughtco.com/school-to-prison-pipeline-4136170?print.

12 Curt R. Bartol and Anne M. Bartol, *Criminal Behavior: A Psychological Approach*, 11th ed. (Boston: Pearson, 2017),

pp. 38, 46.
13 "Report: Black Students Disciplined More Because of Implicit Racial Bias," *Washington Post*, April 6, 2018.
14 American Psychiatric Association, *Diagnostic and Statistical Manual*, p. 61.
15 Ke Wang et al., "Indicators* of School Crime and Safety: 2019," Bureau of Justice Statistics," https://bjs.ojp.gov/library/publications/indicators-school-crime-and-safety-2019.
16 Family Educational Rights and Privacy Act of 1974, 20 U.S.C. § 1232g (1974).

第十章 工作與罪犯

犯罪者對待工作的態度，和教育完全相同。儘管他們看不起像「奴隸」和「笨蛋」一樣工作的人，許多罪犯還是會為了要安撫他人而擁有工作。有些人之所以想要工作，是因為可以利用自己的職務在職場犯罪。另外有些人擁有成功的事業，是為了要當作個人生活中犯罪行為的掩護傘。

反工作的基本態度

某些罪犯打從心底鄙視工作，他們不斷更換工作，也會長期處於無業狀態。表面上看起來，這些人也許不符合工作要求的資格或是無法工作，實際上，他們不但可以輕易地找到工作，而且還可以在一段短時間裡有優異的表現。罪犯對於工作以及聘僱他們的人，都懷抱著藐視的心態，而他們之所以願意繼續工作，很可能是為了讓別人不要礙他們的事。工作是讓他們看來人模人樣的幌子。

罪犯希望主宰自己的工作條件。工作必須要能滿足他們在工時與薪水方面的要求。這些人根本不在乎他人交辦的業務。儘管他們當中大多數都缺少市場所需的技能，卻拒絕接受必須處理日常瑣事的工作。這些人雖然從未費心去取得經理職務應該具備的經驗或教育，卻依舊自認應該被委以經理之責，而不是去餐廳掃地。別人聘僱他們做的工作與他們自我膨脹後所認定的應得地位，差之不止千里。有名年輕人堅稱：「我寧可去死，也不願意讓朋友看到我賣薯條。」

具強烈反工作態度的人，可能根本不會去弄清楚工作所具有的意義。他們不會瞭解實際的工作時數、薪資、具體的工作責任，也不會知道自己是否享有健康保險或其他福利。這些人工作的原因，純粹只是為了要讓假釋官、父母或配偶滿意。

剛服完刑的萊恩回到了有妻子和三個孩子的家。他對找工作毫無興趣，於是重訪以前鬼混的地方找朋友。他對妻子說他需要一個假期，但他的妻子明確向他表示，他已經放過假了。在他坐牢期間，她努力地打兩份工，照顧兩人的孩子。萊恩堅持自己需要和死黨放鬆一下，而他的妻子對他說，在他坐牢期間，他所謂的死黨斷絕了與她和孩子的往來，甚至從未打電話問一問他過得如何。萊恩反駁說：「你永遠也不會知道我如果跟他們出去一下，會不會碰到什麼機會。」只不過他指的並不是工作機會。

不工作的藉口千千萬。罪犯會說自己有身心障礙問題、沒有交通工具、不知道該向誰呈報、不知道該去哪裡，或是未被告知何時該上班。然而同樣的這群人若知道城的另一頭要舉辦派對，拚了老命也會趕過去。

某些罪犯工作的原因，是為了說服其他人自己正在洗心革面。他們找到工作的事實，或許能暫時改變大家對他們的看法。但是就如這些人生活中的許多其他事情一樣，當新鮮感逐漸消失後，他們會變得焦躁、無聊、易怒，然後開始不時地請假或曠職、辭職，或被解雇。

對部分罪犯來說，犯罪就是他們的工作。「你有你的工作，我也有我的工作。」有名罪犯如此定義他「每天做的事」。他日復一日、年復一年地行竊和販毒，犯下的案件罄竹難書，卻從未因為這些罪名遭到逮捕。他最後因為與未成年人發生性關係而被控法定強姦罪。

席莉亞從孩童時期就開始在商店行竊。她的偷功精湛到可以接受朋友指定行竊目標的訂單。席莉亞諷刺地說自己「就像一名消費者代表」。她不知道擁有一份合法的工作有什麼意義，因為她在自己的專業領域非常成功。在席莉亞少數被捕的幾次經驗中，有位法官裁定她將贓物歸還給店家、支付罰款，並判處短期緩刑服務。當她因重大竊盜罪被判刑時（並非第一次），法官說她辜負了法庭的寬容，因此判她入監服刑。

對很多人來說，當一位成功的企業家，是美國夢的縮影。許多罪犯也渴望經營自己的事業。然而他們對於成為企業家所必須具備的條件，以及一份可行的投資計畫所需要投注的努力，卻沒有切合實際的想法。罪犯只會幻想一夜致富。他們預想不到連最認真的創業者都一定會遇到的難題，只會盤算該如何花用他們期待必然會成為自己的財富。這就跟犯罪會「大賺一筆」的幻想一樣——一定可以輕鬆獲得巨大報酬。

有些罪犯聲稱他們會提供服務或交付產品，但最後什麼都沒有。屋舍的室內維修就是詐騙的良機之一。承包工開車在社區附近兜轉，針對某項產品或服務提出看似合理的維修報價，但在收取訂金後就人間蒸發。

對罪犯重中之重的東西是地位跟權力，不是實際的工作。從底層做起，一路力爭上游的作法，與許多罪犯的行事作風背道而馳。在罪犯的想像中，如果自己要應徵一份合法的工作，那麼他們必然是昂首闊步地走進門、將面試官迷得七葷八素，然後立即獲得一個位高薪優的職務。有時候這種情況的確會發生，罪犯也很快就會被委以重任。

對於占據自己大部分清醒時間的工作，大多數的人都會希望能夠樂在其中。但由於天不從人願，所以不論男女，許多人都會發現自己的工作乏味或甚至令人痛苦。儘管如此，基於需要工作才能生存，大家還是會做好分內的事。反觀許多罪犯，他們想要享受的是不勞而獲的果實。

罪犯之所以無法保住工作，主要障礙在於他們會失去耐性，因為罪犯期待的是立即的認可、升遷與薪資調漲。他們厭惡為某人工作；他們想要發號施令，而非接受命令：他們厭惡服從任何人，甚至會拒絕以對方的適當職稱來稱呼對方；他們會試著用計謀來擊敗身居高位的長官、敗壞主管的信譽，並主張自己的權威。如果有人試著指出他們的缺點，或提供改進的建議，罪犯就會指責對方對自己的付出不知感激，或稱對方拒絕了讓自己展現創意的機會。罪犯認為只有自己的意見才重要。他們不會傾聽、對其他人的想法也毫無興趣。由於他們長期的不滿，無可避免地會與其他同事產生摩擦，並導致同僚之間的士氣每下愈況。

職場犯罪

罪犯會去找可以讓他們在職場犯罪的工作。隆納為了成為一名鎖匠，去上了職訓中心的課程，並由於他的雄心壯志與自吹自擂的技術，成立了自己的店鋪。客戶讓他進出他們的家與工作場所，他卻借此機會踩點瞭解客戶財產以及找出貴重物品所在。當隆納侵入客戶為了保護資產而請他幫忙裝鎖的地方，相信他的男男女女就成了他的受害者。雪莉是一家五星級飯店的房務員。每當房客離開房間後，她都會洗劫客房裡的櫥櫃、抽屜與行李。空調設備修理師法蘭克在進行冷氣維修服務的同時，也在探查偷竊的目標。他隨性地與屋主聊天，總是能成功地讓屋主透露家庭成員的狀況，並打探到家中什麼時候沒有人。看似非常周詳的維修，其實是法蘭克想用更長的時間檢查屋主家中的設備。他檢查整個房子的通風管道、擺弄各種機械裝置，藉此進入屋子裡的每個房間。他也會在檢查戶外機時，找出快速逃離現場的最佳路徑，並順便記住隔壁房子的戶外機位置，以便在未來依靠那台機器的持續運轉聲，掩蓋自己的腳步聲。

罪犯會去弄清楚工作場所裡裡外外的情況。他們會找出公司裡可以下手的地方，並搜集同事住所、財物及進出公司的時間等資料。有些罪犯自願在假日與週末工作或輪晚班，這樣他們身邊的人比較少，也便於他們瞭解如何在職場行竊而不會被發現的情報。根據《安全》雜誌（*Security*）的報導，美國企業每年因員工竊盜而損失的金額，高達五百億美元。[1]

身為一家小型社區銀行執行長的貝絲，侵占了行裡數十萬美元的公款。她每週都工作六、七十個小時，以公而忘私、值得信賴與能力一流著稱。但是她易怒的脾氣，常常引來下屬的不滿。貝絲記得她小時候，會「一邊吼叫，一邊繼續做著手邊的事情」。她說：「我喜歡掌控。最費力的情況就是無法掌握一切。」貝絲很容易就覺得遭到他人冒犯。在超商裡排在她前面的客人，若是在收銀台花太長時間結帳，她就會變得「語帶諷刺、粗魯無禮，告訴大家我對他們的看法」。至於擋住她去路的駕駛，她回憶說：「我會非常生氣，氣到不知道該怎麼辦。」在職場上，儘管員工讓她不高興時，她會生悶氣，但表面上看起來還是很平靜，因為她希望所有人都信任她、喜歡她。

貝絲因為購買珠寶，訂購好幾箱的鞋子、昂貴的皮包以及各種潤膚與潔膚品、乳液和化妝品，而積欠了數千美元的信用卡款。她描述自己一邊納悶「今天我又買什麼東西了？」，一邊期待打開這些產品包裝時的那股興奮感。因為她實在訂購了太多的東西，所以根本記不住到底買了什麼。貝絲把成堆的包裹藏在地下室裡，有些甚至沒有開封。她說自己的東西多到可以開一家店。貝絲說：「我是個很聰明的人。所有的事情都照著我的意思在走。我在想我該如何神奇地解決這件事？我解決不了。」

也許有人猜測貝絲罹患了某種精神疾病，這種疾病迫使她去補償生命中欠缺的東西或是做得非常錯的一些事情。她告訴我她一直覺得自己很醜、很怪異，因此她下定決心要做些什麼事情讓她覺得自己很漂亮。

貝絲當然不是唯一一個飽受這個問題困擾的人，但關鍵在於她選擇用犯罪來解決這個問題。她說她覺得自己上了癮，因為她不停地訂購商品。（貝絲並沒有任何成癮史、沒有使用禁藥，連紅酒都很少喝，因為她「不想要變笨或失去控制。」）她為什麼從未尋求專業協助？貝絲解釋：「向他人求助，對我來說是件很困難的事情。因為我是一個徹頭徹尾的控制狂，我絕對不會給予任何人知道我祕密的權利。」

包括定期到銀行稽核的人員在內，沒有人知道貝絲在做什麼。貝絲回憶道：「內心深處有種滿足感，因為我可以遮掩自己正在做的事情。我比他們聰明。」她得意地說：「有些稽核人員檢查得真的很周密。但我知道什麼會引起他們的注意。我完全不留痕跡。我對自己的工作非常在行。」隨著貝絲侵占的金額愈來愈高，她個人消費的金額也開始激增，貝絲思考該如何在他人發現前歸還虧空的款項，這讓她開始覺得不知所措。

貝絲從未想過自己的犯罪，可能會對同事與整間銀行帶來什麼樣的衝擊。因為貝絲是銀行的資深員工，也是銀行高層與下屬都認定的模範員工，所以大家都沒有理由去質疑她的行為。再說，她的同事也不可能去質問或質疑她做的任何事情。大家都知道貝絲是位強硬的主管，所以大家都與她保持距離，只專注自己分內的工作。貝絲回憶道：「只要抓到他們八卦、打私人電話，或者沒有做完我認為他們應該完成的工作，我就會讓他們好看。」

貝絲在提到自己的雙面生活時說：「我有一個工作的角色與一個個人的角色。」她很清楚銀行內部運作的複雜性，也知道如何有效地推銷銀行業務。貝絲利用假的社會安全號碼「貸款」給自己。為了讓事情看來正常，她偶爾會繳付分期還款金額，但同時卻愈借愈多。最後有位稽核人員要求查核「所有償付金額過低的預支款」帳戶。貝絲倉促虛構了一個檔案，但也懷疑自己做的事情已經曝光。貝絲在接受調查，以及後來遭到逮捕、定罪與被判入獄期間，都處於停職狀態。然而因為她的所作所為，分行關閉，好幾位分行員工也因此丟了工作。

職場行竊有許多不涉及金錢、商品或財產的方法。罪犯可以竊取工時，像是在未經核准下午休過長、裝病、在工作時間處理私事、使用社群媒體、謊報自己外出洽公，以及藉由企業內部情報獲利或兜售內部情報等等。

服用改變精神狀態的藥物會影響工作表現，並導致重大的時間與生產力損失，也可能造成安全隱憂。然而服用這類藥物，對於許多把生活中的規律視為過敏源的罪犯來說，卻是工作的常態。毒品或禁藥讓罪犯原本乏味的日子變得刺激、情緒變得高昂，不再感到日子難熬。此外，在公司內尋找吸毒同好與買家，或是開發販毒市場，對他們來說也是一件提振精神的事。如果罪犯的表現令人滿意，那麼可能不會有人發現他們嗑藥。如果他們變得無精打采或粗心大意，雇主可能會懲戒他們，並認為他們或許遭遇到了什麼麻煩。若不良的表現持續出現，罪犯可能會被開除，不過主管一般都不會懷疑他們與藥物有關。萬一罪犯嗑藥當下被發現，主管可能會建議他們勒戒，或許還會用公費支付勒戒相關費用。有些雇主不但不會懲罰使用藥物的員工，還會反求諸己，承擔部分的責任，認為是不理想的工作環境導致員工使用禁藥。不過最可能發生的結果還是罪犯丟了工作。但是對罪犯而言，被炒魷魚實在不是什麼特別嚴重的懲罰。

盜用企業公款的高階主管與持槍搶銀行的人，在心態上沒有什麼兩樣，兩者可能都不是因為需款孔急而犯罪。透過犯罪取得的金錢，是罪犯有多「成功」的指標。銀行搶匪以武力搶奪金錢；企業高層則是利用熟練與狡猾的計謀騙取金錢。這兩種人都有能力分辨是非對錯，算計如何閃避追查，以及享受成功脫身的快感。兩者都不會去考量他們的行為對他人造成的後果。

犯罪或嚴重違反工作倫理的專業人士，心理狀態與其他罪犯並沒有差異。他們因為本身的專業條件與成就，往往不會成為大家懷疑的對象。受害者也不願出面指控，因為他們知道自己對抗的是備受推崇的專業人士。另一方面，罪犯也抓準了受害者會因丟臉與認命而默不吭聲的心態。萬一自己的犯行被揭露，罪犯會反控對方不可相信。

兼具認證社工人員與心理治療師雙重身分的范恩，有長期的服務與執業史。在一場攸關數千萬美元的訴訟案中，有位病人指控范恩不但經常與她發生性關係，還謊稱這些行為是她療程的一部分。這位病人堅稱范恩漠視她的心理狀態，導致她產生憂鬱、屈辱、自殺的想法，以及整體幸福與健康感的下降，並造成她需要長期依靠藥物與心理治療的協助。

范恩並未否認他與病人的關係涉及性，但是他告訴我，是對方主動調情、做出性暗示，才會發生後來一連串的事情。在我的訪談期間，范恩把他所稱的自己「性成癮」狀況，追溯至童年偷看老師裙底，以及玩弄他妹妹的生殖器開始。上大學時，他會站在圖書館裡偷看女學生的裙底，並試圖捕捉他所認為的「撩人姿態」。范恩和我談到他的「救世主情結」，以及他的「好人」自我形象，因為他致力於協助他人。他用心理學的術語聲稱自己是「藉由與一名充滿愛意與關愛之情的女子發生親密關係，來確認效度」。他說，在他的四段婚姻中，每一段婚姻都無法讓他得到「傾慕、親密與連結」。

范恩和貝絲一樣，都過著雙面生活。范恩最近一段婚姻的妻子奧莉薇亞說這場官司的指控，讓她震驚到覺得自己甚至不認識自己的丈夫。「感覺就像家裡長年以來就沒有丈夫這個人。」她邊哭邊這麼說。她知道范恩並不完美，也不情願地透露出范恩曾對她情緒虐待，但之後又會買花給她，並為她寫情書或情詩。她從來沒有想過范恩會違反專業底線、置自己的事業於危機中，還威脅到整個家庭的生活。對於奧莉薇亞的悲痛，范恩的回應是指控她「把我釘到了十字架上」，然後又抱怨，「她對我沒有一絲憐憫之情」。范恩告訴我：「我不會傷害其他人。這種行為不是我自我形象的一部分。」儘管具備了所有的這些心理成熟度、知識以及專業經驗，但范恩似乎並不曉得該如何繼續打這場官司。他說：「我不太確定需要什麼才能扭轉目前的頹勢。」他解釋自己對那位指控自己的女性懷抱著善意，並說：「不管我是否得到了生理發洩或高潮，我都下定決心要讓這些事情成為她正面的性經驗。」他堅持自己「肯認了病人的自我價值」。

貝茲（Carolyn Bates）與布洛斯基（Annette Brodsky）在《治療時間中的性》（*Sex in the Therapy Hour*）一書中指出，某些擅自與病人發生性關係的治療師，都有「人格障礙，這種問題可以歸類為一種反社會人格」。貝茲與布洛斯基表示：「這些治療師是病人最不應該信任的對象；他們心裡只有他們自己的需求。」[2]

約赫森博士（Samuel Yochelson）和我在華盛頓特區的聖伊莉莎白醫院從事我們原本的犯罪行為研究時（一九六一—一九七八），我們對受訪者提出的其中一個問題是：「你長大以後，想做什麼工作？」相當數量的人回答說他們想要當警察。「警察」吸引這些罪犯之處，不僅是因為警察是權力的象徵，也因為警察可以執行權力：警察制服、警徽、配槍、可以高速駕駛警車，以及追捕並逮捕壞人的能力。這些罪犯不會提到成為人民保母、保障社區安全這類的事情。因其工作性質，警察具有執法的正當權威；大多數的警察都是誠實、奉獻，並會冒著生命危險幫助他人的人。

二〇二〇年佛洛伊德（George Floyd）在明尼亞波里市被捕身亡的事件[3]，推動了全美警察培訓的改革與某些執法行為的廢除。警察體系所要面對的根本挑戰，在於找出並淘汰那些具有犯罪人格的警察新血以及現任警官。當這些人對人民過度使用武力、進行不合理的搜查、收受賄賂，以及利用其他方式滿足他們對於權力與刺激的渴望時，他們都是把自己的需求放在公眾利益之前。

為什麼一個看起來事業有成的人，要在職場犯罪，拿自己的生計去冒險？若想回答這個問題，我們就得回頭去看，罪犯在根本上把工作看成什麼？答案就是只有奴隸與蠢蛋才會做的事。即使在企業中位居高位，他們也不會滿足。不論罪犯的工作提供多少正當的薪資報酬，他們都覺得不夠。他們永遠想要有更多的權勢、掌控和刺激。他們必須一而再、再而三地展現自己比起其他人更聰明、更有能力、更足智多謀、更大膽。為了追求他們的個人目標，這些罪犯會違反公司政策、打破規矩，並且為達目的不惜設計他人。

有些犯罪行為分析家指出，若是公司具體政策或整體文化，營造出令人無法接受的工作環境，譬如主管冷漠、不公正、令人討厭、過度挑剔或有很深的成見，員工犯罪會因而增加。如果公司監督鬆散，犯罪的機會也會升高。有些組織對於犯罪事件似乎睜隻眼閉隻眼，甚至獎勵違法事件。規範鬆散確實會為不誠實的人提供利用自己工作獲利的機會，但是誠實的人，不論是否有人監督，都會做正確的事情。

罪犯總是能夠挑出某個人或某種情況，作為他們聲稱自己之所以出現如此脫軌行為的原因。然而一樣可能對此有所不滿的同事，卻不會做出和他們相同的脫軌行為。當情勢並未如罪犯預設的狀況發展時，他們往往會說自己遭受了不公的對待。然而罪犯在因某件犯行而被究責時所提出的藉口，並不會反映出他們真正的意圖。

田納西大學哈斯拉姆商學院教授李普（Terry Leap）在討論向上流動的高階主管時，強調他們似乎「一旦成為總裁後，就會神祕地變成腐敗與獨裁的怪物」。這些人並不是因為權力而腐敗，而是因為他們爬升到一個可以讓他們展露真性格的職位，只不過這種性格之前都被嚴密地掩蓋起來或遭到他人忽視。李普博士指出：「一旦坐上企業掌舵手的位子，這些人的貪婪、野心，或是有效處理人際關係的失能，就會昭然若揭地暴露出來，他們也摘下了面具。」[4] 即使如此，他們的雇主可能不願採取法律行動，也不想讓公司名聲掃地，所以只要求這些不法份子賠償或辭職。

非罪犯也會有類似的人格瑕疵；重點在於程度上的差別。有些主管若是能夠少些武斷、多要求自我一些、更關心他人一些，效率會更高。儘管如此，這樣的人通常還是很重視工作，忠誠奉獻，不會故意利用同事。至於罪犯之所以重視自己的工作，則是因為他們把公司當成追求權力的舞台。

罪犯對於金錢的看法與負責任的人不同。對罪犯而言，「預算」是一種陌生的概念，因為他們根本不需要預算。這些人也許會支付帳單，也許會直接選擇視而不見，端賴當時的心情如何。他們在幾個星期之間經手的錢，可能比規規矩矩工作一年掙到的還要多。許多罪犯沒有金錢管理的概念，因為他們沒有理由去管理自己根本不重視的東西。對罪犯而言，重要的是滿足自己奢侈的品味，以及透過炫富的方式讓人印象深刻。有些罪犯發現給別人錢要比花錢更刺激。他們可能會因一時興起，把錢財施捨給需要的人，這種行為不但可以強化他們自認為好人的形象，而且還可藉由這些作法流露的善意，讓他們能夠更輕易地欺騙別人。

把工作當成犯罪的掩護

如果罪犯決定為工作投注心血，表面上看起來，他們可能很快就能抓住訣竅，而且會因為他在工作上表現出來的別出心裁、獨創力與可靠性而備受愛戴。至於罪犯為什麼會沉浸在這些認可當中，則是因為它們強化了他內心一直無比確定的事情——他們比別人優秀。但是最大的意義也就只有這樣了，因為這些人不但認為自己跟其他的同事不一樣，還可能鄙視自己的工作以及對他的努力給予獎勵的人。學校的好成績可以讓他們擺脫麻煩，工作上的成就也有相同的功效。

羅伯特是遷居美國的中美洲移民。一開始他在一家快餐店當廚師，後來轉到一家販售平價服飾的商店當管理員。工作三週後，他開始認定自己的主管譚雅喜歡上自己，因此當譚雅以怠惰為由開除他的時候，羅伯特完全不敢置信。他相信譚雅開除自己的原因，是因為自己跟其他女人約會。堅信譚雅迷戀自己的羅伯特開始開車在她家附近繞，接著又打電話給她，他「百分之百確定」對方會正面回應。然而譚雅認出了他的車後，恐懼到直接報警。羅伯特因跟蹤騷擾罪被捕，但在短期的緩刑服務後被釋放。這段期間，羅伯特完成了他的專業訓練，成為一位會計師，並開始執業。儘管已經結婚並育有一子，羅伯特依然對譚雅念念不忘。他聘僱一名私家偵探找出譚雅身在何處，然後把車子停在譚雅的服飾店前。在這家店裡，她依然擔任店經理。羅伯特再次因為跟蹤騷擾罪行被捕，但這次被判處的是緩刑。法官警告羅伯特，如果再出現這樣的行為，他將會面對嚴厲的懲罰，包括撤銷綠卡。

羅伯特是個有野心的人，他努力地工作，建立了自己的會計師事業，年收入近二十萬美元。他的妻子愛荻原諒他的過錯，並反省可能是自己不夠瞭解他、愛得不夠深，才會造成丈夫的跟蹤騷擾，但現在兩人擁有了她自小就渴望的家庭。愛荻告訴我：「羅伯特是我理想的伴侶。我們當然支持他，我們全家人都支持他。」她自信滿滿地說：「不會再發生什麼事了。他這輩子必須要學到一些教訓。他真的很感謝我們全都站在他身邊。」

不過愛荻的原諒與付出，並不能阻止羅伯特對他女性客戶的一連串性幻想。羅伯特也沒有停止觀看助長他性幻想的色情影片。有時候他連愛荻的電話都不接。當她一整天都沒有他的消息時，他也不會告訴她自己的去處。愛荻強烈懷疑她的丈夫有了婚外情。

隨著事業的蓬勃發展，羅伯特的人際關係變得充滿暴力又難以理解。「我就是會因為一些小事生氣。」他這麼對我說，他說他的祕書已經「讓我抓狂」到使他失去所有耐性，直接對她大吼的地步。羅伯特的暴怒點低到可以直接把客戶趕出辦公室。商店裡一名店員的無禮態度，會讓他氣上一個星期。他知道自己會愈想愈氣，他還告訴我：「我就是無法釋懷。正常人不會這樣。」

不論愛荻如何迎合羅伯特，他都不斷批評她。她對我訴說羅伯特的吼叫、詛咒、嘲諷、霸凌、扭頭離開，以及冷戰的態度。他威脅要離開她，還說絕對不會有其他人想要娶她。愛荻哭著敘述她丈夫摔碎一面古董鏡後又攻擊她的事件。茫然不知該怎麼辦的愛荻說：「我只希望他好好待我。我愛他。我受不了爭吵。他把一切的過錯都怪在我頭上。」

在羅伯特的眼裡，憤怒是種美德，特別是他相信自己永遠都是對的那一方。他說：「我一直覺得我比其他人聰明。」爭吵對他來說就是一項運動。他聲稱：「良好的關係中永遠都存在著爭執。如果沒有爭執，一定是出了什麼問題。如果我生氣了，就表示這段關係沒有問題。」

羅伯特為移民社區的許多客戶提供帳務服務，他也會免費為某些人作帳，提升自己的名聲。激怒他並被他拒絕提供服務的客戶幾乎沒有追索權。他們當中有許多人都是初到美國，沒有足夠的地位可以與羅伯特對抗。

像羅伯特這樣的罪犯，大家往往都羨慕他們事業的成功。工作上的出色表現對他們非常有利。這些表現可以提升他們的聲譽，也為他們不道德或非法的行為提供了掩護。這些罪犯不會善待工作夥伴，對家人也同樣冷酷。他們的犯行連帶影響同事、家人以及整個社區。即使被補入罪，許多人不但矢口否認犯行，還會說自己是遭到他人的不公對待。

注釋

1 "Employee Theft Costs U.S. Businesses $50 Billion per Year," *Security*, November 1, 2017.

2 Carolyn M. Bates and Annette M. Brodsky, *Sex in the Therapy Hour* (New York: Guilford Press, 1989), p. 136.

3 譯注：美國「黑人的命也是命」運動的導火事件。二〇二〇年五月二十五日，四十六歲的非裔男子佛洛伊德因遭警方懷疑持有二十元美元假鈔，而遭四十四歲的白人警察查文（Derek Chauvin）以上手銬、跪膝壓頸的方式將佛洛伊德壓制在地長達九分鐘，造成佛洛伊德因為頸動脈受到壓迫、窒息身亡。壓制期間，佛洛伊德一再表示自己有幽閉恐懼症、呼吸困難，並哀求不要殺他，路人也陸續出聲表示嫌犯沒有反抗行為，要求查文不要用膝蓋壓制佛洛伊德的頸部，但都遭到查文漠視，同行的三位警察也都配合查文行動。這起案件在全美掀起「黑人的命也是命」運動，四名警察均遭起訴判刑。

4 Terry Leap, "When Bad People Rise to the Top," *MIT Sloan Management Review*, Winter 2008, pp. 23-27.

第十一章 性征服以及建立自我

性犯罪者經常被描述為性欲異常強烈。然而，追求征服的刺激感才是性犯罪的主要動力，不是生理需求。罪犯這種想要征服他人的欲望很早就開始。具有這類犯罪人格者，可能早在孩提時代就發現到性是攫取權力的一種方式。一名二十五歲的郡監獄囚犯表示：「早在我知道性是什麼之前，大概是四到十歲的時候吧，我就喜歡看女孩子哭。我並不是真的喜歡看到她們受到傷害。就像我只要看到她們赤身裸體，我就會感到很興奮一樣，我也搞不懂是怎麼回事。」接著他又說：「後來的每段關係中，性就算不是唯一的目的，也總是我的主要目的。」通常罪犯甚至不把伴侶當人對待，所以在他們的眼裡，與自己發生性關係的對象就是胸部、臀部及陰道。他們將陰莖視為征服他人的武器。一名強暴犯語帶驕傲地說：「我的老二粗大。就像殺人犯揮刀刺進受害者身上一樣，我將它插入女人的下體。」任何人都可能是他們的目標：酒吧裡輕易勾搭上的女子、朋友的老婆、自己的孩子或繼子繼女，還有罪犯以牧師、老師、教練或童子軍團長身分照顧的孩子。

罪犯可能也會有相當多的性經驗，但是那些經驗都很表面。他們覺得你情我願的性關係幾乎無法令他們滿足。性對這種人來說，主要是權力的展現，一種在他們決定的時間、日期和地點，由他們控制的活動，他們鮮少會顧及伴侶的感受。不管對方是誰，在性交過程中勝出，遠比性行為本身更刺激。罪犯相信自己的魅力無人能擋。如果對方不贊同這樣的想法，便是在挑戰自己。他們會藉由甜言蜜語、誘騙或訴諸暴力的方式來達到征服的目的。不論自己的性取向為何，罪犯都會透過誘騙、欺瞞或恐嚇他人根據自己的意願行事而獲得滿足。一旦對方被征服，他們就會去尋找下一個目標。

從青春期開始，當罪犯提到「我的女友」時，他們往往是在主張那個女孩屬於自己，但在他們的眼裡，對方就像一張用過的餐巾紙，只是一種可以任意處置的資產。他們鮮少提及愛，對於以愛為出發點的感情是什麼也毫無概念。他們堅決要求對方配合自己做出改變，卻要求對方一定得接受自己原來的樣子。他們堅持**自己的**女友必須完全忠誠，但他們可以隨興所致地到處留情。一旦女方要求承諾，就可能遭到拋棄。一名罪犯激動地說：「這是男人的世界。我不需要一個婊子來告訴我該怎麼做。就因為她有陰道，不代表她可以控制我。」

在性犯罪案件揭露後往往會出現在媒體上的露骨內容，我們的第一個反應可能是覺得罪犯很變態。我們會覺得應該沒有一個正常人會和自己年幼的兒子發生性關係、偷窺他人，甚至攻擊並強暴陌生人等等。這些犯行令人作嘔，然而罪犯並非「病態」心理的產物。他們很清楚強暴、偷窺、暴露以及與兒童發生性行為是違法行為。犯下這些罪的人都很理智，只不過他們一生大多數的行為都非常不負責任。

為了瞭解性犯罪的可能原因，羅德島大學的研究人員檢閱了近一百份調查報告，分析男性性犯罪者與「非性犯罪」罪犯之間是否存在著「大腦神經解剖差異」。他們的結論是「這群人的大腦結構和功能差異並無獨特異常之處」。[1]

偷窺癖

李察因為在晚上透過窗子偷窺他人並拍攝影片而遭到逮捕，他的犯罪行為已經持續多年。法官強調李察的行為使無數女性的「隱私和基本安全受到侵犯」，所以判他入獄，後來又給予緩刑處分。李察之前因為跟上司發生了「個人衝突」而遭到革職，婚姻也岌岌可危。因為生活的不順遂，李察開始為了逃避妻子而在夜裡外出散心。有次在外遊蕩時，他透過窗戶看見一名女子正在臥室裡換衣服。之後他每晚都會找各種理由出門。「這件事變得像例行公事一樣。」他說：「我會伺機偷窺。」隨著他偷窺的人愈來愈多，散步的時間也愈來愈長。比起「單調乏味」的婚姻，他在社區附近的徘徊、透過窗戶窺探他人隱私的行為，讓他得到了更多的刺激。「偷窺充滿刺激與膽大妄為的感覺，有種冒險的成分在裡面。」李察這麼說，他同時也坦承：「我很清楚做這種事的風險，但這也是我這麼做的一個理由。」

偷窺漸漸無法再令李察滿足。他於是買了一台攝影機，開始錄下十多個女子在她們家裡的畫面。然後他會在深夜看著這些影片自慰。有時候甚至不需要看錄影帶，光是想著在樹叢間透過窗戶偷窺，就足以讓他興奮到手淫。直到有次他肆無忌憚潛入他人後院，專注地執行自己的偷窺任務，完全沒有注意到旁邊有名男子接近，他的罪行才遭到揭發。屋主將他制伏在地的同時，屋裡的女主人打電話報警。

李察在我進行的心理評估過程中，反思自己做的錯事：「我沉溺在自己的小世界裡。」他的偷窺帶來兩種層面的刺激。一個是行動本身的風險刺激；另一個則是犯案後觀看影片時被挑起的欲望。至於他的違法行為，李察說：「我知道自己犯法，但是我絕對不會進一步做出其他違法的事。」他指的是侵害他人的身體。

李察認為對女人而言，自己是個難以讓人抗拒的好男人。「我是個出色的男人，理應匹配出色的女人。」他這麼對我說。他認為自己非常優秀，不應該只找個普通的女人，或從事一份普通的工作。遭到革職之後，他繼續過著鄉村俱樂部式的生活、上他的高爾夫球課。李察想要一份完美的工作，而在他的理想中，完美的工作就是「擁有自己的公司，生產具體的產品」。遭到逮捕之後，李察的妻子離開了他，於是他開始踏上征途，尋覓完美的女人。他滔滔不絕地羅列自己心中完美女人的條件，猶如一個人打算訂購新車時，開出的各種功能清單一樣。當他談及與女人的感情時，才意識到自己從未愛過。他知道自己非常自我中心、不好相處，而且又愛挑剔，但他幾乎從不檢討自己。李察坦承自己工作時脾氣火爆、口氣嚴厲，而且「經常使用咒罵的詞彙表達意見」。他很少會盡力去做什麼事，不論是建立事業、經營關係或是挽救婚姻。提到對妻子不忠，他責怪對方跋扈不講理。對於不願意找工作這件事，他沉思了一會後說：「我找不到抱負和動力。」事實上，他的抱負一直很大，但始終沒有動力。

儘管失業在家，李察也拒絕去找工作。他很佩服有位朋友迫於生活而「為五斗米折腰」，願意委身在速食餐廳工作。李察對於類似的事情毫無興趣。他說：「坐在家裡無所事事地花光積蓄要輕鬆多了。我就是懶。」或許是為了要說服自己，李察發誓說：「我要賺大錢。我已經準備好了，很快就會賺大錢了。」然而他接著又說，自己就跟那些有了梯子卻無意一階一階朝著目標往上爬的人一樣。他很善於替自己的懶散找藉口。他會說：「我不想被拒絕。我覺得這是在對我做人身攻擊。任何拒絕都很傷人。」每當其他人不認同他自認是個難以抗拒又優秀的男人的想法時，他便覺得自己遭到了拒絕。藉由偷窺的行為，李察從根本不認識他的女人身上，體驗到絕對的權力感。毫無疑問地，她們提供了他在婚姻生活或工作上所缺乏的刺激感。

服完刑期後，李察懷疑地說：「我把性欲關掉了嗎？我現在對於性這檔事，好像完全失去了興趣。」他不再有非法偷窺的行為，而且在盡力斷絕這種邪念之後，他的性衝動也降低了。在他與約會的女子試著發生第一次性行為時，他非常沮喪地發現自己竟然不舉。

李察在遭到逮捕之前，偷窺行動愈來愈頻繁，以致於他日日夜夜都在想著這件事。我們無從得知李察如果沒有被捕判刑入獄，他的性犯罪是否會進階到更嚴重的罪行。

科技的進步助長偷窺犯罪。現在的攝影機已經小到幾乎能夠安裝在任何地方。偷窺狂可以在更衣室、浴室、試衣間，或像一位猶太教拉比所做的那樣，在沐浴儀式的地點裝設攝影機，拍攝裸身女子，滿足自己的興趣。有個父親在家中的不同房間安裝攝影機，拍攝他女兒毫無戒心的朋友到他家過夜時換衣服的畫面。《華盛頓郵報》報導有位戲劇老師偷偷拍下自己學生裙底或領口下的照片。警方後來發現這名教師還擁有好幾千張兒童色情照片。[2]

暴露狂

很多理論試著解釋為何男人（幾乎總是男人）會犯下暴露身體的猥褻罪行。古典佛洛伊德派的精神分析理論認為，這種行為源於人們渴望確定身體的完整性——也就是對於「去勢焦慮」的一種防衛。[3]倫敦兒童心理健康中心（London's Centre for Child Mental Health）的資深臨床研究者卡爾（Brett Kahr），從精神分析的觀點分析暴露狂，他表示這種行為「傳達出內心的沮喪，通常與幼年時期的創傷有關」，也「表現出對女性的憎恨」，而且「是受損自尊的一種重建方式」。[4]然而，這類的解釋難以用科學方式證明。不論原因是什麼，有礙風化的暴露者都覺得這樣的行為很刺激。

過去二十多年來，暴露下體已經成為詹姆士的例常活動。每當週末迫近，他內心便充滿暴露的期待。他告訴家人要出門辦事，卻是在找尋合適的地點躲藏，出奇不意地襲擊毫無防備的路人。他經常出沒於公園、自行車道、小徑和樹叢間。詹姆士會先躲起來，然後在外出運動或散步的人當中鎖定目標。後來他變得有點無法自拔，開始利用每天工作的午休時間出擊。他出差所選擇的下榻飯店，不是依據旅館價格或距離洽公地點的遠近而定，而是考量附近是否方便他遛鳥。他的目的是想要引誘女子，讓她們發現自己，然後讚嘆地盯著他的下體。儘管大多數女子驚恐與噁心的反應令他大失所望，但是重點在於他吸引到對方的注意。詹姆士深陷無法自拔的暴露行為，而且程度嚴重到從起床睜開眼，就一直想著這件事。他開始變得大意，也不再記錄出沒在同樣地點的次數。妨害風化的暴露成了詹姆士的副業。他開始蹺班，向家人與同僚說謊，背叛他們的信任。

詹姆士的妻子描述他是個「喜歡掌控所有情況」的暴君。她一直努力地想達到她丈夫對於完美的要求，她說：「只要晚餐晚了五分鐘，他的整個世界好像就會因此崩裂。」最後他在一個經常出沒的公園裡，遭到隱身在該區進行監視的警方逮捕。他的妻子訴請離婚，聘他擔任高層主管的企業也因為他無法通過高階安全審查而開除了他。

詹姆士告訴我的所有情況，都不符合心理治療師對此類行為所提出的慣常解釋。詹姆士並未遭遇過性剝奪，他和妻子依然維持著性關係。他也沒有表現出因為沮喪、焦慮或任何不幸遭遇而希望獲得解放的狀況。事實上，他的日子一直過得很平順。詹姆士解釋他享受暴露下體的每一個階段：思考要去哪裡、如何藏身可以讓別人看得到但又不會太明顯、露出勃起的陰莖、期待路人的反應，還有看著他們的表情。他坦承自己腦袋裡經常出現強暴女子的幻想。若非遭到警方逮捕，我們無從得知詹姆士是否會對女性進行人身攻擊與侵害。

路易斯的犯罪模式與詹姆士大相逕庭。妻子過世後，他過著規律與孤單的日子。他總是赤身裸體地在家中到處走動，而且經常會站在窗邊，特別是在附近兩名青少女搭校車返家的時間。他觀察著常常有男友陪伴的這兩個女孩的一舉一動，並幻想與她們的性愛畫面。一想到女孩期待看到自己裸身站在窗邊，他便會感到興奮。「我感覺得到她們正在找我，而我也正在取悅她們。」他這麼說：「當你望著她們時，你會認為這就是她們想要的，而你只想要走上前，讓她們看看自己。」他看到兩個女孩之後就會手淫。路易斯坦言會在自家陽台上盯著隔壁那兩個女孩家臥室的窗戶，有時運氣好，他會看到她們脫衣服的畫面。他認為她們這麼做是故意在引誘他。而且那兩個女孩在外面看到他時，也都和他說話，這讓他覺得受到鼓勵。路易斯聲稱自己的行為完全無害，他向我保證：「我絕對不會對她們做出任何事情。」

路易斯承認他妻子生前經常斥責他不穿衣服在家中晃。她很擔心其他人會看見赤身裸體的他。他認為如果妻子還在世：「絕對不會容許我現在的舉動。」路易斯透露他的妻子「指控我有出軌的舉動」，對象是一名保母。他說自己不記得他和保母之間實際發生過什麼事，卻也不諱言自己「對她有好感」。

路易斯一再裸露身體的舉動，出現在沒人會再阻礙這種行為之後；因為妻子過世，沒有人會再不斷警告詹姆士這類行為會招致的可能後果。就像詹姆士一樣，路易斯自認魅力無人可擋，而且他的行為並不會對他人造成任何傷害。

經常暴露身體的罪犯不見得要外出尋覓適合的地點藏身犯罪。他們不需要邁出家門，就可以利用手機犯罪。只要輕輕按下一個按鍵，任何人都可以將自己的性器官照片傳送出去。有些人是因為天真才會「用手機傳送不雅照片」。這類舉動的風險非常高。照片可能會遭到盜用，並被非傳送對象的不肖份子利用，也可能被用來進行報復或勒索。當未成年的孩子把自己的這種照片傳給另一名未成年的孩子時，很可能就會涉及製作與散布兒童色情圖片的刑責。手機同時也為偷窺行為提供了另一種出口，那就是在對方不知情的情況下，將其性愛過程拍成影片供他人瀏覽。毫無疑問地，從出於惡作劇心態而發送色情短訊的青少年，到這類行為只不過是自己眾多犯行之一的累犯之間，存在著一種連續性。

強暴犯

專業論文與評論，都把強暴視為一種與性行為關係不大、但攸關權力和征服快感的罪行。我們必須從強暴犯的整體人格特質脈絡來瞭解強暴這種行為。強暴犯並不憎恨女性，也不見得曾經遭遇過性剝奪。強暴行為的關鍵在於罪犯對於自己權力及欲望的肯定。襲擊者深信他的受害者渴望自己，或者只要給自己一個機會，受害者就會對自己產生欲望。受害者的抗拒只會進一步提升施暴者的興奮感。由於強暴犯的脅迫很管用，所以這類案件鮮少會動用暴力。我訪談過的強暴犯，幾乎每個人都曾有過其他類型的犯罪。

蒙提的供詞異常清楚地說明了他的思維運作模式，而那樣的思維導致他拿石頭攻擊一名在林間散步的無辜女子，並試圖強暴對方。

早在蒙提強暴未遂發生之前，他就偷父母的東西、用父母的車子無照駕駛、在商店行竊、製作土製炸彈，並侵入民宅。十三歲時，蒙提因為撥打色情電話，家裡收到了金額高得驚人的帳單。儘管學習能力不錯，但蒙提經常無故翹課，且多次因為擾亂上課秩序而遭到停課處分，最後被退學。雖然他對課業不感興趣，卻是個電腦天才，並受雇為電腦系統分析師。他會花上好幾個鐘頭觀看網路色情影片，有時還會駭進需要付費的網站。

蒙提的家庭狀況一言難盡。他說父母離婚後，他母親並不想要把他留在身邊。然而他母親告訴我的情況，卻與蒙提的說法完全相反。她說她兒子愈來愈鬼祟，並在母子間築起了一道牆，把她擋在他的生活之外。她知道自己可以當個更稱職的母親，但是她也道出自己的沮喪，因為「我不知道該怎麼跟他親近」。這位母親在知道兒子犯下強暴未遂時十分震驚。她說如果來電告訴她，說她兒子駭進了美國總統的電腦，她都不會這麼驚訝。「我們雖然很難跟他溝通，但不至於會發生這樣的事情。我認為這件事情的發生，一定有它的原因。」他的母親這麼說。

蒙提不願與父親相處，因為他討厭父親設下的一切規矩。蒙提的父親也不諱言自己對孩子比前妻更嚴厲：「但我最後仍會妥協。我對他的很多小動作都視而不見。可是隨著孩子年紀愈大，我愈不瞭解他。」蒙提在青少年時期就學會了察言觀色，他會說對方想聽的話，討人歡心。有位近親曾警告蒙提的父親，他說蒙提似乎不太聽人勸，這孩子「要是越界後就難以收拾了」。

犯案當天，二十二歲的蒙提一如往常地來到他經常出沒的林間，隨身帶著一本關於性犯罪的謀殺懸疑小說。他很快就覺得故事內容無趣，然後開始觀察一名年輕女子。他尾隨對方走上一條安靜小徑後，撿起石頭攻擊女子的頭部，將她擊倒在地，接著把女子壓制在地，用力扯開她的衣服，擺好了姿勢準備對她性侵。但蒙提後來卻停止了攻擊行為，並向受害女子保證不會傷害或是殺害她，甚至脫下自己的夾克讓她止血，放她離開。女子返家後報警；不久後蒙提遭到警方逮捕。

將近五年的時間裡，蒙提一直幻想著搭訕美貌女子並強暴對方的情境。他覺得找到一名年輕女子而成為對方第一個性伴侶的想法，讓他感到很刺激。他每天都會邊幻想著強暴處女邊手淫。他在犯案當天閱讀的小說，內容正好有與強暴相關的情節。蒙提並沒有遭到性剝奪——他最近才和好幾位合意的對象發生性關係。但是雙方合意的性愛太平常。「一旦得到了某樣東西，我就不想再要了。」他這麼說。當被問及他的行為所帶來的衝擊時，蒙提說受害者恐怕會排斥性愛一段時間，還說：「她或許再也不敢獨自到樹林了。」這類的回答是典型的罪犯思維，反映出罪犯幾乎無法認知他們會造成什麼傷害。

等候審判期間，蒙提寫下了他所謂的他的「性史」。在這份資料中，他提到自己會犯下強暴未遂案，一點都不出人意外，也非出於衝動使然。他在九歲時便開始跟年紀較長的手足玩性遊戲。十歲時，他發現繼父的色情影片，之後便開始手淫。他和家中飼養的狗進行性交長達兩年。他說自己是個「偷窺狂」，而他認為這或許是自己有強暴想法的前兆。蒙提寫道：「上學前，當外面的天色還很暗時，我就會忍不住要起床去偷窺別人的窗戶。」最後他闖入一戶人家，「撲到一名正在睡覺的女子身上。我之所以停下來並逃離現場，並不是因為我覺得自己做錯了，我想我當時逃開的原因是因為我害怕。之後我待在樹林裡的時間，開始變得愈來愈長。我會選一處我覺得不會有人出現的地方，把自己脫得精光，一邊幻想強暴的場景，一邊手淫」。

當蒙提發現網路色情影片時，他的幻想經歷了一次大爆發。「我利用自己的電腦技術駭進付費的色情網站。同時，我也開始尋找一些有強暴場景的影片觀賞，常常對著兒童色情照片手淫。有時候我整個晚上都會掛在網上。我甚至創造出一個聽從我一切命令的電腦合成人工智慧女友。隱身在電腦背後的我，是另外一個人。我握有掌控權，電腦永遠都會服從我的指令。我不必擔心電腦會愛上其他人、背叛我或傷害我。電腦會永遠愛我。早在強暴的幻想成型前，我就經常幻想自己擁有可以讓任何我想要的女孩跟我發生性關係的特殊能力。」這些不斷在蒙提腦子裡重複演練的場景，一直在等著某個風和日麗的日子，在一個林間散步的年輕女性面前實際上演的機會。

之前我曾提過罪犯會將過錯推給受害者。在強暴案中也經常可以看見這樣的情況。德偉恩十八歲時被控人身攻擊以及強暴未遂。這個年輕人一點悔意都沒有，而且還把過錯全怪到一名十二歲的女孩身上。「她是個很隨便的女孩，有些年輕女孩就是想要展現自己老成的一面。她對我有興趣，所以我才會對她感興趣。你也知道男人嘛，有嘗鮮的機會，總是要試試看。我相信她應該不會犯蠢，因為她怕她媽處罰她。如果我是在強暴她，她為什麼不大聲喊救命？這才是真正讓我生氣的地方。我才不在乎她究竟說了什麼，我知道什麼才是真相。」

德偉恩很氣他的受害者，他發誓說：「她會得到教訓。上帝站在我這一邊。上帝會給她應得的報應。」

偷窺、暴露與強暴的重疊

當某人因為偷窺、暴露或強暴罪行遭到逮捕時，有三個可能的真相：罪犯之前曾犯下相同的罪行；罪犯曾犯下其他類型的性犯罪案；不然就是這名罪犯曾犯下非性犯罪的案件。

著名的聯邦調查局側寫師道格拉斯（John Douglas）曾這麼說：「如果研究最暴力的性犯罪者……你會發現事實上，所有的案子都是源於相對無辜的開始，然後逐步升級。」[5]行為分析師與庭審律師派翠克（Wendy Patrick）表示偷窺通常是一種「入門行為」，通往更嚴重的性犯罪，尤其是暴露與強暴。[6]一份加拿大司法部的報告指出：「偷窺是性變態的早期階段，而性變態會變得愈來愈具強迫性和侵略性。」這份報告還說：「約有百分之二十的偷窺狂曾犯下性侵或強暴罪。」[7]在討論性犯罪加害人的犯罪生涯模式時，多雷札（Dalibor Dolezal）與喬凡諾維奇（Ena Jovanovic）指出：「性犯罪者……往往會在非性犯罪的特定型態犯罪案件中，顯現出罪行多樣性。」因此，將某人歸類為「性犯罪加害人」，只能顯示該罪犯是因為性犯罪遭到逮捕，但他很可能也有其他類型的罪行。[8]

二十六歲的羅門因為入侵民宅與強暴未遂而面臨長期監禁，但他之前曾犯下數十起其他的案件，性犯罪與非性犯罪案都有。他的犯罪生涯始於青少年時期，那時他的罪行包括商店行竊、偷取好幾箱香菸、偷父母的錢，以及竊取他人車內、儲物櫃與書包裡的財物。羅門還犯下了刻意毀損他人財物的罪行，他將車胎放氣、用石頭砸破他人住家的防風暴玻璃外門、在車道上放置煙霧彈，以及在森林裡縱火。剛滿了合法駕駛的年齡，他就收到各種違規罰單，還捲入了一場吊銷執照的車禍，但這些事情都無法阻止他繼續開車。因為羅門在學校的破壞力實在過於強大，根本沒有任何班級的老師管得了他，所以他只好到一間收治情緒障礙學生的「變通學校」註冊就讀。

當羅門的父母試著定下規矩與管教他時，他不但大吵大鬧，還砸東西，一家人的生活全毀在他的手上。他的母親說：「我們什麼方法都試過了。規矩和體罰對他根本不痛不癢。我們試過行為矯正、家庭心理諮商師。每個人對於該怎麼做都有一套不同的理論。」如果不是還有一個取得了大學學位、有穩定事業與知己好友的兒子，羅門的雙親很可能會以為一切都是他們的錯。

羅門從國中時期開始偷窺，而且他偷看他人窗戶的行為一直持續了許多年。他的第一起暴力性犯罪案發生在十二歲那年。他走路穿過一片林區的時候，隨手抓了一個女孩打算性侵，不過那個女孩拚命掙扎，逃離了他的魔掌。多年的不良行為，也因為他和他的朋友在社區裡到處向女孩子「露鳥」而在十二歲這年曝光。羅門估計自己大概這樣暴露過五十次，「任何地方我都可以來一下」，像是公園附近、自行車道上、公寓大樓、辦公大樓，還有學校。由於他犯下了數十起罪行卻鮮少被逮，因此他產生了一種無敵感。他會開著車繞著商場轉，然後在看到單身女性走在停車場時，把車停在路邊，用下流的話吸引對方的注意，接著「一邊開車，一邊露鳥與手淫」。羅門因為妨礙風化的暴露而三次遭逮，但每次都是緩刑處分，對他來說，這種懲罰只帶來了小小的不便。

羅門說他暴露下體的行為，是為了「刺激與喚起性欲」。他這麼做的原因並不是想要發生性關係，因為他通常都有一個隨時可以和他上床的女友。被問及他期待看到他露鳥的被害人有什麼樣的反應時，他說：「有些人會看一下，有些人會轉開視線。還有些人根本沒注意。年輕一點的人會看一看，或者開車離開。」他覺得受害者的反應「很有趣」，不過他也抱持著「對方會有正面回應」的希望，意思是對方會渴望有下一步的接觸。

就算是在監獄裡，羅門仍把自己定位為「女性獄警會注意的對象」。他坦承監禁期間，洶湧而至的偷窺、暴露下體與強暴想法，「從早到晚都在影響我的生活」。羅門的父親陰鬱地預測：「如果羅門今天被放出來，他還會再次犯下強暴罪。我從來沒有懷疑過這一點。」

性侵者的早年生活

菲力在十六歲時因為性暴力犯罪遭到逮捕。他在「散步」時，看到一名他覺得很有魅力的女子。他連招呼都沒打，就直接用雙手抓住她的臀部，然後把她拉向自己，還在她身上摩蹭。由於這名女子不斷尖叫並掙扎，菲力放開了對方。但是因為擔心她報警，所以他追著她跑。警察很快就抵達，對他進行逮捕與拘留。菲力告訴他的父母，自己完全不知道當時是「著了什麼魔」。

菲力十二歲開始看色情影片。兩年後開始侵犯女性。第一起犯罪事件發生在國際航線的飛機上，他撫摸了一位睡著的女性乘客。菲力在國外城市散步的時候，表面上是在觀光，但卻會偷偷用手機拍下十幾位女性的照片。在另一個外國城市，他用相同的手法，拍攝了六十多名女性的錄影帶。菲力後來厭倦了這樣的事情，於是進入他所謂的「下一個階段」：跟蹤街上的女性，然後摸對方的臀部。她們的反應是「大叫或罵我」。有次一位警察根據投訴，阻止了菲力的行為。由於他及時刪除手機裡的相片，所以警察最後只能放他離開。

菲力會花相當長的時間一邊觀看自己拍攝的照片與影片，一邊手淫。他大多都是在氣候溫暖的日子，選擇太陽剛升起前後的時間去散步，對於一個青少年來說，這個時間出門實在早得出奇。菲力告訴他的母親，他比較喜歡那段時間，而他的解釋是：「我需要新鮮的空氣。我喜歡看日出、小鳥與獨處。」他說他要帶著照相機去「拍攝風景」。結果事實上，這些清晨的散步，全是他獵捕「十八到三十九歲之間」女性的偵察探險。

菲力從十五歲開始就在網路上與世界各地的成年女性談論「我喜歡的性行為」。他會傳送他自慰的照片給對方，並要求對方提供裸體照片作為交換。

這名青少年與必須全職工作的母親同住。他每天放學後都有好幾個小時的獨處時間，沒有人看管。菲力在學校幾乎所有科目都不及格，他對課程與社交活動都沒有興趣。他強調他覺得獨處的時候感覺最好。他認為交女朋友是件很麻煩的事情。「我才不想要女朋友。我對這種事情一點興趣都沒有。這不是我要的東西。我也不想成為任何人的男朋友。」菲力擔心的是他的行為會帶來更嚴重的法律麻煩。「每個人都有自己的黑暗面。」他這麼表示，接著又說：「我覺得我需要這種黑暗面，就算傷害人也無所謂。我其實不想傷害別人。但是我覺得我需要這種黑暗面，就像我需要進食一樣。那種衝動就像是我的一部分。」菲力知道未來若要避免更嚴重的後果，他必須要有所改變。他說他努力地想要「趕走」那些想法，但是這樣的掙扎讓他感覺像是在「摧毀」他自己非常重要的一部分。

在菲力的母親換了工作，母子兩人移居國外後，我就沒有再跟菲力聯絡了。訴訟程序也在他離開美國後停滯。菲力的母親非常擔心兒子的將來。她告訴我：「他沒有表現出一絲悔意。就算他後悔，我也不知道。他說他永遠不會對自己的所作所為後悔。」除了在拘留所待兩天外，菲力並沒有因為他的行為而經歷嚴重的後果。

菲力從未有過性經驗，不論對象是男還是女。對他來說，令他感到刺激的，是追求與搭訕女性的過程，是在對方一無所知的情況下拍下她們的照片，是網路上交換裸體照片，是幻想與手淫。根據他攻擊陌生人而遭到逮捕的事實來看，這名青少年的犯罪行為明顯出現升級的趨勢。他將持續構成他人的威脅。

成人關係中的性剝削

性剝削關係源於一種心理過程，就像設計出犯罪計畫、侵占雇主金錢的心理過程一樣。罪犯會先鎖定一個目標，然後找出一個人或一個組織的弱點或易於擊破之處。接著他們藉由錯誤的陳述與徹頭徹尾的謊言，隱藏自己的動機。不論要花多少時間，罪犯都會討好對方，建立一個信任的關係，獲得一個不錯的信譽。他們會擬定一套操作模式來達成目標，利用職位特質所賦予自己的正當權威與權力出擊。如果計畫遭到揭穿，他們會表明自己的善意、否認任何錯誤的行徑，並怪罪受害者。

凱爾是名在醫院急診室工作的護士助理，他為仰賴他的女性病人提供醫療服務，有些甚至需要靠他維持生命。由於他的病人都身處在有生命威脅的無助狀態下，因此凱爾很快就會對這些病人有相當深入的瞭解。在如此脆弱情況下的女性病人，也會覺得凱爾是真心地關懷著自己。有兩次凱爾說服了病人讓他陪著她們回家，但之後他就施壓讓對方和他發生性關係。在其他的時候，他會打電話給已經出院回家的病人，告訴她們他想要安排追蹤拜訪，瞭解她們的狀況。等他到了對方家中後，他再說服這些女性與他發生關係。許多病人拒絕凱爾的到訪，大多數人也都不同意與他發生關係。不過凱爾從不輕易放棄。他不斷地利用自己的醫療專業人員職務，與他照顧過的病人發生一連串的性接觸。最後有位病患的控訴，引起了凱爾主管的調查，這才終結了他的掠奪行為。事發後，凱爾很快就雇用了一位律師，律師建議他立即接受心理治療。凱爾告訴他的治療師，自己不斷幻想與他幾乎不認識的女性發生關係。治療師在一份報告裡寫道，凱爾「並未準確地評估到他的行為對其他人的影響，(反而)更關心他的行為會帶來的法律後果。」她建議凱爾更換治療師，以便「與男性治療師形成夥伴關係」，也建議他和妻子一起進行伴侶治療。

擔任主管職位的罪犯會恐嚇下屬，並試圖獲取性方面的好處。梅琳達是名飯店房務員，與主管艾瑞爾的關係愈來愈好，於是開始向他傾吐自己的私人問題。有天她對艾瑞爾提起，她很擔心自己的兒子會被驅逐出境，因為她的兒子是她付錢給「郊狼」[9]而進入美國的非法移民。這件事成了艾瑞爾利用的資本，他告訴梅琳達，如果她乖乖聽話，他就會為她守密。

梅琳達說，艾瑞爾的這句話，宣判了她「酷刑」的開始。她說：「他一天會打三、四次電話叫我去他的辦公室。我非常害怕。他一直摸我、愛撫我。」最後，艾瑞爾把梅琳達帶進一間只有一張床的房間內。當他開始扒她的襯衫時，梅琳達逃開了。但是艾瑞爾吃了秤鉈鐵了心，想出一個又一個的藉口，就是要梅琳達去見他。她回憶說：「他清楚地告訴我，他要和我發生性關係。我說我不要。我有丈夫、有孩子。」艾瑞爾要她換支手機號碼，這樣她上班時就不會有人打電話找她了。艾瑞爾威脅要通報移民局「帶走我的孩子，除非我跟他上床」。梅琳達屈服了。她解釋：「他每次想發生性關係的時候，都勒索我。」艾瑞爾侮辱她、咒罵她，還提醒她自己可以隨時開除她。艾瑞爾後來沒有再去找梅琳達，是因為另外一位房務員向經理控告艾瑞爾一直試著要她們和他發生關係。然而就算是在那個時候，艾瑞爾也警告梅琳達的同事說自己是經理的兄弟，只不過沒人相信。為了不讓梅琳達擋路，艾瑞爾把她調到另一個關係企業工作。

基於職場固有的權力不對等，犯罪份子具有明顯的優勢，因為他們可以影響一個人的工作保障和職場抱負。透過眾所周知的「我也是」（Me Too）運動，男男女女挺身而出，點名利用權勢差異進行實質剝削、強迫下屬與其發生性關係的名流與高階主管。許多名人因此丟了工作，有些還被送進監牢。

在自己家中對兒童的性猥褻

泰瑞不愛他的妻子，但是他「出軌」的對象，是他們夫妻的七歲兒子巴比。每當妻子不在家時，泰瑞就會和兒子彼此撫弄，接著泰瑞手淫射精。泰瑞告訴我，巴比「非常享受這個過程，也想要這樣做，可是他感覺得到這麼做是不對的」。泰瑞向巴比保證：「這是屬於我們兩人之間的愛。」意思是要巴比為父子之間發生的事守口如瓶。泰瑞認為自己的所作所為並沒有錯，而且聲稱經常都是巴比挑起他們之間的情欲。被問及這件事可能會對兒子產生什麼影響，泰瑞回答：「這可以跟父親建立更親密的感情。我不知道他是否從中獲得快感。但我確定吸吮小男孩的陰莖讓我覺得很美妙。他的臉上從來沒有出現過害怕的表情。」泰瑞解釋這全都是因為「一段很深並充滿愛意的關係」。

泰瑞與孩童之間的性接觸不只限於巴比。他甚至藉故要兒子邀請其他玩伴至家中玩戰爭遊戲而引誘他們。「我們會相互扭打，褲子很自然就會脫落。」他這麼說。泰瑞要求這些男孩脫去褲子時，他們全都照辦。接著就是彼此摸觸。泰瑞坦承這群小男孩「一臉驚恐，像是被我恐嚇了」。他認為巴比「很喜歡看到我這麼做，他也想要看看其他男孩的樣子」。

泰瑞在大學就開始使用毒品，包括搖頭丸和大麻。他被退學之後，轉去了其他學校，但仍持續吸食大麻和酗酒，嚴重程度可以達到一個晚上喝下六種不同的酒品。揮霍無度的他說自己在申請破產前，「一直過著好日子」。在他提到自己並不愛妻子莎莉時，我問他為何娶她。「我們真的很快就結婚了。」他這麼說，並解釋是因為莎莉意外懷孕。莎莉體重暴增後，「性事開始變得無趣」，泰瑞便開始猥褻巴比。

「我從不去想事情的後果，想做就去做。」泰瑞說。他不知道猥褻兒子會對兒子造成什麼負面影響。他想了一會說：「有時候我會想，不知道他第一次跟女孩約會想要上壘時，會作何感想。」泰瑞從來都沒有考慮或關心過巴比可能要承受的負面衝擊。甚至對於巴比該怎麼承受家庭破碎的直接衝擊，他也毫不關心。巴比和母親必須搬離社區，結果巴比失去了玩伴，需要轉學。

莎莉與泰瑞的婚姻一直是趟情緒起伏的雲霄飛車之旅。在泰瑞與巴比的性猥褻事件曝光之前，泰瑞最大的問題是酗酒。他只要喝醉，就「會變得非常難應付、好鬥，什麼事都得照他的意思去做」。莎莉記得有天晚上，她因為泰瑞夜歸而且不打電話回家而責備了他，結果他持續鬧了幾個鐘頭，就是不准她上床睡覺。泰瑞把莎莉當奴隸一般使喚，經常提出不合理的要求，例如堅持她必須每天都用吸塵器把整個屋子清理兩遍。當他想要睡晚一點時，莎莉的動作就必須躡手躡腳，還要設法讓兒子安靜。莎莉說泰瑞常常「因為根本就不是什麼大事的芝麻蒜皮瑣事大發雷霆」。泰瑞入監服刑後，莎莉負債累累，又要扶養幼子，但她必須重新開始自己的生活。當我向泰瑞提到這場因他而發生在妻子、兒子、鄰居男孩身上的悲劇時，他只是語帶懷疑地回答：「我不明白這為什麼會是場悲劇。」

戀童癖

這個問題之所以受到大眾注意，主要是因為天主教神職人員的醜聞，以及像賓州州立大學前教練山達斯基（Jerry Sandusky）那種聳人聽聞的事件。山達斯基在長達十五年的時間裡，性侵了十名孩童，並犯下了許多相關的罪行，最後獲判四十五項罪名成立。這些罪犯看起來都像是負責任、充滿愛心的人，是可以讓家長安心將孩子託付給他們照護的對象。這種人之所以會在他們所照顧的孩子當中深具影響力，是因為對這些孩子而言，他們是擔負自己白天照護責任的人，是童軍團團長、營隊輔導員等等。這類的罪犯受到雇主的重視、家長的敬重，通常也深受孩子的喜愛。這類的人由於擅長傳授技能，以及不但能與孩子建立融洽的關係，還深獲家長和社區的信賴，因此擁有很好的聲譽。

康諾的父母離異。他的母親很感激丹恩神父對自己十一歲兒子的照顧。她幫康諾報名參加教會協辦的活動，堅信兒子可以在健康的環境中度過愉快的時光。丹恩神父一開始會仔細地替孩子沐浴，並告訴孩子他有多愛他們，讓孩子覺得自己很特別。他表達愛的方式，漸漸地從摟摟抱抱，發展成隔著衣物撫摸康諾的身體，甚至進展到與孩子口交和互相手淫。「我一直試著避開他。」康諾在一次心理評估中對我這麼說。然而康諾抗拒丹恩神父的自救努力，卻遭遇卑鄙且挑釁的對待。有一次，丹恩神父向康諾的母親抱怨，康諾的無禮破壞了週末出遊的興致。母親的斥責讓康諾放棄了逃避的希望。他很清楚神父是深受敬重的家庭友人，如果他說出神父對他做出的舉動，大家勢必都會很尷尬，再加上康諾也知道，根本不會有人相信他說的話。「他讓我的人生蒙上陰影，他奪走了我的童年。」康諾這麼說。康諾對於教會和上帝的信仰因此完全破滅。

艾黛兒的遭遇跟康諾類似。她經常與母親參加教會舉辦的活動，並加入由湯姆神父所帶領的青年團契。艾黛兒十分仰慕這位年輕又帥氣的神父，他也同樣對她展現強烈的好感。「我請他擔任我的告解神父。」她說。艾黛兒經常與湯姆神父碰面，而且因為他是家人的朋友，也經常會造訪她家。湯姆神父會告訴艾黛兒她很漂亮，並在教會活動後開車送她回家。「我受寵若驚。就像是在暗戀他。」艾黛兒如此回憶道，她覺得自己像是迷戀電影明星的十二歲少女。「我感到既困惑又飄飄欲仙。有誰不想獲得神父的青睞？我爸媽認為他就是個信仰堅實的神職人員，而我又是個非常虔誠的教徒。他認為我很特別，他就像是來自上帝的祝福！」艾黛兒納悶的是，這麼多女生在神父身邊打轉，為何唯獨她特別受到注意？十三歲生日那天，湯姆神父親吻了她的嘴唇，並將她拉向他，坦承愛上了她。這位神父聲稱他們之間的愛是上帝的賜福。這場告白讓年輕的艾黛兒感到非常困惑。「我當然相信他說的話，但顯然我不能把這件事告訴任何人。他說其他人不會明白這樣的關係，要我別對任何人提起。這真的很難解釋。我完全信任他，也信任上帝。我不認為他是壞人。因為如果這件事是錯的，上帝就不會允許這樣的事發生。」

湯姆神父開啟了艾黛兒對各種性行為的認識。艾黛兒告訴我：「我從未退縮，因為我虔誠地信任他、信任上帝，我的父母也很信任他，我認識的每個人都信任他。」當湯姆神父坦承感覺到罪惡時，艾黛兒益發困惑。她責怪自己是造成他難過的罪魁禍首：「我必定是做了什麼壞事，才會讓他感到罪惡，我的存在就是個錯誤。要不是我，他也不用對我喜歡他這件事而受到折磨並感到罪惡。」然而，艾黛兒仍然覺得自己十分幸運，因為「這個偉大而虔誠的人獨獨選上了我。這無疑是上帝的旨意，但是這個世界不會瞭解這些事情」。艾黛兒回想道：「神父被賦予了很大的權力，他就等同於上帝，他們可以像上帝一樣赦免你的罪。」艾黛兒一直都認為神父就「和上帝一樣」，永遠不會犯錯。

艾黛兒跟湯姆神父之間的性關係維持了好幾年。但是如果她拒絕跟對方發生關係，他就會「面露凶相又咄咄逼人」，她也會因此感到更加罪惡。即使艾黛兒與父母無話不談，她依然無法想像向他們透露這件事後會發生什麼事。遑論湯姆神父說她的父母是自己的摯友，這讓她更加難以啟齒。湯姆神父就像是她的另一個父親。「他教導我該如何與朋友來往，甚至建議我該如何選課。我的家人把他視為家中的一份子，讓他參與我們家裡的一切活動，包括生日和紀念日的慶祝。」艾黛兒說：「我爸媽認為我在上帝眼中是很特別的人，神父也認同這一點。」

艾黛兒覺得與同儕格格不入，「就是不一樣，就好像我們之間沒有任何共同點似的」。因為她甚至無法向至交透露這件事，艾黛兒覺得糟透了。「如果我說出這件事，就是背叛了湯姆神父。」艾黛兒離家念大學後，開始飽受恐慌症的折磨。湯姆神父還是在她身邊。在不知所措下，她打電話給湯姆神父尋求慰藉。當她把自己下定決心要過正常生活並開始約會的決定告訴他時，原本她以為會給予祝福的神父，卻指控她為他帶來了極大的焦慮，還說他可能必須尋求治療，甚至放棄神職。「這件事是個轉捩點。他根本就不在乎我。」她恍然覺悟。「我承受了莫大的打擊，感到無比沮喪。」她覺得自己遭到遺棄，幻想破滅，並因此陷入焦慮與失眠。回想起自己過去與神父之間的不倫之戀，艾黛兒有了「心已死」的感覺。直到她向治療師吐露這件事，才領悟到自己其實遭到了性侵。但是她依然繼續替神父辯解，向治療師說她跟神父之間發生的事，具有神聖的意義。經過幾個月的心理治療並返回學校上課後，艾黛兒不再參加彌撒儀式，也結交了不少教會以外的朋友。「我現在把宗教當成一種觀點，看待事情的方式也變得更貼近現實。」她這麼說。艾黛兒向教區提起訴訟，因為她覺得「我得為自己以及我的自尊做點事情」。

孩子的體育活動很可能會成為吸引戀童癖者的磁石。世界各地的媒體都曾以頭條報導過兒童運動員遭到他們信賴的成人性侵的事件。美國全國公共廣播電台有份報導指出，三百五十位英國足球選手表示曾遭到教練與球探性侵。[10]根據《耶路撒冷郵報》（*The Jerusalem Post*）的報導，一名以色列的手球教練涉嫌侵害數十位青少年。[11]最令人震驚的未成年性侵案，可能要屬知名奧林匹克體操選手的隨團醫師納薩爾（Larry Nassar）的案件。納薩爾醫生被指控於一九九六年至二〇一七年間，在「治療」過程中，性騷擾超過一百五十名女孩，各項罪名獲判的監禁刑期，最短四十年，最長一百七十五年。這位醫師也因為持有三萬七千張兒童色情照片而被另外判刑六十年。[12]

年輕的棒球教練羅根就和大多數的戀童癖一樣，也有其他類型的前科。他回憶自己七歲的時候，就已經在參與「各種事情」了，包括偷糖果與食物、打惡作劇電話、把小型炸藥丟到馬桶與下水道中。羅根說：「我是個強悍的孩子。如果別人看我的眼神不對，我就會跟他們打架。」他說那種「暴露的事情」始於他九歲那年。羅根指的是自己不穿內褲就套條寬鬆短褲，讓別人看到他生殖器的事情。他覺得冒險「去看別人是否真的會看」，是種很刺激的事。二十多歲時，羅根對於暴露自己這件事更加熱衷。羅根在一次球隊出賽旅程中，因為遭到七個孩子向老師檢舉看到他手淫而陷入麻煩。學校進行了調查，不過沒有發現任何異常。

因為羅根會在球場上花時間和孩子在一起，孩子開始愈來愈喜歡他。在沒有學校或球隊贊助的情況下，羅根也會自掏腰包帶著孩子出遊。「他們都覺得我是個很酷的教練。我找了一堆孩子過來跟我一起混。」許多年輕的選手對他傾吐他們私下的困擾。羅根特別提到了一個男孩子，他說：「我開始積極介入他生活中的每個層面。」

羅根的母親完全沒有起疑。她的兒子在高中畢業開始工作後，就搬出去住了。羅根對孩子的付出，讓他的母親十分驕傲，她說：「他就是喜歡幫助孩子。我覺得他會是個非常棒的父親。」羅根表示，藉由一份全職工作、合宜的穿著、昂貴的代步車，以及自願助人等手段，他為自己精心打造了一個整齊體面又規矩的形象。

羅根接著開始了他所謂的「戶外不經意的觸碰：無辜的碰觸、輕拍臀部、扭打嬉鬧」。他從孩子的反應來推斷是否可以進行下一步。他強調建立「一對一關係」的重要性，因為「你花的時間愈長，信任的程度就愈高」。羅根後來與一名十一歲的男孩變得很親近，孩子的父母也很信任他。在長達八年的時間裡，他和這個男孩子的性關係，包括了撫弄、口交與手淫。

羅根尤其會吸引心理脆弱的孩子。在與一名妻子因癌症過世的鰥夫成為好友後，羅根被邀請搬到他家，幫他照顧十二歲的兒子。羅根在描述自己與那個孩子之間的關係時，說那個男孩「很主動」，非常享受兩人之間的性行為。

一份心理測試報告顯示羅根「表現出迴避的態度、缺乏洞察力，而且在承認情感衝突上展現出防衛心態。他的親密關係也可被描述為自戀、操縱和自我放縱」。羅根被判長期監禁，目前正在服刑。

孩子都仰慕他們的教練。家長也把為他們子女奉獻心力的人視為模範。隨著離婚率升高與雙薪父母的情況日益普遍，孩子與指導他們的教練有很多相處的時間，而這樣的環境也有利於親密情感關係的建立。參與體育運動的孩子通常不會指控教練對他們的性侵行為，因為他們認為這種事不但難以啟齒，而且其他人根本不會相信自己。更重要的是，他們不希望教練因此惹上麻煩。前述內容所描述有關運動教練的犯罪模式，也適用於以其他職務進行性剝削與兒童性侵的罪犯。

像丹恩神父、湯姆神父與羅根這種與孩子發生性關係的人，他們的罪行並不僅僅是他們的違法行為。思維錯誤在這些戀童癖的行為中，扮演了一個非常關鍵的角色。當成人與脆弱且通常都很天真的孩子建立關係時，這種關係存在著一種在日後會轉變成性關係的不平等權力架構。罪犯偷偷做出犯行，站在一個孩子難以挑戰的權威位置，取得完全的控制。受害者害怕若是揭露自己所遭遇的事情，不但沒有人會相信，還會因而受到懲罰。除此之外，罪犯在另一個層面上也同樣占據著控制的位置：不論罪犯本身有什麼樣的性問題，他們都是有經驗的一方，沒有經驗的孩子根本沒辦法質疑或控訴他們的行為。許多戀童癖者都努力推卸責任，宣稱是孩子同意或樂於進行這樣的行為。就算他們說的情況屬實，身為成人的罪犯都應該清楚意識到，這種行為對於他們自己和孩子所帶來的直接後果。這些罪犯遭到逮捕時，都深信自己因為一開始就不該被視為犯罪的行為，而受到了不公的懲罰。從罪犯的觀點來看，這些事情對孩子的唯一傷害，就是孩子會遭到警方與其他人的盤問。在罪犯一心一意追求自己想要的東西時，他們從未想過可能會對孩子帶來的長期心理傷害。

就算這些戀童癖罪犯沒有遭到逮捕，一旦孩童成長到某個年紀，身體發育成熟，他們也會失去興趣，另尋目標。

成人利用電子設備而捲入兒童色情

根據美國聯邦法律的規定，兒童色情產品的定義如下：「涉及未成年露骨性行為的任何視覺影像。」其中包括「具明顯性暗示」的照片。擁有這類照片或影片本身就是違法，不論當事人是否知道自己擁有這類東西，也不論他們是否真的觀看它們。收受這類照片或影片，即使只是在家觀看也是違法行為。傳送兒童色情照片，被稱為「散播」。拍攝任何有未成年孩子參與其中的色情照片或影片，被視為「生產、製作」兒童色情作品。任何涉及兒童色情作品的懲罰都十分嚴峻。收受、散播或是製作兒童色情照片或影片的人，都要面對聯邦法律的強制最低刑期，同時還可根據各州的州法律起訴。[13]

網路的便利性，為罪犯創造了一個新的世界，其中有些人符合犯罪人格典型，有些人不符。毫無疑問地，兒童色情產品的製造，導致兒童剝削與虐待的問題。然而，並非所有收受與觀看兒童色情照片或影片的人都相同（這類的罪犯幾乎毫無例外的都是男性）。的確，戀童癖很可能涉及兒童色情產品，但並非每個觀看兒童色情照片或影片的人都是戀童癖。一如前面章節提過的暴力電玩遊戲，許多犯下極端暴力罪行的人都喜歡玩暴力電玩，然而絕大多數玩暴力電玩的人，並不是暴力份子。換句話說，我們大多數人都不會因為觀看的節目內容而付諸實際行動。我曾訪談過蒐集兒童色情照片或影片、但完全沒想過要和孩童發生性關係的人。這些人並不符合本書所描述的犯罪人格。

年屆五十後段的克拉克因持有兒童色情產品而遭判刑。從警察破門而入，進入他的居所，帶走他的電子設備開始，他就一直坦率以對，回答警察提出的所有問題。克拉克沒有前科，過著毫不起眼的生活。曾在軍中服役二十年的他，退役後以平面設計師的身分過著一般平民的日子。他不和女子約會，在軍中時，曾與妓女發生過幾次性關係，之後就離群索居。他的話反映出他對生命的絕望觀點：「從二年級知道活著不過是歹戲拖棚時，我就不再笑了。」克拉克說自己不善與人交際，因此除了和幾個親戚維持來往外，並沒有親近的好友。他從未使用禁藥，也很少喝酒。

克拉克並沒有交換或購買色情照片與影片，也沒有加入色情聊天室。除了偶爾探訪外甥與姪子、姪女外，他與其他孩子並沒有接觸。在一次獲利頗豐的合約遭到取消（並非他的過錯），接案遇到困難之後，他才開始涉入色情產品。克拉克從小就具有強烈的工作道德感，但是他這時提不起勁，也失去了曾經擁有的自信。失業在家的他，因為空閒時間多到不知如何打發，就這樣一頭鑽進了色情產品的世界裡。克拉克在談及自己陷入兒童色情產品的心態時說：「我從未想過要把這些幻想變成事實。」他從未在網路上招攬未成年的孩子，也沒有任何想要與他們聯絡的企圖。

臨床晤談與心理測驗都顯示克拉克是一個對自己所作所為深感羞愧，而且想要瞭解自己行為的人。在他的心理測驗報告上，出現了下列描述：

- 「他經常流露內咎與不配為人的想法。」
- 「他覺得自己的錯誤行為應該受到懲罰。」
- 「他常因自己的個人問題責怪自己。」
- 「受訪者的自信似乎涉及一種大體上嚴厲且負面的自我評價。」

克拉克曾經不安到考慮過自殺。

克拉克從未想過要為自己的違法行為辯解。他坦承並未認知到自己觀看兒童色情產品，會讓虐童者的市場更大。他在一份陳述書上說：「我雖然沒有直接傷害到任何孩子，但我讓施加在受害者身上的痛苦與羞辱得以繼續。這是我的罪行、我永遠無法彌補的過錯，也是我永遠無法原諒自己的罪惡。我把這些罪行客觀化，只看我想要看到的那一面。我的受害者與我之間，隔著時間、空間與姓名不詳的距離。如果有機會，我願意道歉，並祈求這些受害者原諒我的盲目。我不可能得到寬恕。我永遠也不會原諒自己。」法院顯然也沒有原諒他。在十項「持有兒童色情產品」的罪行中，克拉克被判處十個五年有期徒刑，合併執行。他需要監禁兩年半，另外兩年半以緩刑處置。法院也命令他接受完整的性犯罪者治療。服刑兩年半釋放後，他需要向警察局報到，列入性犯罪登記名冊中。

社群媒體拓展了人們做出掠奪行為的場域，特別是性犯罪。克拉克只是在家觀看兒童色情產品，從未找任何人進行性行為，但具犯罪人格的瑞克卻是完全相反。宣稱自己「判斷錯誤」的瑞克，與一名未成年的孩子透過電子郵件交換與性相關的內容多日後，開車到她家與她碰面。克拉克犯行前一直都是守法的公民，沒有為社區帶來任何麻煩。反觀瑞克從小就捲入各種問題當中：偷竊、縱火、打架、遭學校停學，還收到許多超速罰單。瑞克結婚後，看似安定了下來，在妻子外出工作的同時，成為一個在家照顧兒子的奶爸。然而在她妻子毫不知情的狀況下，瑞克在社區布告欄張貼了一則私人訊息，徵求一名女性與他和妻子「一起尋歡」。他收到一名青少女的回覆，這個女孩說她對瑞克張貼的內容很好奇。儘管懷疑回覆者可能還是個孩子，瑞克仍然以欲擒故縱的態度與對方周旋。他告訴我因為對方「說話的措辭與語法都不像小屁孩」，他也懷疑對方也許不是未成年少女。他推測自己聯絡的人也可能是「一個幽默感很怪的人」或「一個條子」。我問他儘管機會很小，但對方仍有可能是位警察，那為什麼他還會繼續與對方保持互動，瑞克回答：「如果這個白痴想要浪費我的時間，我也可以浪費他的時間。如果我知道你在跟我演戲，我就跟你演回去。我覺得有點被冒犯到了。」他這麼解釋：「如果對方只是在找容易得手的目標，我有什麼好怕的。我對整個交流的過程都很有興趣，看看警察怎麼處理這種事情。我在電視上看過這類的情節。如果我覺得會對自己或家人帶來風險，我根本就不會碰。」

瑞克是個很自大的人，就算真的是警察想要對他設下陷阱，他也相信自己的聰明才智能勝過警方。如果對方不是警察，他相信對一個毫無性經驗的青少女來說，自己必然魅力無法擋。電子郵件的抄本顯示瑞克並沒有把回覆者當成警察，而是當成青少女對待。瑞克利用表情符號，邀請對方來家裡進行「完整的真正性行為」，並承諾絕對不會讓對方懷孕。由於這位女性不願意把她的裸照寄給瑞克，所以瑞克益加懷疑對方的身分。他對那個女孩說，她正「照著那些電視節目的陳腔濫調走，在那些劇本裡，大家都會因為將青少女當成獵物被捕」。瑞克甚至更進一步地聲稱：「我覺得這可能是個陷阱。」但是瑞克實在太好奇，想要完勝對方的渴望，終究壓制了所有其他想法。他的興奮之情持續升溫，達到了詢問對方實際住址的程度。他開車到那個女孩所提供的地址對街停車位，同時告訴她：「如果再發展下去，我都可以看到自己戴上手銬的樣子了。」當警察上門、沒收了他的電子設備，並以企圖猥褻未成年孩子的罪行提出兩項指控時，他認為對方是警察部署的誘餌的直覺獲得了證實。瑞克雖然未能智取警方，卻成功騙過了心理測試，因為心理測試的結果發現「他的剖繪結果在正常範圍內」。法官判處瑞克兩年監禁，刑期只有觀看兒童色情產品、卻從未試圖接觸未成年孩子的克拉克一半。

根據失蹤與受剝削兒童援助中心（Center for Missing and Exploited Children）的統計，二〇二〇年前九個月間，「網路誘惑」的報案數高達三萬零兩百三十六起，是之前幾年平均值的兩倍。[14]大家對於這個特別值得關注的數字成長，提出的解釋是因為新冠疫情肆虐，網路上出現了更多的罪犯與更多的孩子。

克拉克的狀況，與那些在社群媒體上釣魚，搜尋可以建立關係的孩子以及尋找性交易機會的人，有著極大的差異。對於類似瑞克這樣的罪犯，兒童色情產品與其他社交平台所助長的幻想，正是兒童受害的序曲。

約翰霍普金斯大學醫學院的柏林醫生（Fred Berlin）與同事索耶兒（Denise Sawyer）引述一篇研究報告的內容，說明「多數下載兒童色情照片或影片，且沒有兒童性犯罪前科的人，爾後也不會犯下實際的兒童性犯罪行為」。[15]

對於兒童性犯罪與其他犯罪行為採取統一刑期，很大程度上是為了避免相同犯行卻出現差異很大的量刑結果。然而大家期待法官依據聯邦量刑標準裁決的壞處，卻是法官很容易就會忽略個別案件的差異。（法官可以脫離標準裁決刑罰，但必須要能為他們的這種作法提出正當理由。）出售毒品給臥底警察的毒販並非全都一樣。一個剛入行急著想要賺錢、卻不幸挑錯了買家的人，與一名同樣販售毒品、卻可能是重要毒販的人，犯案情節的嚴重性完全不一樣。兒童色情產品的案件也是如此。克拉克這樣的罪犯，與瑞克這類為了性接觸而利用社群媒體取得接觸未成年孩子管道的加害者之間，存在著極大的差異。然而涉入性行為的罪犯刑期，卻比一個從未接觸過任何孩子、只是在家觀看照片或影片的人還短。

二〇〇六年，《性犯罪加害人登記與公告法》（Sex Offender Registration and Notification Act）成為聯邦法律。[16]大家把這個每個州都要實施的法案稱為「公共安全計畫」。性犯罪加害人必須清列在每個州與華盛頓特區的性犯罪登記名冊中。對於克拉克這種從未與孩童發生性關係、也沒有這種犯行意圖的人，這就是他們得面對的事實。根據不同的司法管轄區，登記的紀錄可能維持終身，但某些州的罪犯可以透過陳情程序，申請從名冊上除名。大眾可以從這份資料上查看罪犯的住所與工作地址。某些地區可能會阻止登記在名冊上的人遷入，特別是那些靠近學校或其他常有孩子出現的地方。房東與雇主可能會透過查看登記名冊的方式，對申請人進行篩選。如果罪犯前往其他州，必須在特定的時間內，向當地警局報到。遷居至他州也是一樣。戀童癖、暴露狂、偷窺狂、強暴犯，以及與十七歲對象發生性關係的十八歲罪犯（「法定強暴罪」），根據各州法律的不同，很可能都會受到相同的管束。這些罪犯成了社會賤民，但是那些犯下非性犯罪性質的罪犯，實在不該在出獄後面對這樣的命運。我們需要做更多的事情，才不至於把所有性犯罪者全都歸為一類，讓他們接受刑事司法系統所制訂的相似待遇。傷害他人的罪犯，與透過網路觀看兒童照片以滿足自己幻想的人之間，需要做出明確的區別。

注釋

1 Kateyln T. Kik-Provencher et al., "Neuroanatomical Differences Among Sex Offenders: A Targeted Review with Limitations and Implications for Future Directions," *Violence and Gender* 7, no. 3 (2020): 86-97.

2 "Ex-Teacher Pleads Guilty to Taking Lewd Images," *Washington Post*, May 25, 2021.

3 Otto Fenichel, *The Psychoanalytic Theory of Neurosis* (New York: W. W. Norton, 1945), p. 72.

4 Brett Kahr, *Ideas in Psychoanalytic Exhibitionism* (Cambridge, MA: Icon Books, 2001), p. 54.

5 John Douglas and Mark Olshaker, *The Anatomy of Motive* (New York: Scribner, 1999), p. 40.

6 Wendy Patrick, "Beyond Looking: When Voyeurism Leads to Criminal Behavior," *Psychology Today* (online), January 2, 2018.

7 Canada Department of Justice, "Voyeurism as a Criminal Offence: A Consultation Paper," last modified January 7, 2015, http://justice.gc.ca/eng/cons/voy/part1_context.html.

8 Dalibor Dolezal and Ena Jovanovic, "Identifying Criminal Career Patterns of Sex Offenders," in *Criminology and Post-Mortem Studies*, ed. Sara Palermo (London: IntechOpen, 2021), www.intechopen.com/online-first/identifying-criminal-career-patterns-of-sex-offenders.

9 譯注：指在美墨邊境以非法偷渡中美洲移民為業的人口走私者，與販賣人口的人口販子不同。

10 Camila Domonoske, "Pedophilia Scandal Sends Shock Waves Through U.K. Soccer," National Public Radio, December 2, 2016, www.npr.org/sections/thetwo-way/2016/12/02/504164498/pedophilia-scandel-sends-shock-waves-through-u-k-soccer.

11 Tamara Zieve, "Indictment: Suspected Pedophile Sports Coach Preyed on 121 Victims," *Jerusalem Post*, September 6, 2018, www.jpost.com/Israel-News/Indictment-Suspected-pedophile-sport-coach-preyed-on-121-victims-566637.

12 Eric Levenson, "Larry Nassar Sentenced to Up to 175 Years in Prison for Decades of Sexual Abuse," CNN, January 24, 2018, https://www.cnn.com/2018/01/24/us/larry-nassar-sentencing.

13 18 U.S.C. § 2256; U.S. Department of Justice, "Citizen's Guide to U.S. Federal Law on Child Pornography," updated May 28, 2020, www.justice.gov/criminal-ceos/citizens-guide-us-federal-law-child-pornography.

14 Dan Morse, "For Kids, Abuse Risk Online Rises amid Covid," *Washington Post*, February 21, 2021.

15 Fred S. Berlin and Denise Sawyer, "Potential Consequences of Accessing Child Pornography over the Internet and Who Is Accessing It," *Sexual Addiction and Compulsivity*, January-June 2012, p. 39.

16 U.S. Department of Justice, "Offender Registration and Notification Act (SORNA)," updated May 28, 2020, www.justice.gov/criminal-ceos/sex-offender-registration-and-notification-act-sorna.

第十二章
罪犯與遷怒

正在服刑的殺人犯麥克奈爾這麼寫道：「從小到大，老媽總是對我說，手不要攥得那麼緊。但是我的心總是攥得緊緊的。我也不知道這股怒氣從何而來。」即使殺了一個只是在等著卡車裝貨的無辜陌生人，麥克奈爾說他依然覺得奇怪：「為什麼我的怒氣還沒有平息。」[1]在具指標意義的電視劇《黑道家族》（*The Sopranos*）裡，湯尼．索波諾的治療師對他說，他從來沒有處理過自己的憤怒問題。「憤怒是一團自我錯亂的碎片，巨大、高調又熾烈，源於甚至更令人恐懼的感覺。」這位黑幫老大如此說：「我要把我的力量和怒氣都導向活該承受的那些人。」[2]

憤怒是一種人類共通的情緒，但罪犯卻永遠都處於憤怒狀態。他們相信跟自己作對的人都活該面對自己的怒氣。他們的怒氣先是在內心悶燒，然後在他人不符合期待時爆發。罪犯都努力維持一個膨漲的自我形象，而這個形象的形成根基，主要來自操控他人。罪犯的怒氣有如癌細胞，會從他們視為威脅的單一事件開始，移轉到可能成為目標的任何人或每個人。

十七歲的愛拉因為氣憤被迫去看心理醫生，開始把怒氣發在所有人身上。她嚴詞批評罹癌的父親、痛恨正受到多發性硬化症折磨的母親。這名少女譏諷自己的弟弟，說他「只是一個需要別人殘忍對待的小女孩」，然後還補充說：「我試著讓他變成男子漢。」愛拉非難她的老師、校長與體育教練，對令她失望的朋友也心懷怨恨。她鄙視自己在商店的工讀工作，指控客戶「令人厭惡，因為他們全都想要立刻拿到他們買的東西」。沒有人可以逃開愛拉的怒氣，連美國總統都躲不掉，因為他「毀了整個國家」。

愛拉是個隨時瀕臨爆炸的火藥桶。二十歲的路易斯則有特定的發火目標。他隨時都打算宰了他的女友凱倫。路易斯的怒氣源於「一連串的失望」，進而不斷累積。當他發現凱倫的車上有菸頭，覺得「她聞起來都是菸味」時，就會認為她在戒菸這件事上欺騙了他，勃然大怒。菸頭事件沒過多久，凱倫丟出了懷孕的震撼消息。第二天，她說懷孕其實是虛驚一場，同時也表示她不想再和路易斯一起出遊了，只不過她後來還是讓步了。妥協兩週後的某天，路易斯開車去接她。他在路上打電話要告訴她自己已在路上，但凱倫卻沒有接電話。超級激動的路易斯衝到她家、她表姊的公寓，都沒找到人。他接著開車到凱倫前男友的家。路易斯回憶說當自己在那裡看到她的車時：「所有的事情全都聚在一起，把我團團圍住，我氣瘋了。我覺得他們一定在滾床單。」路易斯砸爛了這位前男友家的窗子，把凱倫從他家拖出來，塞進了自己的卡車上。幾個月後，依然在氣頭上的路易斯敘述著那天發生的事情：「她的前男友走了出來。我的卡車裡有把手槍，我拿出來，彈上膛，指著他。我回到車上，載著凱倫把車開走了，覺得一切都結束了。我當時沒去想自己擁有一個多麼棒的家庭，也沒去想到我的事業、我的機會。我唯一可以想到的，就是她背叛了我。當時的感覺就好像如果沒有她，我就失去了一切似的。我知道自己正在做錯事，但事實就是我迫切地想擁有她，管不了會有什麼樣的後果。」路易斯就這麼在凱倫面前揮著他的手槍，一路把車子開到了他姊姊家。他接著又說明了這個事件的落幕過程：「我姊和我姊夫跟我們兩個溝通，後來還叫了警察。凱倫並沒有提告。她騙警察說我沒有槍。」至於他卡車上為什麼會有一把槍，他回答「保護自己」之後就沒再多說。他告訴我：「我覺得我不會殺人。我覺得自己應該不會那麼過分。」

像愛拉與路易斯這樣的罪犯，總是期待他人依照自己的意願行事，可惜不見得每次都有人願意配合他們，所以這些人總是在生氣。自我形象的膨脹與收縮，取決於其他人是否符合罪犯的期待，而這些期待中，大多數都不切實際。一根針只要戳進氣球裡，整顆氣球就會爆破；如果罪犯認為他們的自我形象岌岌可危，同樣的事情也會發生。他人的小小冒犯，大多數的人都會一笑置之，但對罪犯來說，任何怠慢卻都像是發生了重大的災難。憤怒可以阻擋無價值感，並緩解零態思想。

罪犯極度害怕遭人輕視。一般人面對批評時，不是虛心受教，就是充耳不聞。但是對罪犯而言，天底下根本不存在建設性的批評。他們會把別人的一個手勢、表情或語調，都視為針對自己而來的挑釁。監獄生活是最好的寫照。獄方一般都允許囚犯待在休息區活動，但那裡也是最常發生衝突的地方。輕微的一點碰撞、不經意的眼神接觸、任何看起來不禮貌的舉動，或者其他像是輕蔑的表現，都會立刻升級成一場殘酷的攻擊、一次致命的刺殺，或者全面展開的幫派戰爭。

每當生活不盡如罪犯的意思時，他們就會覺得受到了輕視，也因此經常發火。別人告訴他們要做什麼，會讓他們覺得被冒犯。不體面的工作是自貶身價，所以他們可能根本不會去工作。「我寧可去死，也不願意讓朋友看到我在掃地。」一個年僅二十歲，沒有任何工作經驗，也沒有任何工作技能的年輕人這麼說。搭公車也是件不光彩的事情，因為這種行為與他們想要投射的形象不符。「我才不要去搭什麼公車。只有賤民才會搭公車。」某個男子在解釋自己為什麼不去工作時這麼說。如果有人質疑罪犯的決定，或提供他們建議，而不是對他們的決定慎重以待，罪犯就會以憤怒的態度回應。就算罪犯認知到別人的意見也有可取之處，他們依然會覺得自己那種無所不能的感受到了威脅，因為別人的意見與自己不同。

罪犯透過習慣性地怪罪他人「讓」自己生氣而擺脫自身的責任，就算這麼做會造成自己的問題，或讓已經很糟糕的情況更惡化，他們依然如此。負責任的人會認知到自己對於他人其實沒有什麼掌控力，而且也會愈來愈習慣去應付「墨非定律」：會出錯的事情，都會出錯。（對於墨非定律，還有一個「蘇利文推定」〔Sullivan’s Corollary〕：墨非是個樂觀主義者。）但是罪犯心理沒有墨非立足的空間。

罪犯堅持要別人「尊重」他，是顯示他們心態異於一般負責任者的另一個指標。一般人會透過個人的成就或個性中好的一面，去贏得他人的尊重，但是對罪犯而言，「尊重」意味著他人對自己的屈從。當他們認定自己「不受尊重」時，就會採取所有必要的手段，證明自己不會受制於人。罪犯的面子非常薄。他們可以任意辱罵他人，但若是自己遭到辱罵，則會激烈反擊。會讓他們覺得受到怠慢的事情，很可能微不足道，或是短暫到旁觀者根本沒有察覺到他們生了氣。但是只要他們覺得自己遭到了輕視，就會以咒罵或充滿歧視的語言回應，而且很可能加油添醋地加入一些毫不相關的事。罪犯或許不會對他所認定的輕慢對待立即反應。一如某位罪犯所說的：「我不生氣。我只會去討回公道。」

有些人總是一肚子怒氣，卻不會立即爆發。在職場上遭遇不愉快對待的人，可能會把怒氣帶回家，朝著家人發作。罪犯通常會把心裡沸騰的怒氣，移轉到好欺負的對象身上：營業員、接待員、餐廳服務生，或甚至無辜的駕駛人。

想想「路怒」（road rage）及其發生的原因。若有一位駕駛在不打方向燈的情況下，突然把車切到另一台車的前面。負責任的安全駕駛會緩下車速，與違規車輛保持距離，也許還會輕聲地嘀咕幾句。罪犯卻會把這樣的情況視為是針對個人的侮辱，堅持扳回一城，而因此追車、大罵、重新切到那台違規車的前面、把違規車逼出車道、拚命朝違規車輛閃遠光燈，或甚至開槍。有名罪犯說自己每次在遇到阻礙他開車的駕駛時心裡都覺得：「我氣炸了，只想要勒死對方。」路怒事件常會導致無辜者的悲劇。二〇二一年五月二十一日的加州橘郡，在一場據述為路怒的攻擊中，一名六歲的小男孩遭到射殺身亡。子彈穿透車身，擊中了坐在兒童安全座椅上的這名小男孩。[3]

十六歲的葛藍總是無預警地發飆。要看哪個電視節目的爭吵，可以快速升溫成一場激戰。這名青少年說當他母親「惹毛」自己時，他會猛扯她手中的遙控器，然後「開始大喊大叫、大聲咒罵」。他還會推開母親，威脅要揍她的臉，「只是為了讓她放手」。葛藍朝著他母親大吼：「要是在以前，你這樣的女人會被揍死。」他告訴我，他一點都不在乎他母親怎麼看他：「就算她認為我脾氣很壞，也不會改變我的作風。我知道她就是不對。我認為自己沒問題。」葛藍的雙親非常怕他們的兒子，而且程度已經嚴重到連這孩子的保釋官都對他們說：「你們已經失去對你們家的掌控權了，你們必須要把掌控權拿回來。現在一切都是你們的兒子在作主。」

葛藍不僅是家裡的暴君，對於學校裡的其他孩子，這名青少年宣稱：「任何說我壞話的人，都不可能平安無事。我絕對不會接受這樣的結果。」他吹噓地補充說道：「我喜歡打架。其實打架時，你可以真正看出來每個人有多強悍。我試著讓所有人都怕我。我喜歡用我的拳頭，而且隨身都會帶把小刀。不過我還沒殺過人。」一如葛藍誇耀著自己隨時準備要與敵人進行肉搏戰，有些罪犯為他們的好鬥舉動提出不同的詮釋，這些人堅稱自己不會先動手。只不過他們就算不是揮出第一拳的人，也會因為小小的挑釁而全力反擊。有名罪犯說：「我才不會傻傻站在那裡，讓人家對我予取予求。我絕對不會讓任何人說我是孬種。」這名罪犯和葛藍一樣，只要覺得自己被輕視，就會以暴力回應。

驕傲是努力成就某件有價值的事情後所產生的一種感覺。我們也許會在一個對自己的努力成果非常高興的負責任者身上看到驕傲。我們也許會在一個因為某項成就而心滿意足的人身上看到驕傲，即使他人對這項成就一無所知。然而驕傲也可能是一種與虛榮和自大有關的不可取特質。罪犯的驕傲與常人不同。他們的驕傲以一種絕不向任何人屈服的頑固姿態展現。這種人也許口頭上說自己忠於原則，但實際上根本沒有原則。罪犯只會牢牢地捍衛自己的立場是正確的。就算結果證明他們不贊同的人才是對的，罪犯依然會試圖抹黑對方。罪犯的驕傲是透過優越感來呈現。他們會堅持自己的立場，就算連自己都已覺得這個立場站不住腳，他們也依然故我。每當面對他人的挑戰時，罪犯就會氣憤不已，並試著攻擊對方。罪犯會專注於說服或迫使他人接受自己的立場、拒絕妥協，他們的心態是「一旦讓步，就全盤皆輸」。

有些人用「叛逆」這個詞來描述罪犯在應對這個世界時的憤怒態度。然而罪犯其實只有在社會秩序阻礙了他們要做的事情時，才會反對社會秩序。當他們在進行竊盜、毒品走私、縱火、詐欺以及其他罪行時，必然會與執法人員發生衝突。但是他們並不排斥既定的體制，而且還欣然承認社會需要法律、警察與政府規範。一如稍早所指出的，許多罪犯都曾懷抱成為執法人員的理想。他們認為罪犯應該以嚴厲的手段對付，當然前提是罪犯不是自己。

罪犯鮮少會有平靜的心境，他們對周遭的世界長期抱持著不滿的情緒。因為過於沮喪，有些罪犯會想要自殺。但是這些人在想到自殺時，所想的並不只是「**我還不如死了好**」。那是一種長期對不順遂與挫敗感到憤怒的精神狀態。他們不是對自己的缺點絕望，而是會不斷反芻他人的不足之處。他們對這個世界充滿了熾熱的怒火，因為他們認定這個世界對他們不公，因為這個世界拒絕給予他們認為自己應得的一切。

當罪犯在街上感到自尊崩塌、未來一片淒涼時，他們的自殺念頭就可能出現。保釋出獄的十三歲青少年里奇因販毒而要面臨牢獄之災。在訪談中，里奇說出了他對未來的絕望。他告訴我：「一層厚厚的絕望之毯將我全身裹住。我想過不要再活下去了。我想自殺，可是我不會自殺。」里奇如此闡述自己缺乏行動的動機，他也沒有擬出任何具體的計畫。

當罪犯在犯下暴力罪行時，或許寧可選擇「藉警察之手自殺」，也不會被迫投降，屈服於他們毫無掌控能力的淒苦生存方式：在法院、看守所與監牢裡的生活。監禁期間的自殺思緒或許會持續好幾天或好幾週。根據美國國家矯正所（National Institute of Corrections）的資料，囚犯的自殺率遠高於全國平均值。看守所內的自殺率又比監獄高，特別是第一次經歷監禁衝擊的囚犯。[4]但在看守所或監牢之外，罪犯的自殺情況卻很罕見。恢復罪犯思維與行動，是自殺念頭的解藥。

由於憤怒是罪犯生活非常重要的一部分，因此罪犯似乎有憤怒成癮的情況。有名幫派成員把自己憤怒時所感受到的「興奮」，與大權在握的感覺相提並論。心理治療師海陶爾（Newton Hightower）在《憤怒管理入門》（*Anger Busting 101*）裡將「暴怒狂」描述為「表達憤怒情緒成癮」並「無法控制氣話」的人。[5]金博士（Jean Kim）在為線上的《今日心理學》（*Psychology Today*）撰文時，提到「憤怒的誘惑」，並說「憤怒與其他癮症雷同」，而且可能會以「類似追求刺激的行為所帶來的……興奮」，「成為自身的獎勵」。金博士也提到，憤怒「讓大家短暫地以為自己可以掌控在一般情況下沒有控制權的事物」。[6]罪犯並非對憤怒「上癮」，而是源於習慣性的思維錯誤，但是這樣的憤怒只要經過努力就可以矯正。

幾乎所有的極端行為都可以在美國精神醫學學會出版的《精神疾病診斷與統計手冊》「精神疾病」類別中找到相對應的病症。這本手冊的第五版納入了「陣發性暴怒障礙症」的診斷。小到六歲的孩子都會出現這種病症的行為，其特徵為「非預謀，而是出於衝動或基於憤怒的行為」，病人並非針對某個「明確目標」（如金錢、權力、恐嚇）出現暴怒的情緒，而往往是發生在「因親密的人或共事者輕微的刺激而產生的反應」。[7]罪犯表達憤怒的方式，看起來常常像是一種衝動；換言之，這些是自發性產生、而非刻意的行為。儘管如此，怒氣始終存在。當罪犯因為無聊而煩躁時，他們的憤怒就會在平靜的表面下緩緩地醞釀。罪犯認為有權得到的任何事物若是遭到拒絕，底下的憤怒都會悍然爆發。當他人挑戰罪犯的優越感時，他們的憤怒也會開炸。

以下是具犯罪人格的兩名男性與兩名女性的案例，他們企圖控制他人，最後卻導致自己生理、心理與財務上的傷害。沒有遭到過逮捕的史都華特是位技術純熟的醫生，他在醫學中心的時候，讓雇用他的同僚受到心理創傷。南茜在侵占職場上千萬的款項前，同樣沒有前科。羅素是名十五歲的青少年，他毫不掩飾的怒氣讓他因為好幾項罪行而遭到逮捕，其中包括殘暴的暴力行為。已為人祖母的露西，殺害了自己三歲的小外孫女。史都華特、南茜、羅素與露西都因為把自己的怒氣發洩在無辜的人身上，而帶來了悲慘的結果。

史都華特

史都華特是位外科手術醫生，技術非常好，深受院方重視。然而他對同僚的恐嚇與暴躁的脾氣，卻令人日漸無法忍受。院方提出警告，他的反常行為已危害到他的事業。相關報告指出，史都華特展現出「易怒、判斷能力不佳、語言暴力，以及缺乏衝動控制力的模式」。大家提及他對其他人員、醫生，甚至醫院執行長的「不當對待」。他的苛刻與威脅態度，使得其他人員都很怕他，包括手術室的工作團隊。在人事組織表裡，史都華特的欄位有則附註，說明他的「行為與暴怒行徑不但干擾手術室運作，而且還迫使手術室主任考慮離職」。史都華特令人難以容忍的態度也影響了病人的照護與醫院的整體運作。醫生對一位上級長官表示，他們都很擔心「自己的生理健康」，還說史都華特的行為正在「癱瘓」外科部門的人員。護士回報每當他們詢問史都華特問題時，他都會用充滿惡意的眼神盯著他們看，但就是默不回答。曾經有位不識相的護士向他直言，他應該開口回答問題，而不是默不作聲，史都華特這次反常地回覆：「如果我不忽視問問題的人，我就只好揍他們一頓了。」即使主管對他的行徑提出忠告，他依然置之不理、我行我素，並批評其他人的能力。經過多次會議與提出多次警告後，醫院管理階層決定讓史都華休息一陣子，並轉介他去門診接受精神科的專業協助。

史都華特在職場以外的世界，也是一個很難相處的人。有次他與機上服務人員激烈爭吵，造成非常大的騷亂，最後機長直接下令請他下飛機。還有一次，因為租車公司無法提供他預訂的林肯汽車，他在櫃臺大發雷霆。他與妻子翠西亞離婚，不但聲稱她「瘋了」，還把婚姻的破裂都怪到她身上，並打官司爭取三個孩子的監護權。

翠西亞發現自己愈來愈無法容忍她的婚姻，但因為三個孩子，她還是希望能維持一個完整的家庭。再說，當了多年的全職母親後，她也不知道該如何回到就業市場。寫日記是她為自己的挫敗和絕望找到的一個出口。以下摘錄的片段，反映了她在試著應對史都華特的憤怒時所走過的歷程。她寫日記的方式像是在勇敢地面對她丈夫，然而在真實生活中，她卻沒有這樣的膽量。

你的怒氣令人恐懼，而且報復的心理似乎愈來愈嚴重。你曾對我施暴。高頭大馬的你，一旦發怒，我可能會受到嚴重的傷害。我以前認識的那個人厚道、溫柔、體貼、忠實又值得信賴。我非常非常想念那個人。

你善於操縱，而且為了得到你想要的東西，也可以變得很溫柔。但是一旦達到目的，也不再需要我了，你就會翻臉不認人。為了讓自己看起來像個受害者，你杜撰事實，並相信自己永遠都沒有錯。永遠都是別人的錯。對我和孩子，你若非事事干預（掌控、霸凌），就是徹底漠視。一切的一切都取決於你的心情或需要。

在一次尤其激烈的爭吵後，翠西亞實在太害怕，於是和女兒逃家，搬去與家人同住。她希望自己的出走可以刺激丈夫主動尋求協助。因為史都華特好戰與好訟的性格，這對夫妻的離婚官司過程艱辛，不但歹戲拖棚、刻薄尖銳，而且昂貴異常。翠西亞最後得到了孩子的監護權。

南茜

沒有前科的南茜在長達五年的時間裡，透過公立學校體系侵占公款，挪用了成人教育學生的註冊學費。在她遭到逮捕時，她的父母、丈夫與同事全都楞在當場。在這些人的眼裡，南茜根本連「罪犯」的邊都沾不上，他們都認為她是迫切想要取悅他人、沒有能力傷害任何人的一個人。

在一次應南茜律師要求而進行的評估過程中，南茜告訴我：「我過於擔心大家的想法。」她描述自己是個「獨立的人」，即使在小時候，也從不開口向他人求助，因為「我不想麻煩他們」。她強調自己想要用正確的方法做事，而且認為自己最好是自立自強。「當事情不順的時候，我會覺得都是我的錯。」她這麼說道。「我不知道該如何對其他人說不。」南茜說了這句話後，又舉了好幾個自己如何努力幫忙他人的例子。

然而，南茜的人格還有與自謙和樂於助人毫無關係的另一面。她堅持事情就是要用她的方法去做。她所謂的獨立，不但意味著不去請教他人的建議，還代表偷偷行事。而且在她「試著讓所有人都高興」的時候，也為自己帶來壓力與痛苦。她坦承自己無法容忍異議，並說「我不會跟任何人討論任何事」。她對於一切的掌控，展現在她看似溫和的為人處事方式上。每天下午五點前，所有的東西都必須「歸位」，而南茜的家也會像樣品屋一樣整潔：玩具全都收了起來，廚房檯面乾乾淨淨，碗盤整齊擺在櫥櫃上，靠枕有序地放在沙發上，浴室裡的毛巾也全「折疊得一模一樣」，就連餐廳的餐桌椅都必須要「與餐桌維持正確間距對齊排好」。有關自己要求完美的態度，南茜說：「我喜歡所有事情都由我親自動手。我喜歡掌控一切的感覺。」

儘管南茜描述自己是個慷慨、充滿愛心、急著取悅他人，以及理家時有點強迫症的人，然而實際上，所有住在她直接管控範圍內的人，全都生活在她的暴政之下，沒有人敢挑戰她做的任何事情。南茜的母親說，南茜從小就「掌控欲十足」，不斷地和兄弟姊妹吵鬧。南茜的丈夫傑佛瑞聽從她的一切決定，鮮少質疑她的動機，也幾乎從未反對任何她說的話。南茜對她丈夫的看法，是「我從來沒見過這麼不愛爭辯的人」。

隱瞞這個家岌岌可危且益加惡化的財務狀況，是南茜掌控與鬼祟行事的一個面向。「我從來沒有告訴過我先生，我們沒錢支付帳單。」她這麼對我說。她的丈夫一直都被她排擠在財務決策之外。

南茜用光了她的信用卡額度，而且每個月都得支付滯納金。傑佛瑞其實看到了他妻子戴的首飾、經常和她外出用餐，也享受了妻子聲稱他們負擔得起的遊輪之旅，因為她非常精明，搶到了「特惠專案」。南茜甚至還邀請了其他人一起搭乘遊輪，而且全部由她買單。我訪談傑佛瑞時，他承認自己的雙眼被蒙住了。他解釋：「很多事情我都不知道。我根本沒去注意。」他知道自己若膽敢質疑南茜，就算是小事，也要付出代價。傑佛瑞幾乎從來不會主動幫忙任何家事，因為他的妻子堅持親自完成所有的事情。鋪床就是她全盤掌控的一個例子。傑佛瑞說：「就算我鋪了床，她也會重鋪一次。一切都必須完美無缺——就像軍隊一樣。她一定要以她的方法做事。」他想起兩人的小兒子一直生活在這樣嚴格約制的管理體系下：「他自小就不被允許把自己弄髒」。

傑佛瑞對於自己說話的語氣與措辭都很謹慎。妻子懷恨在心的苦頭，他吃過不少。南茜承認：「我不太能接受批評。」心理測試顯示「她能夠長期嚴格控制自己的惡意，但（接著就會）罕見且危險地爆發怒氣」。傑佛瑞認為自己可能永遠也不會瞭解南茜偷竊的理由；畢竟兩個人都在工作，也有「相當不錯的收入」。南茜坦承：「真正需要或想要的東西，我們一直都不缺。」一份調查她監守自盜的報告，顯示她侵占的金額約為二十五萬多美元。儘管他的妻子為家人帶來了各種麻煩，傑佛瑞依然認為她是個「善心的人」。

南茜的假面具深具說服力，以致於大多數的人都不會懷疑她肚子裡藏著不斷燃燒的怒火。她遭到逮捕一事，讓她的父母、丈夫、朋友與同事都非常震驚。他們做夢都想不到，這種事情竟會發生在這個似乎總是亟欲取悅他人的女子身上。

南茜罪行的主要受害人是成人教育計畫，它受到無法挽救的重創。付錢上課的學生拿不到學分，因為沒有他們支付學費的紀錄。南茜之所以挪用這些學費，全都是為了她自己。

羅素

早在十五歲時，羅素就已是他人的威脅。在他成為某位治療師的病人後，那位治療師就將他轉介給我進行心理評估。那時羅素剛從精神病院出院。他這次之所以住院治療，是因為有人向一位學校的輔導老師投訴，說羅素想要弄到一把槍，帶到學校去射殺曾經嘲笑他的學生之後再自殺。在我們的訪談過程中，羅素提出的第一件事是他的「憤怒問題」。他說多年來，學校與社區裡的孩子都「覺得我瘋了」。他承認自己會對所有的人發脾氣，而且常常出現自殺的念頭。他滔滔不絕地表達他對班上同學的鄙視，並聲稱「我們學校沒有一個正常人」。有次他威脅要拿鉛筆戳一個男同學的臉，因為「他煩死人了」。他那對絕望的父母不但送他去讀寄宿學校，也送他去接受「荒野療法」（wilderness program），因為這樣才能有人對他進行二十四小時的監督，並在他需要的時候提供額外的協助。但是在羅素宣稱會聽到魔鬼的聲音後，他的住宿學校求學生涯就結束了。他後來承認：「那是一大失誤。我只是想要脫離那個折磨我心理健康的住宿學校而已。」當他說那個聲音一直在叫他結束自己生命時，學校就讓他退學了。羅素離開學校後，立刻被送進精神病院，他被診斷出「次發性憂鬱症」，而且出現「不明的」思覺失調症狀。住院期間，院方描述羅素展現出對同儕的「不當憤怒」，以及對院方工作人員的「辱罵與死亡威脅」。在精神病院住了一個星期後，羅素出院回家，但是他的醫院病歷上記載「他有自殺與殺人想法的病史」，建議進一步的住院處置。

羅素記得參加童子軍營隊活動時，有個孩子主動提出要說服一個女孩跟羅素約會，但前提是羅素必須要先作勢自殺。羅素說：「我狠狠地用棍子打他臉，還把他舉過頭丟出去。」童子軍活動讓他發展出對槍枝的熱愛，但童子軍教導的其實是如何負責任地使用火器。羅素透露：「槍枝讓我感受到一股強大的力量，就像是腎上腺素突然激增——而且激增的時候很大聲。我覺得自己像個神還是什麼的。」羅素後來因為兩個原因退出了童子軍，「我不覺得自己是其中一份子」，以及「我不喜歡被大人控制」。對於團體運動，他也是同樣的說詞，他聲稱自己一點都不想跟社團或其他組織扯上關係。

羅素選擇的讀物全都與暴力有關。他深深著迷於一九三〇年代的犯罪集團頭子曼森（Charles Milles Manson）與美國甘迺迪總統的刺殺案。羅素告訴我：「我有好多關於大屠殺的書。看到大家彼此殺戮，實在很有趣。我以前喜歡納粹，因為他們可以殺一大堆人。」羅素曾被診斷出「閱讀障礙」。他表示自己不同意這個診斷，他說：「如果是我喜歡的題目，讀起來完全沒有問題。如果內容無聊，我就不知道該如何閱讀了。」

羅素面臨同儕愈來愈嚴重的排斥，因為他們都怕他。他會獨自在電視機前一坐就是好幾個小時。他說自己沉迷於色情影片，每天都會看兩個小時。羅素偷他父母的信用卡購買色情影片。當他父母發現他存在電腦裡的色情影片後，就對電腦設定了防護碼。不過這個作法絲毫沒有影響到羅素，他改用朋友的電腦繼續看。每當他覺得沮喪，就會「想像統治世界的樣子，就好像我是整個世界的統治者那樣」。

治療過羅素的心理衛生專家，都指出他有「自卑與憂鬱的問題」。羅素十一歲就開始接受憂鬱症與注意力缺失症的處置。精神科醫師建議結構化的學習環境以及社區活動的參與，認為這兩件事或許可以幫助他「發展出對他人更多的同理心」。

對於兒子針對她的「爆發式怒火」，羅素的母親一直感到不解與恐慌。她記得自己有次在開車經過一座高塔建築時，羅素說他會從上頭跳下來自殺。我詢問他這件事，他訕笑地回答：「她以為我要自殺，我才不會。我只是在對她發脾氣。她實在有夠蠢。如果我真的有自殺傾向，我早就被送進醫院了。」當我又問他是否覺得自己的怒氣是個問題，這名青少年回答：「不。在別人惹怒我之前，我一直都試著表現風度。」

一開始把他引介給我的人，是一位處置羅素觀看色情影片、偷窺的「性成癮」以及對女性內衣的「戀物癖」問題的治療師。這位治療師要求我對羅素進行「反社會特徵」與「其他需要因應的障礙與行為領域」的衡鑑。羅素對自己生活的自鑑如下：「每個地方都有社會。

我不喜歡社會。在其他的社會，你殺了人也沒事。」他對治療師相當不以為然，並發誓只要滿了十八歲，就不會再看治療師了。我在一份提供給羅素治療師的報告中這麼寫：「在這個階段，門診處置無異於蚍蜉撼樹。該是考慮住院安置的時候了。」至於轉介治療師最初的問題，我的意見是羅素明顯具備「全面反社會人格障礙的所有徵兆」。

羅素是個極端的案例。由於他的憤怒影響過於全面，因此不論是對他人或是他自己，他都很危險。任何寄宿學校、荒野治療、短期的精神科住院處置或門診處置，都無法應對他的問題。基於幾個理由，精神病院也無法提供他長期的處置。第一，他的醫療保險只能支付他短期的住院處置，而他的家庭也沒有足夠的財力，自掏腰包支付他較長期的處置。另一個麻煩的問題是心理衛生專家誤以為他們的處置重點，應該先放在羅素的憂鬱症上。第三個難題是羅素相當精明，他會裝出自己已經康復的樣子，因此醫院也不能再合法地讓他繼續住院接受長期的處置。不論是對他人抑或是他自己，羅素都是個危險的人物。

露西

在害怕失去權力又無法處理當下情況時，罪犯往往會因此決定一勞永逸地除掉那個讓自己不好過的源頭。露西是兩個孩子的母親，也當了祖母。她的身體很好，有個愛家的丈夫，經濟無虞，附近還住著可以幫忙的親戚，但是她卻飽受不時發作的抑鬱症所苦。對她而言，生命待她一點都不公平。有天晚上，她和丈夫、女兒、外孫女開車到一家購物商場吃晚飯。當他們走在連接購物中心和停車場的一座天橋時，露西突然抱起還在學步的外孫女，一把將她扔出護欄外。孩子從大約六層樓的高度摔落地面，當場喪命。露西辯稱自己因為「心神喪失而請求無罪」。這件案子登上了當地報紙頭條，大家都不瞭解怎會有人犯下如此「瘋狂」的罪行。事實證明，這起案子之所以發生，就是因為一個女子遭到他人一連串的拒絕，而這些遭拒完全都是她自己造成的結果。

露西與在聯邦機構任職的公務員丈夫奧斯卡結縭近三十載，育有兩名子女，吉伯特和辛蒂。露西在不同商店擔任銷售員和結帳員，從來不覺得那些工作適合自己。從兒子吉伯特小時候開始，母子之間就一直衝突不斷。扮演協調者角色的父親奧斯卡解釋，在露西「意見很多」的時候，他都會「做出更多的讓步」。吉伯特覺得只有父親願意傾聽他的想法與瞭解他。母子關係持續惡化，最後吉伯特處處躲避母親，並把自己關在房間裡。露西對於他們父子間的親密關係感到憤慨，令人記憶猶新的一次，是她突然大發雷霆，絲毫不留情面地對著兒子大吼大叫，並動手推開她丈夫。不過在露西的眼裡，這只是一場小小的口角。

露西覺得沒有一件事順她的意。先是遭到兒子拒絕，接著又開始與丈夫爭執不斷。夫妻之間的裂痕來自於奧斯卡發現他再也無法信任妻子，因為在他工作的時候，露西會大肆採購，並將購買的東西藏起來。奧斯卡一直到收到帳單時，才發現妻子的債務金額，不但高得嚇人，而且已嚴重影響家中的財務狀況。後來露西向親戚借錢，繼續瘋狂採購她根本不需要或完全用不著的東西。奧斯卡曾在衣櫥裡找到一件妻子藏了兩年的衣服，上頭的標籤甚至還沒剪掉。他不想找露西對質，因為那只會引發她的怒氣。後來露西開始要求奧斯卡請假在家陪她。有一天，她甚至拿出刀子威脅，拒絕把車鑰匙交給丈夫。露西就是想要奧斯卡陪著她。但是有些時候，她又想把他趕出門。偶爾，她也會覺得最好的作法就是一走了之。

露西對於她女兒未婚懷孕一事的暴怒，幾乎毀掉了她與奧斯卡的婚姻。露西把這件事當成對她個人的侮辱，因為這代表她對辛蒂的期望落空。露西一直期待女兒大學畢業後，可以到世界各地去旅行，過著自己從未享受過的獨立生活。露西將辛蒂未婚生子這件事，不但看成是女兒對她這個當母親之人的責難，也是一種毀滅性的背叛。她剛得知女兒懷孕的事時便勃然大怒，也明確地讓辛蒂知道她有多瞧不起孩子的父親，想朝著對方的臉上揮拳。當辛蒂嫁給孩子的父親後，露西就當作女兒已經死了。反觀奧斯卡，雖然對於女兒懷孕的事情同樣感到沮喪，卻清楚知道自己必須接受已經發生的事，並盡可能幫助辛蒂和她的丈夫。可惜這樣的決定，只讓他與妻子之間的關係更加惡化。

露西曾尋求心理治療，也接受過憂鬱症處置。然而她對治療師的態度就和其他事情一樣，只要對方站在她這一邊，她就會持續接受治療。如果她認為治療師沒有支持自己，她就會停止治療。她對開藥給她的精神科醫師，也抱持同樣的態度。當她覺得情況好一點了，就會自動停藥。心理衛生治療紀錄登載了露西與他人之間的關係很不穩定。她與她兒子、女兒、女婿、丈夫之間衝突不斷，也會不時與親戚發生口角。她心中的不滿情緒一直在累積，最後她告訴治療師，她想離家去和她母親住上幾個月。露西甚至沮喪與惱怒到作勢要自殺，但很快又說慶幸自己還活著。（她曾有一次自殺未遂的紀錄，但拒絕入院接受治療。）在談及自殺意圖時，露西的重點是如果自殺成功，她就不必再面對許多事情，然而她大多數的困境，肇因其實都源於她自己。露西的治療師形容她是「寧為玉碎，不為瓦全」的人。如果事情不能如她的意，她就會試圖消滅讓她感到挫敗與失望的根源。她時不時地會拒絕與兒子、女兒和女婿說話、拒絕參加家庭聚會。對於她自己所造成的問題，露西不但不會去找出解決的方法，反而把過錯全推到別人身上。

案發當晚，一家人在附近的商場用餐。在外孫女被丟出護欄外之後，露西接受警方的偵訊，並在過程中承認她對每個人都很不滿。她告訴警方，丈夫愛那個外孫女更勝過愛她，還說兒女「都不再愛我了」。露西也承認自己連續好幾個月都把不滿的情緒發洩到外孫女頭上，「因為每個人都愛她」。審訊過程中，露西從頭到尾都沒有詢問她的外孫女是否活了下來。那個幼小的孩子代表了露西一生中所有出錯的事情。露西是那種會設法消滅自己所不喜歡的一切的人，因此她擺脫了這個等於是把自己的問題具象化的外孫女。她也坦承在逛商場的時候，自己就已在盤算著要這麼做。當大家前往停車場時，她刻意安排女兒跟丈夫走在前面，她則抱著孩子走在後面。直到孩子被扔下欄杆時，辛蒂跟奧斯卡才知道出了事。

「憤怒管理」的嚴重局限性

對於不是罪犯的一般人而言，憤怒往往只會讓生活變得更難受。雖然憤怒在短期內有好處，卻會導致長期的損失，摧毀已經建立的結構、侵蝕人與人之間的關係。非罪犯的憤怒通常會有特定的對象，而且不會引發犯罪行為。相反地，罪犯的憤怒卻無孔不入，且會導致他人大規模的傷害。

無怒生活的好處不勝枚舉。以學富五車的學識與猶太律法的詮釋而聞名的埃利阿契夫拉比（Yosef Shalom Elyashiv）以一百零二歲的高壽辭世。根據刊登在《華盛頓郵報》上的訃聞，這位拉比將自己悠長的一生，全都投入猶太律法研究，而且從來不生氣。[8]當代文學也有許多地方提到人在不生氣的時候狀況最佳。海明威曾在他的《戰地鐘聲》（*For Whom the Bell Tolls*）裡寫道，當「殺戮的憤怒全都消失時」，羅伯．喬丹（Robert Jordan）的心裡「安定、空白、平靜而敏銳」。但是當他憤怒時，他的心境卻「像處於暴風雨中，無法呼吸」。[9]

心理衛生專家一般都採用憤怒處置的作法，幫助他們的病人「管理」憤怒。數不清的書籍與專業訓練課程都支持一種觀點：憤怒很正常，怒氣應該表達出來，只不過我們需要弄清楚如何管理自己的憤怒，以及如何適切地表達怒氣。下列的專家訓練簡介內容，反映出專家所採用的作法：

- 「憤怒管理進階」——「適當利用憤怒：透過利他的目標導引憤怒」[10]
- 「毒性憤怒」——「一生的憤怒管理：如何建設性地表達怒氣」[11]
- 「一學就上手的憤怒管理祕笈」[12]
- 「不爽與火大：駕馭青少年與年輕人的憤怒與挫敗感，並將它們轉化為改變的工具」[13]
- 「暴怒、難以應付與叛逆的孩子：管理憤怒與爆發行為的快速技巧」[14]
- 「適度地表達憤怒……可以對健康帶來正面效果，還能帶來社會改變。」[15]

專家的共識似乎是如果憤怒可以建設性地表達出來，那麼憤怒就是可以被人接受的情緒。這個觀點將憤怒正當化。對某些人來說，這種觀念在憤怒處置上或許有幫助，但對於罪犯而言，這種觀念卻萬萬不可。因為罪犯對於世界抱持著不切實際的想法，所以必須要有人協助他們認知到自己的思維錯誤、瞭解它們造成的影響，然後學習與執行思維模式的矯治。如果罪犯可以改變他們的思維方式，他們也就不會有太多需要管理的怒氣了。

罪犯唯有到了絕望的程度，才可能開始改變。改變的發生，很可能是在罪犯因為自己的行為而長久忍受了重大的後果，並開始反思自己造成的傷害之時。然而罪犯就算能夠自行改變，但大多不是無法走完改變的歷程，就是無法維繫改變的動機。罪犯需要協助，才能近距離地瞭解自己的生活方式，發展出自我厭惡的心態。這樣的過程會在之後的章節中說明。

正在服刑的史帝夫，以書寫的方式描述他將如何努力地將憤怒從生活中剔除。他慢慢地理解到憤怒是如何無孔不入，以及他和其他人如何因為他的憤怒而付出代價。史帝夫藉由閱讀、寫日記與心理諮商的合併協助，愈來愈相信憤怒是他生活中的禍害。他發現當自己不再嘗試掌控他人，並丟棄他認為自己理所應得的感覺之後，他的怒氣出現非常大幅度的降低，而且也能夠更有效率地解決問題。

史帝夫描述了某個難以忍受的炎熱午後，待在連續四天停電的擁擠監牢裡的情況，他提到在他所處的監獄區域裡，囚犯普遍出現了煩躁的情緒：「沒有空調，居住條件也很糟糕，使得躁動的情緒持續升溫。我發現自己也開始變得很煩躁，而這些煩躁情緒，大多都針對和我同一個牢房裡的那位長期抱怨的獄友。好幾次我都想開口狠狠咒罵他。他真的搞得我非常煩。可是我不覺得這麼做有任何好處。有些人辯稱憤怒可以帶來正面的結果。別人也許可以，但在我身上，這句話從來都不是事實。我生氣的時候，從未做出過任何明智的決定。對我而言，持續保持憤怒的情緒是非常危險的一件事，因此我必須守護好我的心，甚至不能讓一點點的憤怒火花出現。在我的經驗裡，怒氣會傷人。傷我，也傷我周遭的所有人。我非常努力地消弭我的憤怒。我不能再讓那個渾身帶著二十年前相同怒氣的人重新回到社會。如果我解決不了我的憤怒，還不如一直待在這裡。」

一名多年奮力消滅自己的憤怒感的罪犯，寫下了這段領悟：「憤怒具毀滅之力。憤怒與危險只有一步之遙。憤怒解決不了任何事，也成就不了任何事，卻可以摧毀一切。憤怒是一種選擇。當事情出錯的時候，不要跟著事情錯下去。不要讓已經糟糕的處境變得更糟。根本沒有所謂的適當的憤怒發洩時機，就像不會有喝毒藥的『適當』時機一樣。低度的憤怒依舊是憤怒，任何時刻都很容易就爆發成失控的情緒。從其他人的角度去想像一下這樣的情況。不論你同不同意我的觀點，我都無所謂。把其他人的看法納入考慮，減少憤怒的機會。」

這兩個人在認知到憤怒是需要付出高昂代價的毒藥後，就開始了省視自己思維方式的長期抗戰。他們發現在自己學習如何切合實際地思考時，需要管理的憤怒，出現了大幅度的衰退。

注釋

1 Bryon Christopher, *The Man Who Mailed Himself Out of Jail* (self-published, 2020).

2 "Big Girls Don't Cry," *The Sopranos*, season 2, episode 5, aired February 13, 2000.

3 "Family of Southern California Boy Killed in Road Rage Attack Offers $50,000 Reward," *Press Democrat*, May 24,

2021, www.pressdemocrat.com/article/news/family-of-southern-california-boy-killed-in-road-rage-attack-offers-50000/?sba=AAS.

4 National Institute of Corrections, "Suicide in Corrections," undated, nicic.gov/suicide-in-corrections.

5 Newton Hightower, *Anger Busting 101* (Lafayette, LA: Bayou, 2003), pp. 27, 33.

6 Jean Kim, "Anger's Allure: Are You Addicted to Anger?," *Psychology Today* (online), August 25, 2015.

7 American Psychiatric Association, *Diagnostic and Statistical Manual of Mental Disorders*, 5th ed. (Washington, DC: American Psychiatric Association, 2013), p. 467.

8 Ian Deitch, "Rabbi Yosef Shalom Elyashiv, 102, Was Revered Worldwide as Expert on Jewish Religious Law," *Washington Post*, July 19, 2012.

9 Ernest Hemingway, *For Whom the Bell Tolls* (New York: Scribner [1940], 2003 ed.), pp. 370-71.

10 *Anger, Forgiveness, and the Healing Process* (Haddonfield, NJ: Institute for Brain Potential, undated).

11 (Eau Claire, WI: CMI Education, 2011), workshop brochure.

12 W. Doyle Gentry, *Anger Management for Dummies* (Hoboken, NJ: John Wiley & Sons, 2011).

13 Bill O'Hanlon, "Dissed and Pissed: Harnessing Adolescents' and Young Adults' Anger and Frustration as Vehicles for Change," Ninth National Conference on Adolescents and Young Adults, March/April 2011, workshop brochure, distributed by Hazelden in association with Health Communications, Inc.

14 "Explosive, Challenging & Resistant Kids" (Eau Claire, WI: CMI Education, 2012), workshop brochure.

15 Barbara Sternberg, *Understanding Anger*, 2nd ed. (Institute for Natural Resources, 2010), p. 7.

第十三章　犯罪與毒癮

根據美國全國藥物濫用統計中心（National Center for Drug Abuse Statistics）的報告，美國在二〇一七年有百分之十九．四的人口「使用非法禁藥或濫用處方箋用藥」。[1] 這個數字很難解釋清楚，因為「使用」兩個字可能是指不合法禁藥單一一次的嘗試，也可能是指毒品的一天多次吸食。未達飲用酒精飲品的年紀，卻偷喝酒精飲料的人數，高達數百萬乃至上千萬，但其中酗酒人數卻只有一小撮。同樣地，許多因為嘗鮮而吸食大麻的青少年，也絕對不會去碰其他改變心智狀態的毒品。這一章，我們所討論的主角，是那些頻繁吸食毒品的舉止，只不過是他們犯罪人格外顯行為之一的人。偶爾把酒精與大麻當作「娛樂消遣」的使用者，**並非**本章的重點。

有些罪犯因為不想讓任何外物降低掌控力或影響判斷力，所以連阿斯匹靈都不太願意使用。但對另一些人來說，酒精或大麻卻成為他們通往其他改變心智狀態毒品的途徑。一旦遭到究責，罪犯很可能會把自己的行為怪罪到藥物上，並宣稱是毒品把他們變成不一樣的人。「殺他的不是我，是毒品。」有個人如此堅稱。與使用毒品的罪犯來往密切的人，行為一般都會出現明顯的戲劇性變化。一名毒品使用者的妻子說：「維克多已經不是我當初嫁的那個人了。」另一位青少年的母親在提到她兒子時，表示「賈斯汀有一個正常性格，還有一個大麻性格」。她的青少年兒子在吸食大麻後，會變得比較魯莽、叛逆，以及難以相處。

毒品不會**導致**犯罪。毒品只會放大使用者人格中的既有特質。我碰到的每一起案件，罪犯都是早在第一口大麻、第一次毒品藥丸或第一次的海洛因注射**之前**，就已陷入犯罪行為的漩渦。今年四十二歲的內德，一面回想他的青少年時代，一面把犯罪生涯全歸咎於毒品的使用。內德在十五歲開始淺嘗大麻的滋味。到了十八歲，他已經「離不開」鴉片類毒品了。有一段內德在開始嘗試非法禁藥**之前**的生活影片，顯示他在當時就已經無可救藥了。內德主動透露他的母親「真的非常有愛心，而且非常寬容」，而他的父親則是全心照顧自己與弟弟（並非罪犯）。不過他也抱怨父母的「強烈道德信仰」讓他「窒息」。內德相繼在公立學校與天主教學校遭到退學後，被送進了他稱為「我的第一所監獄」的軍事住宿學院就讀。老師與輔導人員都鼓勵他，常常對他說他是個很有天分的孩子，可以成就任何他決心去做的事情。內德對這些鼓勵的言辭充耳不聞，繼續鄙視學校、拒絕寫功課。在軍校時，他開創自己的事業：販售偷來的香菸與電池。十八歲再次遭到退學的他，開始「在街上閒晃，嘗過幾乎所有的毒品」。內德反省說：「我沒有目標。我並不開心。」他說儘管所有的道理他都懂，但還是放任自己讓鴉片類毒品掌控了人生。他冒充醫生，以偽造的處方箋打電話給藥局。到最後，內德一天要花大約兩百美元的費用在毒品與藥物上，這樣的花費也使得他「狗急跳牆」，包括在大白天就跳到藥房的櫃臺後搶咳嗽糖漿。他批評政府起訴毒犯的作法，堅持「這是對人民宣戰，不是對毒品宣戰。就是這個混蛋法案把我關在這裡」。然而事實上，藥物與毒品的濫用，只不過是內德之前就存在的犯罪史中的另一筆紀錄而已。

因為持械搶劫而在監獄短暫服刑後，內德認為法院的安置令，讓他從監牢轉入豪華的勒戒所內，簡直就是「從地獄到天堂」的夢想成真。可惜他充滿感激的情緒並沒有維持太長的時間。內德竭力表達他對治療師的鄙視，他告訴我：「她覺得她什麼都知道，全知全能。我才不要跟她打交道。」雖然在服刑的兩年間，他都沒有使用藥物，但他的人格沒有任何改變。他威嚇勒戒專案的其他勒戒者、對工作人員的挑釁不斷，而且還試圖刪除他認為自己病歷中令人難以接受的註記內容。內德對我說：「我現在是束手無策啦。不過這些傢伙已經踩到了他們不該踩的線。我要離開這裡。老子好得很。」內德依然無法想像沒有毒品與藥物的生活。我對他進行心理衡鑑的時候，讓他做了一次畫人測驗（Draw-a-Person Test）。畫人測試中的反應，可以提供專家有關測試者如何看待這個世界的資料反饋。內德立刻就草草畫了一個「拿著一根大麻菸跟一杯酒」的女孩。

罪犯往往會把自己的犯罪行為與習慣性藥物濫用的過錯，歸咎於所有他們可以想像到的事情。許多社會科學家認為大家在面對貧困、家庭失能以及其他環境逆境時，將毒品與藥物濫用當成一種應對方式，是種可以諒解的作法。心理學家責怪父母未能以身作則的事實，譬如父親酗酒、母親服用鎮靜劑等。亞利桑納州勒戒中心（Arizona Addiction and Recovery Center）的網站表示，「負面的同儕壓力」是「成癮行為的初始原因」，並指出青少年沉耽於愈來愈危險的行為，只是想要讓同儕印象深刻。[2] 當毒犯告訴其他人，是他的死黨讓他對毒品產生興趣，而且「大家都這麼做」的時候，這個當事人其實就是在製造同儕壓力。對於毒犯在電影、電視、饒舌樂歌詞以及分享吸毒經驗的網站中美化毒品與藥物濫用的影響，社會評論者深感痛心。除此之外，隨時都有一大堆藉口可用的罪犯，也利用這樣的解釋，來將自己的吸毒行為提供理由。

犯罪行為並不存在於酒瓶、藥丸、粉狀毒品或其他藥物之中。毒品只會強化一個人潛藏於內的犯罪人格。毒品無法讓一個負責任的人變成罪犯。十個喝醉酒的男人，不會變成十個強暴、搶劫或殺人罪犯。他們當中有些人會呼呼大睡，有些人會吵鬧不休，有些人會變得好鬥。酒鬼的行為主要取決於他們喝下第一口酒**之前**就已經成型的人格。毒品會促使罪犯去追求他想要的一切：更膽大妄為的罪行、更強的性征服欲、更大的權力與掌控感，或甚至結束自己生命的決心。

更嚴重、更膽大妄為的罪行

派崔克是名青少年，他的犯罪生涯序章，從偷車和偷錢包開始。儘管派崔克在十九歲時因攜帶短管霰彈槍遭到逮捕，但他在犯罪時從未使用過火器。賭債高築讓派崔克認識了一名手頭上有很多現金的毒販。派崔克堅稱海洛因給了他在虎口拔牙的一顆「心」。說穿了，吸毒就是讓他變得更容易消除恐懼，去做他本來就打算要做的事情。「毒品可以抹除我所有的謹慎。」派崔克認識一名會在大白天闖入民宅偷竊的吸毒者，而他也知道那個人若沒有吸毒，絕對沒有膽子做出那樣的事情。

性征服

毒品可以強化自信，降低性表現相關的恐懼，並消除懷孕或疾病風險相關的擔憂。有一個人曾這麼說：「我才不在乎她是聾子、啞巴，還是瞎子。我要的只有她的身體。」

馬丁因為擔心自己無法在性行為中持久而不太願意與女性發生關係。他告訴我：「我常常會想到性這回事，但是實際上我不太會主動去找這種事來做。這也是我之所以喜歡古柯鹼的原因。古柯鹼可以提升我的性欲、刺激我的表現。」馬丁非常害怕面對困窘的局面，他說：「上床這件事，如果沒有古柯鹼，我連試都不會去試。」

有個長期使用海洛因的毒犯描述自己若不吸食毒品，甚至不願意跟女人說話：「如果要跟女孩子去任何地方，出門前一定要吸食海洛因。我得設法湊錢趕去華盛頓。那是讓我平靜下來的唯一方式。使用毒品後，我就會對自己充滿信心，兩分鐘之內，就能讓那些女人笑得花枝招展。沒有毒品，我對女人只有一半的成功機會。在我心裡，只要用了海洛因，那個女人就跑不掉了。」他認定自己在吸食海洛因後，就會變成一匹種馬，因為毒品可以「讓高潮持久不墜」。性活動的緊迫性，取決於毒品的種類與吸食的劑量。有些毒犯會吹噓他們吸食海洛因後的非凡實力，但是使用的劑量增加後，他們也失去了對性行為的興趣。

布萊利從小到大，犯下了數十起竊盜罪與毀損財物罪，他攝取的酒精與吸食的大麻量，也愈來愈大。布萊利的電腦維修工作需要他經常公出到不同的地點，主管也管不太到他。有天布萊利從一大早出門到晚上，大麻始終沒有斷過，之後又連著四個小時，灌下了一打的啤酒。凌晨兩點時，他終於受夠了那些酒肉朋友，於是離開他們去買汽水喝。他小心翼翼地開車，避開了最近已經收到三張酒駕傳票的地區。但在經過一個購物中心時，布萊利瞥見了一輛警車，他快速離開了那個區域，把車子開進一個公寓大樓的停車場，在下車後四處張望。他說自己「被一間亮著燈的公寓吸引」。他發現公寓的門沒關，公寓裡有個女人睡在沙發上。布萊利想著偷偷潛入，找些值錢的東西偷，對自己已經過期的帳單和債務，應該不無小補。當布萊利準備把電腦據為己有時，他聽到了「背後有沙沙的聲音」。當他去廚房拿刀時，驚醒了公寓主人。他回想：「她朝後退。我步步進逼。我抓住她後，把她往沙發上推。我放下刀子，掀起了她的襯衫，抓住她的胸部，脫下她的褲子。」布萊利一面把手指戳進受害者的下體，一面手淫。就在他打算強暴對方時，他發現自己無法勃起。布萊利覺得自己這時最好盡快離開，於是丟了一條毛毯蓋住他的受害人，帶著刀子逃逸。不久後，他遭到逮捕與起訴，罪名是強暴與綁架未遂。

布萊利在與我討論他的罪行時，堅稱自己除了前一年和人打架外，從來沒有暴力的行為。他覺得自己之所以做出一點都不像自己的事情，是因為喝太多酒、吸太多毒。不過他所透露的事情，卻指出酒精與大麻並不是「造成」他做出與自己個性迥異之事的原因。布萊利的一生中，大多數時候都有一種理所應得的心態，並鮮少展現出同理心，同時因為他從數十起罪行中安然脫身，他自覺擁有一種獨特的能力，並以此為傲。他透露多年來，他看過的色情影片數量「多到離譜」，許多都包含露骨的暴力，再加上布萊利大量使用改變心智狀態的毒品，讓他有足夠的膽量去做他長期幻想的事情。這一次的強暴與綁架未遂，只不過是他征服清單上的一個新增項目。

愈來愈強烈的自殺念頭

毒品可能會強化一個人的自殺念頭。由於罪犯的判斷能力會遭到毒品損害，因此當事人很可能會因為誤判而使用過量的毒品，以致於在非刻意的情況下終結了自己的生命。如果罪犯周遭都是毒品使用者，而又將面對法院的審判與判刑，這時他可能就會產生自殺的想法；如果罪犯維持清醒狀態，就比較不會有這種念頭。

罪犯若提到自殺或作勢要自殺，會大大衝擊那些認識罪犯的人。使用過量的毒品、割腕，或以其他方式自戕，都會迫使其他人格外關注做出這種行為的人，並更可能因此去保護罪犯、壓制他們的自殺念頭，並為了緩解他們的壓力而順應他們的意見。

《衛生服務心理學期刊》（*Journal of Health Service Psychology*）有篇論文指出：「相較於為了社交應酬才飲酒的人，嚴重酗酒者的自殺風險特別顯著。」[3] 大量使用改變心智狀態的毒品與藥物的罪犯也是如此。

東尼最長的戒毒紀錄只有八個月。他雖然被保釋出獄，但因為曾販售古柯鹼給一位臥底警員而仍在等待判刑，他一直陷在「我過去所做的壞事」當中。東尼原本已經計畫打電話給他的藥頭，但再三考慮後，他覺得以自己當下的處境，這種事情的風險實在太高。東尼考慮過出國，但他的護照遭到警方沒收。即使沉溺在性行為中也無法讓他平靜下來。他痛恨與自己母親同住，因為她「把我當成癌症病患照顧」。他發誓如果繼續感覺受困在「沙鼠轉輪」當中，他一定要結束自己的生命。

更強的權力與掌控感

罪犯自認是了不起大人物的認知，可能會因毒品而放大。隨便問一個毒犯，他們所謂的「飄飄然」是什麼意思，對方除了對於你的無知表達不可置信的懷疑，可能只會給你一個感覺很棒或感覺「很亢奮」的模糊答案。如果你繼續探究，也許還可以聽到他們說：「吸毒後，我覺得自己有三百公分高。一吸毒，我就覺得自己無所不能。」毒犯所描述的，是一種一切盡在掌握、能夠跨越一切阻礙去做任何想做的事情的加強版感覺。

康納是名很害羞的青少年，但進入毒品世界後，他變得愈來愈外向。他比較自己在頻繁吸毒前後所展現的社交自信後，說自己如果不吸毒，就算待在一個有七個人的房間也不會開口，然而如果吸了毒，「我會去跟房裡的每個人說話」。對康納而言，比毒品本身更重要的，是整個生活方式的吸引力。康納從十七歲開始使用與販售各類毒品、藥物。他對我說：「你會覺得自己很重要。電話響個不停。我成了萬人迷、派對裡的靈魂人物。」上大學時，他選了一所以「派對學校」聞名的大學。在學校裡，其他人會刻意去找他，因為他以販售「純淨的好東西」聞名。康納說：「這種生活型態的刺激，把我吸進了毒品的文化裡。毒品有一種讓腎上腺素飆升的效果，這種快感只有毒品才辦得到。」

艾伯特認為尋求社會接受與強化自信心，是他吸毒的原因。家人的支持、安心的財務環境、教育的機會、事業，對他而言並沒有太大意義。「我很怕成為平凡無奇的張三李四。」艾伯特這麼解釋道，於是他發現了一種感覺自己很重要的方法。去俱樂部與吸食大麻和古柯鹼者混在一起，讓他得到了他渴望的認同。艾伯特開始販毒後，又得到了地位：去俱樂部時走貴賓出入口，搭電梯時周邊圍著逢迎拍馬的人。艾伯特說：「覺得自己很重要，而且有人想要跟你在一起，真的是很酷的感覺。」提供客戶他們想要的毒品與藥物，讓艾伯特一年賺進接近七萬美元的毛利。他在吸食毒品後，就會幻想自己是超級有錢的富翁。他回憶自己曾經想過：「如果我有錢，我就可以捐給別人。如果我是個億萬富翁，就可以像比爾．蓋茲一樣。」艾伯特過著雙面生活。一天的業務員工作結束後，他會對他的妻子說自己要帶客人去吃晚餐與宵夜。原來覺得乏味的白天生活，現在變得愈來愈刺激。而且他不但沒有感覺到工作一天之後的疲憊，反而一跳上車趕往俱樂部時，就能感覺精神奕奕。

憂鬱症的「自我藥療」毒品與藥物

面對幾乎所有可以想像得到的心理困擾——受虐、創傷、憤怒、憂鬱與自卑——當事人求助於毒品與藥物作為應對的方式，相關的專業文獻隨處可見。哈佛醫學院精神病學教授甘錫安博士（Edward J. Khantzian）對自我藥療提出了廣為人知的解釋。根據他的分析，痛苦是成癮性疾病的「核心原因」。[4]

有些專家認為毒犯自我藥療的目的，在於緩解他們的憂鬱問題。二十九歲的哈洛因為吸食海洛因過量而住院，在住院期間，有位精神科醫生曾對他進行心理評估。這位醫生在報告中寫道：「病人面對的似乎是某種以憂鬱症型態呈現的潛在精神病理問題。」實際上，導致哈洛憂鬱症問題的原因，正是哈洛本人。哈洛多次接到法院要求他接受勒戒計畫的命令，但他要的是完全的自由。當我開始對哈洛進行心理諮商時，他說因為自己反覆想著「過去十年浪費的時間」，已經連續好幾週都處於「重度憂鬱」狀態，而且絕望地認為自己恐怕永遠也不會好轉。哈洛的處境雖然讓他覺得非常沮喪，但他對自己扮演始作俑者的這個角色，不但沒有任何檢討或負責任的意思，反而不斷地在心裡累積怒氣與自悲自憐的情緒。他知道他只需要注射一管海洛因就可以得到舒緩。這種「自我藥療」的方式可以讓他恢復精力、讓憂鬱消散。

毒犯很擅長接納與採用治療文化的語言，特別是面對專家時，他們會表示自己之所以使用改變心智狀態藥物的目的在於「自我藥療」。許多毒犯的痛苦其實源於日常生活中所需要應對的平凡且常見的壓力和煩惱：仰賴每個月的薪水過日子、應付與配偶的口角、承受工作上的懲戒，或者因為車子維修而陷入交通不便的狀況。姑且不論自我藥療的理論內容，根本沒有任何統計數據顯示大多數人需要利用改變心智狀態的藥品，才能應對這些日常的生活波折或甚至意料之外的危機。大多數人在面對困境時，不會去注射海洛因、吸食古柯鹼、使用非法藥物，或是濫用處方箋用藥。

因逃避而使用毒品

相較於自我藥療的藉口，具有犯罪人格的男女更可能辯稱他們吸毒是為了逃避。但是遠比逃避更重要的是，這些毒犯追求的其實是毒品所提供的刺激。哈洛說他之所以使用毒品，是為了逃避現實，然而就算沒有壓力，或者在他「心情很不錯」的時候，使用毒品的念頭還是會不時地閃現在他腦子中。哈洛不知所措的母親在一封信裡這麼說：「他害怕成為正常人，因為他害怕面對這個世界。但是我實在不知道他害怕面對的東西是什麼：父母、家人、朋友、工作、金錢、更高的教育程度？這些全都是值得努力生活的好東西啊。」哈洛並不同意他母親的看法。他的主要問題不在於他的家人或環境，而是他覺得日子很無聊。哈洛告訴我：「刺激就是我的全部。我覺得生活無聊透了。全都是日常的例行公事。一切的一切，全是折磨。我一直在尋找更多的東西。但就是找不到。不是毒品追著我跑，而是我必須追著毒品跑。我一定要有刺激的感覺。我不計一切地想要尋找刺激。我得搭便車、坐公車、坐地鐵。我心裡就是有個什麼東西無法放下。我也不願意破除這樣的習慣。」

二十二歲的麥特是個古柯鹼毒犯，他也抱持相同的態度。他堅稱：「這裡簡直就是個麥當勞世界，每天都是同樣無聊的日子。有什麼意義？」他宣稱：「最無聊的，就是美國夢。」麥特出身於一個有教養的中高階家庭，他的大學成績從九十幾分跌到七十多分。麥特要「逃避」的東西，主要是他認為千篇一律到令人無法忍受的生活，包括上課、工作、在家陪父母等等，而他逃避的方式就是吸食古柯鹼。除此之外，他也藉由詳讀槍枝相關的雜誌與書籍來「逃避」，這些讀物教導讀者如何設置竊聽裝置、把吸塵器改裝成火箭筒、製造爆炸物、干擾雷達與駭入電腦。

即使毒犯維持了相當一段時間不碰毒品，許多人仍會經歷渴望毒品的過程。湯瑪斯因為非暴力犯罪而入監服刑，一年的服刑期間內，他始終維持清醒。法官讓他出獄，但先決條件是他得規規矩矩工作、參加心理諮商課程、與假釋官碰面，並通過不定時的藥物測試。以客觀的指標來判斷，二十五歲的湯瑪斯後來的確以負責任的態度在過日子。他沒有吸毒，一份薪資還不錯的工作讓他存了點錢，如期向心理諮商專家和假釋官報到，女友也愈來愈信任他。但是湯瑪斯一直處於煩躁與不滿的狀態。有一天他來看我並哀嘆道：「我以為只要不再使用古柯鹼就萬事順心。可是我覺得現在的問題比以前還多。貨車壞了，跟我一起工作的那個傢伙有時候不是遲到就是曠職，客戶抱怨不斷，女友要我做這個做那個的。我根本沒有屬於自己的時間。」湯瑪斯說：「如果這就是生活，那簡直跟在地獄裡沒兩樣。」湯瑪斯接著堅持要我回答他：「你怎能把這樣的日子跟古柯鹼相比？」我無法向湯瑪保證，如果他以現在這樣勤勤懇懇的態度繼續生活下去，他的日子可否與他在毒品世界裡所經歷的刺激相比。但是我和他討論了負責任生活的可能優點。他不需要時時警覺警察在哪裡，他不需要擔心失去自由，他可以贏得關心他的人的信賴，他會有正正當當工作賺來的錢。除此之外，他還可以從各種成就中，發展出自尊與自信。只不過，這些都無法保證帶來名氣或財富。湯瑪斯後來還是回到了古柯鹼的懷抱中。他不僅渴望毒品，也可渴望另一種完整的生活型態：來往的人、來往的地方、毒品交易的刺激、風險，以及毒品本身的效用。

湯瑪斯與哈洛都是在安穩的中產階級家庭中長大的人，父母也都非常支持孩子。大家或許會以為比較不幸的人會尋求毒品的協助，逃避混亂的家庭環境、貧窮與其他不利的情勢，但使用毒品的罪犯其實來自各種不同的族裔、種族與社經背景。我所訪談過的吸毒罪犯，不論出身市中心或郊區，幾乎所有人都有不吸毒也不犯罪的兄弟姊妹。

對於毒品與藥物的偏好

罪犯會對特定的改變心智狀態藥品產生偏好。山姆還是個青少年時就偏好酒精。他說：「我愛喝伏特加。這是我可以容忍的東西。不需要喝太多就會醉。我可以一口乾掉一大杯伏特加，而且從來沒有吐過。酒精剛發揮作用的時候，感覺妙極了。」他說自己若喝了伏特加：「只要把我惹怒了，我會狠狠地把對方揍一頓。」如果手邊沒有伏特加，任何其他的酒精飲料也可以，只要「可以讓我喝醉」。多年後再次訪談山姆，他獨立了，不再是個與父母同住的青少年。他的人格沒有變，但是對於藥物的偏好卻出現了變化。在他撞車並因試圖逃逸而遭警察以電擊槍擊倒後，他幾乎就不再喝酒了。山姆的喜好改成了古柯鹼。家裡用來支付日用品、租金與養孩子的錢，全被他挪用轉給了藥頭——直到山姆自己也變成藥頭為止。他在解釋自己為什麼選擇古柯鹼時說：「我可以一夜不睡，直到早上六點，接著去上班到下午五點，然後才倒下來。我愛死這種感覺了。我比以前更愛說話。」山姆說如果戒除毒品，就代表要放棄那些在買毒品、追女人的冒險過程中一起玩樂的朋友。山姆有一份正職，但他痛恨下班就回家，陪在「連半瓶啤酒都不喝」的女友身邊。他坦承「毒品已經完全掌控了我的生活」。山姆後來因為違反假釋規定而遭到逮捕，他的律師詢問法官山姆能否以參與戒癮治療計畫取代獄中服刑。法官同意了。山姆在被釋放前，以一種裝裝樣子的態度配合勒戒；被釋放後，又立即回到了古柯鹼的世界與他朋友的吸毒圈。

有些像山姆這樣「多藥性」的毒犯，為了滿足自己永無止盡的好奇心，會嘗試各種藥物。除此之外，藥物與毒品的可取得性、成本和品質，也是毒犯決定使用哪種毒品的因素。

戒癮治療的利用

部分罪犯因為參與了太多次戒癮治療計畫，都可以成為戒癮治療的負責人了。琳恩痛恨住在藥物勒戒所裡，但是她也很清楚相較於關在少年觀護所中，這裡比較好。她向我強調：「我根本不需要待在這裡。我來這裡不是為了解決其他人的問題。我不想跟一群瘋子住在一起。如果我有選擇，我寧願去我男朋友家。」琳恩在吸食毒品前，曾蹺家、在商店行竊、逃學，以及未經父母許可就盜刷他們的信用卡購物。琳恩吹噓說她十三歲的時候，就已經試過「天底下所有的東西」了，包括酒精、大麻與毒品。對於應付戒癮治療計畫的最佳作法，她的結論是先弄清楚負責的人員想要聽什麼，接著就講給對方聽。她告訴我：「我自己都可以負責一項勒戒計畫了。輔導員開口前，我就知道他們要說什麼。我很清楚接受戒癮治療者應該說什麼話、表現出什麼樣的行為。其實就是一直假裝，直到療程結束。」被問及是否有任何戒癮治療計畫值得一試，她回覆：「全都是在浪費時間，」然後她又主動透露，她正在學習如何「當個更好的罪犯，比任何人都要聰明」。她唯一需要做的事，就是在十八歲可以自己簽字退出戒癮治療計畫前，在勒戒所內熬完幾個月的時間。我提供給琳恩的父母以及治療團隊的建議，是毒品與藥物濫用其實是一種潛在人格障礙的表現，除非找出產生包括藥物濫用在內的各種類型犯罪行為的思維錯誤核心，否則所有的治療都是徒勞而已。

視癮症為一種「疾病」

在大眾眼中，琳恩這樣的人具有一種「上癮人格」。但是如此具象的東西是否真的存在，各界仍存在爭議。根據《健康熱線》（*Healthline*），上癮人格這個詞是「一個已存在了很長時間的迷思」，指的是一種增加成癮風險的人格型態。[5]「上癮」一詞最常來指稱改變心智狀態的藥物或毒品，但由於大家過度使用，現在只要有人出現一再沉溺於某事的傾向，這個詞就會出現。愛吃巧克力的人是「巧克力成癮」，狂熱的跑者是「慢跑成癮」，為工作奉獻的人是「工作狂」等等。除此之外，還有各種討論性、愛、購物、賭博、他人認可、咖啡因、色情影片、糖與食物成癮的專業文獻。隨著新科技融入日常生活的程度愈來愈高，新型態的成癮詞彙也如雨後春筍般冒出頭，像「資訊成癮」、「螢幕成癮」、「電話成癮」、「電子郵件成癮」與「電玩成癮」。

美國精神醫學學會在第五版的《精神疾病診斷與統計手冊》中指出：「『成癮』這個詞……在正式的第五版《精神疾病診斷與統計手冊》藥物濫用疾患相關的術語中遭到刪除……是因為該詞不明確的定義與潛在的負面意涵。」[6]

戒癮治療計畫把成癮問題視為一種疾病，並從這個角度設定任務。然而這種「疾病」與一個人非自願感染或罹患的疾病不同。一個人不會選擇去受寒、感冒、罹癌、得到肺氣腫；但是一個人卻可以選擇去飲用、攝取、注射或吸入毒品。身兼毒犯與罪犯兩種身分的人，緊緊抓著疾病的概念不放手，目的只是為了脫罪。有名剛從監獄釋放出來的罪犯告訴一位《華盛頓郵報》的記者：「任何時候，這種病都可能攻擊任何人。」[7]但事實上，罪犯並非被攻擊者，他們是攻擊者。這些人選擇在街上遊蕩、購買並使用毒品。當罪犯因為罪行遭到逮捕時，他們說服別人相信他們的行為是因為「癮頭復發」所致，需要額外的治療。罪犯一貫的立場都是他們是毒品的受害者；因為他們有病，所以理應得到治療，而不該受到監禁懲罰。

有些罪犯發展出耐受性，於是他們得增加使用的毒品劑量，才能得到希望的效果。如果一名罪犯每天要花費兩百美元購買毒品，那麼合法的聘僱工作很可能根本無法讓他賺到這麼多錢。結果他就會去行竊以支應他的嗜好花費。但是有些毒犯所竊取的金額遠超過維持吸毒的必要開銷。更有甚者，這些吸毒的罪犯，其實早在養成吸毒習慣之前，就已經在犯罪。

毒癮是否為一種「腦部病變」，相關的爭議始終沒有平息。哈佛健康部落格的畢爾醫生（Michael Bierer）曾寫道，他希望他的病人瞭解「在這些有問題且經常具生命威脅的行為底下，深藏著某種生物學的運作」。[8] 長期的藥物使用會改變大腦，這種觀念雖然看起來已經成為共識，但是用藥者若徹底戒除毒品，這些改變通常也可能會消失。只有當事人，才能決定自己是否要戒除毒品或藥物依賴。

研究顯示，使用改變心智狀態藥物的傾向具有家族性。然而即使基因或生理上有成癮的傾向，但是不管面對任何東西，每個人都有能力決定要不要把東西往自己體內送。如果一個人自覺家族中有「成癮」的傾向，那麼他就更有理由避免任何改變心智狀態的藥物或毒品。（當然，胎兒時期就暴露在藥物或毒品影響下的孩子，就無法做出這樣的選擇。）

有次在一所郡監獄中進行訪談時，法蘭克坦率承認他犯下了數十起的罪行。但是他一直都與酒精和其他藥物保持距離。還是個孩子的時候，法蘭克就親眼看到他父親「喝酒喝到死」。他怕同樣的事情會發生在自己身上，因此發誓絕對不去接觸酒精或其他改變心智狀態的毒品。

大麻使用除罪化的趨勢不斷升溫。截至二〇二一年一月為止，美國已有三十六個州將醫療目的的大麻使用合法化，十個州將大麻零售合法化。在二〇二〇年十一月三日的選舉活動中，奧勒岡州的選民史無前例地更進一步將持有少量古柯鹼、海洛因與甲基安非他命的行為除罪化。（奧勒岡早在二〇一五年就將大麻除罪化了。）這種將毒品除罪化的作法，主要的根據來自於三種主張。第一，若遭到逮捕的人數減少，人們就不會被污名化，因此也就不會被工作機會拒於門外。第二，毒品合法化阻斷了販毒的利潤動機，因此可以降低犯罪率。第三，隨著刑事司法系統懲罰性的「反毒戰爭」的失敗，整個藥物濫用的問題，可以透過鼓勵治療的公衛政策，以更有效且經濟的方式應對。

儘管許多人都相信大麻無害，但孩子已經是經常性大麻吸食者的父母，以及治療青少年的心理諮商人員與治療專家，卻不認同這樣的觀點。根據美國國家藥物濫用研究所（National Institute on Drug Abuse）與疾病管制與預防中心的研究，持續使用大麻可能會導致思考、記憶與學習能力的永久性損害。其他長期影響還包括精力與成就低落、肺傷害，以及意外發生可能性的增加。[9]不過對於許多具犯罪人格的人來說，大麻是他們生活的基石。而對一名長期使用大麻的罪犯而言，光是大麻這一種毒品的供應中斷，就足以帶來災難性的影響。艾許頓在高中時開始抽大麻，最後每天大麻不離手。他高二輟學，之後的六年鮮少有工作。他的女友瑪麗說她不確定大麻對艾許頓造成了什麼影響，因為他常常一天要抽上十次大麻。如果他沒有錢買大麻，就會變得「粗暴蠻橫」。平時都很平靜的男友，會變得「超級生氣、勃然大怒、亂發脾氣」。瑪麗說艾許頓會變得暴力、毀損家裡的東西，還會威脅她。對於艾許頓來說，抽大麻已經成為他應付生活與用來自制的絕對必要之物。

毒品合法化可以讓毒品變得更容易取得，但它無法改變罪犯的人格。取得毒品變得更容易，只會讓罪犯可以更方便地去執行所有已經存在腦子裡的念頭。使用毒品的罪犯不太可能會主動走進勒戒中心的大門。雖然沒有人可以強迫另一個人改變，但法庭下令罪犯進入勒戒中心，卻可能成為改變罪犯生活的第一步。毒品的合法化，削弱了法庭強迫藥物濫用者接受治療的權力。

許多文章都提到，對於美國當下的鴉片類藥物災難，醫生與製藥公司要負非常大的責任。不過這一章的重點仍是使用藥物或毒品（包括合法處方藥物）的**罪犯**人格。在一份醫生指南中，費許門醫生（Scott Fishman）建議：「要把焦點放在病人身上，而不是疼痛。」費許門醫生列舉了與取得鴉片類藥物相關的反社會行為：偷竊、嫖妓、偽造，以及販售處方箋。[10]服用鴉片類藥物緩解疼痛，並努力想要戒除對這類藥物依賴的人，與透過非法管道尋找更多藥物的人非常不一樣。接下來，讓我們比較一下盡全力避免藥物依賴的賽伊，與根本沒有這種想法、只想找到藥源的罪犯蒙提之間的差異。

賽伊是一名退休的律師，嚴重的背痛讓他生不如死。「我的脊椎出現痛風症狀，帶來一開始『顯著』、後來『重大』的疼痛，」賽伊用法律術語這麼說。醫生給他開了吩坦尼穿皮貼片，但他覺得藥效太強，要求醫生開立「比較溫和的藥」。醫生改開了氫可酮成分的藥品。賽伊回憶道：「他們開的處方箋是一天使用三或四次，因此我每個月可以拿到一瓶一百二十顆的藥片，但我從來就不需要那麼多。我每次服用的劑量不但絕對不會超過醫囑的劑量，而且常常會比醫囑劑量低。我的目的是擊敗疼痛，不是變成毒蟲。」

蒙提在軍中服役時傷了背，後來做伏地挺身時，又讓背傷復發。醫生給蒙提用了一種又一種的止痛藥，但發現都沒有效。最後醫生給他開了一個療程的「鴉片類藥物治療」，幫助他控制疼痛，並讓他恢復參加日常活動的能力。然而讓他慢慢戒除藥物依賴的目標，卻一直沒有達成。蒙提持續對自己的疼痛程度評為「十分裡的十分」，堅持要求醫生開立更高的劑量、更多的藥物。他的病歷表上有一張註記寫著：「他的主要應對機轉為鴉片類藥物與睡眠。」有位醫生在登錄蒙提的病歷時，對他的自陳報告表示質疑：「病人明顯出現假性成癮的模式。」蒙提的受傷程度其實並不像他所堅稱的那麼嚴重。他在家的時候，可以爬上梯子整修屋頂、豎立灰泥板，還把家裡固定的家具全粉刷了一遍。他不需要枴杖就可以開車、走路，而且距離都超過一英里。

醫生建議蒙提「把重點放在非藥物的作法上」。但是他只想用藥。他不去疼痛專科診所、拒絕減重（他有肥胖的問題），而且變得「相當咄咄逼人」，也不願意參加「勒戒與疼痛心理學課程」。蒙提拒絕接受可以幫助他不訴諸鴉片藥物應對疼痛的住院計畫，也拒絕所有非藥物的止痛方法，他不斷堅持要求更高劑量的鴉片類藥物。有次他憤怒地對一位醫生說：「如果你不給我藥，那我只好去找一位新的醫生。」

蒙提自大、動不動就批評人，而且對他人的意見一點興趣都沒有。他的岳母發現試著與蒙提對談，簡直「像在抓住一捧水」。他的岳父則是毫不客氣地斷言：「我覺得他就是一個藥物上癮的傢伙，喜歡吃藥。」蒙提的妻子蓋比說她的丈夫讓她陷入「一種永無休止的批評彈火中，我完全無力招架。有一次，我以為他會抓著我的頭把牆撞穿」。

蒙提後來因為闖入一位知名律師的住家而遭到逮捕，他闖入的原因是對方沒有雇用他，讓他心生怨恨。他攻擊了那位律師、對著律師的妻子開槍，並恐嚇要殺了他們夫妻兩人。當警方追到躲在車子裡的蒙提時，在他的車子裡發現了藥物。他告訴警方他服用的治療藥物有十幾種。蒙提回答警方問題時條理分明，之後還要求與律師協商。救護車把他載去醫院，院方評估他處於一種「精神狀態改變」的情況。警方後來發現蒙提有許多吩坦尼穿皮貼片與肌肉鬆弛劑。

證據顯示蒙提仔細地預謀了這起犯行。他搜集了大量與律師夫婦相關的資訊、找出他們居住的地方，並在犯行之前，用了好幾天的時間，在律師夫婦家附近進行監視。他不但帶了專門用來綑綁律師夫婦手腳的束線帶與絕緣膠帶，闖進對方家裡的時候，還配帶了槍枝、彈藥，以及一把電擊槍。他的罪行無關財務利益或藥物，只是因為他覺得數月之前自己受到了蔑視，所以籌畫了這次的復仇行動。蒙提提出「因藥物中毒而訴請無罪」的抗辯，但陪審團沒有採信，判他終身監禁。

蒙提對藥物的不斷索求，以及他惡意傷人、闖入他人住所的行為，與賽伊一面對抗疼痛，一面盡可能降低對藥物依賴的堅毅努力，形成了強烈的對比。在二〇二〇年，美國有兩百一十萬人處於「鴉片類藥品使用疾患」的狀況。研究人員發現人格障礙與鴉片類藥物濫用特別容易並存。[11]《美國新聞與世界報導》（*U.S. News & World Report*）有則報導指出，研究人員強調：「為了處理全國性的藥物使用過量危機，我們必須特別關注青少年與年輕人，而不是把重點放在在鴉片類藥物上。」[12]

問題的核心不在於藥物本身，而是使用者的人格。就像有位罪犯簡單俐落的一句話：「問題在於暴徒，不是毒品。是思維，不是酗酒。」即使所有的罪犯都不碰藥物或毒品，他們若想成為負責任的人，依然還需要完成很多他們自身的改變。

注釋

1 National Center for Drug Abuse Statistics, "Drug Abuse Statistics," 2021, drugabusestatistics.org.

2 Arizona Addiction Recovery Center, "The Relationship Between Peer Pressure and Drug Abuse," *Addiction & Recovery*, August 12, 2020, arizonaaddictioncenter.org/the-relationship-between-peer-pressure-and-drug-abuse/.

3 Michael O. Miller and Gary R. VandenBos, "Collaborating with Patients on Firearms Safety in High Risk Situations," *Journal of Health Service Psychology* 46, no. 4 (2020): 150.

4 Edward J. Khantzian, *Treating Addiction as a Human Process* (Lanham, MD: Jason Aronson, 2007), p. 572.

5 Crystal Raypole, "What Is an Addictive Personality?," *Healthline*, April 23, 2019, www.healthline.com/health/addictive-personality-traits.

6 American Psychiatric Association, *Diagnostic and Statistical Manual of Mental Disorders*, 5th ed. (Washington, DC: American Psychiatric Association, 2013), p. 485.

7 "After Prison, More Punishment," *Washington Post*, September 8, 2019.

8 Michael Bierer, "Is Addiction a 'Brain Disease'?," Harvard Health Blog, March 11, 2016.

9 Centers for Disease Control and Prevention, "Marijuana: How Can It Affect Your Health," undated.

10 Scott M. Fishman, *Responsible Opioid Prescribing* (Washington, DC: Federation of State Medical Boards, 2007), p. 15.

11 David A. Patterson Silver Wolf and Mark Gold, "Treatment Resistant Opioid Use Disorder (TROUD): Definition, Rationale, and Recommendations," *Journal of Neurological Science*, April 15, 2020, pubmed.ncbi.nlm.nih.gov/32078842.

12 "Opioid Deaths in Young Americans Often Involve Other Drugs," *U.S. News & World Report*, November 27, 2020, www.usnews.com/news/health-news/articles/2020-11-27/opioid-deaths-in-young-americans-often-involve-other-drugs.

第十四章 恐怖份子

我們通常認為恐怖份子就是在公開場所引爆炸彈、炸毀飛機、威脅異教徒，或進行大規模屠殺的人。恐怖份子與其他多數的暴力犯不同，他們將自己的破壞行為正當化，並聲稱所有的行為背後，都有支撐這些行為的理念或宗教信仰。

數十年來，我與各類犯行的男男女女罪犯進行訪談，並對他們進行心理諮商，過程中，我慢慢注意到執行恐怖攻擊的人與殘暴對待自己人民的國家領導人之間的相似性。我觀察到政治領域與國際恐怖主義罪犯的犯行存在著一種相同的模式。那些國家領導人以及美國政府指稱為恐怖份子的人，都表現出了本書所描述的罪犯思維。儘管我並未與這些恐怖份子有過直接接觸，但我有充分的理由推測，在他們當中的許多人身上可以找到犯罪人格的特徵。

根據《美國法典》（*United States Code*）的定義，國內與國際恐怖主義，是指罪犯構成了「企圖恫嚇或脅迫一般大眾」的犯行。[1]不論被害目標是人、家庭、社區或是整個國家，罪犯都是「恐怖份子」，因為強暴犯、劫車匪徒、連續縱火犯和兩人狙擊小組，執行的都是恐怖行動。

家庭暴力犯也是一種恐怖份子。柯林與茱蒂的婚姻關係，說明了施虐者如何透過恐懼、威脅、精神虐待與肢體暴力，讓受虐者時時處於屈從與不安的狀態之中。這對夫妻之所以受到社福單位的注意，是因為他們的孩子告訴學校老師，父母的爭吵讓他們很害怕。柯林與茱蒂的婚姻充滿了摩擦，而且情況嚴重到法院為此暫時將孩子的監護權交給他們的祖父母。

柯林的犯罪紀錄包括偽造支票、竊盜、偷車，以及在駕照遭吊銷後，繼續我行我素地開車。當他發現帳戶裡的錢不足以支付自己的生活開銷時，還會強迫妻子茱蒂在支票上簽字。

茱蒂對她的心理諮商師說她已經失去了一部分的自我，她說她缺乏自信，覺得自己是造成婚姻失敗的罪人。不論茱蒂想要與柯林討論什麼事，柯林總是用一副輕蔑的態度回應，讓她覺得「好像我什麼都不懂」。茱蒂很清楚自己無力與丈夫抗爭，於是凡事都遵照他的指令行事。性事成為兩人之間的一大問題，因為茱蒂得隨時滿足丈夫的需求，而且他會在日曆上標註兩人行房的日期，並根據她的表現評分。柯林甚至為了進一步羞辱他的妻子，每次完事後都會付錢給茱蒂。有天晚上，柯林步出家門時大喊：「我終究還是得花錢買春。」

柯林的行為日復一日地折磨著茱蒂。兩人走在街上時，他會嫌她走得太慢；他批評她的穿著；因為她剪髮而大發雷霆；如果她沒有噴香水，也會受到嚴厲批評。就連茱蒂津津有味地看書，也會惹來柯林的憤怒，他說「看來妳喜歡那本書勝過我」，並堅持她把注意力放在他身上。如果晚餐沒有遵照柯林想要的時間準備好，他會要求她必須在幾分鐘內把菜端上桌。茱蒂記起有一回柯林對她大聲咆哮，並把東西往她身上砸的景況：「我最後躲在房間裡哭，他卻警告我：『如果妳敢對外說半個字，我的巴掌印就會留在你臉上。』」

茱蒂是家中的經濟支柱，但這並未阻止柯林任意動用兩人共同帳戶裡的錢，或是買他看上的任何東西。這對夫妻沒有共同的朋友，而且婚後柯林不允許她有任何工作範圍以外的社交活動。唯一讓茱蒂有存在感的事情就是她的工作，只有在工作時，她才不必受制於丈夫。柯林抱怨工作占據了她的心思，讓她的自我意識過於抬頭。然而對茱蒂來說，工作是她的生命線，因為只有在工作時，她才有談話的對象、有受到肯定的能力。

這對夫妻之間的肢體衝突愈演愈烈。在一次爭吵中，柯林揮動一串鑰匙砸擊茱蒂的頸部。茱蒂表示要離家，她走向自己的車子，打算開車離開。柯林開著他的車子追她、撞擊她的後車廂，最後打開茱蒂的車子引擎蓋，拆除了裡面的線路，並警告她如果再試圖離家出走，他會買把槍「讓她死透透」。另一次，茱蒂因為害怕而躲進臥室，柯林直接破壞了房門，他「一把抓住我。他掐住我的地方，留下了他指甲劃出來的傷口，淤青的眼睛則是他痛毆的結果」。茱蒂恐懼到不敢去報案，也不敢說明自己受到的傷害。

茱蒂對她的心理諮商師說：「我非常想勇敢地站起來反抗他，告訴他我的感受。」茱蒂之所以繼續留在柯林身邊，有幾個原因。首先，儘管茱蒂有收入，但兩人卻有共同的債務，她無法想像自己要如何獨立處理那些債務。再者，她很確定自己就算能離開，柯林也絕對不會放過她。不過，讓茱蒂繼續選擇留在婚姻裡的最重要因素，在於她缺乏安全感。她告訴心理諮商師：「是我對他期待太多。」說完這句話後，她開始批評自己是個很糟糕的妻子，而且對性事不感興趣。茱蒂非常認真地看待她的婚姻誓言，希望夫妻倆能夠盡快撫平歧見，拿回孩子的監護權。她與柯林過去的甜蜜時光，也是讓她能夠繼續撐下去的原因之一。那個時候，柯林對她深情款款，常送她禮物，還會在晚上帶她外出用餐。

茱蒂參加了法院附設的家暴受害者團體。情緒上的壓力使得她的身體不堪負荷，頻頻出現疲倦、頭痛以及焦慮的問題。最後，她下定決定要離開這個家，並開始籌畫。各種情況都對她有利。她在工作上獲得了加薪，孩子的安全無虞，她有輛車，她有教區牧師的支持，而且也有地方可去。於是她打包了行李，開車先躲到朋友家，計畫移居到千里以外的地方。那裡有她的家人，也有相當不錯的工作機會。因為孩子可以生活在安全的環境中，所以社服機構把監護權交給了她。

茱蒂嫁的是一個家暴恐怖份子。恐怖份子在不同的舞台活動。因為有冠冕堂皇的理由作為掩飾，罪犯可以隱藏自己潛在的犯罪人格。我記得一九六〇年代曾訪談過一名遭到退學的大學生，當時他剛參加完阿拉巴馬州的社會平權示威活動。在他返家後，我們談到他參加那場活動的心得。他異常激動地描述警方粗暴的戰術、警犬與示威者的對峙、朝抗議群眾噴灑的水柱。他的描述中沒有隻字片語提及社會正義與種族平等，而這些理念卻是他聲稱驅使自己南下參加示威的理念。這個退學的大學生不是恐怖份子，但他是個說謊者、竊賊與毒犯。校園裡的大學生必須小心顧好他們的自行車，因為如果沒有鎖好，這名參與示威活動的退學生很可能就會順手牽車。這個人雖然支持社會平權的說辭，但是對他來說，重要的事情其實是可以身處充滿刺激的現場，然後以大人物之姿向他人炫耀自己經歷的事情。

許多恐怖份子可能都具有犯罪人格。或許有些恐怖份子的動機，確實是純潔且虔誠地深信他們的犯行真有所本。然而對於一個瞭解罪犯心理結構的人來說，推判出獨裁者和暴君具有怎樣的人格，並不是什麼跳躍式的思考。當這些無情的罪犯打著理念的旗號行事時，他們真正做的事情，其實是恐嚇與屠殺異己。

多數殘暴的獨裁者早在爬升到大位之前就已是罪犯。魏特（Robert G. L. Waite）在他的經典之作《變態之神》（*The Psychopathic God*）中，用超過五百頁的篇幅分析希特勒。魏特的觀察明確指出希特勒從孩提時代開始，就展現出與罪犯如出一轍的思維與行為模式。魏特寫道，發脾氣是「小希特勒要求的方式」。到了十一歲時，希特勒已變得「好辯、固執、任性、自大又易怒」。年少的希特勒「要求同學對他絕對服從，並幻想自己成為領袖」。根據魏特書中所言，十二歲那年，「曾經是鄉下學校資優生的這個孩子，成績開始一落千丈；原本在鄰里粗野遊戲中自信外顯、超級活躍的小頭頭，突然變成悶悶不樂、自私自利又孤僻的青少年，他和孤山上的樹木說話、對著風演講、與父母爭吵、譏諷師長、並憎恨這個世界」。由於希特勒的學業表現實在退步得太嚴重，他開始不斷轉學，最後沒有畢業就離開了學校。希特勒對待動物的態度既感性又殘忍。一道一九三六年的政令顯示他對於「龍蝦和螃蟹的痛苦格外有感」，該政令也明確指示大家應以最符合「人道死亡」的方式處理龍蝦和螃蟹。然而也有人觀察到希特勒「對他飼養的狗（變得）十分殘暴」，他用鞭子「像個瘋子似地」鞭打他的狗。據說在他關心龍蝦生命的同時，曾經對同伴說：「我要消滅整個種族嗎？當然要……。群眾……需要恐懼的刺激來讓他們顫抖地屈服。」[2] 希特勒其他惡名昭彰的事蹟，全都是一個積累了恐嚇、折磨和屠殺數百萬人權力的罪犯的犯行。

拉德辛斯基（Edvard Radzinsky）為一九二九年至一九五三年的蘇聯統治者史達林撰寫了一本深刻的傳記。拉德辛斯基對於這位獨裁者的描述，也包括了史達林犯罪人格的各個方面，特別是他對於權力毫不留情的追求、覺得自己是全國人民的主人、相信自己的獨一無二，以及對征服的無情追求，至於崇拜和敬畏他的蘇聯公民，他則是鮮少展現出同理心。

史達林在神學院就讀時，被他視為敵人的同學都很怕他那「神經兮兮又報復心強烈的個性、明褒暗貶的諷刺，以及狂暴的怒氣」。史達林二十四歲時，因與革命份子會面而遭到第一次監禁。他很重視罪犯可以為革命做出的貢獻，並「如同在學校（以及）神學院一樣，也在獄中進行奪權的行為」。不認同史達林權威的囚犯，都「成為他新結交的罪犯朋友殘酷拳頭下的受害者」。史達林後來的作法也從煽動革命，轉變為決定如何將「革命納為己用」。

儘管沙皇統治下的俄國已經結束，但是史達林卻成為新的「兼具沙皇與上帝身分的人，（而且）他的心思也轉向了當時已經屬於他的國家的未來」。拉德辛斯基筆下的史達林是希特勒的徒弟，他說史達林的崛起是一場「冗長但最後贏得勝利的棋賽」。儘管令人痛恨的史達林國度終將落幕，但他的籌畫卻帶來了「有史以來最可怕的國家……一個屬於史達林的國家」。拉德辛斯基這麼寫：「史達林是另一個成吉思汗、一個肆無忌憚的陰謀者，他為了維繫自己的權勢，可以犧牲一切。」他「控制」他的傀儡；這些傀儡一旦達成史達林所賦予的目標，他就會「毫不留情地拔除，換上其他的傀儡」。不符合他需求或不同意他所思所做的人，全都是消耗品。

在史達林的恐怖統治下，超過一百萬人死在他的勞改營中，另外估計有大約六百至八百萬人死於因他那嚴厲的「集體化」人民公社制度而造成的饑荒當中。當史達林爬到了至高無上的權力顛峰時，蘇聯的百姓彼此攻訐，只為了不顧一切地逃離被拖進「地獄入口」的可能性，因為一旦進入地獄，大家就會遭到「審訊、刑求、監禁或立即處決」。[3]

現代許多恐怖份子也展現出與希特勒和史達林類似的模式，他們早在成為罪犯之前，就欣然採行了可以用來掌權的行為。許多觀察者表示，恐怖行動的罪犯高舉宗教的旗幟，以聖戰為名，實際上卻完全扭曲了宗教的教義。

威弗（Mary Anne Weaver）曾在《大西洋月刊》的一篇文章描述惡名遠播的聖戰組織領導

人扎卡維（Abu Musab al-Zarqawi）「短暫且暴力的一生」。扎卡維早在加入恐怖組織前就已經是一名罪犯。青少年時期的扎卡維是個惡霸、暴徒、走私販和酒鬼，他在二十八歲時，因非法持有武器以及加入約旦政府宣布取締的組織，而遭判刑十五年。根據威弗的描述，扎卡維在監禁期間，因為「像個角頭老大般組織監獄的生活方式」而開始「坐大」。出獄後，他建立營地訓練戰士，並因為策畫爆炸、自殺任務與執行各種恐怖攻擊而遭到美國追捕。顯然扎卡維蓄意破壞與屠殺的目的，更勝於彰顯特定教義或某種意識型態。二〇〇六年六月七日，扎卡維遭美軍擊斃。[4]

貝德靈頓（Stanley Bedlington）在《華盛頓郵報》上評論，已逝的賓拉登「玷汙了他的宗教」，並刻意違背「《古蘭經》的嚴格禁令」。[5]曾經有位《時代》雜誌作者指出：「聖戰主義份子（賓拉登）誓言對抗美國，但在多數宗教學者眼裡，這並非一場聖戰，而是一場公然的騙局。」心理學教授伊梅爾曼（Aubrey Immelman）分析了賓拉登的心理狀態，形容賓拉登「善於利用伊斯蘭原教旨主義去追逐個人的野心與夢想」。[6]

從二〇一三年起，中非共和國就一直處於種族滅絕的邊緣。在恐怖統治下，北非的穆斯林武裝部隊賽雷卡（Séléka）不斷殺害、強暴與劫掠基督教地區。根據《華盛頓郵報》的報導：「這場原本和宗教關係不大、而是和掠奪與權力有關的衝突」每下愈況，因為基督教民兵也開始攻擊穆斯林地區，他們「劃破婦女與孩童的喉嚨，有時候甚至宣稱要滅絕所有的穆斯林」。[7]五年內的兩百二十九起恐怖暴力事件，奪走了一千七百六十四條人命。截至本書寫作的二〇二一年，持械竊盜、商品掠奪與性暴力犯罪依舊無所不在。[8]

律師與社運份子紀凡尼（Jamil Jivani）在《為什麼是年輕人》（*Why Young Men*）中，闡述了參與聖戰士團體的人如何「濫用」宗教。他表示有份研究顯示，百分之七十的西方聖戰士，「對於伊斯蘭教的要點，只有基本的瞭解」。伊斯蘭國的訴求是「接納想要對抗西方以及為伊斯蘭而戰的人」。根據紀凡尼的報導，許多伊斯蘭國新兵的「犯罪活動史，遠比奉行宗教的相關過往更豐富」。他還指出伊斯蘭國「刻意在罪犯中招募新兵」，因為這些罪犯擁有「槍枝、安全藏身處，以及地下組織的知識」。[9]

罪犯不需要參加阿富汗的訓練營就能知道如何製作炸彈。二〇一三年四月十五日，波士頓馬拉松活動的爆炸客，根據蓋達組織一篇〈如何利用老媽廚房做炸彈〉（How to Build a Bomb in the Kitchen of Your Mom）的文章，做出了他們犯案的炸彈。資訊管理教授萊特（Marie Wright）提到網路與美國大學的開放環境「提供激進言論各種論壇」，吸引特定的年輕族群。她也觀察到：「大家都有尋找志同道合者的傾向。」[10]這一點可以從中央情報局的一份報告中獲得證實，該報告提到「許多恐怖團體在監獄裡招攬同好，擴編他們的組織。受刑人會直接吸收其他囚犯，同時評估哪些人在出獄後可以被遊說加入組織。」[11]

駭客入侵企業、大學、醫療保健機構，以及州與聯邦政府的電腦系統，確保了恐怖統治的持續存在。資訊與身分的竊取、勒索軟體的猖獗等問題，一年勝過一年。二〇二〇年，萬豪酒店有五百二十萬名客人的電子郵件帳號有遭人駭入的風險；米高梅國際酒店的一億四千兩百萬筆客戶資料在網上求售；猶他大學支付了四十五萬七千美元的贖金，才能阻止網路罪犯公布學生資料。二〇二〇年底，美國政府機構發生疑似俄國網路罪犯造成的大規模資訊外洩事件。二〇二一年五月，美國東部因為區域內最大輸油管路遭到駭客關閉，引發汽油短缺；供油業者殖民管道公司（Colonial Pipeline）為了恢復運作，支付了網路罪犯近五百萬美元的贖金。非營利機構消費者權益保障網（Privacy Rights Clearinghouse）發起人紀凡斯（Beth Givens）二〇一三年在《華盛頓郵報》上曾經說過：「這是一場軍備競賽，而壞蛋總是領先我們一步。」[12]這句話至今依然適用。

恐怖份子可以扯起任何名義的大旗，包括環保、動物權、歷史文物與古蹟保護，或是任何政治運動。他們或許還會創立屬於自己的邪教或意識型態，並藉此做出罪行。曼森是美國最知名的邪教領導人之一。從九歲開始，曼森一生有超過一半的時間都是在少年觀護所與監獄中度過。出獄之後，他立即創立一個後來稱為「曼森家族」（Manson Family）的「宗教」團體。崇拜他的信徒，對他自稱是耶穌基督轉世的說法深信不疑。一九六九年八月九日，他和他的信徒謀殺了懷有身孕的女星泰特（Sharon Tate）與其他四個人。曼森至少涉入另外四起殺人案件。他遭判終身監禁，八十三歲時死在監獄中。

瓊斯（Jim Jones）也是一名惡名昭彰的「宗教」領袖。瓊斯是位自稱信仰治療師的牧師，他在南美蓋亞納的森林中創立他的教會。他對自己的信眾進行性掠奪，並要求絕對服從。一九七八年十一月十九日，他或命令、或脅迫包括三百名兒童在內的九百一十八人喝下有毒飲料，大規模集體自殺。瓊斯的屍體被發現時，他的頭顱內有顆子彈。瓊斯在小時候就有虐待動物、受到希特勒吸引的紀錄，並曾因為在電影院猥褻而遭到逮捕。

至今為止，美國國內最致命的恐怖事件發生在一九九五年，那一年麥克維（Timothy McVeigh）引爆位於奧克拉荷馬市艾佛瑞．P．默拉聯邦大樓（Alfred P. Murrah Federal Building）裡的炸彈，奪走一百六十八條人命，包括十九名兒童。根據各大媒體的描述，麥克維似乎具備許多犯罪人格特徵。根據《華盛頓郵報》的報導，麥克維從十三歲起就對槍枝「著迷」，閒來無事就會在紙上畫槍，還會把槍帶到學校讓同學大開眼界。青少年時期，有人看到他以時速七十英里的高速一面飆車，一面牢牢抓著他的霰彈槍，朝著其他車速較慢的駕駛咆哮，「像是要開槍把這些人全部轟掉」。遭到社區大學退學之後，麥克維始終沒有固定的工作，甚至積欠了大筆他根本還不起的賭債。他在二十歲學會製作炸彈。於軍中服役時期，麥克維結識了後來成為他奧克拉荷馬市爆炸案的共犯尼可拉斯（Terry Nichols）。麥克維從軍中退役，部分原因是他無法取得進入特戰部隊的資格，之後他的足跡踏遍美國四十個州，在八十場槍枝大展中買賣軍火。他人對麥克維的性格描述是「從消極轉為暴怒」。他堅信政府的邪惡，總是誇誇其談地叫嚷著政府是公民的敵人，指控政府正在設法削弱公民權利，特別是槍枝持有權。在奧克拉荷馬市爆炸案發生之前，麥克維曾考慮暗殺幾名政府官員。[13]

不論是極左或極右派所發動的國內恐怖事件，都已成為美國執法單位的重點。有些恐怖事件的凶手早在成為新聞頭條前就有犯罪案底，剩下的人並沒有犯罪紀錄，但當中有些人過著雙面生活。這些人在遭到逮捕時，總是令他們的鄰居、同僚與其他人非常震驚，因為這些罪犯似乎一直都很安靜、可親。這些被媒體稱為「孤狼」的罪犯，在祕密進行他們邪惡行動的計畫期間，始終保持緘默。

追求刺激的罪犯，是恐怖攻擊的最佳招募對象。這類的人不用招募者多費唇舌就會被打動，他們也不需要千里迢迢地去受訓。《華盛頓猶太週報》（*Washington Jewish Week*）將網路形容成「恐怖主義的虛擬圖書館」，眾人可以在這個場域讓彼此的不滿情緒更加高漲。網路能夠宣揚意識型態與政治宣傳。對恐怖團體而言，網路是個便宜的工具，可用於招募同好、募資以及購置軍火。眾議院外交委員會主席洛伊斯（Ed Royce）曾說過，「仇恨網站」提供了「鉅細靡遺的教戰守則」。[14]

二〇一八年十月二十七日，鮑爾斯（Robert Bowers）衝進了匹茲堡的生命之樹猶太會堂（Tree of Life Synagogue）。他隨身帶著一把衝鋒槍與三把手槍，造成十一名正在禮拜的信徒死亡，六人受傷。鮑爾斯的鄰居給他取了「幽靈」的綽號，因為他幾乎不與他人互動。[15]但是他在社群媒體上卻非常活躍。鮑爾斯的貼文連著好幾個月都充滿了反猶太的叫囂，而他在網路上也找到了志同道合的人。他憤怒地宣稱總統身邊的猶太人太多，他要所有猶太人都去死。調查人員發現鮑爾斯名下擁有二十一把槍。內容有限的背景資料顯示，他是個高中輟學的卡車司機。警察在二〇〇四年曾因他威脅要自殺而進入過他的公寓。

二〇一九年八月三日，二十一歲的克魯修斯（Patrick Wood Crusius）在德州艾爾帕索市的沃爾瑪賣場，用一把衝鋒槍槍殺了二十三人，並造成另外二十三人受傷。槍殺事件之前，他在網路上張貼了一篇充滿仇恨的宣言，抨擊他所謂的「拉丁美洲人對德州的入侵」。據稱他曾預先探查過這家商場，在返回時鎖定墨西哥人加以射殺。除了在二〇一四年「逃家」外，克魯修斯並沒有前科。認識他的人說他是「脾氣暴躁的『孤狼』」。犯罪時，他失業在家，據說他曾經對工作表示鄙視。克魯修在他的領英個人頁面上寫著「大體來說，工作爛透了……除了生活的必需之外，我沒有什麼工作的動力」。根據新聞報導，克魯修斯大部分的時間都花在電腦上。據稱他很同情一個在紐西蘭基督城清真寺殺了五十一個人的凶手。[16]

在討論「孤狼攻擊者」時，心理學家奧圖（Mary Ellen O'Toole）表示：「暴力裝扮成某種大眾篤信的宗教或政治信仰的虔誠之心，但實際上，打著宗教及／或政治旗號的暴力，往往只是當事人感受權力與全能感或進行報復的藉口，他們的行為與政治或宗教毫無關係。」[17]

某些恐怖份子會滲入和平的抗議團體，然後利用它們宣傳主張的機會從事暴力行為。暴力份子就是罪犯，不論他們支持的是極左派或極右翼的意識型態。二〇二〇年與二〇二一年間，左右兩派的極端主義者，都曾在要求警察改革與社會平等的和平示威活動中做出暴力行為。

「反法」（antifa）是「反法西斯」的縮寫，泛指各地擁護極左派意識型態，並對執法員警與右翼組織採取直接對抗、有時甚至進行暴力衝突的鬆散組織團體。二〇二〇年夏天在奧勒岡州波特蘭市持續數天的暴亂中，反法團體向警員投擲彈丸、掠奪商店、縱火、毀損他人與公共財產。在攻擊法院後，七名暴亂份子因聯邦犯罪遭到起訴。根據奧勒岡公共電視台的報導，雖然「絕大多數」的抗議示威者在奧勒岡都沒有犯罪紀錄，但那些因為襲警、刻意破壞財物等重大犯罪行為而遭到起訴的人卻都有前科。[18]當政治恐怖主義的罪犯遭到逮捕時，他們會利用他們對外宣稱自己所代表的理念或意識型態，為他們的罪行提出理由。

美國近七千四百萬選民在二〇二〇年的總統選舉中把票投給落選的川普。為抗議選舉結果，二〇二一年一月六日在華盛頓特區舉行了「拯救美國集會」（Save America Rally）。對於參與人數，各方的估算差距非常大。但在這些成千上萬的聚集者當中，參與國會山莊暴亂的人，卻是少之又少。一群暴徒闖進國會山莊，砸毀窗戶、破壞辦公室，還攻擊執法員警。國會議員及其助理全都被撤離。這場暴亂奪走五條人命，造成一百四十人受傷。藉由阻撓國會確認選舉結果的流程，暴徒對民主制度本身帶來了威脅。超過五百名衝進國會山莊的參與者，因為他們的犯行遭到起訴。

因國會山莊暴亂而以聯邦犯罪遭到起訴的群眾當中，有一人把責任怪罪到川普總統身上，並以此作為他的抗辯（罪犯通常都會這麼做）。根據《華盛頓郵報》的報導，審理該案的法官並沒有接受這名罪犯的抗辯，法官表示：「若被告真的相信他所參與的事件……是服從川普總統的命令，那麼這顯示被告沒有（或拒絕）行使自己獨立判斷與遵守法律規範自己行為的能力。」[19]

國會山莊入侵行動由「驕傲男孩」（Proud Boys）帶領，這是一個被加拿大政府宣布為恐怖組織的極右派極端主義團體。驕傲男孩成員抵達華盛頓特區後，就開始準備發動戰爭。這個團體成員當中的很多人都有前科，也都曾參與恐嚇與暴力案件。據稱，這些人會像犯罪幫派一樣舉行暴力的入會儀式。他們最令人震驚與殘暴的行動，都是以左派遊行示威者與媒體為目標。在這群人入侵國會山莊的行動中，有位領導者被控持有兩管加長型步槍的彈匣，一管彈匣可以裝下三十發自動步槍的子彈。

本章所描述的人都是恐怖份子。他們無疑都具備犯罪人格的特質。如果有人想要知道這些人的罪行是否應該完全歸咎於他們對某件事情的信仰，那麼大家應該先去瞭解這些人在擁護他們所篤信的理念**之前**是什麼樣的人。

注釋

1 Federal Bureau of Investigation, "Terrorism," undated, fbi.gov/about-us/investigate/terrorism/terrorism-definition.

2 Robert G. L. Waite, *The Psychopathic God: Adolf Hitler* (New York: Signet, 1977), pp. 47, 188.

3 Edvard Radzinsky, *Stalin* (New York: Anchor Books, 1997), pp. 40, 50, 51, 122, 228, 235, 355, 363.

4 Mary Anne Weaver, "The Short, Violent Life of Abu Musab al-Zarqawi," *Atlantic*, July 1, 2006, theatlantic.com/magazine/archive/2006/07/the-short-violent-life-of-abu-musab-al-zarqawi/304983/.

5 Stanley Bedlington, "Not Who You Think," *Washington Post*, October 28, 2001.

6 Aubrey Immelman, "The Personality Profile of al-Qaida Leader Osama bin Laden" (paper presented at the 25th Annual Scientific Meeting of the International Society of Political Psychology, Berlin, Germany, July 16-19, 2002).

7 Philippe Bolopion, "Averting a New Genocide in Africa," *Washington Post*, November 29, 2013.

8 "Forgotten Conflicts 2021: When Will the Crisis in the Central African Republic End?," Inter Press Service, February 9, 2021, www.ipsnews.net/2021/02/forgotten-conflicts-2021-will-crisis-central-african-republic-end/.

9 Jamil Jivani, *Why Young Men* (New York: All Points Books, 2019), p. 136.

10 Marie Wright, "Domestic Terrorism, CyberRadicalization & U.S. College Students," *Forensic Examiner*, Winter 2011, pp. 10-18.

11 Central Intelligence Agency, "Terrorists: Recruiting and Operating Behind Bars," August 20, 2002, fas.org/irp/cia/product/ctc082002.pdf.

12 Craig Timberg et al., "Huge Breach of Data Security at Target," *Washington Post*, December 20, 2013.

13 Dale Russakoff and Serge F. Kovaleski, "An Ordinary Boy's Extraordinary Rage," *Washington Post*, July 2, 1995.

14 Suzanne Pollak, "Internet Provides Venue for Training Future Jihadists," *Washington Jewish Week*, May 16, 2013.

15 "The Case Files: Robert Gregory Bowers," blog post, Ontic Center for Protective Intelligence, Austin, Texas, February 23, 2021.

16 " 'I Can't Bring Myself to Kill My Fellow Americans,' " Daily Mail.com, August 4, 2019, www.dailymail.co.uk/news article-7319493/El-Paso-Walmart-shooter-Patrick-Crusius-described-short-tempered-loner-bullied-high-school.html.

17 Mary Ellen O'Toole, "Violence Is Changing: Are We Prepared?," *Violence and Gender* 1, no. 4 (2014): 143-44.

18 Suman Naishadham and Jake Bleiberg, "Analysis: Portland Protesters Vary as Much as Their Arrests," Oregon Public Broadcasting, July 30, 2020, www.opb.org/article/2020/07/30/portland-oregon-protests-arrests-records-data.

19 Rachel Weiner et al., "Man Charged in Riot Linked to Oath Keepers," *Washington Post*, March 9, 2021.

第十五章 所謂的「好人」

我在一九七〇年代研究初期所發現的犯罪心理特徵中，最令人感到驚訝的是每個罪犯都認為自己是好人。參與聖伊莉莎白醫院專案研究的罪犯參與者都瞭解，從社會的觀點來看，他們就是「罪犯」。他們知道法律是什麼，也承認自己違反了法律。但是我發現不論男女老少，每一名罪犯打從心裡都相信自己是好人。

即使是在計畫犯罪時，罪犯也會堅持「自己是正派人士」的觀念。如果他們認為自己很「邪惡」，他們就不會去進行正在考慮的特定行動。儘管大家可能難以理解，但罪犯並不需要為他們正在計畫或進行的事件提出正當或合理的理由，因為他們從一開始就不認為自己是罪犯。當事人只有在事發被究責的時候，才會為自己的行為提供理由。

第十一章討論過的羅門，犯下了數十起罪行，包括許多妨礙風化的暴露行為與強暴未遂，然而他卻告訴我：「我很尊重女性。我幫她們開門，就像她們都值得更禮貌的對待。我沒有去恐嚇人。那絕對不是我想做的事情。但願這種事情不會發生在我女友、母親或祖母身上。每次看到這樣的新聞，我都覺得厭惡。」他繼續補充說：「日常生活中，我努力不去欺騙別人、盡力把誠信當作原則。我不偷我老闆的東西。我不占任何人的便宜。」他接著又列出了自己的「優點」，包括他很「體諒他人、充滿愛心、樂於助人、幾乎學什麼就會什麼、慷慨，以及長得帥」。

無期徒刑犯麥克奈爾因為殺人罪與數度越獄，目前正在超高度安全管理監獄裡服刑。為他作傳的作者克里斯多夫強調，對於麥克奈爾來說，維持他是個好人的形象無比重要。一位法警說麥克奈爾「沒有人比他更壞」，這讓他覺得受到了冒犯，他說：「我一點都不覺得自己是那個樣子，而且我絕對認識很多比我更惡劣的人。」麥克奈爾指出在他二十年的牢獄生活期間，從未攻擊過獄方人員；他寫信向被他偷車的車主致歉，而且在英屬哥倫比亞淘金時，他把找到的金沙全送了人。他還說逃亡的時候，他守住了絕對不傷害任何人的自我承諾。[1]

就算犯下嚴重罪行，罪犯也可能不承認他們所帶來的傷害。他們反而會自認是受害者。有個男子在提到入室竊盜時說道：「我知道那傢伙想念他的東西，可是我也付出了時間蹲苦窯啊。」一名揮著槍從員工那裡搶劫餐廳一天營收的青少年宣稱：「又沒有人受傷。」他完全無視經歷了暴力犯罪的受害者的心理創傷。所以話說回來，犯下謀殺、強暴、搶劫、猥褻兒童——簡言之，所有可以想像到的罪行——的罪犯，怎麼能夠繼續對自己抱持正面的看法？

罪犯具有分辨是非的能力。他們當中有些人甚至比一般人更熟悉法律。正如一名罪犯說的：「我可以讓任何錯的事情都變成對的，也可以讓所有對的事情都變成錯的。而所謂對的事情，就是我當下要做的事情。」從罪犯的角度來說，風險過高或他們覺得太微不足道而不屑去做的事情，都是錯的事情。重罪犯也許覺得商店行竊是錯誤的行為，因為收益太少，而在處處都是監視器的地方犯罪的風險又過高。如果罪犯因判斷錯誤而遭到逮捕，他們或許會坦承自己的行為是錯的，甚至表達悔意。然而包括一些心理衛生專家在內，令許多觀察者不解的是，罪犯所表達的悔意，更像是遭到逮捕的懊惱。這樣的悔意與負責任者在傷害了其他人後所表現的懊悔不同。負責任的人若真心對自己的行為感到後悔，他們會努力補償、從經驗中學習，並修正自己未來的行為。

罪犯可能會把一樁令人髮指的罪行描繪成一次「過錯」。有名在爭吵中開槍射殺他女友的青少年告訴我：「我是個平凡的青少年，會犯錯，犯嚴重的錯。」其實這個孩子一點都不「平凡」，他的殺人行為也不僅僅只是一個「過錯」。然而他依舊堅持自己是好人、不是殺人犯的立場。當我問他有關他和這個女孩的關係時，他突然變得氣憤不已，指控我「只對壞事、而非好事」有興趣。他堅稱：「除了這件事外，我一生中沒有什麼值得一談的壞事。」然而法庭工作人員卻準備了一份厚達二十頁的報告，記錄了這名青少年違反他父母規定的逾矩行為、習慣性的逃學、一路下滑的成績、與入室行竊的孩子混在一起、偷車以及重竊盜罪的過去。

警察已經緊盯詹姆斯一段時間了，最後終於在他車上發現非法持有的槍枝而將他逮捕。我在奉法院命令對詹姆斯進行心理衡鑑時，他提到了他的「美麗人格」。我問他是否有任何覺得應該改變的地方，他回答：「若可更年輕一點，就還不錯，不過不可能。」接著他有點不情願地補充說：「永遠都有進步的空間。」在討論到他的家庭背景時，詹姆斯說他有十個兄弟姊妹。他聲稱自己「一路倒楣」，始終沒有得到生命中的公平機會，但他也承認大部分的手足都是負責任的人。詹姆斯語帶恭敬地談著他的母親，在他的口中，他母親在整個社區都很有聲望。詹姆斯堅稱：「我不是罪犯。如果我沒有案底，我就沒做過案。」

罪犯把自己和那些他們認為真的很壞的壞傢伙分得很開。那些上學或有正職工作的罪犯，不論自己有多麼不守規矩，都會貶損那些既不上學又沒有工作的人。對於罪犯而言，接受教育與賺取薪資是負責任的標章。披著一層負責任態度的外衣，罪犯不但可以提升心中的自我形象，還可以讓他們從偷偷摸摸做的事情中脫身。十年來，詹姆斯的工作相對穩定。他說他正試著「用老美國的美好方式，一步一腳印地」邁向成功，但他同時卻又拋棄了婚姻、停止了工作。他把監禁比喻成「一個小小的煩惱」，還聲稱自己「根本不該被關起來」。

罪犯在教育與工作領域的成就愈高，就愈容易隱藏自己的真面目。我曾收到一位女士的來信，她和鎮上牧師的兒子一直都很熟。她描述對方有「燦爛的微笑」，而且一直「都受到所有人喜愛」。那位牧師的兒子是位受過大學教育的醫療承包商，有妻子和三個孩子。寫信給我的這位女士說，當她知道他竟然因為猥褻兩個小孩遭到逮捕，而且猥褻期間長達兩年時，她「完全嚇呆了」。腦子裡仍留著對方過去行善的記憶，這位女士寫道：「有一部分的我想要與對方溝通、通信，因為我依然記得他去醫院看同學以及參加喪禮的畫面。我所有的朋友都覺得他是個品德高尚的人。」

一如我稍早所提，有些罪犯堅稱自己一直都是好人，但因為毒品而變成了完全不一樣的人。一名海洛因毒犯自白：「我想要做對的事。我不是壞人。我的一切過錯都可以溯及到開始使用毒品的時候。」這種人絕對不會主動承認他們早在使用毒品之前，就已經是個不負責任與犯下罪行的人了。

使用毒品的罪犯的親朋好友往往都會相信毒品才是罪魁禍首。一位母親在提到她那吸食古柯鹼的兒子時說：「他是個好孩子，不是罪犯。」她認為是毒品把這個年輕人變成了一個她幾乎不認識的人。這位母親對於她兒子在嚴重涉毒之前所犯下的罪行毫不知情。

有名毒品走私者宣稱，身為有良知的毒販，他所做的都是好事。他解釋：「這其實就是供應有決定自主權的成人所需要的東西。我沒有強迫任何人使用毒品。我一直覺得要買毒品的人，向我買要比跟別人買好太多了。我不會隨便賣藥給人。我只會賣給那些我把他們當朋友的人、那些跟我在同一個圈子裡混的人。我要賣藥給哪些人，不賣給哪些人，自有一套標準。我提供的貨，全都是價格划算的高級品，買家完全不需要擔心我拿槍對著他們的腦袋。我甚至還有出貨保證。如果不滿意，我會換貨或退錢。」這名毒品供應商說：「毒品文化就像海妖的誘惑。刺激、性感，又魅力無窮。當毒品召喚我時，我感到一股史無前例的欲望，只能隨著無法抗拒的衝動行事。」就這樣，這名藥頭不僅是個讓他的吸毒同好避開掠奪者傷害的好人，還能講出自己使用毒品的理由。

許多罪犯都是才華橫溢之人。監獄藝術展就常常展示幾乎沒有接受過正式訓練、卻充滿藝術天分的繪者作品。有些罪犯的音樂天賦非常高，僅靠耳朵聽就能學會如何使用樂器，創作出他們的作品。另有許多人就算不會樂器，也是音樂愛好者。還有些罪犯是一流的技師，幾乎沒有他們修不好的東西。也有些罪犯是手藝精湛的工匠，可以創作出精美的皮雕或堅固耐用的家具。

如果罪犯因為成就而獲得讚揚，自我價值感便會提升。就算大家知道罪犯的前科累累，仍可能會抱持樂觀期待，希望罪犯可以將才華引導至讓他們成為負責任公民的方向。然而罪犯大多缺乏自律，不太可能在協助他們發展這些才華的訓練計畫中堅持下去。他們期望的是一夜成名，若是難以立即打響名號，就會感到失望、失去興趣。當然也有例外的情況。某些罪犯因為期待得到大眾的崇拜或從中獲利，願意發展自己的技能，而此舉也更容易隱藏他們其他不是那麼光彩的一些才華。

非罪犯也可能沒有善用自己的天賦，或是沒讓自己的才華得到適當的發展。他們也許會為自己設定不切實際的過高目標，之後因為無法達成而變得洩氣，或是因為找到新的目標而放棄原來的努力。部分才華橫溢者害怕失敗的心態過於嚴重，以致於他們在面對他人的評斷之前就先行放棄。

然而負責任的人會在追求成就的過程中發現意義。相較於最終的結果，過程中所經歷的堅持與克服障礙的部分，可能更令他們驕傲。但罪犯卻截然不同，他們若是無法獲得立即的成功，就會轉換到更令他們覺得滿意的犯罪舞台去展現自己。

宗教儀式是另外一種罪犯用來維繫他們心中自認是個好人的方式。有些從小就接受宗教教育的罪犯，會將學到的宗教儀式深記於心。這些罪犯的父母表示他們的孩子在小學時，都是非常循規蹈矩的學生，會幫忙家裡，也會乖乖去宗教學校就讀。在孩童時期，只要他人的言行有些許不妥，這些罪犯就會大肆批判。他們相信若要持續得到上帝的恩典，就必須努力比好人更好、比純潔的人更純潔。然而這些罪犯儘管虔誠，決心卻無法持久。長大成人後，許多人依然堅持他們成長過程中的信仰，但一如罪犯典型的心態，他們從一個極端轉向了另一個極端。過去曾有「酗酒、打架與胡鬧」歷史的羅藍對我說：「我是個信仰非常虔誠的人，只不過不做禮拜。」他嘲諷那些「偽君子與背離宗教的人」，之後還宣稱：「我是個罪人，但不是偽君子。星期天我不上教堂，但也不會在星期一玩弄數字。」他淡化自己是罪人的事實，他說：「很多時候，我都是環境的受害者。」

隨著眼界的拓展，孩童時期的罪犯會遭遇愈來愈多的誘惑，而他們的精神也會集中在大家不允許他們做的事情上。其他人很難察覺到罪犯維持純潔心態的意向不斷地遭到侵蝕。那些自認與罪犯很熟的人，對於心目中的模範小孩突然涉入犯罪行為，都會感到措手不及的驚愕。但是罪犯其實並沒有完全拋棄他們的宗教。出於懷舊的童年情懷，罪犯仍會在他們渴望平靜或期望一場撫慰人心的儀式時，求助於宗教的殿堂。黑手黨成員為孩子受洗、戴著十字架項鍊、祈禱、點蠟燭與引述《聖經》的畫面，在各類書籍與電影中都有描繪。就像罪犯會利用所有的一切那樣，宗教也逃不出遭到利用的命運。罪犯祈禱自己的犯罪事業能一帆風順；若遭到逮捕，罪犯祈禱自己能夠擺脫困境：如果被監禁，他們則是尋求救贖，然後下定決心改過自新。

許多罪犯都在監獄中成為教徒。在矯治機構中，以宗教為基礎的計畫快速成長。在某些情況下，罪犯會利用神職人員，試著獲得他們的特別關照或謀取他們的支持，讓自己能早日獲釋。有些罪犯在專心研讀宗教經典或參與宗教儀式時顯得相當虔誠，但許多人一旦出獄，就會很快地將自己的虔誠之心拋在腦後。

宗教與罪犯的生活方式無關。孩童時期的罪犯也許在白天是禮拜儀式上的輔祭，但當天稍晚就會去商店瘋狂偷竊。他們也許會上教堂、會捐獻，在家也會進行宗教活動，但這些行為並不能制止他們去傷害無辜的人。對罪犯而言，宗教與邪惡並存。

在掩飾自己的罪行上，白領罪犯的技術特別好。他們受過相當程度的教育、具一定的職場地位，也擁有不錯的社交禮儀，因此別人眼中的他們，就是成功而正直的公民。這類的罪犯不僅相信自己是好人，也把這樣的觀點傳達給其他人。

蘿絲並沒有會計或其他科目的學位，但在一家工作了超過十年的大企業中，獲得了營運長的職務。她在談到與她主管之間融洽的人際關係時說：「我有一套幾乎全自動的照顧他人方式。」她服務的這家企業接手了一所經營失敗的非營利藝術學校。「我對那個組織做出了巨大的貢獻，讓那所學校起死回生，就像奇蹟一樣，」蘿絲驕傲地這麼說，不過她認為自己的貢獻並沒有得到大家足夠的認可。這個組織的總裁對蘿絲深感佩服，於是請她用學校的一百萬美元資金去股市操盤投資。蘿絲對股市一無所知。她一開始把這筆錢存入她的私人帳戶中，後來還是把錢拿去做了投資，期待能有豐厚的獲利。她原本的計畫是把本金還給學校，與學校對分賺來的利潤。不過蘿絲把股市當成吃角子老虎，一天就進行了數百筆的交易。最後，國稅局因為她存在自己戶頭下的三千萬並未繳稅而進行調查。就這樣，突然陷入困境的蘿絲，因為無法負擔自己住處的租金，睡在朋友的辦公室裡。但是她依然一副自信滿滿的態度，幾乎沒有人知道她所面臨的局面。她依然打扮時髦，並與一位富有的女士恢復了往來，還陪那位女士一起去大西洋城。蘿絲在那裡把她從兼差工作處獲得的微薄所得，全都投入吃角子老虎機器中。同時，她設立了自己的公司販售維他命保健品，並浮誇地稱之為「保健品界的微軟級產品」。由於這些產品不受食品藥物管理局規範，因此蘿絲可以大力促銷並說服他人投資。她信誓旦旦地說要讓「這個投資計畫火力十足並鴻圖大展」，她還異常嚴肅地告訴我：「我不會欺騙別人，也不會欺騙自己。我是個單純直接的人。」她始終相信自己是個會計專家，並吹噓道：「我非常擅長數字分析，而且精通會計。」除此之外，蘿絲因為幫助一位男士管理他的錢，而與對方陷入愛河。她依然參與她所屬宗教團體的慈善工作。每個遇到蘿絲的人，都覺得她是一位優秀又成功的女士。不過她的銷售投資計畫從未成真。她賭贏的那一點點錢，全都又餵給了吃角子老虎，另一方面，國稅局也拼湊出她的詐欺行為，準備起訴她。

罪犯不見得會接受他人認定的高尚品德標準，卻聲稱有他們自己的一套準則。其他人都是騙子、誣賴、變態、罪犯，但他們不是。他們看不起那些墮落的傢伙，因為他們不會去做那些壞蛋所做的事情。某些特定的罪行會令罪犯覺得看不過去，所以他們認定那些事情是錯誤的行為，也是他們的紅線。每名罪犯為自己的行為所設定的紅線都不一樣。有人說猥褻孩童者應該處以極刑，有人支持強暴犯去勢。但是每名罪犯都認為自己的所作所為不應受到非議。一名白領罪犯也許詐取了數百萬甚至上千萬的金額到他的戶頭裡，導致一家小型企業關門、數十位無辜員工失業。但其他罪犯的人身攻擊行為，卻會令這名連續侵占犯感到驚懼。

罪犯聲稱他們重視家庭，而且不論他們做了什麼，都希望家人能夠全盤接受。但是這些口頭上的關愛，與他們實際表現出來的殘酷行徑卻毫不相符：他們很容易就把家人視為一種私人財產。罪犯一而再地恫嚇、威脅、背叛家人，令家人感到失望、挫折又疲憊不堪。當罪犯的父母沒有照他們的意思去做時，他們會試著讓父母感覺愧疚。如果罪犯的父母對罪犯的選擇與決定表示不贊同，他們還會指控父母企圖操控他們的人生。

特洛伊的家族在經過多年經營後，建立了一家名氣響亮的房地產開發公司。特洛伊的父母栽培他，要他在他們退休後接掌公司。然而就在特洛伊扛下愈來愈多的責任後，他開始抱怨工作已經變成一場噩夢，因為他得全天候待命。他說他父親脾氣暴躁又控制欲十足，不願意完全交棒給他。特洛伊認為每次有問題發生，自己總是首當其衝地承擔他父親的怒氣。「他從來沒有稱讚過我。」他這麼抱怨道。「顯然他從未完全信任我可以掌管公司。」事實也證明他父親的確有理由不相信他。特洛伊開始曠職，接著又用公司的信用卡支付個人的花費。最後特洛伊的父母發現公司帳目短少了一大筆錢。隨著時間推移，數百萬美元就這麼消失無蹤。大家後來發現這筆錢被特洛伊挪用，拿去購買昂貴的電子產品、豪華名車，並在網路和賭場賭博，而且損失慘重。此外，他衝動之下的所有投資也全血本無歸，只不過他不時地會把投資的暫時獲利轉回公司，彌補他所偷竊的公款。特洛伊之所以能夠隱瞞他盜用公款的事，主要是因為家人對他有足夠的信任，並給了他相當程度的自主權所致。

特洛伊認為自己基本上不過是個犯了錯的好人，他對自己的大方相當自豪。他在未經授權的情況下，就從家族企業的帳戶裡撥了一筆錢給朋友度過難關。在他經常光顧的昂貴餐廳裡，他「絕不讓別人付錢」。除此之外，一行友人陪著他一塊前往拉斯維加斯進行「比生命更重要的壯舉」，食宿費用也全是他買單。特洛伊說他對妻子情深款款，「總是在付出，總是慷慨以待」。已跨入四十歲的他，只想要「輕鬆度日沒煩惱；退休之後住在海邊享受生活」，而且從此不必再賣命工作。

請特洛伊寫下他性格中的優缺點時，他形容自己是個「值得信賴、忠誠、自動自發、不需別人監督，以及負責發號施令的那種人」。至於負面部分，他說自己喝太多酒、不會表露情感，「想要討好每個人」、「假裝自己很聰明」、「偶爾撒點謊」，以及「沉迷賭博」。特洛伊堅定不移地深信自己是個有責任感的兒子，也是個對他人非常慷慨大方的人，但是他在短短幾年間，就摧毀了家族耗費數十年所建立的事業，並因此鋃鐺入獄。即使經歷了這一切，他的父母仍前往監獄探視他，而他也說他們依舊「支持」他。

我看過無數與特洛伊相似的個案，這些罪犯往往會毫不留情地利用家人對他的信任與支持。摩根就是一個例子。這名年輕人經常過著入不敷出的日子，搭頭等艙去度假勝地、住頂級旅館、上豪華餐廳享用昂貴大餐，然後偷刷父母的信用卡付帳。東窗事發時，他積欠的信用卡款已高達數萬美元。他的父母並未告發他，他們希望他能去找份工作慢慢償還這筆錢，並從這次經驗中學到教訓。摩根表示對過去的行為感到後悔，也承諾改過自新，他似乎開始過著有節制、不工作就沒有錢的紀律生活。然而在一切看似負責的生活中，他卻偷偷地辭去了工作，搬回家與父母同住。他父親在這段期間生病並失去了工作。向來對股票投資感興趣的摩根，先是把自己的五百美元積蓄全投資在股票上，賺了一點錢。自此開始，他的胃口大開，確信如果投資金額夠大，肯定能夠「大賺一筆」。他假冒父親的身分（他有必要的身分確認資料，包括他父親的社會安全號碼），將一筆十萬美元的存款轉到自己名下的戶頭，開始大炒股票。結果證明他並不是自己以為的金融天才。摩根對於實現自己想像中的「巨大利潤」自豪不已，但事實上他因估算失利而蒙受了巨大的損失。同時，他的父親打電話給他的存款銀行，要將戶頭裡的錢匯到另一家銀行的帳戶中。但是令他驚愕又沮喪的是，銀行告訴他帳戶裡的金額遠比上次銀行帳戶所顯示的餘額少得多。這筆財務上的損失，讓摩根的父母大受打擊，但更令他們痛心的，卻是他們的兒子對於年邁父母所做的事情。他們的兒子再次以一種預謀算計的方式利用了他們。摩根解釋他這次行為的動機，跟上回純粹受到貪婪驅使的舉動完全不同。他這次的目標不是為了變得有錢，而是希望賺錢幫家人度過難關。「這筆錢不是為了我，我想要賺錢給爸爸。」他這麼解釋。摩根的父母並沒有與他斷絕關係，也沒有把他逐出家門；對他們而言，如果這次的損失，可以讓兒子曉得自己哪裡出了問題，那麼一切都值得。摩根的父親對我說：「我真的相信他想要幫助家人。在論定他的動機時，這個原因是關鍵。（摩根）也許錯得離譜，只是他自己並不知道這一點。」這位父親接著說出了他的結論：「（摩根）是個善良的人。出問題的，是他錯誤的想法，以及他追求自尊的方式。」

我們經常可以看到罪犯的父母以及與罪犯親近的人，對罪犯的行為提出合理化的解釋。他們認為罪犯根本沒有能力做出如此惡毒的事情，他們為罪犯開脫，解釋這些犯行都是出於情有可原的動機或根深柢固的心理問題。摩根對於自己的所作所為心知肚明，他完全是刻意為之，但摩根的父母永遠都不會相信他們的兒子能夠殘酷無情到如此程度。

罪犯向來善於利用他人的弱點與脆弱之處。年長者往往是詐騙之徒下手的誘人目標，他們會對老人家進行騷擾和恐嚇，獲取對方的個人財務資訊，並進一步勒索金錢。這些罪犯往往透過提起法律訴訟的威脅或訴諸暴力等方式，要求年長者支付「逾期」的帳單。這些被害人會遭到罪犯警告，若不依照指示行事，就會有人上門逮捕他們。

根據美國退休人員協會（American Association of Retired Persons）的調查，戀愛詐騙位居美國老人受騙事件的第一名。[2]網路追求者利用老人的寂寞與認知能力下降，滲入老人家的生活當中。這些騙子以數位問候卡、歌曲的播放、愛意的表達，以及似乎迫切地想知道對方的一切等手段，追求他們的受害者。獨居的寂寞老先生或老太太對於一個騙子的信賴，可能會勝過任何其他人，因為騙子會深深地打入這些受害者的個人生活中，成功得到對方足夠的信賴，然後成功地「借」錢。

詐騙犯也會吸引渴望養寵物的人。他們在網路上貼出貓貓狗狗的可愛照片，一旦點閱者聯絡並詢問如何購買時，他們會提供一個通常低於信譽良好的飼主所會要求的報價。買主在迫不可待地等著寵物上門時，會被告知必須額外支付特殊的寵物籠、食物或獸醫照顧的費用。但是買主的寵物永遠都不會出現。

詐騙的手法層出不窮，新的騙局屢見疊出，而且往往會以一種匿名的「自動語音電話」形式深入一般人家中。美國退休人員協會在二〇一九年估計，光是財務詐騙事件，美國老人一年大概就要損失約兩億九千萬美元。[3]此外，老人家也常常是醫療身分竊盜案的受害者。在這類的案件中，罪犯利用他人的個資開立自己的處方箋或支付自己的醫療費用。詐騙老人的這類犯罪型態，很難準確估算出損失的總額，因為有些受害者遭到威脅不敢聲張，有些覺得承認自己上當是件很丟臉的事。

對於自己的祖輩家人與熟識的年長者，朝年長者下手的罪犯通常都會表現出強烈的情感，並盡力給予協助。他們會為老人家帶些日用品、鏟雪、協助他們過馬路，以及替他們跑腿。對於他們認識的老人家，如果罪犯認為有誰想要占便宜，他們就會立刻挺身而出，保護力十足。他們對自己的長輩與熟識長者所展現的關懷，讓他們更加堅信自己就是好人。

若罪犯受託照顧的老人家身體機能受損，特別是失智症，那麼犯案的風險就會變得很低。由於照護者可以輕易取得受照護者的個人財務資訊，因此侵入銀行帳號、偽造支票或盜刷信用卡的事情時有耳聞。南佛羅里達有一件看護盜刷富有年長女士信用卡的案件，這名看護利用信用卡支付少許服務費，向賭場預借了大筆現金，還偽造受害者的簽名，簽收她的長期照護支票，只將一小部分的款項存入受害者的帳戶內，剩餘的金額全兌換成現金，放到自己的口袋中。當這位女士住在千里之外的家人發現這件事時，她名下已有超過三十萬美元的現金與財產消失不見。

罪犯投注感情的地方因人而異。有些人非常喜歡動物，他們會照顧遭到遺棄與受傷的動物，而且付出的心力遠比教養自己的孩子還要多。有個殺人犯拒絕捏死一隻蟲，因為他「不想殘殺生命」。這些熱愛動物的罪犯若是看到有人虐待動物，他們不但會介入，甚至還會動手攻擊。另外有些罪犯則是會虐待或漠視動物。同樣地，有些罪犯很愛小孩，誰的小孩都一樣。他們只要聽到嬰兒哭鬧，就心疼得立刻上前安撫。但是也有些罪犯完全不把孩子看在眼裡，這些人連自己的孩子都不放在心上。哭不停與哄不好的孩子，很可能會引發這類罪犯的殺人念頭，或甚至暴力對待。

威爾森和他的女友亞曼達在一起快兩年了。亞曼達透露自己懷孕的這件事，讓威爾森吃了一驚，不過失業中的他對於自己即將為人父這件事，仍是充滿了喜悅與期待。後來當威爾森發現亞曼達對孩子幾乎毫無興趣，而且要求自己全時段照顧寶寶時，喜悅變成了沮喪。晚上起床陪著寶寶、餵奶、安撫寶寶，全都是威爾森的事情。有時候不論做什麼對寶寶都不管用，會讓威爾森感到很挫折。亞曼達說她的男友會變得暴怒，並大喊大叫地說他討厭她和寶寶，有時還會用非常粗魯的方式照顧孩子。一個冬日午後，威爾森與亞曼達準備出門購物，計畫把寶寶托給威爾森的姑姑照顧。他走進寶寶的房間後，把寶寶放到小床上讓她睡例行的午覺，但是孩子怎麼樣都不肯安靜下來。威爾森把孩子放進小床、關上房門，與亞曼達一起出門辦事。兩人回來後，亞曼達去房裡照顧寶寶。威爾森聽到一聲尖叫的同時，亞曼達也抱著寶寶衝進了客廳。小寶寶全身發青，似乎沒了呼吸。孩子被匆匆送進醫院後，醫生宣布死亡。威爾森被控二級謀殺。根據解剖報告，孩子頸部的痕跡顯示孩子曾遭到勒壓。這位父親殺害了他一直期待出世的孩子。

與未成年者發生性關係的罪犯，與本章討論的罪犯並無差異。他們同樣相信自己是好人。就算受害者是孩子，就算這些人清楚知道自己的行為違法，但他們仍不會把自己視為「罪犯」。這類的人很快就會指出他們並未使用暴力，並聲稱那些受害的孩子，全都渴望與他們發生關係。

在期刊《攻擊與暴力行為》（*Aggression and Violent Behavior*）中，威爾（Jayson Ware）與他的同僚表示，性犯罪者利用否認「來維繫他們的自我概念……以及維持一貫的自我意識」。[4]換言之，維持自己是好人的觀念，正是罪犯身分認同的核心所在。

諸如心理諮商師與社工等這些懷著善意去幫助罪犯的專家，往往會錯誤地推斷自卑是罪犯的主要心理問題。這些專家看到了罪犯在很多方面的失敗：不管是家庭、學校、職場、人際關係，還是才華的發揮。這些專家與罪犯接觸的時候，都是罪犯消沉的時候，因此專家可能會以為罪犯是因為飽受自己不如他人的自卑感折磨而感覺沮喪。沒錯，罪犯看起來或許的確很消沉，但他們之所以消沉，是因為他們處在一個迫不及待想脫身的環境中。瞭解罪犯自認是好人的心態，應該可以幫助那些立意良善的人，避免再徒勞地浪費時間去強化罪犯其實已經無比自大的自尊了。

執法人員很清楚罪犯相信自己是好人的心態，因此會在訊問策略上加以利用。他們會告訴罪犯他們明白對方有一顆善心，且無意傷害他人。警方的這種作法，不僅能夠減少訊問時的摩擦，更能向罪犯傳達同理之心，而不是把對方當成無惡不作的壞人。威爾森被控謀殺還在襁褓中的女兒之後，有位警官在訊問時對他說：「你的女兒出了事。這不是意外。我知道她有時會讓你覺得很挫敗。我相信你不是個惡魔。你只是一個準備不足的新手爸爸。不論發生了什麼事，你都不會因此變成壞人。我們只是想要知道究竟發生了什麼事。」這種審訊方式背後的概念，是嫌犯一旦安心相信訊問者認為自己是個好人後，可能比較願意吐實。

即使人們承認惡真的存在，但在面對作惡的罪犯時，卻往往會為罪犯尋找減罪的理由或提出合理的解釋。大家拒絕正視罪犯的真面目，堅持相信人性本善，而且認為就算是最惡毒的罪行，也是出於情有可原的狀況。罪犯非常善於利用他人覺得自己是好人的這種想法。一般人會認可罪犯的才幹、見證罪犯曾經做過的善行，並傾聽罪犯擁護的高尚想法。與罪犯互動的人——不論是家人、親友或陌生人——通常都走不出罪犯用謊言、模糊的說詞以及僅對自己有利的陳述所編織出來的叢林。除非罪犯真的犯下了暴力的罪行，或累積了厚厚的犯罪紀錄，否則大家都想相信他們、不願意嚴厲地批評他們。

《時代》雜誌一九九一年的一篇封面報導就在探討惡的本質。大家認為「惡是既狡猾又怪異的東西……我們無法透過系統性或科學的方法來認識惡。惡也是殘忍而難以捉摸的東西……我們可以藉由惡的結果來瞭解它究竟是什麼。希特勒是個素食者。薩德侯爵（Marquis de Sade）[5]反死刑。」[6]本章的重點在於惡行如何被包裹在良善之下。罪犯所仰仗的，就是大家的習慣性想法，好讓他們能夠從事甚至最具破壞性的行為。畢竟在大多數的時間裡，罪犯都看似是好人，沒有在從事犯罪行為。

一名犯下了無數竊盜、人身攻擊以及毒品相關罪行的二十二歲罪犯對我說，他覺得自己是個好人。他的解釋如下：「我又不是一直都在惹麻煩。我也關心一些人，例如在街上行乞的可憐人。我並沒有一直讓我父母過著生不如死的日子。我不是壞人。」這個年輕人的人格中有一些很吸引人的特質：他的智識、幽默感、願意做日常的瑣事，以及突然出人意料地幫助他的父母。大家不願意承認的事情，是表現出善行、展現出感性的態度，只會讓罪犯更加

堅信他們基本上是好人

那些自以為對罪犯知之甚深的人，很可能會發現他們其實一點都不瞭解罪犯。罪犯指望從他人的不疑有他中得到好處：因為大家寧可相信罪犯在內心其實是個善良好心的人，所以當罪犯犯下令人髮指的罪行時，其他人不但不會嚴厲地指責他們，反而會把他們的罪行詮釋為應對外部壓力的作法，並解釋這些罪行只是種的反常行為或精神疾病的症狀。

注釋

1 Byron Christopher, *The Man Who Mailed Himself Out of Jail* (self-published, 2020), p. 176.

2 Katherine Skiba, "Once, Twice, Three Times a Fraud Victim," AARP.com, March 3, 2021, www.aarp.org/money/scams-fraud/info-2021/chronic-fraud-victimization-report.html?intcmp=AE=FRDSC-MOR-R2-POS3.

3 Katherine Skiba, "Older Americans Lose Billions to Scams, Senate Report Says," AARP.com, January 18, 2019, www.aarp.org/money/scams-fraud/info-2019/senate-aging-committee-hearing.html.

4 Jayson Ware, W. L. Marshall, and L. E. Marshall, "Categorical Denial in Convicted Sex Offenders: The Concept, Its Meaning, and Its Implication for Risk and Treatment," *Aggression and Violent Behavior* 25, part B (November–December 2015): 215-26.

5 譯注：薩德侯爵：一七四〇—一八一四，法國貴族、政治家、哲學家與作家，作品包括小說、短篇故事、議論與政治短論，其中又以結合哲學論述與性幻想描述的情欲作品最為著名。這些作品中對於暴力、虐待、性、犯罪以及對於基督教的褻瀆，都有相當程度的強調。作品包括《索多瑪一百二十天》（*Les 120 journées de Sodome ou l'école du libertinage*）。

6 Lance Morrow, "Evil," *Time*, June 10, 1991, pp. 48-53.

第十六章

是精神疾病，還是犯罪人格？

「我殺了我媽。我是個思覺失調症患者。」三十歲的葛連這麼對警察說。律師代表這位失業在家的前優等生提出「因心神喪失之故而無罪」的抗辯。法官指派我為葛連犯行時的精神狀態進行衡鑑。針對這起案件，我在法庭上的證詞是公開的紀錄，不過我還是變更了當事人的名字以及其他可供識別的特徵。

葛連在精神科治療中心進行住院醫治的紀錄非常厚，他也接受過多年的門診治療。醫生診斷出好幾種不同型態的精神障礙，葛連幾乎就是一本活的精神病理學教科書。但是熟識他的人卻發現他為其他人帶來的困擾，遠遠大於他的病況對他自己所造成的麻煩。這些人指出葛連與他母親在多年的激烈衝突後才動手殺害了他的母親，他們相信葛連其實很清楚他在做什麼。

要瞭解葛連在犯案當時的心理狀態，必須先知道他在案件發生**前**是個什麼樣的人。我光是訪談他的時間就多達十幾個小時，訪談與他熟識的人大概用了六個小時，另外還花了很多時間詳讀他的資料，包括學業成績單、他的寫作、警方紀錄、精神科醫院的病歷，以及財務紀錄。

在監獄的第一次訪談裡，葛連的態度非常不悅。他在聲明「我聽過你的惡行惡狀，你覺得每個人都神智正常」之後，他說他相信這次的衡鑑結果會是一場「騙局」。我完全不受影響地立即和他開始討論他的這種看法。當他堅持我不「相信精神疾病」時，我十分有禮貌地告訴他，我曾在精神科專門醫院服務，也曾診治過患有精神疾病的病人。葛連於是似乎有些軟化地說：「那就不一樣了。」我們之後的訪談在相當友善的氣氛下進行，直到我們在一場會面中討論到家人關係時，他變得很生氣。葛連猛然從椅子上起身，從高處以向下俯視的姿態簡潔地說：「我想你應該已經決定我是個神智正常的人了。」他顯然已經做完了有關我過去紀錄的「家庭作業」：他堅稱我對於上《菲爾．唐納修秀》（*Phil Donahue Show*）與《歐普拉脫口秀》（*Oprah Winfrey Show*）等脫口秀節目的興趣，更甚於找出與他相關的事實。（我在接受這些節目訪問的時候，葛連還在包尿布。）進一步就我是否「相信」精神疾病這件事進行討論之後，葛連再次平靜了下來，並承諾「我會盡可能更守規矩」。由於他不時突如其來的暴怒，我不但要求增加警衛人員，而且要求與他會面的房間，必須要有獄方人員在附近。葛連依然很冷靜、專注，也有問必答。他非常關心我記筆記這件事情，甚至建議放慢談話的速度，還特別把某些字拼出來。

葛連的父母在他念中學的時候離婚。有位親戚說，他是個「貼心的孩子」。他的兩個弟弟說，他是個喜歡獨自待在房間裡看書的獨行俠。其中一個弟弟說，葛連是他們父母眼中的「寵兒」，因為他們「非常佩服他的才智」。另一個弟弟則表示，葛連雖然很好相處，但常常會變得「粗暴、討人厭，還愛嘲諷」，因為他「覺得他比任何人都更聰明、更棒」。

葛連獲選進入一個特殊的大學課程，這個課程是專門設計給「特別挑選出來的少數學生，提供他們迥異於一般教育的學術自由和創作機會」。他主修哲學，但也選修了密集的外語課程以及極具挑戰性的歷史與文學課程。他喜歡的科目，成績都非常優異，但其他的學科則是勉強及格。葛連感覺到「失落與找不到目標」，而且經常不念書。他孤立自己、蹺課，認定其他人都因為他是個「書呆子」而拒絕與他來往。他還主動透露自己竊取了好幾千塊美元的書籍、衣物與糖果，也使用大麻與迷幻藥。

研究所期間，葛連不再去上課，之後又出現思覺失調的問題，導致他第一次住院治療。在他所稱的「崩潰」期間，他砸毀家具、丟棄衣物，甚至在房間裡便溺。醫生診斷他「可能因毒品使用而引發了短期的精神疾病發作」。當我詢問有關這段期間的經歷時，葛連輕描淡寫地說：「我抽了太多真的很猛的東西。那些東西讓我失了神。」

出院後，葛連開始與母親同住。他確信在他母親的眼裡，他是個「非常令人失望的存在」，因為他沒有完成研究所的課程，而且一直沒有工作。後來當他認知到他母親對他的寬宏大量之後，葛連表示：「我媽真的很希望我死掉。為了我好，她想讓我安樂死。」他一面對於自己成了人質，被強迫面對他母親的抱怨與要求，感到非常憤怒，但同時卻又住在他母親家的地下室，「偷偷地喝酒」，有時候還喝很多。

葛連痛恨必須在財務上依賴他的母親。由於住院與精神疾病的紀錄，他有資格申請政府的殘障補助，但他總是把手上的錢花到一毛不剩。他態度激動地對我說：「每個月都要跟我媽伸手，是件讓人厭煩的事情。我討厭被人看扁。」葛連推測檢察官應該會誤以為他弒母的動機，是他與他母親的金錢衝突。

葛連的母親有一份全職工作，但她依然辛勤地打掃家裡，並做飯給兒子和自己吃，而葛連始終拒絕提供協助。他的一個弟弟告訴我：「他常常讓我媽難過。我對他說他在占媽媽的便宜，他是個沒用的傢伙……沒有工作配得上他。他比所有人都優秀。葛連總是可以得到他要的東西。我媽也不知道該怎麼辦。她覺得她完全無計可施。」

葛連在繼承了一位親戚的部分遺產後，很快就搬離他母親的家。但是不到一年的時間，他不但花光了所有的錢，還欠下了兩萬多美元的債務。

葛連的一位弟弟說，他們的母親是個「慈愛、安靜、體貼的人」。他還記得在他母親遭到殺害的前一天晚上，她對葛連在情緒發作時可能會做出的事情感到憂心。這個弟弟請他母親在遇害的前一晚到他家過夜，但他母親告訴他，她會想辦法處理，也打算鎖住自己的房門。這位弟弟後來告訴我：「他們之間存在著我們一無所知的衝突。」

此外，他們家有位叔伯輩的親戚告訴我，葛連緊緊抓著「一份他從小所受到的委屈清單」不放。葛連的拒絕態度讓其他人對他退避三舍。這位親戚還說葛連的行為，到底是「混蛋」還是有精神疾病，實在很難區分。他認為葛連「麻木不仁」。

葛連的繼母則是覺得她從來沒有碰過像葛連這樣的人。她說：「他自認比任何人都重要。他一直都是個很惹人厭的傢伙。他用粗暴的言詞向他母親咆哮，說他母親有多蠢、多麼不配活著。他非常痛恨他的母親。她為他做得愈多，他愈痛恨她。他總覺得他可以控制他的母親。他母親視他如命，可是又很怕他。在他的口中，他母親就像是一隻他擺脫不掉的狗……如果你崇拜他、同意他所說的話，那還好；一旦越過了線，野獸就會跑出來。他是個邪惡的人，是個瘋子。」這些都是葛連繼母根據她自己的經驗所提出來的非專業人士意見。

在我面前，是一大疊厚度令人生畏的精神疾病相關病歷，記錄著葛連的精神疾病病況。以下內容摘自葛連的病歷：

■ 第一次住院（臨時強制住院治療令）

精神治療藥物服用過量，病人表示：「我不是試著傷害自己，我想要殺了我自己。我在這個世界的目的已經完成了。」

診斷結果：未分化型思覺失調症

■ 第二次住院（臨時強制住院治療令）

情緒狂躁，威脅要刺殺知名公眾人物，藉以達到「死在特勤人員槍林彈雨之下」的目的。

診斷結果：妄想型思覺失調症，未分化型

■第三次住院（自願）

幻視、幻聽，守護天使叫他來醫院。

診斷結果：情感性思覺失調症，未特別註明類型；未分化型思覺失調症

■第四次住院（自願）

停藥後益發嚴重的精神疾患、代償失調。

診斷結果：情感性思覺失調症

■第五次住院（由母親送急診）

憂鬱症狀、焦慮、思覺失調、幻視、怪異行為。

診斷結果：情感性思覺失調症，未特別註明類型

■第六次住院（救護車送醫）

停止服藥。狂躁、誇大性思考、飛躍性思考、不知所云。

診斷結果：情感性思覺失調症

■第七次住院（自願）

混沌、困惑、口吐令人不解的方言、宗教妄想。

診斷結果：躁鬱症，未特別註明類型

葛連強調他厭惡精神科醫生，認為他們都很「邪惡」。為了想要掌握醫生可能用來治療自己的方式，他仔細研究精神障礙的相關資料。他告訴我，他在一家醫院裡想出了「一套改變自己病歷的方法」，可以讓開藥的精神科醫生不開精神科藥物給他。葛連認為思覺失調症的診斷結果，等於是對他宣判「無期徒刑」，因此用心鑽研精神病學教科書，並說服醫療人員相信他沒有精神方面的障礙。他提到他學會了與精神科醫生「用他們的行話」溝通，而且對於成功智取的結果相當自豪：「我對他們撒了很多謊，讓事情朝著我要的方向發展。我騙贏了他們。」有位治療專家回憶道：「他會在劑量上討價還價，當自己的精神科醫生。」

在葛連的姪子與姪女相繼出生後，他對他的母親益加不滿，因為他不再是母親關切的焦點。母子兩人每天晚餐前的對話次數慢慢減少，也讓他開始認定「她希望擺脫我」。他覺得自己的地位被小姪子與小姪女取代了。葛連回憶道：「她愈來愈沒有耐性，而且開始對我感到厭煩。她不想聽我說話。我變得有些孤僻……她試著跟我切斷關係。」葛連對大多數人所展現出來的鄙視，也擴及到他母親身上。他拿自己的聰穎與他母親單調的興趣相比：「我有點像知識份子。以她的程度，根本連啟蒙運動這樣的事情都無法理解……她覺得我像教授一樣，用教授的語調說話。我根本找不到人聊我有興趣的東西。她看的都是懸疑小說，一天還要花兩個小時研究祖譜。」

醫生對於葛連病況的診斷，主要是情感性思覺失調症。這種疾病的特點是好發於病人成年初期，經常會導致社交與職場表現障礙。（葛連另外還有「藥物濫用疾患」的問題。）根據《精神疾病診斷與統計手冊》第五版的內容，情感性思覺失調症狀包括「一次嚴重情緒失控的發作」以及「在情緒障礙不嚴重的狀態下，出現兩週或更長時間的妄想與幻覺」。然而葛連第一次在研究所就讀期間入院治療時，病歷上首先提到的是他人格的另一個面向。有位精神科醫生在病歷上寫道，病人有「一種潛在的自戀性人格障礙」。葛連的言行舉止一直都符合這個診斷的標準，包括表現出一種「認為自己很重要的不切實際感」、心中始終堅信「他很特別」、對他人缺乏同理心，以及「自大、高傲的行為與態度」。

葛連迫切地想要討論他母親死亡的細節。他告訴我：「她已經不是我的母親了……她沒有靈魂。上帝把她送進了地獄。我再也無法忍受她在我旁邊。」接著他開始一面畫十字，一面用拉丁文祈禱。他堅稱他的母親失去了靈魂，因為她有罪，而她的罪行就是將金錢的重要性置於一切之上。

葛連描述自己如何走進屋子、走進他母親的臥室，堅信自己必須宰殺附在她身上的邪惡魔鬼，然後如何爬到她身上，開始掐住她的脖子。葛連這時中止了他的敘述，開始談論其實是「約書亞彌賽亞」在攻擊他的母親。突然間，他又停止提及這個第三者，開始再次以第一人稱敘述過程，與行凶者合而為一。他記得他在踹他母親「頭部右側」那時，自己所穿的鞋子品牌。他描述他接著到廚房去，抓起一把榔頭，再回到他母親的臥室，用榔頭用力擊打她的臉。葛連持續說著他的行為，他說：「我重敲了一次她的前額，我想她已經死了……我踹了她的胯部。我記得自己有那麼做。」

我問葛連殺他母親的人是他，還是其他人，他回答：「是我的手在行動……就像是我殺的。沒有其他人這麼做……我說不是我，那是因為……我從來沒有想過我是個殺人犯。」換言之，殺人犯的角色，與葛連認定他自己是個好人的形象之間，存在著矛盾。

根據很快就抵達凶案現場的一位警察對葛連的訊問紀錄文字抄本，葛連顯然理解警方的問題，也適切地提供了答案。他告訴警方：「我在我母親的房子裡殺了她。我住在她的地下室……她偷我的錢。」葛連還把他的精神疾病病史、名字、學位以及他當時的治療醫生地址等資訊，提供給警官。他說他需要去精神科醫院，且要求被安置在特定的機構住院。有位警官回憶道，葛連對於事件發生過程的敘述，「條理非常分明，描述也很清楚」。葛連承認「我就是想要殺了她」，他在描繪自己所做的事情時，用的是「弑母」這個詞。就算扯到了魔鬼，他也是心甘情願地依照指示行動，理性地談論事件發生的過程。他在警車裡告訴警官：「我殺了我媽。我是個思覺失調症患者。」

雖然葛連有厚厚的精神疾病病歷，醫生對他的「情感性思覺失調」診斷可能也很正確，但他也確實曾透過恐嚇、操控與欺騙，控制了他的母親。他的精神疾病症狀與宗教有關，本人也否認受到思覺失調症狀的影響，他還說：「我不打算放棄我的信仰。」

我的結論是葛連清楚知道是非對錯，也瞭解他行為的本質、特點與結果。他知道他所攻擊的人是他的母親，不是其他人。他說他就是想要殺她：「我只是想要確認她已經死透了。心死、腦死。」他曾與執法人員詳細討論過他行凶行為的可能結果（入獄或住院）。葛連告訴我，他希望相關單位可以判定他法律上的精神失常，這樣他就能住到州立醫院裡，最後還可以出院。他也期待之後可以繼續受領身心障礙補助，這樣他就可以一個人住在「滿是書籍的房間裡」，散散步、開輛「別人樂捐的車子」。

人可以同時具備精神疾病病患與罪犯的身分，就像有人會同時罹患大腸癌與糖尿病一樣。這兩件事情並沒有互為因果的關係。我必須仔細研究大量精神疾病資料裡所隱含的訊息，去找出這個極度聰明卻又諱莫如深的被告的潛藏人格。在聽完了我的證詞以及支持葛連以精神疾病作為抗辯的被告心理學家證詞的所有呈堂證據後，陪審團並沒有花太多的時間就宣判葛連一級謀殺與加重蓄意傷人罪成立，判處兩個終生監禁。

我對葛連這個案子的描述，可以讓讀者大致瞭解法醫心理學家的作用。《牛津大辭典》對於「法醫的」這個形容詞的解釋是「以應用科學方法及技術進行犯罪調查相關」。[1] 雖然我的工作地點並不是犯罪現場或實驗室，但我的重點在於瞭解那些遭到控告犯罪並面對法院審理的成年人與青少年的心理狀態。在葛連這件案子中，指派我協助訴訟進行的人是法官。

在另外一些案子中，我接到的指派任務是被告的要求。不論要求我提供服務的需求者是誰，我的衡鑑工作都是獨立作業，作業完成後，我會將我的發現報告提交給檢察官與被告。

精神疾病辯護案向來都很複雜，我訪談被告所付出的時間，最高曾達三十四個小時。因為這類衡鑑作業攸關被告（以及受害者和他們的家屬）利害的程度實在太高，因此深度訪談是絕對必要的過程。只花幾個小時、進行一兩種測驗肯定不夠。我想要知道被告在犯罪之前、當下與之後的生活狀況，就像一段連續的影片一樣。被告的朋友是什麼人？他如何打發時間與花費金錢？如何應對挫敗？如何做出重要決策？一個人生活的每個面向，幾乎都可以提供線索說明那個人人格形成的歷程，並讓我們瞭解被告在犯罪當下的心態是處於何種狀態。

大家可能會理所當然地認為像我這樣的專業人士，或許只拿得到會對被告有利的自述，因為被告本來就想藉由自述來設法盡可能降低自己的刑度。因此我用了相當的時間探查「平行來源」（collateral sources）[2]。在葛連這件案子中，我訪談了他的家人、一位鄰居，以及他的門診治療醫生。我也非常注意警方隨身錄影機所錄到的各段訊問影片，以及被告在遭到逮捕、坐警車去羈押處的路上等等各階段所錄到的影片。

精神科醫生路易斯（Dorothy Otnow Lewis）在她以謀殺犯訪談為內容所撰著的書中說道：「被告若以精神疾病作為抗辯，他們就要公開完整的心理狀態，接受大眾的嚴格檢驗。」[3] 這項工作的範疇之大，足以和完成巨大拼圖相比。承接這類工作的心理學家不但不知道結果會是什麼，連一共有多少塊拼圖片都毫無頭緒。

法庭若要求我在案件審理過程中作證，我會在所謂的「直接詰問」階段陳述我的發現，也就是在律師認為我的證詞對他的論點有利的時候。下一個階段則是對方律師的交叉詰問，對方律師在此會引導我回覆所有矛盾、謬誤、疏漏的資訊，或是對方律師認為或許可以挑戰我衡鑑結果可信度的其他問題。

犬儒的人會認為，心理學家的證詞會對支付衡鑑費用的那一方有利，這種看法確實有道理。然而不論支付心理學家費用的人是誰，職業道德和個人誠信都要求法醫心理學家維持獨立的立場。

「激情犯罪」

有時候犯罪事件的發生，是因為當下處於激動狀態的罪犯，似乎一時失控所犯下的宛若激情犯罪的罪行。罪犯的行為並沒有預先的計畫（亦即預謀）。心浮氣躁的丈夫在激烈爭吵中，隨手抓起身邊的東西，當作武器殺害了妻子，就是激情犯罪的一種例子。

激情犯罪的罪犯，與經過精心計畫的冷血殺人犯，很可能有非常多的共通點。這兩種罪犯通常都個性狂暴、固執又缺乏耐性，總是意圖掌控與霸凌他人。他們的臉皮非常薄，只要別人顯露出一點點他們認定的輕視就會暴怒。他們都不會以建設性的方式去處理令他們不滿的情況，而是把問題變得更複雜。遭遇挫折或失望時，這類人也總是把責任全推到別人身上。他們腦子裡常常閃過毀滅對方的念頭，而在最終奪取對方生命之前，他們或許早就多次發動了嘲諷、威脅，或是受脅迫一方不當作一回事的攻擊。凶殺案的執行者，是腦子裡不斷出現暴力念頭的人。就激情犯罪罪犯的心理來說，他根除了屢屢令自己苦惱的源頭。從某個角度來看，我們也可以說這類的罪犯其實就是被設定了去殺人的人——而設定者不是別人，是他們自己的習慣性思維模式。

威利與愛麗斯過去就有過因為金錢、與對方家人的關係、家事以及各種其他事情而激烈爭吵的紀錄。在這些爭吵中，他們相互叫囂對罵、摔門、丟東西。威利一直自我克制著不去對愛麗斯動手。但是有一次他因為實在太生氣，衝到愛麗斯的衣櫃間，用刀子劃裂了好幾件她的衣服。威利的殺人狂想曲曲目包括把他的妻子淹死在浴缸裡，或把她推下相當高的樓梯，讓她一路滾進地下室。他經常幻想擺脫了妻子後的自己會有多開心。有一天，在準備報稅的事情上，兩人爭執再起。就在他們互相咆哮咒罵的時候，威利在廚房抓起一把刀，朝著愛麗斯一再猛刺，直到她死在他的腳邊。威利雖然沒有計畫殺妻的日期、時間與地點，但他終於動手做了他幻想許久的事情。

毫無道理可言的罪行

如果我們瞭解罪犯的心理，那麼看似毫無道理的罪行也能夠找到原因。許多看似毫無緣由的犯罪案件，背後的共同動機其實是罪犯想要追求刺激以及進行違禁行為時的快感。二十六歲的湯瑪斯從青少年時代就一直對連續殺人犯感到著迷。他向我提到「他們如何殺人，以及過程中的樂趣、性與邪惡」，然後又漠然地說：「我很崇拜曼森。我想我會成為一名連環殺人犯。」湯瑪斯說他曾想像過「受到別人的崇拜，讓別人替我去殺人」會是多麼棒的一件事。他還說：「我喜歡槍。手中握著槍，會讓人覺得很威猛。」湯瑪斯只是為了刺激就去傷人，所以早在實際殺人前就遭到監禁。他說他很享受「刻意破壞一段感情、打擊他人、找碴、讓對方陷入一種他們無計可施的局面、讓對方知道他們連屎都不如」這類的事情。他會單純為了找樂子而挑選一個「容易下手的目標」，而且在對方根本沒有任何挑釁行為的情況下，讓對方悲慘不已。湯瑪斯記得他曾經對一個他根本不認識的男孩動手。「我每天都會去找他，跟他要錢，揍他、折磨他。」湯瑪斯無法想像自己負責任地生活會是什麼樣子。他告訴我，他一直幻想著殺人，還說：「如果到我死的時候，都沒殺到一個人，那我這輩子都白過了。」

在某些情況下，我們確實可以找出那些我們認為具有危險性的人，因為他們有過威脅別人、參與暴力活動的過去。根據現行法律，我們不能因為某些人可能會做的事情，而將他們長時間拘留，即使可以拘留，也只能強迫他們接受密集的治療。然而這些人就算接受治療，也不是心甘情願，所以可能完全不會配合，因為他們覺得自己根本就沒有犯下什麼大錯。

倘若一個具潛在危險性的人真的接受治療，也可能只是門診診治，一週進行一到兩次的輔導療程。再說，病人可能只是人在心不在。罪犯鮮少會把內心赤裸裸地向任何人坦陳，遑論陌生人。說穿了，治療專家對罪犯而言，也不過是另一個需要打倒的對手罷了。讓對手（包括治療專家與心理諮商師）相信他們所掌握的事情比實際狀況多很多，是罪犯慣用的一種手法；罪犯可藉此策畫各種戰略，阻止對手攻城掠地。許多接受過治療的「畢業生」，在回鍋後都會再犯下令人震驚的重大罪行。湯瑪斯的父母強迫他接受心理治療。他說他見到心理治療師時，就「努力讓他覺得我很可憐。不過其實讓我不爽的唯一一件事就是被逮」。像湯瑪斯這樣的人，就算是法院下令讓他接受心理治療，也沒有任何方法可以強迫他與治療專家合作。

像湯瑪斯這類的罪犯，在規畫像大規模掃射這樣的犯行時，並不會公開宣告他們的意圖，更不可能透露相關的細部計畫。我們的自由社會中，有各種行徑怪異的人、獨來獨往的人、令人恐懼的人，但只有極少數的人會成為大規模掃射案件的罪犯。心理衛生專家也許可以大聲表達他們對某些病人的擔憂，卻不可能具備足夠的知識或方法去防止大規模掃射事件的發生。同時，我們還必須接受一個現實：某些我們無法辨識出具危險性或無法進行密集治療的人，在法律修訂、我們的科學更進步之前，會突然浮出檯面，帶來嚴重的破壞。

「紅旗」法

美國的十九個州以及華盛頓特區已經通過了一項法令，允許家庭成員、執法人員或醫療相關人員向法院陳情，申請禁止他們認為可能會對他們自己或他人造成危險的人取得槍枝。如果有人經認定具有犯下槍枝暴力罪行的重大風險，那麼這樣的法令就可以用來讓這些人無法武裝。諸如這類的「紅旗」法案，可以像針對家暴罪犯所發的限制令一樣發揮作用。

二〇二一年四月十五日，發生在印第安納州印第安納波利斯市聯邦快遞公司的大規模掃射事件，造成了八人死亡。在他母親已經確實告知執法機構，她擔心自己的兒子可能會做出「藉警察之手自殺」的行為一年後，十九歲的槍手依然買到了兩把衝鋒槍。印第安納州的紅旗法是美國歷史最悠久的紅旗法之一。那名年輕人被送去了醫院，安置在「心理健康暫時安置中心」。警官沒收了他的霰彈槍。這起案件一直沒有送進法院。就算把案子送進法院，槍手也只會因持有槍枝而被監禁六個月。根據《紐約時報》的報導：「專家指出，大多數的紅旗法案主要是為了解決迫在眼前的短期危機……。以現有的型態來看，較長期的威脅……可能不在這些法令的管制範圍內。」[4]

紅旗法因為相對而言屬於新制訂的法令，所以關於其效益的研究稀少又零碎。二〇一八年十二月，洛德（John R. Lott, Jr.）與慕迪（Carlisle E. Moody）在他們發表的一篇論文中表示，這些法令「對於謀殺、自殺、公共場所大規模掃射、搶劫、加重企圖傷害罪或竊盜案中喪生的人數，並沒有帶來顯著的效果」。兩位作者的結論如下：「這些法令顯然並沒有拯救到生命。」[5]這份研究報告的一份評論認為，這樣的法令可能會導致凶殺與謀殺案的增加，因為「那些可能傷害自己的人會因此而不再透露任何事情……因為害怕他們的槍枝會被沒收。」這篇論文繼續表示：「政策制訂者必須要找出其他的方案來解決美國特殊的槍枝暴力流行現象。」[6]

自閉症類群障礙與犯罪行為的混淆

有位父親發電子郵件給我，談論有關他十三歲兒子安迪的問題。李德斯先生說安迪沒有朋友，總是一再地拒絕別人。這孩子的破壞力驚人，讀幼稚園時，幼稚園園長曾明白表示安迪不能再回到學校，並說應該讓他進行特殊教育安置計畫的測驗。安迪後來很外快就耗盡了公立與私立學校的耐性和資源，最終不得不在家就學。安迪的父母說他們的兒子會出現「著迷執著」的狀況，他會對某件事情或某樣東西產生執拗的興趣，然後興趣又會轉換到另一件事情或東西上面。安迪在所有的場合都會有行為不當的情況。舉例來說，他有次因為非常氣班上的一個女生，直接朝著對方臉上吐口水。學校的老師與心理衛生專家都認為安迪可能有自閉症類群障礙的問題。這個病症的診斷標準（根據《精神疾病診斷與統計手冊》第五版）包括了下列狀況：「語言與非語言行為的整合不良」、「社交情感互動障礙」、「人際關係的發展、維繫與理解障礙」、「對於某些興趣不但固執而且投入異常的專注力」，以及「轉變的適應不良」。[7]

若觀察安迪的行為，我們或許會找到看似符合這些標準的行為。李德斯太太說她的兒子不會「自我調整」順應別人，也「不瞭解社交互動」。安迪黏在電腦上的時間非常長，以致於他練出一分鐘可以打八十五個字的速度。他不僅沒有朋友，也不覺得不交朋友有什麼損失。安迪的父親觀察到「他不讓任何人走進心中」，也「不表達自己」。

安迪向我表示，他的父母因為不相信他的判斷力，因此總試著要牢牢抓住他不放。他抱怨：「他們以為整個世界就像紐華克市中心一樣，我只要出了門，就會陷入險境。」他告訴我：「我父母以為我有執念。」他接著詳細說明自己是個「真正的戶外愛好者」，對於「生存相關的東西」具有高度狂熱，他指的是露營、健行、爬樹，以及建造「原始避難所」等活動。他說：「在他們的眼裡，我永遠都是個三歲的孩子。」當被問及如果在孤島上，他希望把誰帶在身邊時，這位青少年回答：「可能誰都不要吧。沒有我想要帶的人。」

然而自閉症類群障礙與犯罪人格的相似特點，只存在於表面。罪犯與自閉症類群障礙對於人際關係的互動都有障礙，但成因完全不同。罪犯在籌畫計謀、獲取權力或掌控權的過程中，訴諸欺騙、脅迫或暴力。他們的策略狠戾而殘酷，他們「反覆利用」對自身有利的方式，鮮少在乎他人的利益或幸福。相反地，自閉症類群障礙的病人無法理解他人的觀點，不是因為他們選擇這麼做，而是因為心理的障礙問題。自閉症患者可能會感到挫敗，進而出現攻擊行為，那是因為他們無法瞭解其他人的行為。這一點與罪犯完全不同。對罪犯來說，只要有人不同意他們的看法、他們沒有辦法去做自己想做的事情，或是有人不認同他們誇大的自我形象，暴怒都會立刻自燃。安迪的案例說明了自閉症類群障礙與犯罪人格之間的混淆之處。安迪告訴我，他的輔導者「說我可能有亞斯伯格症候群（自閉症的一個類型）。我爸媽打算把我送去一所特殊教育學校。我根本就不必去那種學校」。

安迪的行為些許顯示了他可能有輕微自閉症的狀況，但遠比自閉症更明顯的跡象，是他發展出了一種犯罪人格的思維模式。在討論他兒子無法與人建立關係的過程中，李德斯先生告訴我，安迪「總是睜眼說瞎話」、「捏造謊言去愚弄或欺騙別人」。安迪在學校的時候破壞力十足，他會煽動同學搗蛋，但若是落入老師手上，又會把責任全推到他人頭上。安迪抱怨：「學校裡的同學都設計陷害我，就好像我是個可怕的人一樣，（可是）我才是受害者。」每次忤逆父母後，他都會因為父母對他大吼而把問題怪到他們頭上。他堅稱：「他們有很多問題。」安迪的問題行為還包括刻意搗毀物品，譬如把其他孩子的自行車車胎放氣、撬開電腦裡的電池後藏起來、拔掉電器插頭等。問他如果給他三個願望，那會是什麼，這名青少年回答：「更好的生活、更多的電動遊戲，以及另外三個願望。」我問他有沒有什麼他自己就可以做到，而且會因此讓他過上「更好生活」的事情，他先是茫然地望著我，然後說：「我不知道。應該沒有吧。」對安迪做完心理衡鑑後，我的結論是他根本沒有「自閉」問題。他的父親其實也有相同的懷疑，只不過其他人對他兒子的評鑑讓他很困惑。

像安迪這樣的人很可能會表現出類似自閉症類群障礙的症狀。他也可能呈現出本書所描述的思維錯誤。然而兩者之間並無因果關係。數百萬甚至上千萬的自閉症類群障礙者都沒有變成不良少年或罪犯，遑論大規模掃射事件的槍手。

一名因為在多倫多殺了十個人而遭到逮捕的罪犯，提出不具刑事責任能力的抗辯。《紐約時報》報導該罪犯的律師群「提出了罕見的論點，表示當事人無法理解站在道德的角度，謀殺是件錯誤的事情，因為當事人是自閉症類群障礙者，雖然自閉症類群障礙通常與暴力攻擊無關」。辯方一位律師指稱這個抗辯「若非聞所未聞，也是非常獨特」。[8]

「衝動障礙」犯罪

有些人主張，罪犯之所以不斷犯案，似乎是因為受到了無法控制的衝動所支配。看似無法抗拒偷竊衝動的人，會被冠上偷竊癖的標籤。只不過在這種無法控制的衝動表象之下，是罪犯犯案過程中縝密算計與純熟犯罪手法的赤裸裸現實。竊賊在伺機下手前，會習慣性地仔細觀察周遭環境，但他們不必為每一次的作案擬定精密複雜的計畫，因為他們在偷竊時就與大多數人開車一樣，都不太費腦。偷竊與開車都是種習慣性的動作，而不管哪一種，提高警覺都是必要條件。

習慣不見得會發展成強迫性與無法控制的行為。我們說某人有某種習慣，並不代表這個人對自己的行為缺乏責任感。就像一名駕駛能夠適應在結冰的路面駕駛，竊賊也可以順應當下的狀況，改變偷竊手法：譬如觀察監視器的安置處、脫身位置、夾在他和最近逃脫點之間的人數。竊賊如果在某些地點發現保全、監視攝影機或有人在注意他們，他們就不會出現「衝動」偷竊的情形。他們會決定選擇其他時間再過來，或去找其他下手的地方。這些竊賊心思縝密，絕非衝動行事。但是如果失風被逮，他們就會宣稱自己的行為是受到內心一股無法抵抗的力量驅使。這些人把自己的犯行劃入心理學家的專業範疇，期待可以因此卸責。

經常縱火的人會被視為縱火狂，特別是當這種行為似乎明顯不是出於報復、忌妒或詐領理賠等動機的時候。一如「偷竊癖」，「縱火狂」也指向始終無法抗拒的衝動。但是我發現縱火狂也是善於算計的人，而他們的所作所為其實全在自己的掌控之下。他們會選擇縱火的時間與地點，然後謹慎小心地避開他人的察覺。這種人藉由縱火來全權掌握人命與財產。他們的行為很可能讓一整個社區陷入恐懼，並蒙受巨大損失。縱火犯在觀賞消防員努力控制火焰的同時，想的是自己肯定不會被抓。

根據我的臨床訪談經驗，我推斷其實所謂的強迫性竊賊與縱火犯，對於他們的所作所為，都感到沾沾自喜。他們掌握自己行為的能力，絕不亞於銀行搶匪或為了詐取理賠而縱火的罪犯。若從社會禁止的角度與大多數人都不會犯罪的事實來看，其實所有的犯罪行為，不論是否再犯，都可視為異常行為。但是異常行為不代表它們就是疾病症狀，更不代表可以因此免除犯行者的責任。在這類罪行的後面，是清楚瞭解可能後果的人處心積慮的行為，而這些人所瞭解的可能後果，也正是他們在追求目標時規畫算計的助力。

當罪犯出現明顯失誤時，精神科醫師或心理學家（以及一般大眾和媒體）很可能會推斷罪犯希望被逮捕。這樣的推斷源於佛洛伊德關於無意識罪惡感的著作。一九一五年，佛洛伊德指出我們都有罪惡感的經驗，這種經驗源於我們童年對於異性父母所產生的情欲感覺（「伊底帕斯時期」〔oedipal period〕）殘餘情緒。佛洛伊德聲稱孩子常常為了得到懲罰而出現品行不端的行為，因為懲罰可以減輕罪惡感。在〈自我與本我〉（The Ego and the Id）這篇論文中，佛洛伊德寫道：「令人驚訝的是，我們發現這種無意識罪惡感的增加，可以讓人變成罪犯。」[9]佛洛伊德與他的追隨者，儘管鮮少把罪犯當成病患來看，但還是從精神官能症相關的各種發現進行推論，並將這樣的推論用於罪犯身上。當今的精神科醫生與心理學家也一樣。這些專家並沒有把罪犯看成一個過度自信或出現失誤的人，而是把對方的動機解讀為一種想要遭到逮捕的渴望，甚至還會進一步表示罪犯的行為代表求救的信號。至今，我都還沒發現過這樣的案例。

心神喪失

根據最近的估計，重罪案件中約有百分之一會以精神疾病作為抗辯，但成功的比例不足百分之五。知名的精神科醫生懷特（William Alanson White）在一九二三年的著作中曾感嘆：「除非精神疾病的存在涉及被告的責任問題，否則法律對精神疾病的抽象存在完全沒有興趣。」他大聲疾呼要終結這種專家彼此競爭的戰爭，以及「律師不擇手段地詆毀證人可信度的法庭程序」。他寫道：「法院亟需精神科專家可以提供的協助，然而當法庭堅持把提供協助的精神科專家當成扒手對待時，法庭就不可能得到幫助。」懷特呼籲「有助於恢復專家尊嚴」的改變。[10]十一年前，紐約一位前地方助理檢查官特倫（Arthur Train）曾表示：「一方的專家證詞，通常具有否定另一方證詞的效果……於是陪審團墜入無助的困惑當中，導致他們『哪方都不信』。」[11]華盛頓特區的精神科醫生迪亞摩（Arcangelo D'Amore）在一九六三年與一位《華盛頓郵報》記者對談時，抨擊這種「被告與檢方……把任何不利於他們立場的證詞，都變成陪審團心中不可信的說法」的對抗過程。[12]

這種提出心理衛生專家證詞的對抗過程，一如既往地依舊存在。在大多數的情況下，被告的精神疾病抗辯會經過兩次檢驗：被告律師委聘或法庭指派協助被告的心理衛生專家，以及法院指派協助檢方的心理衛生專家。

被告為了說服心理衛生專家與法庭自己有精神方面的疾病，必須滿足法律界定的任一種心神喪失條件，而心神喪失的檢測方法依不同司法管轄區的規定也有不同。例如：罪犯能否分辨是非對錯（一八四三年麥克諾頓法則〔M'Naghten Rule〕，二十三州採用）？犯罪行為是精神疾病的產物，抑或是精神缺陷（一九五四年杜漢法則〔Durham Rule〕，僅新罕普夏州採用）？被告是否缺乏辨別自己行為有無違法的實質能力（一九七二年美國《模範刑法典》〔American Law Institute Model Penal Code〕，二十一州與華盛頓特區採用）？維吉尼亞州採用的是「不可抗拒的衝動」測驗配合麥克諾頓法則；該州認為就算被告具備辨別對錯的能力，仍可能感覺被迫去犯罪。另外愛達荷、堪薩斯、蒙大拿以及猶他四個州，則是直接廢止以心神喪失作為抗辯。美國最高法院在二〇二〇年支持各州禁止被告以心神喪失作為抗辯的權利。

以下的情況確實可能發生：一個人短期內在同一個州犯下兩起相同的罪行，但一次獲判有罪，另一次因為心神喪失抗辯而獲判無罪。在「桑德斯訴密西西比州」（Kier Sanders v. State of Mississippi）案中，被告使用同一件武器、相繼殺死了他的祖父母，但裁決卻是他在殺害其中一人時心神喪失，殺害另一人時意識清醒。法官判處桑德斯終身監禁，同時另附但書，如果法律允許他假釋出獄，他需要無限期地住在州立醫院內接受治療。[13]

遭到指控犯罪的人也許會試著假裝自己有精神疾病，他們會根據自己認為最具說服力的策略，選擇不同的表演方式，從不起眼的舉動到怪異的行徑都有。罪犯可能假裝聽到指示自己聽從差遣的命令，也可能聲稱自己是上帝派來的使者。罪犯的另外一種迂迴之法，是在進行心理測驗的時候，故意以病態的方式回應。被告還可能假裝罹患迫害妄想症，堅稱有人要設計陷害他。聲稱失憶也是阻礙專家評估、讓陪審團綁手綁腳的一種手法。

作態要自殺，或許同樣有助於罪犯達到他們想要的目的。他們會告知獄友自己何時要上吊，並要求獄警前來救援。這些罪犯覺得若他人認為自己有自殺的風險，就可以被送往醫院接受治療。

心神喪失案的被告通常都寧願住在醫院，因為他們在那裡可以享有更多的自由與更好的居住環境。有位囚犯在電話中對他的母親說，他想要轉到精神病院。（對監獄中的電話對談進行監聽與錄音屬於合法行為。通話內容也可以轉錄成文字謄本呈堂供證。）這名囚犯解釋他是如此「迫切地想去醫院」，因此為了達成自己的目的，已準備要表現得像「瘋子」了。「那裡是政府機構。跟監牢一樣，但比較好。至少還可以看電視。他們也會帶你去圖書館、帶你出去透透氣。那裡比較好。」

被告若被監禁在心理衛生機構，機構人員就有機會連續數週或數月進行一天二十四小時的觀察。有件案子的被告因為表現出來的精神疾病症狀變化實在太大，機構人員懷疑她可能是在裝病。下列的觀察內容都記錄在這位被告的病歷中：

- 「至少有些時候她的情緒性表現看起來有些誇張。」
- 「她表示自己出現之前從未用語言表達過的異常新症狀。」
- 「她對自己失憶問題所揭露的資訊多寡，或許顯得有些過於具選擇性與謹慎。」
- 「由於（她的）行為表現極其異常，且不符合任何常見的明顯精神疾病典型，因此尚未做出明確診斷結果。」

最後這名被告的心神喪失抗辯並沒有成功。

不論是在監獄、法庭審理過程中，還是在罪犯被送去進行觀察的醫院裡，精神疾病症狀的表現都可能相當戲劇化。有名接受法庭審理的殺人犯，在短暫休庭後，拒絕步出法庭的候訊室。法官命令獄警強制將他帶回法庭，讓他能夠出席他自己的審判。這名罪犯在獄中以及在接受心理評估時，神智清楚且態度合作，但這次表現卻讓大家清楚看到了他的好戰態度。罪犯的辯護律師聲稱他當事人的桀驁不馴，是他精神異常的進一步證明，只不過這個說法未被法庭接受。

有些罪行因為實在過於卑劣，似乎只有心理變態的人才可能犯下。前面章節所提到由拉德辛斯基撰寫的史達林傳記，就曾討論過這樣的一個例子。深受這位獨裁者難以預測且殘酷行為困擾的拉德辛斯基，感到非常疑惑的是，「他為什麼要用如此殘酷的手段，摧毀已經完全屈從於他的共產黨」？拉德辛斯基自問自答地指出：「最常見的解釋就是精神障礙問題。據說史達林是名思覺失調患者。」拉德辛斯基接著又引用一位精神科醫師曾提出的說法，「這類的疾病，與（史達林）操縱人、招募支持者以及精準掌握攻擊異己時機的表現，幾乎不可能並存」，來質疑他自己提出的評鑑。這位傳記作者另外還提到一位醫生的結論：「史達林是個冷酷無情的人，沒有任何同情之心……卻是個實用主義者。」[14]

當大眾得知一件駭人聽聞的暴力案件時，往往會堅信罪犯必然心理有病。《華盛頓郵報》專欄作家德沃夏克（Petula Dvorak）就曾對這種普遍的看法表達她的意見，她寫道：「如果大多數暴力犯罪都是因為病態心理所激發，那麼在一個慢慢喪失心智的國家裡，這種精神狀況有問題者的數量會增加，也是很合理的事情。」[15]

鮮少有罪犯相信自己是精神疾病病患，而且當有人說他們瘋了的時候，他們可能還會覺得受到了冒犯——除非這可以讓他們擺脫指控。不過重點並不是罪行有多麼惡劣或怪異，而是在於罪犯有無分辨是非對錯的能力（或是否符合犯案地點司法管轄區的任何現行心神喪失法定判定標準）。

為何訓練有素的專業精神科醫生與心理學家有時也會受騙？因為罪犯的行為很可能非常極端，而且過於多變，以致於這些專家難以判定實際的狀況。專家面對的情況包括情緒的高低起伏、殘暴與感性、明顯的順從態度與對權威毫不掩飾的藐視等極具強烈反差的狀態。反社會人格的罪犯可能從無可救藥的樂觀、天下無敵的感覺，轉變成徹底的悲觀與絕望。我們或許可以看出罪犯外表與行為舉止的改變，然而情緒起伏卻不代表患有精神疾病，譬如「躁鬱症」的特點是狂躁和沮喪的情緒狀態，但是罪犯高低起伏的情緒，其實是源於他們所生活的世界，因為它既不配合他們膨脹的自我重要性，也無法滿足他們不切實際的期待。

罪犯對其他人的判斷堪稱高手，而且在對方想要聽什麼以及怎麼說出對方想聽的話上也有不可思議的竅門。罪犯在專家評估的期間，表現出令人摸不清頭腦的行為或卑劣的本性，可能就足以說服評估者他們應對的是病人。如果犯行與罪犯行為在評估期間都看似怪異，或許罪犯最後就能落腳在醫院裡。

有部分數量相對較少的罪犯，在遭到逮捕之後或監禁期間，會出現心防崩潰的狀況。觀察者會錯誤地判定這種心理狀態必然在罪犯犯罪當下就已普遍存在。然而，真正出現思覺失調跡象的罪犯，其思維往往過於混沌與缺乏判斷力，以致於根本沒有能力去精心計畫與執行一場需要機警與算計的心思才能完成的犯行。

多年來的各種研究，始終如一地推斷精神疾病者不會造成重大的暴力風險。心理學家卡司特（Emily Caster）在期刊《暴力與性別》（*Violence and Gender*）中曾這麼說：「大多數有精神疾病的美國人，對他們自己造成的威脅，要比對任何其他人帶來的威脅更嚴重。」她敦促同僚「導正精神疾病是大規模掃射事件成因的相關錯誤陳述」。[16]

大家一直認為我是個不相信精神疾病抗辯的專家證人，然而這樣的認知並不正確。我當然研究過裝病的罪犯，也碰過像葛連那樣的案例，當事人雖然有精神疾病病史，但在犯行當下卻並非處於心神喪失的狀態。過去幾年裡，有四位我為法庭評估的罪犯，符合維吉尼亞州法定的心神喪失條件。其中有一案，陪審團並不同意我的意見，他們最後裁定罪犯意識清楚。另外三件案子都是法官應檢方要求，指派我擔任心理評估專家，而我做出的最後判斷是每位罪犯都符合宣告無罪的精神疾病抗辯條件。在這三件案子中，其中一件是二十五歲的傑克。他無故槍殺了自己的外祖母而被控一級謀殺罪。傑克的名字與其他可識別身分的特徵，在以下敘述中都經過了修改。

傑克的父母在他還是個繈褓中的寶寶時就已經離婚。他和他姊姊在他們外祖父母的協助下由母親扶養。傑克的一位表兄回憶說：「他是個正常的孩子。他會到我家烤肉、聚會。」傑克阿姨記憶中的他，也是個「和表兄弟姊妹玩耍時，總是到處跑、衝來撞去」的平凡孩子。她說：「在我看來，他似乎完全正常。」傑克的母親在他念小學五、六年級時，與她的伴侶搬去了另一個住宅區，從那時開始，傑克開始拒絕寫功課、蹺課，後來連中學都沒畢業。因為打架、偷竊、持有大麻等行為，他與警察經常發生衝突，曾在少年觀護所短暫監禁了一段時間。

「傑克不太聽話，誰的話都不太聽。」他的母親這麼說，而他過去的紀錄也反映出這一點。他曾擔任過冷氣承包商的助理，他很喜歡這份工作，但後來卻被公司開除。被問及他老闆為什麼讓他走路時，傑克解釋那個人是個「急性子的傢伙」。傑克的其他工作少之又少，就算有，也持續不了幾個月。每當他失去一份工作，他的抱怨都帶著偏執的色彩：他相信有人要找他麻煩，卻又無法或不願意明確指出到底是誰要對付他。

由於傑克一般都處於無業狀態，而且鮮少與同儕來往，所以要弄清楚傑克如何打發時間，過程頗為棘手。我所訪談過的人，對傑克的活動與興趣同樣摸不清頭腦，而且他們都覺得傑克並沒有朋友。他的母親說她兒子從來沒有提過任何朋友的名字，也從未邀請任何人到家中。我能聯絡到的一位「朋友」，從高中就認識傑克了，但是兩人的聯繫頻率已經低到這位朋友都準備放棄這段友誼了。他告訴我：「我一直試著跟他說話。他不是回我一個字，就是安靜到令大家都尷尬，但他在高中時，就只是個普通的傢伙。」傑克唯一的興趣是修理老車。根據他姊姊的說法：「他與這些老車之間，有一種特殊的羈絆。」

我訪談過的其他人都指出，傑克的日趨「封閉」、「偏執」與「孤僻」，有多麼令人苦惱。傑克念高中時就與琳達交往，兩人還生了兩個孩子，但從來沒有結婚。琳達說：「我們認識的時候，他很正常，可是後來每下愈況。」她說傑克無法保住工作，而且不管手上有多少錢，都會拿去買些「蠢東西」，把錢花光。琳達一開始是因為傑克的懶惰而對他感到厭煩，但在發現他若沒有親眼看到食物的烹煮過程就拒絕進食的行為後，她緊張了起來。若是傑克開了一瓶礦泉水，擺在一邊後離開房間，之後他就絕對不會再喝那瓶水，因為他怕想要傷害或殺他的人，會在水裡加料。傑克指控琳達把那些會「找他麻煩」的人帶進家裡，覺得琳達和她的家人試著「毀掉」他的人生。琳達的母親也提到她在傑克身上所觀察到的改變，「他對周遭渾然無覺，常常神遊太虛，就像把身邊的一切全都關掉一樣」，而且程度嚴重到甚至無視平時他所摯愛的孩子。另外一位琳達的親戚回憶道：「他喜歡一個人待著，不願意和我們一起吃飯。大多數時候，他一句話都不說。我們都試著幫他，但都沒有用。」

里察斯夫婦對外孫付出了大量的心力。每次都是連著好幾週照顧傑克，所以傑克根本可以說是他們兩老養大的孩子。知道傑克與里察斯夫妻關係的人，都會描述這對夫妻是如何掏心掏肺地對待那孩子，而且也都異口同聲地說從未聽過傑克對他外祖父母有任何不滿的地方。

琳達最後終於受不了傑克的暴躁脾氣與缺乏獨立而叫他滾蛋，所以傑克搬去與他外祖父母同住。但同住期間，傑克卻開始向琳達透露他的外祖父母想要傷害他，可能還想殺了他，只不過他沒有提供任何詳細的資訊。傑克繼續住在里察斯家，但行為卻變得詭異。他把自己隔離在臥室中，幾乎不和他的外祖父母說話。接著他開始開著暖氣、蓋著毛毯睡在客廳中，就算是冷氣正在運作的夏天也不例外。他對他母親說有人在追他，還說他聽到很多聲音。他的外祖母曾向她丈夫警示，傑克得求醫，不然他可能「會做出傷害他自己的事情」。

多年來，傑克一直在抱怨自己的胃痛問題。他覺得自己中了毒，他對琳達說他的身體裡「有什麼東西正在爬來爬去」。他向醫療診所求助，但針對他的病痛，醫療紀錄上只寫著「原因不明」。琳達與她的家人勸他去進行精神疾病方面的治療，他拒絕了。

任何攸關他與他外祖父母關係的話題，傑克都豎起高高的圍牆，回答問題時，也只會說：「我不知道。模糊一片。我不記得了。」他承認在一家進行過背景查核的店裡買了兩把槍，但他堅不透露買槍的原因。

在一個沒有任何異狀的早上，傑克走進他外祖母家中的廚房裡，拿出槍，射殺了他的外祖母，她當場身亡。傑克之後立刻拿起電話報警，告知接線人員他剛殺了自己的外祖母，並告知對方，他會在屋外等警察，身上不會帶任何武器。接線人員問他為什麼要射殺他的外祖母，傑克回答：「他們一直帶人進屋、摸我的身體，還有一堆亂七八糟的事。他們把人偷渡進來。」他告訴接線人員，他之前並沒有打算殺任何人，可是沒有人能夠幫助他。接線人員問他為什麼會覺得有危險，傑克只回答：「各種跡象一一出現。大家的行為都很奇怪。」當我問他相同的問題時，傑克說：「我一點頭緒都沒有。我沒有特定的答案。各種各樣的原因都在威脅我。全部都是模糊一片。」

很明顯地，傑克在搬離他女友家之前，狀況就已經愈來愈不穩定。青少年期間，他已經展現出行為規範障礙的問題：偷竊、喝酒、打架、逃學與抽大麻等違反規範的行為。在殺人案發生的幾個月前，傑克變得益加孤僻，並飽受思覺失調問題的折磨。他的症狀符合《精神疾病診斷與統計手冊》第五版有關思覺失調症所清列的以下標準，這種精神疾病若是發生在男性，往往好發於青少年末期或二十多歲的時候。[17]

- 出現被害妄想狀況
- 諸如「情緒表達力下降」的「隱性症狀」
- 工作與社交能力受損
- 非改變心智狀態藥物所造成的不安與障礙問題
- 持續六個月以上的功能障礙
- 對於身體的關切（譬如健康狀況）已達妄想程度

傑克的犯行是刻意為之，他知道自己槍殺了他的外祖母，沒有責怪任何人。這起凶殺案的根源在於傑克陷入了一個妄想當中，以為他的外祖父容許有意傷害或殺害他的陌生人進屋，所以自己有迫在眼前的危機。傑克的理性在犯案的當下因知覺失調問題而受損，所以他其實並不知道自己的所作所為是錯誤的行為。在他的心裡，其實就只是移除了一個阻礙到他生存的威脅而已。

辯方的心理學家也發現傑克符合維吉尼亞州心神喪失的法定標準。我在獨立作業下也做出了相同的結論。法官或陪審團會做出最後的判決。

相較之下，我堅決不贊同華盛頓特區狙擊槍手馬爾佛的律師團提出的符合心神喪失標準的結論（之前在第五章曾討論過）。二〇〇二年秋天，穆罕默德與馬爾佛在三個星期內於華盛頓特區殺害了十個人，並造成三個人受傷。犯案時年僅十七歲的馬爾佛，因在維吉尼亞州一間商店外射殺了聯邦探員法蘭克林（Linda Franklin），遭以一級謀殺定罪。他的律師採用心神喪失作為抗辯，聲稱同夥穆罕默德以父親的角色操控並教唆年輕且易受影響的馬爾佛犯案。辯方的專家認為馬爾佛具「解離性障礙」。根據美國精神醫學學會的定義，「（這種病狀）主要的特徵為……意識、記憶、認知或感知等通常屬於整合功能部分的崩解」。美國精神醫學學會表示這種障礙經常展現於「長期受到強制說服」的人身上，例如被洗腦的人。[18]

在這件案子中，被告的抗辯重點在於馬爾佛已經不再是他自己，因為他受制於穆罕默德

「迷人卻邪惡的蠱惑」。《華盛頓郵報》簡述辯方的任務像是要「試圖說服陪審團，波灣戰爭的退伍老兵（亦即穆罕默德）將馬爾佛變成了一個追隨者、一個門徒，而這個門徒喪失了自己的理性判斷能力與自由意志，完全屈服於年長同夥的精神控制之下」。[19] 異端研究專家與娃娃兵專家紛紛代表馬爾佛出庭作證。除了被告的律師團外，許多分析師與評論者也都相信馬爾佛有精神異常的問題。

我代表檢方在審判的心理健康攻防階段擔任專家。我的證詞是公開紀錄。為了這起案件，我與馬爾佛的訪談時間高達三十四個小時，而我發現他並非像律師聲稱的那樣是個容易受到影響的年輕人，也不會因為一名成年殺手的誤導而走入歧途。事實上，馬爾佛斬釘截鐵告訴我，他並「不容易受到影響，心智也不薄弱」。馬爾佛從小就是一個意志堅定的人，而且他的脾氣火暴到讓人避之唯恐不及。他告訴我，他用垃圾桶狠很修理過一個他認出來偷過自己午餐的男孩。他回憶自己當時希望有一把可以砍下對方雙手的大刀。在他遇見穆罕默德之前，他就曾偷過母親的東西、一再地在商店內行竊，而且用彈弓與當成彈子的小金屬環殺死過十幾隻野貓。另一名代表檢方作證的心理學家也觀察到，馬爾佛會配合律師對他天真、有需求及易受影響的大男孩形象描述而改變證詞。對我跟另一位心理學家而言，馬爾佛顯然渴望投入穆罕默德的懷抱，分享自己的世界觀。陪審團最終裁決馬爾佛一級謀殺罪成立，被判處終身監禁。[20]

以精神疾病作為抗辯至今依然充滿爭議。對於接下這類案件的衡鑑專家，我要提供幾點提醒與警示。首先，若要看透被告自述的那些符合自身利益的證詞，以及瞭解被告的思維過程，一定要經過許多個小時的細心探究。第二，衡鑑者不應該因為被告在衡鑑當下處於思覺失調狀況，就假設他在犯案當下也處於思覺失調的狀態。最後，即使被告經確定在犯罪當下確實處於思覺失調狀態，也不盡然代表他無法分辨是非對錯。

精神科醫院的住院紀錄提供了罪犯犯下更多罪行的藉口。每一次在精神科醫院接受治療，不穩定的紀錄就會多加一筆；每一次遭到逮捕，大家都會把他們視為思覺失調狀況下的罪犯。結果，每一次新犯下的罪行，都讓罪犯再次落腳在醫院，而非監獄。如果罪犯認為比起監獄，他們在醫院裡可以獲得更好的對待，譬如好過一點的生活，那麼他們就會繼續試著智取「心理醫生」。

注釋

1 Lexico, www.lexico.com/definition/forensic.

2 譯注：資訊的平行來源係指訪談與接受衡鑑者熟識的人，包括家人、室友、朋友、鄰居等，有時也會納入警察、雇主、醫護人員等專業人士。

3 Dorothy Otnow Lewis, *Guilty by Reason of Insanity: A Psychiatrist Explores the Minds of Killers* (New York: Fawcett Columbine, 1998), p. vi.

4 Campbell Robertson, Ali Watkins, and Andrés R. Martínez, "In Indianapolis Shooting, a Red Flag That Never Flew," *New York Times*, April 18, 2021, www.nytimes.com/2021/04/18/us/fedex-shooting-indianapolis-gun-laws.html.

5 John R. Lott, Jr., and Carlisle E. Moody, "Do Red Flag Laws Save Lives or Reduce Crime?," papers.ssrn.com/sol3/papers.cfm?abstract_id=3316573.

6 Institute for Public Policy and Social Research College of Social Science, "Summary and Policy Implications of 'Do Red Flag Laws Save Lives or Reduce Crime?,' " ippsr.msu.edu/research/do-red-flag-laws-save-lives-or-reduce-crime.

7 American Psychiatric Association, *Diagnostic and Statistical Manual of Mental Disorders*, 5th ed. (Washington, DC: American Psychiatric Association, 2013), p. 50.

8 Catherine Porter, " 'Incel' Enthusiast Who Killed 10 with Van Stands Trial in Toronto," *New York Times*, November 20, 2020.

9 Sigmund Freud, "The Ego and the Id," in *The Complete Works of Sigmund Freud*, vol. 19 (London: Hogarth, 1961), pp. 12-68.

10 William A. White, *Insanity and the Criminal Law* (New York: Macmillan, 1923), pp. 105, 259.

11 Arthur Train, *Courts and Criminals* (New York: McKinlay Stone & Mackenzie, 1912), p. 247.

12 Arcangelo D'Amore, "Dilemma of a Psychiatrist in Court," *Medical Annals of the District of Columbia* 32, no. 7 (July 1963): 259-64.

13 Herbert Georges and Michael Blue, "A Double Homicide Trial Results in Two Verdicts and Two Dispositions: Punishment Then Treatment," *Journal of the American Academy of Psychiatry and the Law Online* 41, no. 2 (June

2013): 304–6, jaapl.org/content/41/2/304.

14 Edvard Radzinsky, *Stalin* (New York: Anchor Books, 1997), p. 319.

15 Petula Dvorak, "Did the Pandemic Stop America's Violent Streak? Not When It Comes to Homicides," *Washington Post*, April 21, 2021.

16 Emily Caster, "Using Mental Illness as a Scapegoat for Mass Shootings: The Perils of Being a Bystander in a World of Misinformation—A Psychologist's Perspective," *Violence and Gender* 6, no. 3 (2019): 145-46.

17 American Psychiatric Association, *Diagnostic and Statistical Manual*, pp. 99-101.

18 American Psychiatric Association, *Diagnostic and Statistical Manual*, pp. 291-93.

19 Serge F. Kovaleski, "Acquaintances Split on 'Brainwashing,'" *Washington Post*, November 17, 2003.

20 對於這起案件，我在《「反常」犯罪的迷思》（*The Myth of the "Out of Character" Crime*）這本書中有深入的探討。

第十七章
關起來

本書第一版寫於一九八二年間，當時美國監獄的囚犯人數是三十九萬四千三百八十人。[1]到了二〇一一年末，囚犯人數增加到兩百二十六萬六千八百人。[2]二〇一九年底，服刑人數降至一百四十三萬零八百人。[3]在二〇〇九年與二〇一九年間，非裔人口的監禁率下降百分之二十九、西語裔下降百分之二十四，白人下降百分之十二。「監禁率」是美國司法部用來指稱「每十萬名十八歲（含）以上居民，在州政府或聯邦政府裁判權下遭判處一年以上的囚犯人數」。背離「大規模監禁」的趨勢依然在進行中。

大家都說監獄具有四項功能：懲罰、威懾、剝奪行動能力，以及改造。容納成人的監獄體系，正式機構名稱大多都會使用「矯治」這兩個字。然而儘管監獄旨在改造罪犯，但一般而言，監獄對於這個目的的助力不大。這一點我們會在最後一章有關監獄改革的內容中有更詳盡的討論。

罪犯不論身在監獄或街上，思維模式都相同。這些努力透過操控、恐嚇或武力爭鬥等手段控制他人的男男女女，現在得接受自己由他人控制的事實。有名囚犯哀嘆地說：「掌控我生活的人不是我，而是其他人。我不是個可以為所欲為的自由人。每天每時每刻，都有人在告訴我要做什麼事。」然而這種相對無助的感覺並不會持久。罪犯依然會去做他們一直在做的事情。他們會適應環境並打入監獄的階層體系，建立自己的地位。在獄中的囚犯，就像在外頭一樣，擁有各種達成目的的手段。有些人訴諸個人暴力或集體宣戰的方式，挑釁每一班輪值的獄警，明目張膽地藐視規定。也有人認為與獄警或其他受刑人的正面衝突吃力不討好，於是明智地選擇低調與服從。模範受刑人可能只是完美的騙子。這種人其實看不起所有人，從典獄長到他們牢房區的矯治人員無一例外，但他們卻又能迎合監獄的這些管理者。這類的囚犯希望藉由結盟的方式，過上比較輕鬆的日子。即使是最強悍的囚犯，為了替自己加點分，也可能會覺得乖乖刷洗牢房、把地板擦得亮晶晶，以及勤奮地做好監禁機構分配給他們的分內工作，是件值回票價的事情。對於囚犯而言，「改變」的意思就是遵守規定，免得監獄管理人員找麻煩，但實際上他們依舊想做什麼就做什麼。

當監獄的大門第一次在罪犯身後關閉時，有些人或許會短暫地覺得害怕、後悔與沮喪。囚犯對這些情緒並不陌生；當他們還在街頭的時候，每次因為膽戰心驚的日常辛勞而精疲力盡，或因為讓關心自己的人失望而感到悔恨時，偶爾也會體驗到這樣的情緒。身陷囹圄的罪犯，有大把的思考時間。眼前的嚴峻境況，加上一片蒼涼的前途，會讓部分囚犯因此沉浸在祈禱與宗教書籍的世界中。有些人則開始思考如何一了百了。然而這些罪犯所經歷的混亂與恐懼，不會持續太久。跨入監獄時在顫抖的人，隨著時間流逝，可能故態復萌，恢復成過去那個鐵石心腸之人。最老練的罪犯中，儘管有一部分人同樣會在開始服刑時陷入沮喪的情緒中，但其他的人則多是表現強硬。如果有人曾多次犯行卻從未服刑，那麼入監這件事會給予他一定的地位，因為他現在可是進過「大牢」的人了，已然成為大聯盟的一份子。

受刑人的行為一開始可能會受到入監前所聽過的監獄傳聞影響。監獄的名聲來自出獄的「校友」以及聽說過特定監獄生活的其他罪犯。有些高度安全管理監獄，以終結難以管束的囚犯的犯罪之路而大名在外。這些令人畏懼的堡壘，通常都會在外圍架設層層的刮刀式鐵絲刺網，高聳的塔台有武裝警衛監視，還會配備電子監控的大門、室內監視器。但是複雜和昂貴的安全措施，並不能杜絕具有高度犯罪傾向的受刑人做出刺殺、強姦、集體滋事與暴動的行為。在監獄的環境中，受刑人最優先的考慮是如何生存，新進者很清楚自己從一開始就必須展現出不遜於旁人的強悍。在監禁暴力罪犯的監獄中，管理者需要費相當大的功夫，才能避免讓囚犯接管監獄。囚犯偶爾會占上風，並讓管理者因為過於恐懼而仰賴囚犯來維持監獄秩序。

「超高度安全管理」監獄的建立目的就在於囚禁「惡中之惡」——那些危險到已無法在其他矯治機構與一般罪犯安全關在一起的囚犯。這類的罪犯在社會上就向來暴力行事，在進入監禁環境後依舊持續暴力行為、人身攻擊，甚至殺害監獄管理人員與其他服刑人。超高度安全管理監獄中的有些囚犯曾煽起暴動，有些人是幫派老大。美國聯邦政府轄下唯一一座超高度安全管理監獄位於科羅拉多州的佛羅倫斯，裡面囚禁了如「大學炸彈客」卡辛斯基（Ted Kaczynski）、奧克拉荷馬市爆炸案的尼可拉斯，以及一九九三年世界貿易中心爆炸事件主謀尤瑟夫（Ramzi Ahmed Yousef）這類恐怖份子等高知名度的重罪犯。

達若因一級謀殺罪而被判處無期徒刑。他在不同的州政府監獄服刑期間，累積了超過五十起事件報告，其中不乏嚴重的違規行為。有一件是遭人發現他持有一根由釘子與木頭組裝而成的狼牙棒。另外，他還多次攻擊其他獄友，他揍他們、勒制他們、把其他服刑人毆打在地，並用腳狠狠踩踏。有一次他不斷重擊一名獄友的頭部，直到另外兩名受刑人介入才停手。達若也經常辱罵獄警。有次他把擦過屁股的紙丟到一名管理人員身上。他還曾對一位女性獄方人員大聲咆哮：「你這隻母狗，趕快給我送些幹你娘的咖啡過來。如果你敢不照著做，我就把口水吐在你臉上。」最後達若被關進了超高度安全管理監獄裡。他寫了一份冗長的聲明表示抗議，聲稱此舉侵犯了他的正當法律程序權利。

羅德尼因為一級謀殺、持械搶劫以及傷害罪遭判終身監禁，他的不當行為報告多達二十多份。在某座監獄服刑時，他因為拒絕服從清空口袋的命令而直接出拳攻擊獄警的臉，並威脅要在出獄之後讓對方「好看」。因為獄方要將他隔離處置，他又憤怒地威脅並襲擊另一位獄警，並狂吼：「我打獄警，你們就把我關禁閉，要是我強姦你們當中一個狗娘養的，你們要拿我怎麼辦？」羅德尼在排隊等候用餐時，猛瞪著一位獄警，大笑地「把他的手放在鼠蹊部，做出打手槍的動作」。他對獄警說：「如果你敢多說一個字，我就讓你好看。」在另一所監獄服刑時，羅德尼在被關進隔離室的當下，突然抓住獄警並出手襲擊，因此被控傷害未遂。還有一次他突然攻擊獄方人員，不斷用拳頭毆打對方，之後還威脅要在出獄後殺死對方。羅德尼一再拒絕服從命令，並不斷恐嚇獄方人員及其他受刑人。他對一位獄警說，他必須要有一間單人牢房，他警告對方說：「你們試試看讓另一個人跟我關在一起，我一定會好好收拾他。」除此之外，羅德尼還有一起情節較輕微的違規事件，他在未經任何授權下拿起一本圖書館的法律相關書籍，撕下其中一頁，簽上他的大名，然後宣稱這本書歸他獨用。他也像達若一樣，成功證明獄方對自己完全無計可施，最後被送進了超高度安全管理監獄裡。

其他受刑人和獄警都會因為達若與羅德尼這種罪犯的移監而大鬆一口氣。與達若和羅德尼類似的囚犯，在超高度安全管理監獄裡，幾乎全天候都會被關在單獨的牢房裡，即使在移往淋浴或運動區的時候，也通常會戴上手銬和腳鐐，並至少有兩名獄警陪同。就如同這些罪犯憑藉暴力行為而「爭取」到了進入超高度安全管理監獄的資格，相關單位也同樣有階段性的系統管道，可以讓他們爭取離開這種監獄的資格。受刑人若有意願，可以參與進修及自我提升的計畫。就連聯邦政府的超高度安全管理監獄也設定了目標，希望能把受刑人從一天二十三個小時的單獨監禁，移轉到限制較少的監獄中。佛羅里達州立大學的彌爾斯教授（Daniel

Mears）提及超高度安全管理監獄正面與負面的「非預期效果」。正面效果的一個例子是「改善一般受刑人的生活條件」；負面效果則是「增加被監禁者精神異常的機會」。[4]

超高度安全管理監獄一直都是爭議的焦點，也是與美國憲法第八修正案的禁止殘酷與異常懲罰相關的訴訟案件標的。提訟方主張受刑人在一個會造成心理受創的環境中，遭受長期孤立與嚴重感官剝奪的折磨。美國公民自由聯盟（the American Civil Liberties Union）就曾質疑超高度安全管理監獄，一再聲明其嚴苛管理體制違反人權。[5]批評者指出超高度安全管理監獄興建過多，所以被監禁在裡頭的其實是「麻煩的囚犯」，而不是極度危險的囚犯。美國一度曾有三分之二的州政府都設置了超高度安全管理監獄，但許多都已降規。

與超高度安全管理監獄形成對比的，是在聯邦體系內稱為「營區」（camps）的最低安全管理監獄。這類監獄收治的是最不具危險性的罪犯。這種監獄不但沒有看來就很嚇人的高塔與鐵絲刺網，有些甚至像是大學校園，受刑人可以穿著並清洗自己的衣物、擁有相對自由的親友訪視時間，也有機會參與各類進修與技職訓練課程。營區除了提供內部的體育活動外，也有社區贊助的各類社會活動。

許多罪犯雖然表現出符合期待的樣子，但他們其實相當鄙視矯治機構的人員，幾乎不把對方當人看待。有名因二級謀殺罪而服刑的囚犯，表達了服刑人的普遍觀點。他說：「我對這些人員的蔑視，已經到了連言語都無法形容的地步。我甚至不認為他們是人。如果他們不是穿著制服，根本就很難區別我們與他們之間的差異。他們不過就是在被捕之前加入了警方的罪犯。我真的覺得我比這裡遇到的很多人都優秀——獄友、獄警、管理人員。不比他們優秀實在很難。」

罪犯相信監禁是從自己遭到逮捕開始的一連串不公的最後一環。在過去，他們從未將法律及其他人的權利放在眼中，但現在他們自己被關起來後，依照法律規定來維護自我權利，就成為他們異常關注的焦點。被關進監獄且面對長期刑罰的罪犯，普遍都會為自己當下的不利處境找出一堆藉口：警察其實就是衝著他們而來；背叛同夥交換從寬量刑的從犯，其實就是主謀；自己的辯護律師太爛、法官有偏見，以及陪審團早在全面考慮證據之前，就已經做出了決定等等。

罪犯在服刑一段長時間後，可能會試著去推翻法院當初對他們的判決或是尋求減刑。有些受刑人在監獄的圖書館裡待上好幾個小時鑽研法律書籍，撰寫自己的上訴書。有些受刑人則努力奮發，成了獄中律師，為自己及其他獄友研究法條與案件，並準備法律文件，然後收取金錢、物品或人情當作報酬。

罪犯對權利的主張，會在整個監禁期間繼續堅持，而且其專注的範疇，遠遠超過了法規與法律程序。罪犯一面要求自我權利保護，一面卻試著恐嚇對訴訟與暴力都心懷恐懼的獄方人員。罪犯堅持有權參與他們感興趣的活動，如果對某個活動不感興趣，則會主張自己有權拒絕參加。針對同一個議題，罪犯在不同的時間，可能會出現完全相反的立場。他們或許會以威脅提告的方式，要求有關單位安排心理治療或拒絕接受治療。

有些人聲稱監獄、拘留所與少年觀護所是犯罪學校，這些地方把入監的囚犯變成了比之前更糟的人，然而這樣的說法，其實是一個延續了數十年的謬論。監獄成為犯罪溫床的先決條件，是罪犯擴大了他們之間的連結，找到了認同自己反社會思維模式與行為的人。儘管受刑人在獄中很可能會不斷接觸到犯罪、毒品與性方面的話題，但他們可以選擇加入或不予理會。受刑人並非只能當個被獄友帶壞的不幸受害者。罪犯在過去做出了選擇，但是不論在獄中還是重返社會，他們依然要繼續選擇是否持續自己的犯罪生涯。有名在郡監獄服刑的囚犯告訴我：「我保持距離、避免衝突、持續躲開每個人的雷達螢幕。」這名第一次遭到監禁懲罰的服刑人，刻意迴避他所謂的「事業家」，也就是不斷回到監獄的那些人：「大多數都是從青少年時期就在這種地方進進出出，而現在進入了他們的『黃金年代』的那些人。這些人在這裡就像在家一樣。他們的興趣局限在運動賽事與犯罪。這些人對於所有可能改變他們判刑的立法行為全瞭若指掌，而且消息靈通。」

有一名因為殺人罪而服刑的罪犯，在觀察監獄對囚犯的影響後，提出了這樣的說法：「監獄可以成為一所學校，讓你學到所有你想要學到的東西，不論是職業技能、高中同等學力、第二語言，抑或犯罪。一切都取決於個人要專注在哪個領域的選擇。如果當事人選擇犯罪，監獄裡絕對不缺指導老師。很多囚犯都在獄中找到了貴人，互相切磋、學習犯罪手法，並且一起計畫未來的罪行，就是為了在不被逮捕的情況下，犯下完美犯案好大賺一筆。我認識一些獄友，他們每天都花上好幾個小時且連續好幾年，去勾勒未來的犯罪計畫。」這名受刑人對於這類的討論避之唯恐不及。相反地，他勤奮地鍛鍊體能、閱讀包括自我提升在內的各類書籍、研究宗教，也參與各類課程。他與其他獄友保持友好的關係，也很配合獄警，但多數時候都是獨處。另一位服刑人提起他的牢獄經驗時說：「我不會想念那個地方，但我會想念那裡的人。我們的罪行我們自己擔。我們在那裡分享了我們最好的自我——至少是那些擁有更好自我的人。」

除了二十四小時都活在某種型態的監視下的事實外，監獄其實就是街頭生活的翻版。罪犯對於罪行的著迷程度，不一定會因為身陷囹圄而衰退。罪犯雖然處在監禁的環境中，卻依然籌畫、談論並持續參與非法活動。任何外在的刺激——一個犯罪相關的電視節目、一本偵探小說，或報紙上一件駭人聽聞的犯罪案件報導——都足以滋養一個已經忙碌不堪的犯罪心靈；同樣地，與其他受刑人的日常交談，也可以成為養分。透過信件與親友探視，罪犯與舊識保持聯繫，同時又在獄中建立新的人際關係。對某些罪犯來說，監禁的環境反倒成了更有趣的挑戰，他可以試著違反規定卻又全身而退。偷竊的行為在獄中十分猖獗。服刑人想要留住的任何東西，都必須貼身帶好，或是交由可以信賴的獄方人員保管。在牢房裡睡覺、洗澡或任何未做提防的時刻，東西都可能被偷走。囚犯不僅竊取其他服刑人的財物，甚至會洗劫獄方人員的個人物品，或竊取監獄的食物與其他補給品。

戴文犯下了侵入住宅竊盜、重竊盜、財物損壞等罪行，後來還多次違反假釋規定。他最後因為販毒與持有未登記手槍而被逮進監獄。戴文在回想他服刑時期的思維時，記憶特別清晰。他生動地提及他對同牢房獄友的態度。「我看穿了他的軟弱，搞爛了他的自尊。他很肥，又吃個不停。我讓他覺得他既肥又懶，我拿他女朋友的照片開玩笑、挖苦他，在他的毯子上與杯子裡撒尿、吐他口水。我用刀片劃傷他的手臂、虐待他。那傢伙渴望我接受他。可是他愈是討好我，我虐待他的力道就愈強。那傢伙實在軟弱得令人厭煩，而且那副窩囊像，就像是在等人來欺負他一樣。」身為白人的戴文，在提到自己對待黑人獄友的態度時，透露了他人格的另外一個面向。「我趁他們不注意的時候，拿走他們賭博用的骰子，扔進馬桶沖掉。我很容易就瞧不起黑人，他們常常惹惱我。長久以來，我累積了很多對他們的鄙視。」對於自己把他人玩弄於股掌間，戴文感到相當自豪。他自誇地說：「我知道怎樣讓自己看起來不像個愛惹麻煩的人。我會為了讓自己高興而去對其他人進行挑撥或搧風點火的事情，甚至會唆使別人去挑撥或搧風點火。」戴文設法展現出剛好足以讓他避開麻煩的表面改變，但一直以來，他的犯罪模式卻始終如一。監獄管理人員必須處理戴文造成的混亂，但他們通常並不知道混亂的源頭是誰。

矯治機構會採取各種措施，防止違禁品被帶進監獄，但是受刑人往往魔高一丈。每次監獄的整頓，都可能掃出各類違禁品，特別是自製武器。在監獄產業中，囚犯常常能夠取得尖銳、厚重與易碎的物品，而它們都可以變成武器。就算囚犯沒有取得這些東西的管道，也會利用環境中既有的物品製造出武器。一支拖把可以變成一根棒子。有名服刑人一面讓水槽裡的水流滿他的牢房，一面揮舞著一枝牙刷大叫：「等到他們進來的時候，我就可以找到替死鬼了。」另一名囚犯踢翻了日間活動室裡的桌子，拆下一根桌腳威脅監獄管理人員。還有一件不當行為事件是一名囚犯用指甲刀、捲起來的報紙和一支原子筆，做出了一根矛。

非法毒品在全美監獄都極為氾濫。安檢程度與一般郵件相同的包裹或法律文件裡可以暗藏毒品，藉以送到服刑人手中。一顆看起來無害的蘋果，果核裡可能注入了毒品。一個誘人的巧克力蛋糕，可能在烘焙過程中將毒品塗抹在夾層裡。糖果上的糖粉可以是海洛因。在許多監獄裡，受刑人與訪客隔著玻璃窗以電話筒交流。倘若獄方允許受刑人與訪客接觸，那麼監獄管理人員就很可能遭遇毒品氾濫的問題。一次深情的親吻也許並不是在表達愛意，而是在傳遞膠囊毒品。監外勞動後的囚犯，可能在體腔內藏毒。獄方工作人員也可能從外面把違禁品帶入監獄。有名工作人員深知自己擁有一個可以輕鬆賺大錢的獨占市場，但他並沒有直接把毒品賣給囚犯，而是找到一個可以信賴的中間人，隱藏毒品的供給來源。這名中間人只要確實完成工作，每次都可得到豐厚的報酬。獄方的藥頭一直隱身幕後，組織並動員實際販毒的其他囚犯。每個人都是參與這個買賣事業的成員，而這名獄方藥頭就這樣透過擋在他前面的其他人，讓麻煩永遠不會找上他。

有位心理衛生專家如此描述他所在監獄裡的毒品網：「把毒品帶進監獄的源頭，第一大宗來自於腐敗的工作人員。其中牽涉的利潤非常大。第二條管道是家人與其他可以進行『接觸性探監』者的會面場合。大量的毒品可以藏在各種物品之內，躲避搜查。獄方檢驗出毒品的地方，包括泡麵的袋子、新鮮直送的萵苣，甚至《聖經》裡頭。在監獄外勞動的囚犯，同樣有機會完成交易。罪犯的創意無限。」

《富比士》雜誌有篇文章曾提出這樣的問題：「智慧型手機會讓監獄覆滅嗎？」[6]這些違禁手機不但拓展了囚犯的聯繫網絡，更幫助他們籌畫新的犯罪活動。這些手機都是透過探監訪客、腐敗的獄方工作人員或甚至無人機走私進入監獄。二〇〇九年，加州監獄沒收了五千支手機違禁品。[7]二〇二一年，一名從紐澤西州迪克斯堡聯邦監獄放出來的罪犯，因為與其他人共謀以無人機在監獄上空空投許多手機與其他違禁品而再度遭到逮捕。[8]

賭博是矯治機構內的一種生活方式。一如性侵，賭博也是罪犯強迫其他受刑人就範並建立自己地位的方式。紙牌、棋盤、監獄外的運動賽事，以及其他所有無法預料結果的活動，都可以成為投注標的。賭博可能是組織化的活動，譬如每天的彩票賭博，可以透過獄方人員與市中心賭場連線。大多數的監獄機構都規定受刑人不可私藏金錢，然而，許多受刑人手中仍不乏從賭博、探監訪客或提供獄方人員協助而取得的大量現金。即使沒有現金，任何其他有價值的物品，也可以當作下注的貨幣，包括雜貨、個人物品或毒品。監獄裡許多打鬥都是因為未償還的債務而爆發。若債主打贏了，他可能會要求對方支付比債務更多的錢。如果欠債的一方剛好是往後可以對受刑人債主特定違規事件睜一隻眼閉一隻眼的獄方人員時，債主不但不會要求立刻全額償付，或是向對方收取高利貸，反而可能會將債務一筆勾消。

我們不可能確知獄方人員與囚犯的勾結次數。儘管矯治機構內大多數的獄方人員都是正直且負責任的人，然而還是有少數想與罪犯合作或親近的害群之馬。這些人認同罪犯的行徑，也覺得與罪犯合作很刺激。他們期盼聆聽罪犯細數過往的豐功偉業，有時還會在罪犯沒完沒了地笑談犯罪、毒品和性的時候加入討論。這類的獄方人員厭惡與肢障或年長的公民共事，因為那樣的工作過於乏味。罪犯通常可以憑藉直覺發現哪個獄方人員與自己屬於同路人，接著他們會試試水溫，好確定可以策反成功的對象。罪犯期望拉攏的潛在盟友，是那種不會舉發他們違規、還願意協助他們脫離麻煩的人。即使這樣的期望落空，罪犯手上也會累積一些好料，可以在未來用於勒索獄所人員。

除此之外，罪犯也能很快就看出工作人員之間的不和並加以利用。在許多矯治機構內，種族之間劍拔弩張的狀況非常嚴重。種族歧視在監獄體系中絕對存在，而囚犯也會在對自身有利的情況下，把種族問題與根本和種族毫無關連的事情掛勾。這些人大喊歧視，目的是要大家把注意力，從囚犯犯錯這件事，移轉到獄方人員是否存有偏見的考慮上。只要失去優勢、有人以嚴厲的態度對他們說話、被要求去做他們不願意做的事情，或是被抓到違規行為而即將受到懲罰時，這些囚犯就會把種族問題扯進來。

如果鄰近牢房的囚犯與自己一樣，下定決心連最低程度的互動都要完全掌握在手中時，那麼相關的對峙也會因此產生。有名受刑人描述了一個幾乎每天都會在監獄上演的典型衝突事件：「我和我的棋友準備要下盤棋。我坐在我的位子上，但有人卻搶了我棋友的位子。我們所坐的椅子，是和鐵桌連在一起的。我們要的那兩個位子與電視的位置呈垂直角度。我的棋友問那傢伙可不可以把位子還給他，結果那傢伙竟然怒氣沖沖。這可把我惹毛了，他在坐下來以前，他媽的清楚知道這個位子有人，因為我就坐在一個下了一半的棋盤前面。」這名受刑人說他看過太多類似糾紛最後以「蠻橫暴力」的方式解決。

監獄裡的性侵威脅與實際的性侵犯行，與外面的世界一樣，都導向相同的目的。這樣的犯行與性行為或性取向無關，其目的在於建立支配權。性侵的威脅可以讓人得到敬重，也可以在獄友之間引發恐懼。每一個年輕的受刑人，特別是那種比較不魁梧而具有吸引力的人，在進入監獄時，都會遭到多雙眼睛上下打量。晚上躺在自己床上的新進服刑人，很可能會遭到一伙囚犯圍攻，並遭到威脅說他若抗拒或上報，他會經歷比強暴更嚴重百倍的對待。監獄就是一個倚強凌弱的叢林。服刑人若想得到保護，可能要屈從於最令人懼怕的囚犯之一，成為對方的走狗或性奴隸。

當成人看守所的門在身後關閉時，德瑞克心中還有些猶豫不決。他因為從未遭到監禁而惴惴不安，但同時又覺得自己有本事可以撐過這次的刑期。他對自己說，「你現在是個大人了」，並暗下決心，假以時日，他將會「統治這個地方」。某日當我抵達監獄進行輔導時，我遇到了非常害怕而且雙眼周圍烏青的德瑞克。他說當他從戒毒牢房移轉到一般牢房之後，「地獄的門就打開了」。他記得有名服刑人瞪著他，並對他的身體大喊「鮮肉」。其他囚犯衝進了他的開放式牢房，把他的東西從容器中全倒在地上。他要求他們離開，但他們卻嘲諷地說他們打算如何對他進行性侵。德瑞克說他當時在心裡依然「堅信自己絕對不會被強暴」。獄方人員晚上關閉牢門時，讓他鬆了一大口氣。但是牢門在第二天打開時，其他囚犯繼續騷擾他。有人向他搭訕，有人把他的褲子扯了下來，還有一個囚犯聲稱曾把精液放進他的頭髮裡。另有一名囚犯拿起一張椅子猛然將他掀倒，然後用膝蓋壓制他的臉。這名囚犯說要訓練他如何打架。德瑞克洗澡的時候，有人拿走了他的衣服，而其他人則是對他的身體指指點點地嘲弄。「他們讓我丟盡了臉。」德瑞克流著淚對我這麼說。他的內衣不見了，後來發現被泡在尿中，而且上面沾滿了排泄物污漬。囚犯警告德瑞克不要去「告密」舉發任何人。於是當獄方人員問他為什麼臉上會出現淤青時，他只能解釋是摔跤造成的結果。當他認知到「我這輩子從來沒有這麼害怕過」時，他早先認為「監獄很酷、他要統治這個地方」的想法，早已灰飛煙滅。獄方為德瑞克安排了保護性監護，他說這樣的安排讓他「如在天堂」。德瑞克後來寫了一份聲明，讓他的攻擊者以綁架與惡意攻擊遭到起訴。

二〇〇三年便已通過的《杜絕獄中侵害法》（Prison Rape Elimination Act），納入了監獄需要有足夠人員配置的規定，就是為了確保私下性虐待的通報能夠順暢，以及訓練獄方工作人員如何防範性虐待事件。[9]二〇一七年，《監獄法律新聞》（*Prison Legal News*）報導這個法案的落實依然「極其緩慢」，而且因為違規者的懲罰「不適當」，強暴與性虐待事件在美國矯治機構持續猖獗。那篇報導還指出半數的性虐待案件都與獄方管理人員有關。[10]

在獄中與在街頭混日子一樣，罪犯始終面臨著不知道該信任誰的困境。其實罪犯並不知道信任為何物。如果他們「信得過」某人，通常意味著對方不會背叛他。「口風緊」是囚犯之間的默契。舉發另一名受刑人，可能會換來一頓毒打，或甚至丟掉小命。儘管如此，罪犯卻也深知人不自私、天誅地滅的道理，交情再好的朋友，都難保不會為了保命或任何好處而出賣自己。因此囚犯雖然都理解「不做抓耙仔」的原則，但主導監獄環境的風氣一如街頭，那就是「死道友不死貧道」。蓋提吉爾（Stephen Gettinger）四十二年前為《更生》雜誌（*Corrections*）所寫的文章，今日看來依然切合現狀。他說：「一些監獄觀察家表示，對於受刑人之間忌當告密者的這個默契，破壞要比遵從更有價值。情報的交換，在任何監獄的日常生活中，都如同打架定輸贏一樣不可或缺。」[11]

幫派活動讓監獄裡的一般受刑人愈來愈不安全。二〇一八年，與幫派有關的受刑人數量約二十萬。[12] 幫派受刑人密度最高的監獄，都是加州與德州這類監獄收容人數最多的州。幫派問題在各矯治機構所造成的安全威脅，已經嚴重到讓矯治機構啟動一個名為「限制性容納」（restrictive housing）的政策。根據這個政策，獄方會把幫派相關的囚犯從一般受刑人區移至他處。社會學教授派如茲（David Pyrooz）在二〇一八年為美國國家司法研究所（National Institute of Justice）撰著的論文中，提出了這樣的結論：「迄今為止，不論在街頭或監獄，都沒有任何計畫可以有效地把大家與監獄幫派隔開。」[13]

許多幫派的組織複雜，擁有屬於他們自己的規矩。幫派老大有辦法與監獄外接頭的人保持聯繫，並與其他囚犯協調違禁品的交付與買賣問題。監獄裡的幫派老大又稱為「號令者」，都是已在街頭樹立威信的人。他們是做出最後決定並向下屬發號施令的人，而他們的下屬也被要求完全奉命行事。這些老大對監獄的裡裡外外都瞭若指掌，大家對他們的描述，也通常以軍隊的將軍相比。他們對監獄內外的事情都具相當的影響力，也有權力做出生死攸關的決定，還可以下令攻擊或殺害監獄內或外面社會上的某個人。這些老大的手下就算出了獄，依然要聽命行事。二〇一三年，科羅拉多州監獄體系的主任克萊門特斯（Tom Clements）遭到暗殺。多年後，調查顯示這起凶殺案與一名為監獄幫派行事的假釋犯有關。[14]

由於號令者所積累的權力實在太大，因此連獄方人員都可能需要依靠他們協助，才能維持獄中秩序。其他國家的政府當局與監獄管理人員，在面對幫派份子控制監獄的情況時，也曾與號令者進行斡旋。根據二〇二〇年《華盛頓郵報》的一篇報導，薩爾瓦多的政府官員「與 MS-13 幫派的頭頭達成協議」，該幫派以保證降低凶殺案的數量，與政府交換諸如提供「可取得喜歡的食物」以及不再將三個敵對幫派成員安置在一起的監獄政策等福利。[15]

上述的內容旨在強調，不論身處何地，罪犯就是罪犯。即使被關進監獄，他們的人格依舊維持原樣，不同的只是風險的程度與他們犯案的方式。那些因監禁限制而無法犯罪的罪犯，依然想念犯罪的日子，只不過他們在當下只能靠想像以及談論犯罪的相關話題來望梅止渴。

罪犯在服刑期間會經歷心理上的改變。他們會有一段時間陷入深刻的沮喪中，一如剛入監時的手足無措。隨著日子一天天過去，蹲苦牢的日子令人氣惱。他們在坐牢之前就期望這個世界配合自己，進了監牢，也依舊抱持相同的想法。罪犯會義正辭嚴地抱怨，卻忽略了他們之所以會陷入當下的處境，完全是出於個人選擇的事實。

除了抱怨，罪犯也可能經歷真心的懊悔。相較於牢獄生活的慘澹淒涼，服刑人可以透過收音機、電視、信件、期刊及偶爾探視的訪客，一窺外面的世界。他們或許還會感嘆馬齒徒增、生命逐漸凋零的現實。罪犯有很多懊悔的事情——不僅僅是他們的牢獄生活，還有過去在遇到可以過上不一樣生活的機會時，卻不知道把握或根本就直接拒絕。罪犯在監獄裡有許多時間可以檢視內心、反省自己。

厄尼告訴我，他厭倦了進出監獄、傷害家人的生活。他一方面宣示改變人生的企圖，另一方面卻也不諱言地表示，他總是不斷地因為其他的想法而感到困擾：「我想要去找那些欠我錢和說我壞話的人算帳。我老是在想該如何用不惹上麻煩的方法報復他們。我的白日夢多半是尋仇或賺取不法所得之類的事情。我的噩夢則是惹上麻煩，或是該怎麼逃避法律制裁。」厄尼覺得他已經找到了一個解決辦法，他說：「我對未來的希望是可以在合法與專業的環境中，善用自己的技能。雖然我想金盆洗手，但還是希望能操縱、算計跟騙人。另一種生活方式——努力工作只為了精打細算過日子——既累人又無趣。對於我該如何謹慎地以最低的風險遊走在灰色地帶，我已經想好了方法。我知道自己一輩子都得在這樣天人交戰的情況下生活。我想知道我當初如果沒有觸法，現在會在哪裡。」厄尼根本沒有自我反省，反而我行我素：他責怪周遭的一切，包括因為自己的不負責任所導致的窘境。「監獄不是讓人懺悔的地方，反而更像一所犯罪大學。」厄尼這麼說。接著他開始批評他的父親，因為「他的工作耗盡了他的一切。他應該教我如何成為一個真正的男人」。不論厄尼如何怪天怪地怪運氣，歸根究柢，他還是覺得過一個沒有犯罪的生活，是件令人感到厭惡的事。他說：「我一想到出獄之後一切都要從頭開始，就覺得洩氣。」

喬爾也表達了類似的矛盾心態。他知道他不想在監牢裡度過更長的時間，也不想傷害始終支持他並相信他會扭轉自己人生的父母。他這麼描述他所面臨的困境：「我還沒有完全走到我想要改變的那個點。有人說否不極泰不來。但是我怕等到我否極的時候，已為時太晚。其實歸根究柢，對我來說，我其實就只是想得到我想要的。我一輩子都這麼想。最後，我可能還是會開始犯罪。有些時候我滿腦子想的，就只有怎麼快速發筆小財、怎樣一直開心，同時又讓大家知道我真的有多壞。我覺得很沮喪。」

另外一種改變的選擇是自殺。有些罪犯即使在入監前，只要遇到不順遂的景況，就會出現自殺的念頭。在監獄中，囚犯更容易覺得人生失去意義，但同時他們依然會憤恨這個他們自認從未給自己公平機會的世界。有一名意圖自殺的囚犯說：「我再也不想忍受這些鳥事了。」

數據顯示監獄服刑人自殺的比例是一般大眾的四倍。根據美國國家廣播公司（NBC）新聞二〇一九年的一則報導，聯邦矯治機構每年有三百名服刑人試圖自殺，四十人自殺身亡，大多數死者都是上吊。[16]但多數受刑人只是作勢要自殺，好誇大自己面臨的困境；真心尋死的自殺行為並不常見。服下過量但不足以致命的藥物、用不銳利的自製刀具割腕，或是拙劣的上吊安排，都足以促使他人關注自己。這些囚犯也許會被轉往監獄醫院或精神院所這類管理較為鬆散的環境。

頹喪的受刑人或許會尋求宗教的救贖。有些罪犯研讀《聖經》、《古蘭經》或其他宗教聖典，並將這些典籍中的章節應用到生活上。這些囚犯投入宗教研習課程與討論團體、吟唱詩歌，藉由閱讀聖典或進行禮拜儀式來分享彼此的心得，除此之外，他們也會參與其他的宗教相關活動。部分囚犯因為經歷突然湧現的宗教啟示，在一夕間改信某種宗教。這些人熱忱地與其他人分享他們的看法。這類服刑人在獄中的生活，充滿了宗教色彩，連創作的藝術品也帶有宗教意涵。他們創作的詩歌、撰寫的信件與其他書寫的作品，全縈繞著宗教主題。另外也有些受刑人較不會公開表達他們對宗教的關注，他們會自己一個人安靜地花上好幾個小時閱讀與禱告。

「更生團契」（Prison Fellowship）或許是世界上最知名的受刑人宗教組織。這個組織是一九七六年由尼克森總統的特別顧問柯爾森（Chuck Colson）所創立。柯爾森因水門案醜聞遭聯邦法院判刑入獄，在獄中經歷了宗教的靈性甦醒。更生團契在全美五十個州都非常活躍，幫助受刑人改信耶穌基督。[17]另一個影響廣泛的宗教活動，是美國路易斯安那州安哥拉城州立監獄的「獄中神學院」計畫。這個計畫在二〇一五年以捐獻一棟設置了教室、圖書館的大樓作為二十週年的慶祝重點。參與計畫的學生可以取得神學院學士學位或不算學分的證書。[18]

獄方人員無從得知服刑人的沮喪、宗教靈性或改頭換面的努力是發自真心，抑或只是罪犯的故技重施。若囚犯的這些表現源自真心，這樣的階段可能會持續數月或數年。根據未經證實的報導，有宗教信仰的服刑人在監獄裡的行為會有所改善。然而對大多數的囚犯來說，這些改變只不過是一個階段罷了。當這個階段結束，罪犯還是會展現出完全沒有任何改變的原有性格。

不同於我們大多數人所相信的，大多數罪犯確實可以從經驗中汲取教訓，而且他們也都會這麼做——只不過他們所吸收的教訓，並不是社會希望他們記取的那個部分。罪犯在監獄裡有大把的時間與機會去強化他們未來的犯罪技巧，以及思考如何避免重蹈覆轍。部分罪犯下定決心在出獄後要低調行事，只犯些小奸小惡的罪行，放棄大幹一票的想法。也有些人會選擇只待在幕後策畫，而不直接參與犯行。不過這樣的想法通常不會持續很久，因為這種人一旦踏出監獄大門，過往生活中追求刺激的胃口又會變得如狼似虎。還有些人會變成更成功的罪犯，沉浸於犯罪，又滑溜到足以躲避拘捕。另有些人在長期僥倖躲過警方抓補後，最後還是回到了監獄。有個人曾宣稱自己將來會成為「輕罪犯」。他說使用一些「軟性」毒品[19]、照顧一下妓女的生意，以及除非有人惹到他，否則盡量避免打架，就已經讓他覺得很滿足了。一年後，這個人因為連續持械搶劫重回監獄。也有些罪犯在出獄前便開始計畫下一次的犯罪。對於這些出獄後犯案失手、遭逮，然後以新罪行重新鋃鐺入獄的罪犯來說，監獄的大

門幾乎從來沒有為他們關上過，

很多人都以為罪犯早晚會對犯罪失去興趣，或是會對犯罪感到「力有未逮」。力有未逮的這派說法源於某些年紀漸大的罪犯，不再因街頭犯罪而重返監獄的事實。然而刑事司法教授馬魯納（Shadd Maruna）在《改過自新》（*Making Good: How Ex-Convicts Reform and Rebuild Their Lives*）中卻提到：「顯然，罪犯會對犯罪感到力不從心，覺得狀況糟糕到跌入谷底，卻依然持續他們的犯罪行為。」[20]聖安東尼市聖瑪莉大學（St. Mary's University）的艾伯尼（Armando Abney）與特拉維紐（Christopher Treviño）在進行老年罪犯人數增加的研究後表示：「近年來，遭到逮捕的五十歲以上男女嫌犯數量已成長一倍。」[21]的確，身為街頭罪犯，這樣的年紀無法再讓他們像年輕時那樣身手矯捷，而且確實也無法像以前跑得那麼快了。他們或許變得比較成熟，但這個事實只會讓他們少冒點險、犯些情節比較不嚴重的罪行。他們的犯罪人格始終沒有改變，而大家也依然因為他們的犯罪行為而受苦。

注釋

1 Department of Justice, “Prisoners at Midyear 1982,” *Bureau of Justice Statistics Bulletin* (October–November 1982), p. 1.

2 The Sentencing Project, “Trends in U.S. Corrections,” 2012, sentencingproject.org.

3 “Prisoners in 2019,” U.S. Department of Justice Bureau of Justice Statistics bulletin, NCJ 255115, October 2020, bjs.ojp.gov/content/pub/pdf/p19.pdf.

4 Daniel P. Mears, “Evaluating the Effectiveness of Supermax Prisons” (research report of the Urban Institute Justice Policy Center, March 2006), p. iii.

5 David Fathi, “Supermax Prisons: Cruel, Inhuman, Degrading,” ACLU blog, July 9, 2010, www.aclu.org /blog/national-security/supermax-prisons-cruel-inhuman-and-degrading.

6 Walter Pavlo, “Will Cell Phones Be the Downfall of Prisons?,” *Forbes*, April 19, 2020, www.forbes.com/sites/walterpavlo/2020/04/19/will-cell-phones-be-the-downfall-of-prisons/?sh=33b831741be4.

7 David Crary, “Prison Drug Use Becoming Harder and Harder to Control,” *Corrections1*, January 17, 2010, corrections1.com/drug-issues/articles/prison-drug-use-becoming-harder-and-harder-to-control-tKBDXJHcYEp1wWFk/.

8 Paul Best, “NJ Man Used Drones to Smuggle Cell Phones, Tobacco, Other Contraband into Federal Prison,” FOX News, April 20, 2021.

9 Bureau of Justice Statistics, “Prison Rape Elimination Act,” 2003.

10 Derek Gilna, "Five Years After Implementation, PREA Standards Remain Inadequate," *Prison Legal News*, November 2017.

11 Stephen Gettinger, "Informer," *Corrections Magazine*, April 1980, pp. 17-19.

12 David C. Pyrooz, "Using Restrictive Housing to Manage Gangs in U.S. Prisons," National Institute of Justice, June 30, 2018, nij.ojp.gov/topics/articles/using-restrictive-housing-manage-gangs-us-prisons.

13 Christopher Osher, "Colorado Prison Chief's Assassin Caught on Tape with Fellow Gang Member," *Gazette*, August 24, 2019, www.coloradopolitics.com/news/colorado-prison-chiefs-assassin-caught-on-tape-with-fellow-gang-member/article _b9154dae-c6b5-11e9-93ea-87dcf7140972.html.

14 Anna-Cathrine Brigida, "El Salvador's Government Cut Deals with MS-13 Gang in Bid to Reduce Killings, Report Says," *Washington Post*, September 25, 2020.

15 "Nearly 300 Inmates Attempt Suicide in America's Prisons Each Year," NBC4 Washington news report, August 12, 2019, www.nbcwashington.com/news/local/suicide-in-american-federal-prisons-2019/83062/.

16 "Nearly 300 Inmates Attempt Suicide in America's Prisons Each Year," NBC4 Washington news report, August 12, 2019, www.nbcwashington.com/news/local/suicide-in-american-federal-prisons-2019/83062/.

17 Charles Colson, *Life Sentence* (Ada, MI: Chosen Books, 1979).

18 Marilyn Stewart, "Angola Prison Ministry Celebrates 20 Yrs., New Facility," Baptist Press, September 10, 2015, www.baptistpress.com/resource-library/news/angola-prison-ministry-celebrates-20-yrs-new-facility/.

19 譯注：軟性毒品泛指毒性較小、不容易成癮，但可致幻的毒品類，大麻、海洛因、搖頭丸等都被列為軟性毒品，但搖頭丸對中樞神經系統的破壞，要比海洛因和嗎啡更劇烈。如荷蘭等部分國家與地區，合法允許使用軟性毒品。

20 Shadd Maruna, *Making Good: How ExConvicts Reform and Rebuild Their Lives* (Washington, DC: American

Psychological Association, 2001), p. 152.

21 Carmel Tajonera, "Professor and McNair Scholar Examine the Rise in Elderly Offenders," *Gold & Blue*, October 25, 2013, www.stmarytx.edu/2013/criminals-age-out/.

第十八章

罪犯真的有改變的可能？

除了結尾的後續狀況追蹤，本章與一九八四年版的內容並無太大出入。未做修改的理由在於本章提出了幫助罪犯改變的有效方法的要點。前幾版的許多讀者向我反映，他們覺得里羅伊的故事兼具教育性與啟發性。

一位又高又瘦、滿頭白髮的精神科醫生坐在椅子上，背靠椅背，主導了大部分的談話。醫生對面坐著一臉大鬍子、似乎陷入沉思的非裔強盜與持械搶劫犯里羅伊。約赫森博士正在以直接但禮貌的方式告訴里羅伊，他是社會的威脅。

約赫森博士已多次以這種方式與罪犯互動，但是相較於十年前一九六一年他初到華盛頓特區聖伊莉莎白醫院展開事業第二春那時，他與罪犯的應對方式，已徹底改頭換面。他曾是水牛城最傑出的精神科醫師之一，令人稱道的成就不僅是他在執業上的成功，還有他透過當地電視台系列節目例行性地現身說法，讓當地民眾更瞭解精神病學的知識性貢獻。年近五十俱樂部中段班時，博士渴望為精神病學領域做出學術與實質兼具的貢獻。由於他在水牛城是個公眾人物，所以博士選擇了一個沒有人認識他的新環境，而這一待，就讓他在大眾視線內消失了十五年。他接下犯罪行為的研究治療計畫，而研究地點之所以選在醫院而非監獄，是因為他認為醫院的治療環境更有助於臨床研究，除此之外，他也可以借助醫院龐大醫療團隊與社會工作部門的專業協助。

研究計畫開始之初，約赫森博士並沒有把他的病患視為「罪犯」，而是將他們看成是一群因為不幸的家庭背景與社會壓迫的環境，所產生的內心混亂不安者。他用了數百個小時詳細記錄患者的病史，又借鏡在水牛城執業時的成功傳統治療方法，投入了數百個小時對病患進行個別與團體精神治療。博士相信如果可以幫助聖伊莉莎白醫院的病患深刻理解他們過去的行為，就能夠幫助他們解決內心的矛盾衝突，遠離犯罪。然而在他花費數年探究患者的早年經驗以及心理發展過程之後，他有了重大的領悟。博士發現這些人就算深刻瞭解到他們的行為，仍然會在醫院裡犯罪，而且一旦人贓俱獲，他們還會利用新取得的知識將自己的犯行找出理由。

毫無所懼的約赫森博士意識到他必須採取新的策略。既然知道尋找犯罪背後的成因不僅白費力氣，還會為犯罪行為的合理化提供說詞，他不再輕信患者自圓其說的故事，而是把注意力放在罪犯當下的想法上。博士在執行了這樣的方式後，發現患者其實都相當理性，一點也不瘋狂。他因此得出結論：以精神疾病作為逃避法律懲罰的抗辯，其實根本就是鬧劇一場。事實上，這些所謂有精神問題的罪犯，與他研究過的那些從未因精神狀態住院的罪犯，完全沒有不同。

約赫森博士強硬的立場愈發鮮明，但他不與罪犯妥協的目的並非為了懲罰罪犯，而是堅持這些人應該要為他們自己的行為負責。唯有將這些罪犯視為加害者，而非他們自稱的受害者，身為精神科醫師的他，才能在罪犯為了對付所有他們所遇到的人而設立的欺矇、拐騙與誤導的障礙之林中殺出重圍。

與這些約赫森博士現在稱之為「罪犯」的人相處，是費時、費力且十分吃力不討好的事情。但他依然堅持將觀察到的所有狀況，全鉅細靡遺地記錄成數千頁的資料，連那些當下無法釐清頭緒的現象，他也沒有放過。最後博士終於理解到，唯有在罪犯的思維產生一百八十度的改變時，他們的犯罪行為才會出現重大且具持久性的改變。約赫森博士開發出一套技術，教導罪犯彙報自己的想法，然後透過這樣的方式監控他們的思維，並找出謬誤之處加以矯治。

在這樣的型態架構下，約赫森博士的新計畫更像教室裡的教學活動，而非團體治療。他所發展的計畫，應用過程十分耗時，然而對於刑事司法系統與心理衛生領域的許多層面，都帶來了革命性作法的希望。

里羅伊並不是就這麼直接從大街上走進醫生辦公室尋求協助的人。約赫森博士之前曾碰到過幾名主動尋求幫助的罪犯，其中有些人想要戒除毒癮或酒癮，有些人則只是陷入一時的沮喪或焦慮，希望醫生可以勸勸他們的妻子與父母，別再繼續數落他們。然而這些人對於做出真正深刻的改變，卻殊途同歸地毫無興趣。里羅伊聲稱他三十年的人生一無可取。他為了性、海洛因、酒精、槍械以及其他華盛頓特區街頭的刺激而拋妻棄子。他在佯稱心神喪失而逃過銀行搶劫的指控後，相關單位安排他住進聖伊莉莎白醫院接受治療，他在這裡認識了約赫森博士。被困在醫院的里羅伊這時心中只想做兩件事：離開醫院，以及改變他的人生。他不確定自己想做什麼樣的改變，卻肯定自己想要一些不一樣東西。

約赫森博士開宗明義就表明了他知道里羅伊欺騙每個和他有接觸的人。第一場會面的主要目的，在於讓里羅伊知道跟他打交道的對象是什麼來歷，因此博士並不急於和對方建立友好關係。相反地，為了明確表示自己對於里羅伊的看法，約赫森博士掌控了整場會談，而且並未主動探查里羅伊已準備好要提出的那些對他有利的說詞與藉口。博士表明不會落入里羅伊變更主題、提出藉口以及其他想要行誤導與迷惑目的的詭計之中，因此里羅伊完全沒有機會談到他的父母、他生命中遭遇的「厄運」，甚至是他的罪行。約赫森博士對里羅伊的背景基本上一無所知，也沒有興趣知道，他甚且不知道里羅伊以心神喪失為由訴請無罪。然而因為博士對許多罪犯都有過深入的研究，也發現了這些罪犯思維模式中的相同要素，因此我們這位精神科醫生非常清楚里羅伊思維運作的過程。

約赫森博士請里羅伊先聽聽自己對他的陳述，然後再請他表示是否同意。博士斷言里羅伊很早就走上了一條跟多數人不一樣的鬼祟之途，而且對於自己能狡猾地騙過其他人而沾沾自喜。博士指出里羅伊從小就不守規矩，因為他自認這個世界應該按照他的方式運轉，而不是讓自己去適應這個世界。博士接著表示里羅伊堅持其他人都應該尊重他，但他卻不尊重任何人。儘管里羅伊嘴上說著責任感，骨子裡卻是除了站在頂端的成功人士外，看不起其他所有功成名就的人，他認為他的聰明才智與成就絕對可以超越那些人。約赫森博士又提到里羅伊有個經不起打擊的「玻璃下顎」；他可以隨意苛待別人，卻經不起他人的絲毫批評。博士告訴里羅伊，他雖然大言不慚誇耀著他的朋友如何如何，但其實對於友情的意義毫無所知，博士堅稱里羅伊因為內心扭曲，所以就算犯下了一件又一件的罪行、拋棄了他始終聲稱摯愛的妻兒，卻依然認定自己是個正直的人。約赫森博士每做完一段陳述，都會停下來專注地看著里羅伊，問他：「我說得對嗎？」有時候里羅伊會神情嚴肅地點點頭，有時候則是聳聳肩說：「算是吧。」約赫森博士會抓住這句回答，指出它證明里羅伊就是個對外表現出一副強悍樣貌，但實際上根本沒有膽量面對真正自己的懦夫。每當里羅伊回答「我不知道」時，博士會說「我不知道」就是那種害怕因為說實話會損害自己心中的自我形象的罪犯的典型答案。約赫森博士解釋里羅伊所說的每件事，是如何透露出他的人格。

約赫森博士像隻獵犬，以步步進逼的方式，與里羅伊進行了近三個小時的會談，揭穿他的真面目。里羅伊並不喜歡他所聽到的內容，卻發現自己難以否認。他不時地用一個字或一句話狡辯，但最後所有的抵抗依然土崩瓦解。里羅伊後來坦承在會談之初就覺得這位醫生與其他的「心理醫生」不一樣，這個人不會讓自己牽著鼻子走；他覺得要拿下約赫森博士，難度應該比預想的還高。里羅伊開始懷疑這位醫生會讀心術，而且有那麼一瞬間，他腦子裡閃過這位醫生會對罪犯如此瞭解，或許醫生自己也是名罪犯的念頭。最令里羅伊感到驚訝的是，當他坐在那裡聽著眼前這位年邁老人喃喃說話時，自己作為一個人的陰暗面竟然全都就這樣被描繪了出來。然而儘管自己的一切都被攤到了太陽底下，但里羅伊卻完全沒有受到攻擊的感覺。即使約赫森博士對里羅伊的生活方式表達出完全無法苟同的看法，卻始終冷靜有禮，既沒有嘲笑里羅伊，也沒有威脅、斥責或表現出一點點不尊重他的態度。於是里羅伊就這麼坐在他的位置上，幾乎像中了催眠術一樣，聽著約赫森博士在將他批評得體無完膚的同時，也完整呈現了他真實的形象。

這場會談只是個開始。約赫森博士後來邀請里羅伊回來進行更多回這樣的訪談。里羅伊之前就聽過約赫森博士的計畫，但在訪談過程中，博士沒有提到任何與這個計畫相關的一字一詞。約赫森博士表示，在他完整剖繪出里羅伊的人格之前，不會論及任何計畫。

里羅伊真的回來做了更多次的訪談。他生活中的每個面向都是一團糟，連他那位因為上過大學，就被他認定負責任的新女友也不例外。約赫森博士提出的探究性問題，揭露了他的女友其實並不是如里羅伊所描述的那種瑪丹娜型女子。她吸大麻、是個「容易勾上手」的女人，而且主動提議把里羅伊的槍藏在她家裡，成了他的共犯。幾次訪談後，約赫森博士發現里羅伊一無是處，就連他的音樂天賦都用錯了地方，因為他選擇在罪犯聚集的酒吧演奏。約赫森博士坦率地告訴里羅伊，他是個徹頭徹尾的罪犯，現在只有三個選擇：繼續犯罪，自食後果；選擇自殺，社會可能會因此變得稍微美好一點；或者，他也可以學著像個文明人一樣生活，當個負責任的人。里羅伊排除了前面兩個選項，只剩下改變一途，而他以為這會是件輕而易舉的事。

行為是思維的產物。想要消除犯罪行為，就得先改變一個人的思維方式，例如里羅伊那樣的想法。這項工作不可能一蹴而就，過程也不會輕鬆容易。這項任務需要拆毀舊有的思維模式，再用教導的新觀念，鋪設新的基礎，並在其上建造一個新的架構，讓罪犯在這個架構之中依照後來學到的概念行事。里羅伊這輩子總是不斷地聽到別人跟他嘮叨「責任」這件事，但是這兩個字在大家漫無目的地混亂使用後，既可以囊括所有事，也可以變成完全的空談。里羅伊之前一直都是學舌般地使用這兩個字，但他其實連負責任代表什麼意思都不知道。對他來說，負責任就代表建立一個看起來受人尊敬的表象。他說：「只要負責任，一個人就可以躲過一大堆鳥事。」負責任同時也代表成為一個大人物，代表可以用所有他想得到的手段一夕成名、轉眼得利。然而在里羅伊即將參與的改變計畫中，「責任」這兩個字包括成為一個真正具有建設性的正直者所需要的一切。負責任代表學習與實踐特定的思維模式，而這種對多數人來說猶如第二天性的思維模式，對具有犯罪人格的人而言，卻是前所未聞的新東西。

約赫森博士告訴里羅伊，他那些倒霉的人生故事根本無關緊要，他的生活處境也不是重點；他並不是一個受害者。這個改變計畫的核心，奠基於人可以在善與惡之間做出選擇的假設之上。約赫森博士不但沒有減輕里羅伊的恐懼和愧疚感，反而強化了這些感覺。里羅伊過去曾做過一些心理治療，已習慣在過程中表達感受、發洩憤怒。他對於身為精神科醫生的約赫森博士竟然毫不在乎他的感受，覺得相當訝異。整個改變計畫中，沒有任何一個環節會讓里羅伊對他自己「感覺更好」或是接受他自己。相反地，為了改變，他對自己的不滿感覺必須持續累積強度。里羅伊對約赫森博士的計畫感到很好奇，但更重要的是他覺得除了相信這個人，弄清楚這整個計畫是怎麼回事外，他並沒有其他選擇。他告訴約赫森博士他會「實實在在地努力試一試」。約赫森博士為了不讓這句話轉眼成雲煙，對里羅伊指出天底下沒有不實在的努力。博士斷言里羅伊似乎只打算拿這個計畫當作試驗。如果事情沒有照他所想的發展，他就會繼續做他想做的事情，堅信自己已經嘗試過了。約赫森博士藉由剖析里羅伊每一次的陳述與問題，持續揭開他真正的面目。

里羅伊之後獲准加入一個五位成員組成的團體，各成員分別處於改變過程的不同階段。

這樣的安排，一方面可以讓新加入者瞭解計畫的運作模式，另一方面也可以讓現有成員在聆聽完全沒有改變的新加入罪犯如何提出問題、陳述與各種藉口時，重新審視他們自己。里羅伊因為之前有團體治療的經驗，所以習慣由被治療者決定討論主題，而診治醫生很少開口的那種治療型態。不過約赫森博士的這個治療團體，一開始就與那些隨心所欲的討論完全不同，這個計畫的團體討論由醫生主導，而非罪犯。每名成員都要在這個場合上，報告自己過去二十四小時內所記錄下來的想法——對病房其他病人、醫護人員、家人、電視上的一場暴力電影、這個治療團體、約赫森博士的想法，甚至包括自慰時的想法。在場的其他人默默聽著報告，直到約赫森博士打斷報告，並針對特定想法或一連串的想法提供評論。這個過程變成討論的核心，由約赫森博士把矯正的概念灌輸給所有參與治療的人，而不僅僅只是那個做報告的人。

里羅伊剛加入計畫時，就已經被告知參與計畫後的生活會是什麼樣子。約赫森博士曾警告他，接下來的日子，很可能要過得像與世隔絕的僧侶。他必須與其他的罪犯斷絕往來、不能吸毒，連啤酒都不能喝。除非他能夠對一段關係負責，否則不能與他人發生性行為。他每天都必須參加團體治療，即使離開醫院之後也不能中斷。他可能會遭遇以前根本不知道這種問題存在的麻煩，那時他會覺得自己的生活似乎受到了嚴格控制，而且感到灰心氣餒。里羅伊聽完這些話後陷入了思考，這個計畫對他來說似乎很極端，但他還有其他選擇嗎？他厭惡過去、恐懼未來，而這兩種感覺強到足以讓他選擇重新開始。

不論是里羅伊還是其他罪犯，並沒有人在參與計畫之初就想積極致力於改變。沒有人會立刻接受自己以前蔑視且一無所知的生活方式。然而，就像學習打網球一樣，責任感會隨著經驗增長。里羅伊很能夠體會這個比喻，因為他在住院期間學會了打網球。網球這種運動一開始看起來光鮮亮麗，所以他迫不及待地想要試試看。在華盛頓特區潮濕到令人生不如死的八月天，不斷地追著球跑，並與蚊蟲奮戰多日後，里羅伊寧可做任何事，也不想再努力學打網球了。然而上課與練習讓里羅伊的球技有了進步，而且他練習得愈努力，球技就愈精進，想打球以及想打得更好的熱情也愈高漲。可惜他還沒能把打網球的精神擴及到生活上。但是約赫森博士明確地告訴他，隨著經驗與知識的累積，想要改變的決心，會和努力學習打網球一樣萌芽與成長。

約赫森博士並不知道里羅伊為什麼同意參與這項計畫。是為了讓院方對他另眼看待，而早點放他出院嗎？多年與罪犯相處的經驗，教會了約赫森不去輕信罪犯，但也不要憤世嫉俗。他知道如果相信里羅伊所說的一切，里羅伊就會牽著自己的鼻子走，不再尊重自己。但約赫森博士也很清楚，如果一直不相信里羅伊，兩人之間就不會再有對話交流。博士沒有驟然做出判斷，他寧願選擇「時間會證明一切」的立場。在他看來，里羅伊的生活正岌岌可危。里羅伊得扛起誠實面對自己、然後將自己所學付諸實踐的擔子，如果扛不起這個擔子，失敗的也是里羅伊，而不是約赫森博士。

當里羅伊聽到約赫森博士的治療團體每天早上都要聚會，而且每天都耗上一整個早上時，他實在很納悶大家到底怎麼打發這麼多的時間。他很快就知道了答案。團體討論並非局限於某些事件或某個問題，畢竟可能根本沒幾件大事，就算有事應該也不會是什麼大事，遑論這些罪犯其實都過著規律的牢獄或醫院生活。至於「問題」，罪犯只有在做了不該做的事情，陷入了麻煩當中，才會認為自己有「問題」。所以局限討論話題並沒有什麼意義。每天的想法紀錄報告是團體聚會的重心。就這樣，連整天因為感冒而體力虛弱臥床休息的人，也有許多要報告的內容。里羅伊一開始必須要有人教導他停下來，回想自己想了些什麼，然後再記下來。教導的人指導他把這項練習想成是一台錄下他想法並隨時可以倒帶播放的錄音機。這個過程之所以強調想法，就是因為明天的犯罪種子存在於今天的想法之中。里羅伊很快便明白了其中的道理。

有天早上，里羅伊在報告時提到自己被叫進一間辦公室內，遭到一名醫護人員的指控而怒不可遏的事情，那名醫護人員說他吸食大麻吸到了飄飄然的程度。他之所以暴怒，是因為他現在參與了這個計畫，已經一個星期沒碰過毒品了。他腦子裡當時閃過了「我要把那個混蛋打到腦袋開花」的念頭。在團體治療過程中，里羅伊攻擊醫護人員的想法，就像他真的做了這件事一樣，受到了嚴肅看待。約赫森博士知道若不控制住這樣的想法，里羅伊再度仰賴暴力行事的行為，就只會是早晚的問題。然而犯罪的想法並不是約赫森博士唯一認為重要的事情。里羅伊想法中的所有要素始終維持著清晰的樣貌。身為一個依然故我的罪犯，里羅伊根本沒有能力去判斷什麼是重要的事情。在里羅伊看來像是芝麻蒜皮的事情，足以成為一整個早上的討論題目。報告持續進行，約赫森博士仔細地聆聽，然後從大雜燴般的想法中，選出一個焦點。有名住在社區裡的罪犯參與者剛好提到他在前來參加聚會的途中，碰到一輛在他前面突然變換車道的駕駛，他當時很想砍了對方。這個想法一閃而過，只占據了二十四小時當中幾秒的時間。儘管多數人可能馬上就會把這種念頭忘得一乾二淨，但這位經過了訓練的成員，卻能夠如放大鏡般檢視自己的思維。這件看似毫無重要性的小插曲報告，為涉及到多個主題的一次討論提供了具體的材料：罪犯對他人的期望、罪犯控制他人的意圖，以及罪犯的恐懼與憤怒。

里羅伊發現早上討論會的結構設計與秩序維繫，都像是在教室裡上課，但是課程內容既不枯燥無趣，也不會過於學術性，因為教學內容與團體成員的切身經驗有直接的關係。剛開始，里羅伊為了讓其他成員印象深刻，他想向大家展現自己高度敏銳的觀察力，於是在第一次治療會議中，當一名成員與約赫森博士發生激烈爭執時，里羅伊用自以為是的口吻斥責該名成員浪費了大家的學習時間。他向那名罪犯提出建議：「醫生知道他在說什麼，你最好乖乖聽著！」里羅伊原本以為自己會獲得讚許，但約赫森博士的反應卻讓他大感意外。約赫森博士告訴他，會議的目的並不是要相互指責，而是要從他人的錯誤與經驗中學習。博士觀察到里羅伊這輩子對其他人的批評都快速而嚴厲，卻鮮少以這樣的批評方式反求諸己。在團體治療會議中，他最常問每個罪犯的問題是「你從中學到了什麼」？加入團體治療的初期，里羅伊不斷指出團體成員或約赫森博士的錯誤，但寬以待己。他不但從來不相信自己是個罪犯，而且還一直抗拒自己是罪犯的想法。

某天下午，有名醫護人員主動提出要順道載里羅伊從網球場返回他的病房。里羅伊接受了，但上車後才發現該名醫護人員要繞到一家雜貨店買啤酒。里羅伊喝了幾口啤酒後返回病房。沒有人在意他，他喝啤酒的事，除了那名什麼也不會說的醫護人員，更不會有人知道。然而當里羅伊在治療會議中報告這個事件時，約赫森博士的反應卻活像是他殺了人。里羅伊一點都不覺得這件事有什麼值得大驚小怪的地方，因為「每個人」都有馬失前蹄的時候。更何況對一個經驗老道的罪犯而言，要閃過警衛的檢查，實在易如反掌。喝點啤酒只是一件無傷大雅的事情，里羅伊完全不瞭解這到底有什麼大不了。他難道連一點錯都不能犯嗎？他又不是聖人。這個事件藏著許多錯誤的思維。首先，因為未經同意就離開規定地點並喝酒，里羅伊不但違反了醫院規定，也違反了這個計畫的要求。第二，里羅伊堅持自己可以破例。這是罪犯慣有的指非為是的行為，只因為當時做這件事情的時候，罪犯覺得是對的，所以這件事就是對的。這件事情的危險之處不在於幾口啤酒，而是里羅伊這輩子不斷替自己的犯行找藉口，因此導致了一次又一次的犯罪。再者，里羅伊不會因為喝幾口啤酒就停下來，相反地，啤酒很可能是緊接而來的烈酒、海洛因、女人、犯罪等一系列事件的第一個環節。里羅伊聲稱他不過是一時犯錯、他不是聖人的這些說法，更說明了他並未採取必要的措施克制自己，遑論進一步改掉舊有的思維與行為模式了。是不是每個人都會離開規定地點並開始喝酒，一點都不重要，這個說法只是里羅伊經不起考驗的一個藉口，因為並不是每個人都參與了這項計畫，但里羅伊是這個計畫的成員。關鍵問題在於一瓶啤酒，是否值得讓里羅伊去犧牲成為社會上一個負責任的人的機會。

對任何一位訪談者或推動改變的人來說，辯稱「每個人都這麼做」，或是「人都是這樣」，是罪犯豎立的障礙之一。罪犯把指控的矛頭對準了社會的腐敗，聲稱自己與其他人唯一的不同，就是自己被抓到了。罪犯會指出企業界與政府部門的人如何閃避他們犯行後的結果，還會引述特定的醜聞案件。這樣的事情，里羅伊一點都沒少做。約赫森博士當然知道許多罪犯確實躲開了拘捕，也知道很多人雖然被捕，卻沒有受到任何懲罰，但他拒絕偏離當前的主題：里羅伊不負責任的態度。

約赫森博士治療計畫所採用的標準，幾乎要比里羅伊在正直世界中可以找到的標準更高。里羅伊若要改變，就必須從一個極端跳入另一個極端，而這個事實讓他難以接受。他從一開始就不覺得自己是個邪惡的人。逐漸接受自己真面目的過程，不但極其痛苦，也是他有生以來經歷過最艱困的一項工作。有位治療團體的成員說出了罪犯不願面對真相的原因，他坦承：「我之所以不檢視這個東西，就是因為每當我正視現實時，就像是明明知道會觸電，還去摸裸露的電線。」約赫森博士治療計畫的最基本要求是罪犯在不做潤飾、修改或省略的情況下，忠實提報他們的想法。里羅伊因為不想碰觸那條「裸露的電線」，所以刻意編造了一些謊言。至於其他時候，他的謊言很自動地就會信口拈來。他會否認一些事情、僅承認部分事實，或為了讓自己看起來比較體面而刻意淡化回答的內容。就像他所說，他從會說話開始就撒謊，說謊對他來說根本就是第二天性。

由於罪犯說謊成性，所以在像約赫森博士團體治療這樣的計畫當中，推動改變者與一位熟識罪犯且負責任的人保持聯繫，是很重要的事情。這個人也許是父母、妻子或雇主，這樣的聯繫必須在罪犯知情且同意的情況下定期進行，而在罪犯出獄或出院後，這樣的定期聯繫更是重要。約赫森博士可以與那些二十四小時生活在里羅伊身邊的監獄管理人員對話，當里羅伊回到社會後，博士又設法與他的家人取得聯繫。藉由外部資源評估罪犯是否進步，之所以是不可或缺的步驟，也是因為第三者或許能夠看到罪犯自己無法看清卻正在他身上成型的問題，畢竟這些罪犯缺乏在一個負責任的社會中生活的經驗。

參與計畫的第一個月，里羅伊覺得新鮮又刺激。他確信自己可以比其他人改變得更快、更徹底。任何小小的成就都令他開心不已。這段期間，他到一家清潔用品店購買幾個儲物袋，結果店主慷慨地把袋子送給他；他到雜貨店去要一些紙箱，結果紙箱多到他拿不了。他要的是真正的改變。過去，他所有想要的東西，全都以不告而取的方式獲得。里羅伊聲稱負責任變成了一件讓他興奮的事情，然而他依然在尋找令他興奮的事，這本身就是個問題。計畫的新鮮感沒多久就消失了，里羅伊開始感到無趣。過去的犯罪生活總令他充滿活力，但眼前的日子卻一下子就讓他厭倦。過去他總是想怎麼做就怎麼做，而且一直都在尋找捷徑，但是這個治療計畫沒有捷徑，只有數不盡的乏味辛苦差事。他每次開口，約赫森博士都會找到要批評的問題，就算他做的事情全部符合期待，也得不到獎勵。約赫森博士老是問他：「只是因為活得像個文明的人類，就要得到讚美嗎？」里羅伊發現一次要學的東西實在太多，他說：「做得愈多，就有更多的事情等著我去做。」他發現這個計畫簡直就是活脫脫的芒刺在背，因為他常常抱怨脖子緊繃和頭痛得要命。除此之外，他雖然已經戒毒了好幾個月，卻依然承受一些與之前戒斷海洛因時所經歷的相同症狀。他知道只要私下偷偷吸毒，這些胃痛、盜汗與其他痛苦的狀況都會消失。「違反規定成了唯一的安慰。」他這麼想。

這個向來自認高人一等，並把身邊所有人都掌控在手心裡的人，突然間似乎變成了一個若非其他人加害、就是受到他自己個性荼毒的無助受害者。里羅伊表現得好像所有情緒都來自於他自身以外，與他一點關係也沒有。他聲稱因為無法控制自己的怒氣，所以當他女友來看他而兩人發生爭執時，他賞了她一記耳光。他說因為實在太無聊、太沮喪，所以訴諸大麻的幫助。他因為過於擔心自己坐不住而翹掉了團體治療會議。這時只能靠約赫森博士來轉換他的感受，勾起他想要改變的興趣。

里羅伊的感受主宰了他的興趣，因此他不斷用「我不想」或「沒興趣」來拒絕別人。事實上，里羅伊認為別人有義務告訴他，為什麼他必須去履行一個自己根本不認為是自己責任的責任。院方最後准許里羅伊到社區工作，但是晚上要回到醫院，除此之外，他也擁有自己的週末時間。約赫森博士一再強調時間管理的重要性，特別是週末。在最初週末假期中的某一次，里羅伊沒有任何想做的事，因此沒有訂定任何計畫。他在探視完他母親後，就去了毒品與犯罪最猖獗的區域。儘管當時正值宜人的春季，他卻連想都沒想過要去打網球，也沒興趣去探望家族的朋友。里羅伊流連於酒吧與撞球檯之間，想喝到爛醉的欲望高過一切。他在一家以前經常光顧的店門口停了下來，但又告訴自己不可以，於是他重回他母親家。星期天時，他喝了兩罐啤酒後回到醫院，開始與一位女病患打情罵俏。隨著雙方交流裡的性暗示愈來愈明顯，里羅伊笑著拍了拍對方的屁股。那名女病患其實已經打算跟他進一步發展了，但里羅伊踩了煞車，他問自己這是在幹什麼，然後返回自己的病房。星期一早上，他在團體治療會議中抱怨他對這個計畫完全提不起興趣。他覺得約赫森博士把他變成了一條聽話的走狗、奪去了他的男子氣概，他對此感到憤怒與不滿。他聲稱自己才不打算活得像個「狗屁白人」。在參與計畫期間，里羅伊每次扯到種族問題都會惱羞成怒，並尋找不負責任的藉口，然後約赫森博士就會變成里羅伊口中那個「不懷好意的白人鬼子」。

里羅伊發現約赫森博士是討伐憤怒的聖戰成員——博士的治療方式，與他之前接受過的精神病科治療經驗完全相反。在之前的治療經驗裡，醫生全都鼓勵他表達憤怒。然而約赫森博士卻堅稱處於憤怒情緒中的罪犯，在「宣洩」他們的憤怒時，實在製造了過多的破壞。只要這個世界不盡如他們的意，只要他們無法掌握情況，罪犯都會發飆。每當罪犯自認受到了威脅，憤怒就成了他們的習慣反應，而且在生活中，一天可能會多次出現這樣的狀況。一般負責任的人生起氣來，頂多就是冒犯他人、比較無法清楚思考，或當時處理事情的效率因此降低。然而對罪犯來說，憤怒是一種惡性腫瘤，必須要在擴散並造成犯行之前切除。當約赫森博士告訴里羅伊不要發洩，而是要把憤怒吞進肚子裡時，里羅伊非常震驚。博士勸告他在當前的狀況下，就算他氣到胃潰瘍，也好過別人因為他的憤怒而腦袋開花。

然而，不論發洩或是壓抑，都不是解決憤怒的妥切方式。像里羅伊這樣的罪犯，我們必須做的事情是幫助他們以更切合現實的觀點，認清他們自己，也認清這個世界，讓他們不要再因小事抓狂，唯有如此，當事情不盡如意時，他們才可能以建設性的態度做出回應。容易生氣的罪犯必須學著從批評中學習教訓，接受拒絕，隨遇而安。專欄作家史坦（Ben Stein）簡潔地寫道，生命需要「接受一顆顆的腫瘤，並將之稱為方糖」。[1]

除此之外，罪犯還要做更多的努力。他們必須學習預期什麼樣的狀況會讓自己發怒，並事先想好應對的方式。舉例來說，如果把車子留在維修廠，罪犯應該可以從過去經驗中知道有哪些事情可能會令自己情緒失控，譬如車子未準時處理好、帳單金額比預期費用高、維修廠修錯了地方，或更嚴重的情況，維修廠經理在現場連車子都找不到。若客戶的期待能夠比較貼合實際，就可以避免讓自己產生不滿。因此出發取車前打電話詢問車子是否已經完成維修、維修前事先詢問可能的費用，甚至要求維修廠若有任何計畫外的維修，必須預先告知。取車途中，罪犯可以提醒自己即使該有的準備都準備好了，事情或許還是會出錯。這並不表代表別人都可以上來踩他一腳。但是藉由各種問題的預判，罪犯可以預防脾氣的爆發。如果有必要，罪犯可以藉由更加堅持自己的立場來表達，不需要發脾氣。心理學家霍克（Paul Hauck）指出人其實可以在生活中不發脾氣：「教養出不會因大多數令人發怒的情況而生氣的孩子，是可以做到的事情。」他主張：「我們可以兼顧固若磐石的立場與平和得有如晴朗之日的態度。」[2]

負責任的一般人可能不會採取這樣的作法來預防怒氣，但一般人發脾氣所造成的後果，通常遠比罪犯爆怒時帶來的傷害要小得多。像里羅伊這樣的罪犯會透過憤怒來建立他們在這個世界的地位，但別人往往會因此付出巨大代價。如果里羅伊無法控制別人，他要如何定義自己？如果別人不聽從他的指示、不順應他的要求，他的生活會是什麼樣子？從里羅伊所報告的一則憤怒故事中，我們得以檢視憤怒在他生活中所扮演的角色。

某個星期六，里羅伊順道去了女友賈姬的家。賈姬家裡電話響了，他接起電話後，聽到一個找賈姬的男子聲音。他把話筒交給賈姬後，就站在一旁，拉長了耳朵要聽兩人的對話。他的女友為了不想多說，就佯稱對方打錯了電話。里羅伊為此指控她說不認識來電者是謊話，因為對方指名找她。賈姬否認，里羅伊也識相地不再追究。當晚兩人一起前往夜店，賈姬在洗手間時，一名身材豐滿、穿著時髦的女子邀里羅伊一起跳舞。賈姬出來後看到里羅伊與陌生女子正在舞池裡臉貼臉地跳舞，因此醋勁大發。此舉引發里羅伊的不滿，他生氣地說沒有任何「婊子」可以指使他該怎麼做，特別是在城裡所有男人都可以打電話給她後。賈姬起身想要離開，里羅伊卻轉身賞了她一記耳光。這就是里羅伊對應生活的方式。

里羅伊仍然視自己是高高在上的聖君，不會站在別人的立場去思考事情。不論他身邊有多少女人，也不管他如何錯待賈姬，他都期待自己是賈姬唯一的「男人」。若他人無法滿足里羅伊的期待，他就會大發雷霆，因此他一直都活在憤怒的狀態中。為了幫助他更加貼近現實，約赫森博士向里羅伊解釋了「墨菲定律」（凡有可能出錯的事，必會出錯）。里羅伊聽到一位團體成員語帶嘲諷地說，他發現了墨菲定律的一個推論：凡是自己絕對肯定不會出錯的事情，必會出錯。墨菲定律很可能會困擾里羅伊一輩子。然而，墨菲定律不過是個工具。約赫森博士想要藉由這個改變計畫來解決的基本問題如下：里羅伊，你到底是誰？你如何影響他人？你想要成為什麼樣的人？你對他人有什麼樣的期待？

里羅伊儘管對這個計畫充滿懷疑，也不知道這一切是否值得，但他覺得除了堅持下去，自己並沒有其他的選擇。他在一個週五的傍晚，草草記下了自己的心境。

「在我消磨多個午後的第一道大門附近，我看到了一個經常打招呼的傢伙。」里羅伊開始報告：「我不知道他的名字，也很懷疑他是否知道我的名字。我們就這樣閒聊。他之前顯然在喝酒，而且喝茫了。我就在想，我接觸到的每一個人都會對某件事情感興趣，也都很享受他們感興趣的事情。我不禁納悶這種四平八穩、滿是寂寞又無趣的日子是否值得。當那些漂亮的車子一輛輛穿越這些大門時，我就自想車子不過是那些四平八穩的傢伙正常生活裡的一小部分，他們還有房子、孩子、糖果、愛他們的美麗妻子、尊敬他們的親朋好友，以及許許多多其他美好的小事。然後我覺得也許我的努力與掙扎，也可以帶來那些美好的事物；或者，我可以再回去過那種很潮的生活，但卻一事無成，但歸根結柢，這通通都是痛苦。」他這次報告的結尾是這樣寫的：「不知道為什麼，現在我很想哭。所以我不寫了，明天再繼續。我恨透了這種感覺，請幫幫我，上帝。」

身為一個積習未改的罪犯，里羅伊在加入計畫初期所面對的最大痛苦，就是每天腦子裡全是犯罪的念頭。這個時候的他與過去的街頭生活之間，唯一的阻隔只有被捕的恐懼與一絲殘破不堪的良心。這種感覺在過去並不強烈，但現在他知道未來不能再繼續仰賴犯罪的念頭。約赫森博士開始教導他阻斷犯罪念頭的方式。第一個方式是思考立刻把想法付諸行動的各種後果。里羅伊當時正負責一份辦事員的工作，他確信他的老闆對黑人有偏見，因此擔心對方根本不會給他升遷的機會。他對他老闆的不以為然愈來愈明顯，而他老闆對其他全是白人的同僚都很親切，唯有對他，就算說不上懷有敵意，也是毫不在乎的態度。有天里羅伊因為遲到遭到老闆斥責。他從來沒有遇到過說話如此刻薄的人。他當下控制住了脾氣，卻在團體治療聚會中提出這件事情，並發誓他絕對不會再「忍受那個混帳」。下次他一定要讓對方好看。約赫森博士耐心指出這番宣示說明了里羅伊的生活狀況。如果誰不順他的意，他就要給對方一個教訓。如果情況很糟，他會讓情況變得更糟。他一直都要求公平競爭，但對其他人卻蠻不講理。

約赫森博士指出里羅伊只工作了幾個月，就一如既往地擅作結論。他警告里羅伊往後肯定會遇上更糟糕的情況。事實上，約赫森博士建議罪犯要對這類不如人意的狀況心存感謝，因為這樣的情境可以幫助他們學習面對逆境，為未來做更好的準備。如果里羅伊真的發脾氣，他老闆必然會更氣他。再說，對方若確實有種族歧視，里羅伊的行為也只會更加深他老闆的偏見。此外，里羅伊在公司內部也會因此樹敵，更難把工作做好，甚至可能會被炒魷魚，失去一次工作資歷。更重要的是，他的怒氣將會引發一連串事件，升高他犯罪的可能，因為這就是他一直以來的思維模式。事先設想後果，是阻礙犯罪的一種方式。里羅伊之後還要學習更多的新觀念，為了讓他不再重複陷入舊有思維模式，提供更多的保險。他會明白長遠思考的必要性、團隊合作的不可或缺性，以及設身處地思考的重要性。但是在里羅伊達到這個程度之前，為他配備可立即使用的抑制工具至關重要。一如罪犯學習如何中止憤怒，他們也要學習如何扼殺正在萌芽的犯罪想法，不讓它們開花結果變成犯罪行為。要做到這一點，里羅伊就要準備好面對各種逆境。

馬克是計畫中改變最多的成員之一，某次他在團體治療時報告與妻子莉茲開車去山區共度週末假期的經過。過去，這對夫妻相處時，往往都會在吵架後陷入漫長的冷戰、哭泣與尖酸的相互指責，而這種情況在度假時特別嚴重。週末與旅遊總是會因為小到不能再小的芝麻綠豆瑣事而完全報銷，因為馬克總是堅持凡事依照他的方式進行。他試圖掌控莉茲的一切，就連上餐館她該點什麼菜都得由他決定。但這一次，馬克努力預先設想了所有可能會出差錯的地方：迷路、車子拋錨、生病、旅館不乾淨、天冷、下雨、難喝的咖啡、掃興的人、遊樂區人滿為患、妻子想做些他完全沒有興趣的事情、她的動作太慢，以及剛好碰到她的經期，她拒絕性事等等。

生活中除了銀行搶劫，幾乎沒有任何計畫的里羅伊，破天荒第一次聽到這樣的事情。在這個改變計畫中，約赫森博士不僅教他如何思考未來可能會發生的事情，也讓他知道他未來思維的可能樣貌。博士強調認真思考「思維」這件事本身的重要性。

酷夏將至，天氣變得又熱又悶。團體中的另一成員彼得報告他在盯著穿短褲、露背裝與比基尼的女性看時，自己「被欲望沖昏頭」的經驗。他拿對面陽台三樓那個「性感誘人的東西」與自家「又老又醜」的糟糠老婆子相比。其實他的妻子既不老也不醜。他警覺到自己的這種想法，並向約赫森博士表示他壓制了這個想法的繼續發展。他若放任自己思緒飛揚，接著就會開始幻想扒光鄰居的衣服，「把她搞到像從來沒有跟人滾過床單一樣」。根據過去的經驗，他知道若發展到這一步，自己肯定不會只讓事情停留在幻想階段，他會設法翻過陽台，找機會引誘對方，把她拖到可以扯去她身上衣物的地方，滿足自己的獸欲。

里羅伊非常佩服彼得迅速阻斷這種念頭的能力，但他也指出有時候根本沒有時間去思考事情的後果。此外，他也無法預測自己會有什麼樣的想法，遑論預知自己會做什麼事了，但他認為一定有什麼可以處理自己當下欲望的更有效方法。當那種吸毒後就可以飄飄欲仙的念頭忽然出現時，他該如何立即制止？約赫森博士的建議，是處理這些與毒品或其他違法行動相關念頭的最佳方式，或許就是簡單地問問自己，是否值得為這些事情拋棄自己的人生，重新回頭去蹲苦牢。如果答案是否定的，那麼他就可以把當時的念頭導向其他方向。里羅伊真的試著去這麼做了。

有次里羅伊在辦公室瞥見一位年輕女同事用注射器的針頭去挑腳底踩到的碎片。他立刻聯想到毒品。面對這個想法時，他的處理方式是提醒自己「吸毒會喪命」，然後把注意力移到其他事情上。

彼得另外一次的報告說，當他看到醫生擺在診療室架子上的塑膠手套時，自己腦子裡轉的是戴上手套、抓住護士強暴的念頭。但他在當下就制止了這個想法，開始思考工作方面的問題。另一個計畫中的成員回報出門買牛奶時經過一家酒品專門店。他命令自己：「只准想著牛奶。」飲酒是一般負責任的人可以去想一想或甚至慢慢品味的念頭，但對可能會加以詳細規畫並轉化為實際行動的罪犯來說，它可能與炸藥無異。

最後，約赫森博士教導每一位團體成員仔細評估自己的整體狀況，這也是他不斷強調的一種阻斷過程。約赫森博士就像一面豎在里羅伊面前的鏡子，一而再地揭開他過去的醜事。現在該是里羅伊為自己豎立反省鏡的時候了。戒酒無名會（Alcoholics Anonymous）要求成員進行「道德反省」（searching moral inventory）。同樣地，如果罪犯不養成生活反省的習慣，就不會進步，因為生活中幾乎沒有刺激他們改變的動機。

反覆灌輸恐懼與愧疚的感覺，對於改變也是至關重要的作法，因為這樣的感覺會促使當事人考慮其他人，並因此做出負責任的決定。里羅伊對於每次因為接近以及設法逃離犯罪現場，而產生的那種脊椎發涼的恐懼與緊張到胃痙攣的感覺知之甚詳。他所知道的良心只有一種，那就是在他意識到傷害了某人或讓某人失望時所出現的短暫懊悔。里羅伊有能力長時間摒除所有雜念，直到他執行完他想要做的事情為止。罪犯必須要知道，恐懼是一種內建於生命中的感覺。有些人把恐懼當成日常的影響因子。他們因為恐懼而運動，因為害怕而在開車時乖乖遵守交通規則。恐懼也是一種可以把事情做得更好的鼓勵。因為害怕傷害到他人，所以大家都會三思而後行。出於對未來的恐懼，我們才會為家人與自己未雨綢繆，購買保險、存錢、安排健康檢查、維修汽車。約赫森博士告訴里羅伊，如果他傷害了別人或魯莽行事，他就應該經歷愧疚的痛苦折磨。若少了恐懼和愧疚，他絕對無法過上負責任的生活。然而要發展出恐懼與愧疚的感覺，里羅伊必須嚴格且仔細地省視自己不負責任的想法，然後藉由努力掌握的矯治後觀念來導正那些想法，最後在生活中落實執行。

里羅伊相信他一旦學會了負責任後，就再也不必擔心煩惱了，然而約赫森博士卻警告他，只有死人才不用擔心煩惱。里羅伊透過新的經驗，體會到了博士這番話的用意。他開始煩惱工作上的問題，因為他經手的十一月需求申請單低於十月，而讓他發愁的還不僅僅是這個狀況以及老闆找他麻煩的問題，他的工作頻繁出現難題、能力不足的同事老問些蠢問題、不合理的工作完成期限，以及因為其他單位的人要確認資料正確性，他被要求無限期地先停下手上的工作，之後又因為證明資料不正確，他得重頭再把這份工作做一遍。里羅伊抱怨這一切都毫無意義。當他解決了一個問題，看到一縷陽光時，烏雲似乎又再降臨——一天又一天、一堆問題接著另一堆問題。里羅伊很想說：「去他媽的。」他幹嘛要給自己找麻煩？他幹嘛要發愁？如果生活就是這樣，那可不是他當初要的東西。約赫森博士一如既往地耐心詢問里羅伊，在面對這些問題時，他有什麼樣的其他選擇。只要是工作，就會有其困難之處。約赫森博士在聖伊莉莎白醫院也有他自己的麻煩。人生本來就是會碰到各式各樣的問題。一個麻煩還沒有解決，另一個麻煩又冒出頭的情況，本來就在合理的意料範圍之內。難道里羅伊想回到以前那種充滿混亂、搶劫與海洛因的日子？還是他想結束自己的性命？如果這兩個都不是選項，那麼他唯一能走的另外一條路徑，就是繼續堅持去做他該做的事。

約赫森博士的改變計畫需要極大的耐性，而生活本就如此，但這也正是里羅伊缺乏的特質。里羅伊過去一直活在突發事件中，儘管那全是他自作自受。他沒有目標，只能透過無止盡的征服去支撐一個膨脹浮誇卻又危在旦夕的自我形象。他看不到隧道盡頭的光，不明白為什麼每個人都得拚了命地工作、工作、工作，卻無法保證回報。他堅持確保自己不會遭遇失敗，因為對他而言，失敗意味著無法在他行動的領域裡稱王。「因為某種原因，我無法容忍可能會有失敗機率的處境。」然而由於無法保證成功，里羅伊開始質疑一切。「這一切究竟是為了什麼？」他這麼問。「每天都像是全副武裝的作戰。我受不了了。」

就在里羅伊經歷內心的懷疑時，院方認為他的表現超出預期，在有條件的情況下讓他出院。這個時候的里羅伊已在約赫森博士的計畫中浸淫了足夠的時間，可以確保他主動繼續參與每天的團體聚會。儘管出院這件事為他帶來了一陣短暫的歡快，但他依然覺得自己身陷囚牢之中——一個要求他做出他認定是極端犧牲的計畫牢籠。他只看到自己被剝奪的東西，卻看不見新生活的契機。這個時候的他已與多年前拋棄的妻兒團聚，但他依然在問生命的意義是什麼？日復一日，他的生活只有工作、家庭與改變計畫。

里羅伊哀嘆參與這個改變計畫只為自己帶來了頭痛、胃痛與沒完沒了的疲憊。他的不滿情緒已累積到快忍不住要說出上半輩子只要厭煩了某事，就會脫口而出的髒話「幹！」的地步。位於這個階段的里羅伊，雖然擺脫了犯罪，但還沒有戒除其他的惡習。某個加完班的週六，里羅伊在傍晚時分回到家，發現妻子瑪莉出外購物尚未返家。他晃到街角，開始和幾個在附近逗留的醉鬼瞎聊。這時瑪莉的朋友高聲和里羅伊打招呼，主動建議要開車送他回家，一路上還責備他擇友眼光太差。里羅伊說他很寂寞。他到家後，看到瑪莉還沒回家，就去敲房東的門。房東邀請他參加她家正在舉行的派對。里羅伊在派對上喝了一兩杯酒，瞥見一名二十歲左右的年輕女孩。對方發現他在看她，很快就上前搭訕，然後在一番打情罵俏後，里羅伊蹭了蹭對方的臉頰，吻了對方，最後把她拉進臥室，關上門。兩人擁抱、親吻、褪去衣物後，女孩開始連番吹捧里羅伊，說他體型棒透了、她有多欣賞他，同時玩弄著他的陽具。兩人瘋狂性交後，穿上了衣服。里羅伊及時回到派對上，剛好看到他妻子衝進門來找他。瑪莉並沒有多說什麼，但里羅伊卻很生氣，因為「她不該查我的勤」。里羅伊並不覺得這場偷腥會帶來任何傷害。他宣稱自己有權利「放鬆一下」。但是約赫森博士卻不予苟同，他問里羅伊冒著失去妻兒以及他努力建造起來的穩定生活的風險，只為了與蕩婦一時快活，這麼做是否值得。里羅伊並沒有性剝奪的問題，他與妻子幾乎夜夜恩愛。最後，約赫森博士提醒里羅伊，只要放任自己破一次例，他的堅持就會出現破口。當他因為暫時的不滿而脫口罵出「幹！」這個字時，為了成為負責任的人所付出的一切努力，就被拉到了放棄努力的危險距離之內。這是他的選擇與意志力的問題。里羅伊有了悔悟，坦承犯錯，並喃喃念著自己無可救藥。約赫森博士並未因此變得寬容，他繼續提醒里羅伊，他在說出「我做不到」時，其實只是表示他不想去做。「你是一個堂堂正正的男人，還是一個鼠輩？」約赫森博士這麼問。然後又問里羅伊是否能夠像個男人一樣接受批評並改進，還是只知道放棄與卸責。

在約赫森博士主持的計畫中，罪犯對他人所造成的傷害，向來都是團體治療談論的重點。在自己家中遭竊時，里羅伊才知道傷害是什麼。在自己的兒子遭到一名持刀男孩威脅時，里羅伊才知道傷害是什麼。但他從來不知道自己傷害了其他人。在過去，他把傷害與「濺血」畫上等號，而他幾乎不曾讓人濺血。在過去，他對他人的權利與感覺完全視而不見。團體中的一名成員說：「我真的也會對他人有感同身受的感覺。如果我看到一個人受困在著火的房子裡，我能感受到某種恐懼。」這名成員接著說：「但對那些我所傷害的人，我真的完全無感。要是我強暴了一名女子，我不會感受到她一絲一毫的痛苦與悲憤。我無法解釋為什麼可以感受到那些陷在火場裡的人的痛苦，但對我的受害人卻毫無感覺的矛盾。我想那是因為當事件攸關我自身的興趣與樂子時，我對他人感同身受的能力，會自動被壓制與摒棄，就像我根本不具備這樣的能力一樣。我不知道。我只知道，如果我可以體會到我的受害人的痛苦，他們也不會成為我的受害人。」

要想瞭解自己，學習理解什麼是傷害至關緊要。參與計畫的過程中，里羅伊經歷了好幾波新的覺悟，針對他在過去近三十年身為罪犯而造成的傷害有多深，他深深地唾棄自己。除了身體疼痛與經濟損失外，傷害還包括情感受傷，以及犯罪後持續引發的恐懼以及生活受到的擾亂。即使是一起小到毫不起眼的犯罪事件，也會造成深遠的影響。如果有人用假鈔支付餐費，餐廳的經營會蒙受直接的損失，但同時顧客也會受害，因為若這種損失發生的頻率過高，餐廳的經營團隊會拒收鈔票，那麼客人就必須使用信用卡或電子支付。更有甚者，因為假鈔損失的成本被轉嫁到消費者身上，所以在這家餐廳用餐的客人，就得支付較高的餐費，可以說，他們變成了罪犯的衣食父母。參與約赫森計畫的一名成員曾犯下偷竊罪行，也曾打架滋事，但他最近既沒有在任何地方打架鬧事，也沒有闖空門。他說自己已經不太算是一名罪犯了，因為他現在「只經營毒品買賣」。約赫森博士卻指出因為他的毒品買賣，不知道已經有多少人受害了。這名成員明確記得有個買家在向他買了一些海洛因後，就暴力搶劫了一家商店，恐嚇顧客，還射殺了收銀台後的女店員。但在此之前，這名成員從未想過販毒會為這些人或其他人帶來傷害。

罪犯推卸責任的習慣，是他們改變過程中會遭遇到的一個根深柢固的障礙。約赫森博士告訴里羅伊，他人的所作所為與這個計畫完全無關，重要的是他的所作所為。他是否讓事情難以收拾？他是否因憤怒與不佳的判斷力而讓問題惡化？他在批評他人之前，必須先檢視自己。就算他的妻子不可理喻，關鍵依然在於他如何因應。如果因為同事的能力不足而造成他無法如期完成工作，重要的不是他人的缺點，而是他要如何處理當下的情況。即使沒有挑釁就遭到他人攻擊，團體治療的重點還是會聚焦在成員對於攻擊者的想法上。里羅伊與其他成員都得對他們自己生活的改變負完全責任。怪罪環境無濟於事，只會成為發洩怒氣的理由。有名成員這樣反省：「當你回顧過去的一生，看到的只有傷害，那麼要不要為自己創造一個新的人生，完全在於自己的抉擇。沒有人會為你做出決定。」

隨著里羅伊學習到的新思維和行為模式，他逐漸走出只屬於自己的私密宇宙，進入了一個分享、團隊合作、忠誠與信任的世界中。原本「除了我之外，其他人都他媽的去死吧」的態度，也變成了「就算不知道分享的意義，我也必須學習如何分享」的心境。他逐漸放棄了唯我獨尊的崇高寶座，發現了人際關係中的付出與收穫。從團體聚會中，他知道了什麼叫做討論，親眼目睹了就算不同意他人的意見，也不必侮辱對方，是確實可行的作法。他學習聆聽。里羅伊在過去從不認為可以從他人身上學到任何東西，因為他自己無所不知。從團體治療，到工作，再到家庭，里羅伊開始學習並逐步實踐文明行為的基本原則。他成了團隊的一員，而非發號施令的老大。

在里羅伊踏上這條人生新道路的過程中，平淡無奇的日常事件總是會喚起他污穢的過往記憶。他與妻子瑪莉正在討論公寓修繕工作的優先順序。因為夫妻兩人都在工作，所以有辦法騰出五百美元來進行這項修繕。但是他們需要添購的東西不少，所以很難決定該先買一張沙發、幾張椅子與燈，還是先買窗簾與茶几。兩人把想買的東西以及可能的價格全列在一張表上。第二天早上，里羅伊在搭公車上班的途中，滿腦子都是兩人的討論內容。然後他想起了過去總是假借各種虛構的名義「借用」瑪莉辛苦賺來的錢，揮霍在毒品和其他女人身上，他覺得非常愧疚。接著他又想到自己若自始至終都是個負責任的人，現在可能已經擁有的東西，這讓他差點喘不過氣來。

另外兩名更早參與計畫的成員也報告了他們從當前的進步現況中所感悟到的平靜反省。彼得在營業方面表現傑出，之前就得到了晉升。現在他被經營團隊授權參加一場在外地舉辦的大型會議。彼得拿起電話簿，找到航空公司的電話，打電話訂了機位。當他的手指劃過工商電話簿的頁面時，想起了過去為了找願意跟他進行色情對話的航空公司職員，他的猥褻電話幾乎打遍了所有的航空公司，那個時候他一邊緊抓著電話與對方淫聲穢語，一邊自慰與幻想。當彼得的腦子裡閃現這些過往記憶時，竟然嚴重反感到想要嘔吐。

現在已經出獄並在半工半讀的湯尼，談論的是他在圖書館閱讀一本心理學著作的經驗。他語帶滿意的報告說他全神貫注了整整兩個小時，消化了書裡大量的內容。他的腦子裡滿是各種想法，學習的熱情爆棚。但是他也依舊記得坐牢前在圖書館裡的習慣與現在的情況截然不同。他那時幾乎無法乖乖地坐上兩個小時，就算坐得住，念書的時間頂多也只能維持十五分鐘，其他時間不是在想街頭的事情，就是緊盯著女孩的腿或胸部猛看。除此之外，他還反省了在人生的那個階段，浪費了父母為了讓他接受大學教育而省吃儉用存下來的好幾千塊美元。

遇到約赫森博士的數年前，里羅伊接受過心理治療，過程中，治療師曾探究他的潛意識，尋找隱藏在他內心的各種情結。他也參與過各種根據他的行為而做出賞罰的計畫。約赫森博士的計畫不像精神動力治療法（psychodynamic）那般複雜，卻也沒有行為導正計畫那樣簡單。里羅伊認為約赫森博士的想法很有道理，而他在願意接受指導的過程中，也可以看到自己的進步。里羅伊學得愈多，當下與過去的對比就愈顯強烈，而他知道自己要學的東西也更多。他很訝異地發現他對於如何做出負責任的決定，原來竟是一無所知。他曾經屬於不喜歡提問的一群，因為他覺得問問題就是丟臉地承認自己無知。所以里羅伊除了策畫犯罪之外，完全沒有事先規畫的需求。他回憶道：「明天的事情，明天再想。」然而現在的他卻開始瞭解到，承認無知遠比假裝無所不知更睿智。里羅伊現在也學會了權衡備用的替代方案，並考慮事情短期與長期的後果。

其他有些計畫會教導罪犯如何做決定以及學習各種技能。然而這樣的計畫多半聚焦於特定情境下的問題解決方式與情緒處理，而非應對無孔不入的思維模式。約赫森博士的計畫旨在協助罪犯藉由學習一套可以滲入生活各個層面的新思維與行為模式，讓他們能有一百八十度的改變。約赫森博士計畫對於瑣碎細節的無微不至，不斷讓里羅伊驚訝。舉例來說，里羅伊在聚會中提到自己因為懶得換零錢，所以不時地會在公共電話裡投入二十五分美元，而不是二十分。約赫森博士從這種行為模式發展出了一個討論主題：罪犯的金錢概念。里羅伊從來都不把金錢放在眼裡。五分、二十五分，甚至一千元對他都沒有太大意義。他在幾週內經手的錢，比大多數人好幾年賺的錢要多得多。為了訓練理財能力，里羅伊要做的第一件事就是知道錢花到哪裡去了。這又是一件從一個極端跳到另一個極端的事情，以前的他一擲千金，現在卻得錙銖必較。電話公司是否能從公共電話費中多賺五分錢，並不是重點，建立儲蓄的習慣才是重點。約赫森博士的改變計畫嚴格要求人格的完全正直，只要破壞這個原則，就算程度再怎麼微不足道，都是大事，即使沒有人受到傷害也不能寬容。團體中有名成員在感恩節吃的是火腿而不是火雞，但是當朋友問他是否喜歡感恩節的火雞大餐時，他的答案是味道很不錯。這就是撒謊，雖然是微不足道的小謊，卻是罪犯承擔不起的原則破壞。里羅伊和治療團體的其他成員說了一輩子的謊，就算沒有好處，他們也一樣出口成謊。一旦說了一次謊，就會說第二次謊。若要徹底摧毀說謊的行為模式，罪犯必須嚴守完全的正直。與里羅伊同在計畫裡的這名成員大可回答：「今年感恩節吃的是火腿。」絕對誠實的紀律，與算清楚每一分錢的紀律同樣重要。

里羅伊和所有人一樣，在改變過程中有平順的階段，也有坎坷的關卡。當他愈來愈融入負責任的世界時，想要走回頭路就變得愈來愈困難。他將過去的生活視為行屍走肉。但是在限期內完成工作、擔心帳單付不出來、平衡收支開銷、扛起養兒育女的壓力，以及設法解決與妻子之間的歧見，也確實與他之前所習慣的刺激生活大相逕庭，所以難免會有自怨自艾、偏離改變計畫的時候：先是淺酌雪莉，之後灌下一大杯威士忌，不想上班就請假在家，因為老婆花了太多錢，一氣之下就賞她一耳光。但每次偏離計畫，里羅伊都會有更多的領悟。整個改變的最重要強化劑，在於只要堅持執行這個計畫，里羅伊就能達到他之前所設定的新目標。里羅伊與瑪莉買下了一棟小屋，對此他感到無比的驕傲。銀行核撥貸款作業的延誤以及辛苦的搬家大業都解決後，里羅伊全心投入了新家的修繕工作，幾乎把所有的空閒時間全用來砌磚、粉刷、清理以及修整庭院。照料菜園差不多已經成為他的一種執念。經過幾個月的辛勞後，他終於可以說：「只要走到轉角，就會看到我家顯眼地屹立在那裡。」但是還有很多尚待完成的工作：修理園籬、擴大花園、鋪設前院的草皮，還有粉刷臥室。

家庭生活對里羅伊愈來愈重要。已近青春期的兩個兒子尋求他的認可與指導。當里羅伊的兒子湯米在球迷的鼓勵與歡呼聲中進球得分，確保了橄欖球校隊的勝利時，里羅伊強忍住喜悅的淚水。過去，里羅伊一直相信自己絕對不能只有一個女人，否則就不算是男人，但這種想法現在開始有了轉變。

某天在團體治療聚會上，里羅伊提到一個「性感尤物」也在公車站等車。他及時發現腦子裡出現「跟她在一起肯定很有搞頭」的念頭，很快就移開了視線，跳上公車後，他把自己埋進報紙當中。那名女子沿著通道走過來，出其不意地坐在他的身旁，還用大腿磨蹭他。里羅伊挪開了腿，禮貌地與對方聊天。他決定輕鬆以對，所以選擇了天氣及公車拋錨的話題。下公車時，他覺得自己真是個「他媽的白癡」，連電話號碼都沒跟對方要。但是在走去辦公室的路上，他又想起了瑪莉，他想起她因為自己的緣故，在過去吃了不少苦，而現在她又開始重新信任自己，把自己當成丈夫與兩個兒子的父親，與他一起規畫人生。里羅伊對公車上那名女子的想法讓他感到羞愧，他開始專心處理辦公桌上堆積如山的工作。

隨著家庭生活愈來愈圓滿，里羅伊發現他愈來愈不會去想、去看其他的女人。「我會瞄一眼，但不允許自己再看第二眼。」他這麼說。「我不會再放任自己隨心所欲。能夠控制自我的感覺很好。」

里羅伊認為過去的他實在太荒唐，而現在為了交出一張乾淨的紀錄，他工作得異常努力。天道酬勤：他得到升遷，一塵不染的家布置精美，兩個兒子愛他，妻子依賴他，鄰居也敬重他。里羅伊改變了花費的習性，他與妻子不但銀行裡有存款，負債也少了許多。里羅伊說：「我現在很看重錢。偷藏私房錢時，我覺得很刺激。」里羅伊也見證了團體治療其他成員的改變。過去對他人漠不關心、動不動就發脾氣的人，現在因為平易近人的個性，被同事稱為「復活節兔」。另一位成員從一家大餐廳的服務生晉升為餐廳經理。或許里羅伊與其他成員最在意的並不是實際的成就，而是那種清白的感覺。一位成員表示：「我非常珍惜乾淨清白這種感覺，我可以放棄其他的一切，我甚至可以犧牲健康，只要我能保持清白。」以前的誘惑，現在已不再是誘惑。里羅伊切斷了與其他罪犯、妓女、毒品世界的所有聯繫。他再也不用隨時緊張地注意警察在哪裡了。他語帶驕傲與些許驚訝地說：「過去的世界宛如一場夢。」

里羅伊並未因此自滿。犯罪生活或許看似一場夢，但里羅伊很清楚，一旦放鬆自我批評或不再努力自我提升，夢境很快就會變成現實。雖然在法律上醫院已不需要再監管里羅伊，但他仍把自己當成假釋出獄犯看待。密集的每日團體治療聚會早已結束，不過里羅伊依然會自發性地去找約赫森博士徵詢意見。他每週與博士見面一次，主動報告自己的想法。他不再像之前那樣害怕博士的嚴詞批評與挑剔，反而求之若渴。現在的里羅伊擔心自己會因為職場、家庭與朋友毫不吝嗇的讚美而變得自大。他很贊同治療團體成員彼得對於當前處境的比喻，彼得說他現在就像是奮力要把一艘船划離尼加拉瓜大瀑布一樣。他說除非不停地划槳，否則自己就會落入瀑布下的萬丈深淵。另一名成員則是這樣比喻：「我的妻子、我們的小公寓、汽車與音響就像全都在沙灘上，我只要稍稍把持不住自己，這些就會被海浪捲走。」

一九七六年十一月，里羅伊接到了噩耗。約赫森博士之前雖然曾經警告過他可能會有這麼一天，但里羅伊卻從未想像過這樣的事情。約赫森博士第一次離開華盛頓特區，準備就他的工作與研究進行演說，結果這位七十歲的精神科醫生在聖路易機場昏倒，並於數天後撒手人寰。里羅伊震驚不已，但他清楚知道自己該做的事：「我覺得天塌了，但我還是要做我必須做的事情。我必須比過去更堅強。」憾事發生一年多後，里羅伊依然持續謹慎地檢視他的想法，他在工作上再次獲得晉升，而更重要的是，他仍舊在日常生活中實踐約赫森博士的改變計畫。

如同約赫森博士過去對他的指導，里羅伊不忘每天的「道德反省」。他明白自己絕對不會有「圓滿完成改變」的那一天。但他確定自己必須持續努力，並謹記過去發生的一切。約赫森博士的改變計畫對里羅伊來說愈來愈輕鬆，因為他不再像過去一樣自以為是。嶄新生活帶給里羅伊的回報愈多，他就愈厭惡犯罪。他過著以往從未想像過的平靜生活，時間全用在家庭、工作和幾位好友身上。里羅伊妥善規畫他的金錢和時間，可惜要完成他所有想做的事情，時間實在不夠。但他知道進步需要做些什麼。他擁有維持進步的工具：約赫森博士教給他的新思維方式。他在深思後說：「只要我的腦子不是一團亂，事情就可以很輕鬆地想清楚。」走回犯罪的老路成了無法想像的事情。里羅伊身表示：「我想要的東西太多了。我不希望有任何事情妨礙我的目標。」

完成這個章節的二十年後，里羅伊擁有一份穩定的工作，仍與妻子瑪莉同住，兩個孩子也都長大成人。他一直保持零犯罪的紀錄。根據他的報告，生活中唯一的重大矯治努力，是他在意識到自己的酒飲攝取狀況已威脅到當下負責任又豐足的穩定生活時，主動參加的戒酒無名會聚會。

距離前次追蹤十年後的另一次後續追蹤發現，里羅伊正在醫院與病魔進行搏鬥。他的心臟在癌症手術後的恢復期間曾一度停止跳動。根據一位至親透露，里羅伊從市政府退休後，就在一家商店兼差，依然全心愛著妻子與成年的兒子。里羅伊持續保持著零犯罪紀錄，並且，依據這位至親的說法，過著「正常的生活」。

最後一次的後續狀況追蹤顯示那個曾經以掌控、爆怒的態度生活多年的里羅伊，已完全放棄了證明自己是個大咖的努力，反而勤勤懇懇地不斷自我提升。他始終遵循約赫森博士的教誨，直到嚥下最後一口氣。曾經奠基於自大與妄念的膨脹自尊，在他建立起視逆境為機會、而非個人羞辱的負責任生活時，已被平靜的滿足感所取代。臨終之際，多年前曾愁苦地準備放棄他的家人，全悲傷地圍在他床邊。這些年來，他們慢慢地開始在需要理解、鼓勵與穩定時，尋求里羅伊的協助。里羅伊從來都不認為他已經「圓滿完成改變」，因為他認定改變的工作沒有完結的一天。二〇一四年初，里羅伊祥和地與這個世界道了再見。

注釋

1 Ben Stein, "Taking the Lumps, Calling Them Sugar," *Los Angeles Herald Examiner*, July 27, 1978.

2 Paul Hauck, *The Rational Management of Children* (New York: Libra, 1967), pp. 100, 101.

第十九章 還可以做些什麼？

大家對於犯罪的想法——犯罪的原因與矯治之法——始終停留在意見兩極的階段。迴異的眾人立場從「把他們關起來，然後把鑰匙丟掉」到將罪犯視為「被剝奪了機會，並需要協助的受害者」都有。有些提倡改革的人堅稱犯罪行為常常是社會不公的反應。有位作者甚至更進一步捍衛洗劫行為是「實現真正且持久社會改變的一種有力工具」。[1] 這表達出一種把罪犯看成英雄的觀點：罪犯為了捍衛自身權益，起身對抗剝奪了他們機會的社會。

「大規模監禁」這個詞指的是美國人口占世界的百分之五，但監禁人數卻占全球的百分之二十五。大規模監禁主要發生在一九八〇與九〇年代，部分原因出自於打擊不斷攀升的都市犯罪。民眾都很害怕，大家都希望安全。大、中型城市的核心地區，在一九八〇與九〇年代開始衰敗，犯罪事件層出不窮，於是居民與企業紛紛出走遷往他處。我在出席各地的犯罪心理工作坊與訓練活動期間，走訪了五十州中的四十八州，也正是在這些馬不停蹄的旅程中，我看到了這股趨勢的結果。我發表演說的大多數會場都位於「市中心」之外。因為想要看看會議地點與飯店以外的地方，我總是會開車到市中心，看看曾經繁榮興盛，現在卻遭到遺棄的城市核心地帶。

膨脹的監獄人口，特別是超高比例的年輕非裔男性，一直是刑事司法體系政策中，種族歧視長久存在的原因之一——一種新型態的「吉姆・克勞」法（Jim Crow）。[2] 努力協助罪犯改變的專家發現，某些人把種族歧視當成了他們行為的解釋與藉口。與罪犯共事會碰到的一個問題，不是種族歧視是否存在，而是這些人如何應對種族歧視以及他們所遭遇的其他不公狀況。

犯罪沒有種族、族裔、社會或經濟的界線之分。罪犯來自社會各個階層。半個多世紀以來，政策制訂者與學術界的社會學家、犯罪學家都極力主張降低犯罪的方式是針對「根本原因」下藥。一九六九年，科納委員會（Kerner Commission）[3] 大聲疾呼「解決城市暴力的根源」。[4] 一九九〇年的米爾頓・艾森豪基金會（Milton S. Eisenhower Foundation）報告指出，降低美國暴力的方式是「改善所有居住在我們城市中的家庭與社區的生活現況，特別是窮困家庭與社區」。[5] 二〇二一年《華盛頓郵報》在其社論中也表示，儘管「國家可能會倒退回大規模監禁與執法過當的熟悉循環」，較好的選擇仍然是「消滅讓大多數罪行滋生的環境」。[6]

環境確實會影響行為。然而在我半百的心理學家職涯中，最讓我印象深刻的並不是一個人身處的環境，而是當生命不論把什麼東西送到一個人的面前時，他**選擇去應對**的方式。緩和貧困問題、改善學校教育、提供更好的住居，以及其他的社會計畫，已經幫助了數百萬人。但是這些改善並沒有明顯降低犯罪案件的數量。不論罪犯居住在什麼樣的環境裡，思維錯誤依然固執地存在。

不論我們採取的是「強硬打擊犯罪」的立場，抑或擁護「重新做人」的論點，有兩件事情非常明確。監禁所付出的財務成本非常巨大，且累犯率不但極高，而且始終居高不下。根據美國司法部統計，聯邦監獄每名受刑人在二〇一七年的平均年監禁成本是三萬六千兩百九十九・二五美元。[7]加州每名受刑人二〇一八年的年監禁成本是八萬一千兩百零三美元。[8]美國司法部對於累犯率的九年追蹤統計顯示，受刑人出獄三年內再遭逮捕的比例是百分之六十八，九年內是百分之八十三。[9]然而就算是這樣的統計數據，依然可能低估了受刑人出獄後的犯罪發生率。因為統計僅指出罪犯再遭到逮捕的數字，而這也許只是受刑人出獄後犯罪的一小部分。顯然當前的矯治作法並未提供持久的矯治效果。

五十二年前，我對「犯罪心理」一無所知。我以為犯罪者跟其他人一模一樣，而犯罪行為則是他們因應環境帶來的不幸、父母教養不當或精神疾病的結果。看到約赫森博士訪談那些把犯罪當成生活方式的罪犯，實在令人瞠目結舌。我看到這些人看待生活的方式，不但與我在私生活中所認識的人幾乎沒有相似之處，而且與我以專業技能治療的人，也存在著極大的差異。從表面上來看，罪犯要的似乎與大多數人都一樣——友情、安全感、愛，以及養活自己的正當方式，但我慢慢瞭解到，就算罪犯說他們需要這些東西，但跟基本上負責任的一般人相比，他們追求的方式也有根本上的絕對差異。

本書的焦點在於罪犯所呈現的**思維模式**，不論他們出自什麼樣的環境。罪犯的自我形象奠基於透過欺騙、恐嚇或暴力而對其他人的征服與控制之上。罪犯憤怒地看待這個虧待了自己的世界，因為這個世界沒有給他們自認應得的東西。罪犯用冷酷的態度關閉了對於後果與良知的恐懼之心。他們沒有責任感，認為自己是所有事物都繞著轉的軸心。而且即使帶給他人巨大的傷害，他們卻依然相信自己是好人。

除非終身監禁，否則每個被監禁的男人、女人、孩子終會出獄。專注於「強硬打擊」的作法，只成就了一件事：讓罪犯在街上消失一段時間。等他們重新回到社會時，他們的思維方式依然不會改變。

協助罪犯成為負責任之人的努力之所以無效，有兩大主因。第一個主因與大家低估了持久人格變化的困難程度有關。第二則是大家在應用「重新做人」的想法來試圖幫助罪犯變得有責任感時，卻沒注意到「重新做人」本身其實是個有瑕疵的概念。有位罪犯在獄中寫信給我，他以親身經歷對我說，工作人員「對於要真正改變一個人的想法，有多困難或需要多長時間，完全沒有概念」。

大家不妨想一想，光是改變一個習慣，就算具有極強烈的動機，得要付出多大的努力？

減重就是一個例子。我們會看飲食相關的書籍、徵詢營養師的專業意見，也具備了最大的企圖心，然而要達到並維持真正的減重目標，需要當事人監控自己的想法。每次想要伸手拿包薯片或大啖冰淇淋時，我們必須要能打斷自己的這種念頭，然後以不同的思維取而代之，繼續朝目標邁進。習慣的改變沒有捷徑。那麼再回頭想想，要改變幾乎影響一個人各方面存在的一生思維模式，會是多麼艱鉅的工作。

「重新做人」是種有瑕疵的概念

重新做人的意涵包括回復到早期的狀態或情況。我們可以修復一棟二十世紀初的房舍，讓這棟建築物重新回到曾經的樣子。我們可以幫助中風的病人復健，讓他的身體恢復之前的功能。但是讓一名從一開始就不負責任行事的罪犯恢復正常，是不可能的事。這項工作追求的是「重新做人」，這是一個認知到思維錯誤並予以糾正的廣泛過程。

相信「放棄犯罪」是有效的「重新做人」目標，就是一個對「重新做人」的嚴重誤解。以這種具局限性的方式構思這項任務，就像切除掉病人兩顆都長了腫瘤的腎臟，卻在沒有進行腎臟移植的情況下，便認為病人已經健康了一樣。如果罪犯放棄了犯罪，那要用什麼來取而代之？改變所需要的，不僅是讓他們不再覬覦他人的財產或管好自己褲襠裡的東西，更需要他們放棄整套生活方式，並執行認知與矯正自己思維錯誤的程序。期待罪犯走出監牢後，在沒有引導的情況下，就能改變一生的生活模式，在世界上以他根本不具備的負責任態度過日子，那是痴人說夢。

「重新做人」的努力之所以失敗的第二個理由，在於這樣的努力是基於我們堅信罪犯與大多數人都有相同的需求，只不過我們不知道如何以社會能夠接受的方式滿足他們，或是社會直接拒絕給予他們機會。正是因為許多矯治與心理衛生專家都沒有認清**罪犯其實與負責任的人想法迴異**，他們才會相信成功幫助有其他問題病患的方案，若是應用在罪犯身上，也會得到相同的成功結果。數十年來，幾十億的經費砸向教育、職業訓練、社會技能的傳授、財務管理的教導，以及藝術欣賞能力的充實。除此之外，還有一系列跟上了風潮的課程，譬如瑜伽、園藝、寫日記、戲劇製作，甚至訓狗。這類方案的出發點全都立意良善，但結果卻像是在敗絮其中的基座上，建造了一棟金玉其外的建築物。

「不讓我犯罪，等於是奪走了我的整個世界。」有位受刑人曾這麼說道，表明了他根本無法想像不去犯罪的世界。他擁有怎樣的技能或薪資有多高，一點都不重要，因為正當努力得來的成功，根本無法與犯罪行為相提並論。犯罪就是他生命中的氧氣。

想讓受刑人以建設性的方式度過時間的計畫，總是想要打造出更好的囚禁氣氛。這些計畫的目的不僅是要填滿受刑人的時間，也是要讓他們做好準備，「重新融入」社會。然而罪犯從一開始就沒有「融入」過社會，而且只要他們持續認為生活就是一條單行道，他們就是比其他人優越，他們不需要遵守其他人遵守的規定，這些人就永遠都不會融入社會。

根據估計，坐牢者當中，接近三分之一的人沒有高中文憑。監獄提供的教育機會，從達到基本識字程度到大學程度課程的指導應有盡有。

成千上萬的受刑人登記教育課程，以取得高中同等學力證明。受刑人成功通過一般性同等學力證明（General Equivalency Diploma）測試的比例高得驚人。在大多數的情況下，罪犯在求學路上的失敗並不是因為他們沒有能力。由於監禁期間有大把的時間，卻沒有什麼事情可做，許多受刑人學習閱讀程度之快，常常會令指導老師大感驚訝。在監禁期間，只要一年的指導，罪犯就可以學會所有他在學校那些年全部加起來的課程。有些從未讀完一本書的受刑人，後來發現沉浸於書本中可以緩解監獄裡的無聊生活後，就狂熱地愛上了讀書。

教育方案的另一個極端範例，是安德魯·梅隆基金會（Andrew W. Mellon Foundation）在二〇二一年設立了一百五十萬美元的獎學金，由耶魯監獄教育計畫（Yale Prison Education Initiative）與紐海芬大學（University of New Haven）合作為康乃狄克州最高安全管理監獄的受刑人提供課程。受刑人在坐牢期間可以取得學位，一旦獲釋，也有資格繼續就學。[10]

參與教育計畫或許可以增加受刑人的「市場價值」，讓他們出獄後能找到工作。但是罪犯的犯罪行為與他們的正式教育程度幾乎完全無關。不論是研究所輟學生或大學畢業生，罪犯就是罪犯。我記得有位「白領」罪犯曾引用柏拉圖與亞里斯多德的話，但他對於如何負責任地生活，瞭解程度卻連小學生都不如。這位罪犯因為侵占而入獄。

另一個協助罪犯在出獄後「重新融入社會」的立意良善努力，是「子女教養技能」的訓練。受刑人可以學習瞭解孩子的發展、如何管教，課程也鼓勵他們表達對自己兒女活動的興趣，以及更注意孩子的感覺。如果詢問這些罪犯，大多數人都可以不經思索地說出合格父母的理想條件。但是做而言與起而行之間存在著很大的差異。除非在罪犯的心中，他們的子女占據了較高的優先位置，而且他們也認知到自己對孩子應盡的義務，否則罪犯不太可能成為合格的家長。我訪談過的每名罪犯，幾乎都宣稱他們愛自己的孩子。但這種口頭上的表示並無法防止他們輕忽、虐待或漠視自己的孩子，因為在這些罪犯的心中，還有比養育孩子更重要的優先事項。亨利告訴我，他的兩個兒子在學業與運動上的表現有多麼令他感到驕傲。然而他無暇在功課上提供任何協助，也沒有時間在運動比賽時替他們加油，因為他正和狐群狗黨在街上鬼混。亨利一度為了要買毒品，拿走了大兒子撲滿裡的所有積蓄。他可以滔滔不絕地談論好的父母教養必須具備哪些要素，但他對犯罪的興趣卻讓他無法成為一位關愛孩子的父親。

「財務素養」訓練旨在幫助罪犯維持無債務的狀態、在預算金額內過日子、準時支付帳單、養成儲蓄的習慣，以及瞭解自己的支出狀況。許多罪犯完全看不出預算的必要性。他們想要什麼，就覺得自己應該得到什麼，然後再以他們選擇的任何一種方式占為己有。雖然他們會預先計畫，但是對於需要負責任的努力，卻不會有長遠的規畫。在大多數罪犯的心裡，為了孩子的教育而存錢或為了未來去投資，都是另一個星球的概念。

我的意思，並不是要詆毀這些教導重要技能的課程計畫，而是要指出除非罪犯逐漸接受自己的思維錯誤，並執行矯治程序，否則這些課程幾乎不會有什麼效果。問題不在於課程本身，而是這些規畫未能與認知改變的總體目標連結。

來自芝加哥大學克朗家族社會工作、社會政策與社會管理學院（Crown Family School of Social Work, Policy, and Practice）的艾普森（Matthew Epperson）觀察到，不論是自由派還是保守派，都一致認同當前矯治政策並沒有效用。他引用一份「強硬打擊犯罪」的保守派倡議，表示「該是時候從根本上重新思考我們對待與改造受刑人的作法了」。[11]

將改正思維錯誤當作監獄矯治體系的共同核心

在《困惑異世界》（*Down the Rabbit Hole*）中，麥柯（Brent McCall）與利波維茲（Michael Liebowitz）根據他們身為康乃迪克監獄受刑人的親身經歷，詳細評論了這些矯治計畫。兩人強調有關當局若希望計畫有效，「就得將它們整合到更大範圍的矯治架構，而這個架構必須以矯治犯罪思維作為重點」。舉例來說，他們建議監獄工作產業課程的監督管理者，不要只教授受刑人木工之類的技能，同時也要處理受刑人思維錯誤的問題，譬如「罪犯極為糟糕的時間管理能力，以及對於資訊搜尋的抗拒態度」。這兩位受刑人強調監督管理者必須具備「正確的態度與資格」，才能以「權威者、技師、指導者與輔導師」的角色發揮作用。麥柯與利波維茲說：「不同矯治領域之間必須相互合作，這樣每個領域都能強化另一個領域，並成為另一個領域的基石。」[12]

所有的工作人員都應該熟悉思維錯誤這件事，有位矯治官員曾描述過思維錯誤的特質就是「罪犯在入獄服刑前帶入正常家庭與工作生活當中的混亂之源，也是服刑後帶入監禁環境裡的動亂之因」。這位矯治官員根據自己在監獄的多年工作經驗極力主張：「罪犯在矯治治療課程中所學到的東西，應該由工作人員在監獄的活動區、生活區與牢房內予以強化。如果所有的工作人員都經過（瞭解）思維錯誤的訓練，他們就可以成為有力的改變行動者。這樣的方法可以把抽象的導正概念，融入日常的課堂生活中，而在這些課堂上，我們要讓罪犯為自己的不負責任負責，（並幫助）讓他們改變。」

麥柯與利波維茲根據他們自身的受刑人經驗，指出了我幾乎在一般矯治課程計畫中都會發現的不足之處。就算是個別部分完美執行，工作人員也經過紮實訓練，但是這些計畫卻不一定能夠組合成條理清晰的完整概念，全面性地將所有的矯治努力整合在一起。舉例來說，獄方也許有非常好的職業訓練、娛樂以及社會技能的教授設施。然而所有的安排重點都只放在教授特定技能上，沒有把這些改變的舞台視為同樣可以處理思維模式的不同情境。事實上，不管是哪種活動、哪種課程，都該教導受刑人如何認知責任、負起義務、管理不切實際的期待、承擔過錯並矯正其他的思維錯誤。而這只有在所有的工作人員都有這樣的共識時，才有可能成真，包括與罪犯互動的輪班監獄人員。

認知療法面面觀

認知行為療法普遍運用在焦慮、抑鬱以及其他失調問題的治療上。這種療法可以協助病人改正錯誤的思維模式。舉例來說，一位經常對未來抱持負面態度的病人，可能會讓自己失去許多生活的樂趣，有點像是高收視率的《週六夜現場》（*Saturday Night Live*）電視節目裡黛比．唐納[13]的角色。接受認知行為治療的病人，在專業的協助下，會開始意識到自發的灰色思想，並由專家透過分析的過程，做出更實際的評估。

哈佛醫學院發表的一份文獻指出，認知行為療法可以幫助大家「藉由學習聚焦於過去的成功、而非失敗經歷，得到更高的自信」。[14]不過，將認知行為療法應用在罪犯身上，卻有非常不一樣的目標。在罪犯眼中，征服是成功的代名詞。當別人不認同他們對自我的浮誇認知時，就意味著失敗。若是讓這群人把注意力放在過去的成功經驗上，可能會出現助長與鼓動犯罪的風險。因此除非治療師瞭解罪犯的心理狀態，否則他們對罪犯的治療努力，很可能無功而返。

夏綠蒂曾因憂鬱與躁鬱症接受過心理和藥物治療。她的父母對於她大學輟學、拒絕找工作，以及有段時間晚上會突然從家裡失蹤的情況，感到非常失望，花了數千美元的心理健康治療都沒有效果。夏綠蒂告訴我：「我一直都有很好的自我形象。我和朋友在一起的時候很開心。我的個性其實還不錯。我沒有任何問題。」進行心理評估時，我發現夏綠蒂其實是她自己的憂鬱創造者，因為她要面對自己漠視義務、尋找捷徑以及總是會被她覺得很有意思的流浪者所吸引而導致的後果。她承認對生活永遠都懷著不滿的情緒。「我總是歸咎於外部的問題」——主要是她的父母、師長，或不斷變動的朋友圈。最近她為自己挖的新坑，是惹來重大竊盜罪的重罪起訴，可能要面臨牢獄之災。夏綠蒂的母親在談論女兒最近的治療師時說：「他根本沒有掌握到我們所要面對的問題本質。我們可以幫夏綠蒂找一個有用的療法嗎？」心理治療專家無疑已經在這個年輕女子身上盡了全力。然而，對他們大多數病人都有效的治療，對夏綠蒂卻是無益，因為她的思維模式與罪犯相似。

《經濟學人》二〇一七年有篇文章提到：「認知行為療法……可以降低百分之十至三十的累犯率，而且對於年輕的罪犯特別有效。治療的成本也很低廉……但是根據一項估計，美國僅百分之五的受刑人有機會接受治療。」[15]

我們該問的一個問題，是對那些把心理諮商師視為另一個征服目標的罪犯來說，什麼樣的認知行為療法具備治療潛力？若要避免犯罪矯治心理諮商數十年來一直無法擺脫的相同問題，認知行為療法就必須奠基於對罪犯世界觀的透徹瞭解之上。戰鬥機與摩托車使用的燃料不會相同。

如〈是精神疾病，還是犯罪人格？〉所述，一個人可能同時是精神疾病患者與罪犯。一個人的精神疾病與犯罪人格可能各自獨立存在，就像黑色素細胞瘤與流感。有位在矯治機構工作的心理保健專家發現，他的同僚在制訂「矯治」計畫時，過於專注在精神疾病的症狀上，以致於完全忽略罪犯的核心人格。這位心理諮商師表示：「我愈來愈厭倦因為質疑同事和機構教育者而產生的爭論，（也）厭倦了想要讓他們瞭解罪犯到底在想什麼的努力。他們只把重點放在心理衛生，大家好像都忘了我們工作的場所是監獄。」

大多數接受非罪犯型認知行為療法的病人，都迫切地想要從折磨自己的心理問題中尋求解脫。因為內心的折磨，病人有足夠的動機去信賴一位治療師，聽從治療師的建議，並在心理諮商時間之外應用心理諮商所學。然而罪犯卻會隱瞞與推諉。他們只有在認同對方觀點時，才會接受別人的看法。他們無情地批評其他人，卻幾乎從不進行建設性的自我批評。由於罪犯永遠都想證明自己的觀點，所以他們永遠也不會自我改進。

懷疑論者曾說過自戀者不但缺乏洞察力與同理心，也無法透過矯治學會這兩種特質。最近的發現卻認為情況並非如此。一篇刊登在《華盛頓郵報》上的文章指出，同理心並不是「天生的特質」，反而「更像是一種技能」，可以透過學習得到。[16]多倫多的一間研究室研究也曾「挑戰大家對於自戀者的假設，即他們缺乏洞察能力，無法認知到他們以自我為中心的心態」。[17]

辨識並矯治思維錯誤是一種專門為協助犯罪人口而開發的「認知」方式。這種方式需要從「現象學的角度」切入：要以罪犯的觀點來瞭解這個世界，而不再執著於屬於理論與推測層次的犯罪肇因。

四十多年前，芝加哥大學法學院刑事司法研究中心的史帝爾（Eric Steele）曾這麼寫：「我們也許不瞭解犯罪，也無力處理犯罪的根源，但是我們依然可以提供一個環境，讓每個人都有最多的機會去主動做出努力，以便生活在沒有暴力犯罪的生活中。」[18]

不論主要執行地是矯治機構抑或社區，矯治計畫的焦點都必須在於「犯罪思維」。這種作法已為受刑人帶來希望，甚至包括那些預期自己永遠也出不了牢門、卻依然有心自我提升者。佛羅里達州薩姆特監獄的無期徒刑犯協會從一九九〇年代末期開始，就一直利用思維錯誤相關的印刷品與視聽教材，教育終生監禁犯。後來有關單位也採用了無期徒刑犯協會的教材內容，作為獄方提供給受刑人的「出獄前訓練計畫」的一部分。

在本書中，我一再談到「罪犯」，但對他們犯罪的嚴重程度卻鮮少做出區隔。誠然並非每個犯罪者都是頑固的罪犯，然而所有型態的犯罪全都源於一個人的思維方式。前一章犯罪矯治中所詳述的計畫，可以調整用來幫助尚未發展成職業罪犯的年輕人與成年人，讓他們變得更有責任感。

戒毒是罪犯的OK繃

因應毒品問題的鐘擺，從數十年前尼克森總統發起的「反毒戰爭」這一頭，現在擺盪到了（眾人稱為）「進步派」檢察官所採取的較溫和立場。這些公職人員不再執行一些他們認為屬於「輕度犯罪」的法律，譬如毒品持有、嫖妓、非法入侵等罪行。批評者主張這些檢察官是在藉由降低對犯罪者的判刑來「減少犯罪」。不強制執法會產生後果。《巴爾的摩太陽報》（*Baltimore Sun*）二〇二一年五月報導，鴉片類藥物過量致死的案件數量創下新高，而在警方沒有作為的同時，「毫無控制的公開毒品交易」持續進行。根據《巴爾的摩太陽報》的報導，居民「抱怨警方執法不足，傷害了他們的生活品質」。[19] 毒品交易與其他「輕度」犯罪通常也帶來了搶劫、槍戰以及幫派火拚。所謂的非暴力毒品販售者，其實也和一些高度暴力份子進行交易，包括幫派成員。

罪犯鮮少有動機主動尋求戒毒協助。對他們而言，毒品創造了一個令人興奮的世界：交易過程中的人、地與刺激。當罪犯感到無聊、不安或煩躁時，只要他們開始想到毒品，這些症狀就會開始消散。

某些罪犯會自發性地參加戒毒計畫，但他們的目的在於更有效率地犯罪。當他們不再使用毒品後，他們可能會發現自己變成了「比較優秀的罪犯」，因為他們的思緒更敏銳，協調性也更好。這些人就算戒了毒，他們的核心思維模式卻完全沒有改變。

大多數罪犯只有在戒毒可以免除監禁或是法院下令勒戒時，才會尋求戒毒治療。截至二〇二〇年，美國有三千處毒品法庭，這類法庭設立的目的在於「降低毒品的再次使用與罪行累犯」。[20]檢察官若不強制執行毒品相關法令，這些特殊法庭就更沒有機會在協助沾毒罪犯的過程中扮演任何角色了。《太陽報》曾報導「透過毒品法庭提交勒戒」的罪犯人數，「僅十年前的四分之一」。

矯治人員的聘僱與訓練

矯治人員是決定每天監獄生活基調、影響監獄整體文化的人。因此招募矯治人員時，考慮申請者是否瞭解罪犯如何思考，同時確定他們自己沒有相同的思維模式，是非常重要的一件事。剔除有犯罪人格的求職者是項挑戰。謹慎評估求職者很可能意味著廣泛的面試、心理測試，以及審查他們之前的工作績效。

監獄管理者一定要避免雇用「心軟」或「強硬」的人。負責聘雇者應注意：求職者之所以重視這份工作，是否因為他們看起來渴望懲罰「壞人」？是否從根本上就自詡為執法者，而且是從「我們對抗他們」的角度看待這份工作？求職者在之前的工作職位上，是否曾出現過類似濫用職權的紀錄？

數十年前在聖伊莉莎白醫院工作時，我注意到一些道德敗壞的員工罔顧法律，阻礙了奮力工作的認真同事。那些害群之馬有時還會藉著隱瞞罪犯的祕密而與罪犯共謀，並且以違背制度政策或明顯違法的方式與罪犯合作。這樣的員工不僅對工作不負責，其中更有許多人在工作以外的時間就是罪犯。

麥柯與利波維茲在監禁期間也注意到同樣的狀況：「監獄管理人員與罪犯之間的界線，可以模糊到有期徒刑受刑人與監獄工作者沒有清楚差異的程度。」[21]

史帝爾在提交給美國司法部的一份聚焦於矯治暴力受刑人的「專門監獄」提案中，強調了「工作人員資格」的重要性。他說：「必須具備的技能與敏感度只能在工作中發展。與受刑人相關的嶄新與積極作法，必須取代傳統角色的概念。」他建議選擇典獄長的重要因素，應該是「個人的技能與態度，而非職業上的身分」。[22]

其他的改變因子

協助罪犯認識到思維錯誤並進而矯治的計畫，並不需要新型態的設備。協助罪犯改變的必要條件，不是一整個軍團的心理學家與精神科醫生。矯治的概念與方式其實都很直接。這項工作需要的是知識、奉獻的精神，以及耐心。

不論是在矯治機構工作，還是在社區裡工作，引導罪犯進行矯治者展現愛心的方式，不是為了對方的故事掉淚，而是幫助罪犯成為負責任的人，這是項對社會與罪犯都重如生死的宏大事業，需要貢獻出極多的時間與莫大的努力。

說到協助受刑人這份工作，最嚴重的職業災害可能要算是身體攻擊的風險。除此之外，這份工作之所以一直無法令人滿意的窒礙因素，還有工作人員的熱情、承諾與興趣全都會快速消融的可能性。懷著理想的認真年輕人在進入矯治機構後，都渴望能做出一番成績。然而就職後，他們卻幾乎立即就會面臨到一連串他們沒有做好完全準備的阻礙。除了他們的協助對象不管在任何地方都是最棘手的一群人這個事實之外，菜鳥覺得大家都期待他們能完成罪犯父母、師長、矯治機構人員、神職人員及其他人員多年來未能做到的事情。更有甚者，這些新手的工作量大到根本不堪負荷，因為大量的文書工作與冗長的會議，大幅縮短他們可以協助罪犯的工作時間。另外，他們還要面對那些在與罪犯和官僚主義對抗的戰爭中，早已身心俱疲的老鳥淡漠、冷嘲熱諷以及偶爾出現的敵視態度。

新進員工迫切地想要與罪犯建立關係。就在他們以為有了進展時，他們會發現努力早已成了「過去式」。罪犯再次故計重施——留下的表面印象是一回事，私底下卻隱藏了所有的真正意圖與非法行為。就在新手開始相信自己的勞心勞力即將有所回報時，他們會幡然出現新的認知。譬如在查房後，他們知道自己進行心理諮商了好幾個星期的受刑人，竟然私藏了包括數顆土製炸彈在內的違禁品。新手人員一開始將自己的失敗歸咎於缺乏經驗。然而在這類令人心灰的意外一再出現後，他們的自信與士氣下跌，開始質疑自己是否真的適合這份工作。那些抗拒自己全心努力的協助對象，使得新手的憤怒開始累積。有些人開始相信這個任務根本無望達成。在某些時候，這種過早出現的失敗主義態度，甚至很可能會成為自我實現的預言。有位資深的矯治官描述了從早期滿腹熱忱走到熱情耗盡的歷程。他說：「第一年，新人恨不得**為**犯人做更多的事情。第二年，他們恨不得有更多**修理**犯人的能力。第三年，管他去死。」當專職的工作人員變得憤世嫉俗或冷漠無情，人的元素就消失了。有些人員堅持並忍了下來，但他們只希望能夠撐過每一天，按時有薪水可領。一小部分的人在這樣的逆境中繼續成長，依然期盼能完成一些有價值的工作。

有位矯治官曾寫信給我談論到他自我質疑的歷程。他對自己的工作一直盡心盡力，感覺卻愈來愈挫敗。他說：「我意識到自己不可能成功地做出任何改變，因為我當時對罪犯的思維模式缺乏必備的知識。」他說他認知到：「將自己的觀察與經驗硬塞入過時的理論框架中，根本就是徒勞無功。」他說：「我們追求的目標一直都是個死胡同，因為從一開始就提出了錯誤的假設，而其中最大的謬誤，莫過於我們以為罪犯與非罪犯基本上擁有相同的價值系統。」

社區內的矯治

去機構化是刑事司法改革最主要的推手。《經濟學人》有篇文章曾建議：「把監獄留給犯行最惡劣的人。將那些比較不嚇人的罪犯送到其他地方。」[23]這個建議的問題在於，除了那些已有暴力犯罪案底的服刑者外，該如何辨識誰是「嚇人」的受刑人。刑事司法教授雅典（Lonnie Athens）曾提醒：「犯罪紀錄並不能評判一個人的犯行數量，這份資料只能量測出刑事司法體系的逮捕效率。」他正確地指出「更深入地研究這些人」的必要性。[24]然而其中卻存在著一個問題。決定誰可以出獄的深度評估非常耗時，因此所需的費用也極其龐大。然而，問題是若不進行謹慎評估，代價會更大。

釋放那些看起來不像會造成重大累犯風險的受刑人的計畫，已經開始一步步展開。這個策略在新冠疫情期間加速推動，卻造成了一些悲慘的結果。二〇二〇年七月，一個被控謀殺罪行的馬里蘭州男子，成功提出緊急出獄的申請，理由是「新冠造成的直接威脅」。三個月後，他被控刺死一名男子。另一名強暴嫌犯在維吉尼亞州也在提出類似的申請後獲釋，他在出獄後殺了指控他的人。

為了修正導致大規模監禁的「強硬打擊犯罪」政策，美國兩黨在二〇一八年通過了《第一步法案》（First Step Act）的聯邦法律。除了判刑方面的改革，這個法案制訂的目的，在於根據受刑人的再犯可能性，將受刑人分成低、中或最高風險類別。受刑人可以藉由參與「減少再犯的活動」來獲得減刑的點數。在大型社區定居前，相關單位會安排受刑人加入出獄前計畫，讓他們居家監禁，並配備二十四小時電子監控。[25]《第一步法案》的相關計畫效果，還需要長期的追蹤。

早在《第一步法案》之前，就有許多人努力授予法庭少年罪犯量刑時的自由裁量權。華盛頓特區依據一九八五年的《少年矯治法》（Youth Rehabilitation Act），或者刪除了某些罪犯的犯罪紀錄，或者給予減刑。《少年矯治法》實施了三十多年後，《華盛頓郵報》在二〇一六年報導：「許多緩刑犯犯罪的次數與速度增加。」[26]立意良善的法令最後在某些情況下變成了更多罪犯的通行證。舉例來說，一位得到了第二次機會的年輕人，在犯下了殺人罪時說：「我不過是重操舊業而已。他們給了我這條法律，讓我重新回到原來的世界。反正他們也不是真的在乎。」

一般認為年輕罪犯具有更大的「矯治」可能性。這樣的可能性儘管對某些人來說確實如此，但我的經驗卻剛好相反。許多青少年與年輕人都沒有經歷過嚴重到足以讓他們有改變動機的事件後果。他們注意的焦點都在當下。一旦從法律危機中脫身，他們犯罪的頻率和罪行嚴重性都會增加。

在決定誰能在什麼樣的情況下被釋放的這件事上，風險管理實在不是一門精確的科學。

「去機構化」運動：轉機還是危機？

一九六〇年代，一場讓精神疾病患者離開醫院的運動開始成形。住院治療的相關機構被視為毫無希望的死胡同，有時甚至還會被認為是施虐機構，特別是州立精神病院。一九六三年，當《社區心理衛生中心法》（Community Mental Health Act）通過後，州立醫院開始紛紛關閉，因為大家愈來愈樂觀地認定透過各種服務的協作配合，包括精神疾病用藥的提供，精神疾病患者可以在居家附近得到有效的治療。[27]一九五五年至一九九四年間，公立醫院的精神疾病患者住院人數從五十六萬人降至七萬一千人。然而因為去機構化的失敗，我們一直在付出慘痛的代價。因為計畫不周與資源不足，男人、女人與孩子生活在城市街道的髒亂中，他們睡在橋下、住在帳棚裡，或者擠進不安全的收容所中。

無法提供足夠的社區心理衛生服務，還產生了另一種後果。美國心理學會出版的《心理學觀察》月刊（*Monitor on Psychology*）寫道：「收容了國內兩百二十萬住院者的機構，已經成了那些努力想要獲得社區服務的人實際上的心理衛生單位。」[28]

另一個堪比去機構化的過程，正在刑事司法領域進行，因為改革者施壓當局釋放成千上萬的受刑人。芝加哥大學的艾普森發出警告：「去機構化一事，不論是心理衛生領域或者刑事司法體系，都需要資金充足的配套系統。不該把清空精神病院或監獄這件事當成目標。」[29]把受刑人從監獄放出去，期待他們可以過著有責任感的生活，同時又不投注大量的資源進行監控、提供服務與聘僱工作人員去協助那些願意接受矯治的人，完全是天方夜譚。

假釋與緩刑

十九世紀後期開始，法院不再要求受刑人必須入獄服刑，而是採取緩刑或監禁一段時間後假釋的作法。二〇一八年，美國有三百五十四萬處於緩刑或假釋狀態的受刑人。[30]假釋官與緩刑官負責監督假釋與緩刑的受刑人，並且逐案訂定社區服務、不定期的毒品測試、心理諮商以及維持固定住所等各種可能的強制規範。在許多社區中，假釋並沒有約束力；假釋幾乎不會為罪犯帶來任何不便，更不用說是制裁。每兩週半個小時的會面，對於工作負擔不勝負荷的假釋官來說，連完成書面文件的作業時間都不夠，遑論與假釋人進行有意義的討論。有些假釋官因為負責的案件實在太多，他們在街上根本認不出自己管轄的假釋人。

批評者指稱假釋作法的特色，往往就是一種「跟蹤、抓現行、丟監牢」的過程。一份由人權觀察（Human Rights Watch）與美國公民自由聯盟（American Civil Liberties Union）聯合提出的報告主張：「獨斷與過度嚴厲的監管（假釋）制度」已「導致大家重新回到美國監獄中」。這篇報告強調，為了「引導弱勢群體遠離刑事司法體系」，有關當局應該將資源投入教育、工作訓練等計畫中。[31] 這種思維方式切入的角度在於「弱勢的」被告之所以被「引導」回監獄，是因為社會辜負了他們，社會需要提供他們更多的機會。然而實際情況其實很可能是假釋人沒有遵守明確訂定的假釋規定。

假釋官愈來愈習慣假釋受刑人丟出的一個又一個藉口，說明他們為什麼沒有遵守規定。假釋官常常要面對公然違反假釋條件的受刑人。當假釋官終於逮到管轄下的假釋受刑人違規，並警告對方如果繼續違反規定，就要發通知給法院時，罪犯都會擺出典型的陣仗，指控假釋官就是想要把自己關回監牢、不給自己機會、假釋官不講理或誤解自己。其實除非假釋受刑人頻繁違規或出現重大違規，否則工作繁重到無力負荷的假釋官，根本無意迫切地向法院提出申請，駁回假釋人的假釋裁定。假釋官若要申請撤銷假釋裁定，他們必須投注相當時間的心力，經歷文件處理、填具表格的過程，並騰出在法院開庭時作證的時間。

若假釋受刑人連假釋（或釋放）規定都不願遵守，他們很可能也完全不認為自己需要在思想或生活方式上做出任何實質改變。

支持假釋改革者敦促有關當局透過風險評估做出決定，這聽起來雖然很合理，但實際上很難執行。假設有一個男人與一個女人分別因為重大竊案的相同罪行遭捕。兩人均因屬於從未遭到逮捕的「初犯」，所以被判處緩刑。然而這兩個人在實際的犯罪史上卻天差地遠。男罪犯曾多次在商店內行竊，女罪犯已有多年的商店行竊經驗，而且還曾犯下其他類型的罪行。對這名男罪犯而言，遭到逮捕對於他的婚姻與事業有毀滅性的傷害，因此他再犯的風險相對較低。女罪犯則認為緩刑是「逃出生天」，也就是俗語所說的「不痛不癢」。對她而言，緩刑根本不太可能成為一帖強效的震懾劑。法院裡工作量過大的人員，通常也沒有時間進行深入的風險評估。

矯治過程中的一些考慮

某些罪犯會斷然拒絕任何幫助他們改變的密集努力，這是意料中的事情。另有些人努力試著改變後，又會因為似乎束縛太多而突然放棄。不論是哪種情況，如果這些人打算住在禁閉的機構之外，那麼他們就需要接受嚴密的監控。前述那些有助於罪犯改善的努力，在今日實施的風險比過去小，因為精密的技術可以嚴密監控身在社區的受刑人。

罪犯為了改變自己的思維模式而尋求心理諮商師協助的個案，幾乎鳳毛麟角。我們一開始可能需要以假釋條件交換等這類可能的法律手段，作為誘導罪犯參與的工具。不過，事實是沒有人可以強迫罪犯改變。罪犯終究必須走到一個對當下處境與自己都不滿的地步。他們也許厭煩了進出警察局、看守所與監獄的不斷循環；也許發現了他們疏遠了自己關心的人以及關心他們的人。

罪犯只有三條路：犯罪、自殺，或是改變。許多受刑人深信他們還有第四個選擇，而且緊抓著這個選擇不放——表面乖順，假裝負責任，但私底下繼續犯罪。如果罪犯放任自己撒謊，謊言最終會變得無孔不入。如果罪犯從工作場所偷竊幾樣工具，那麼不需要多久，他就會以其他的方式欺騙他的雇主，或從雇主那裡偷更多的東西。小偷小騙會像下坡的雪球一樣愈滾愈大；犯罪的規模也會愈來愈嚴重。

在牢裡蹲了幾十年的鮑伯徹底領悟到不論他是否可以走出牢門，他都必須從根本上改變。好幾年間，他一直對我敘述他的掙扎與努力。他在寫給我的信中說：「我的人格中有許多面向都很難改變。沒有一件事是簡單的。我身上的罪犯已深入骨髓。」鮑伯提到了他持續不斷的努力，希望「瞭解自己想要主導、而非順應他人權力的動機」。假釋委員會在同意放他出獄前，曾數度拒絕他的假釋申請。在社會上生活了近一年後，鮑伯寫信給我，並在信中表達他希望的未來刑事司法計畫方向：「刑事司法改革帶來的挑戰令人怯步。若要以最有效的方式維護社會利益，當下採取的刑罰式文化，必須要轉換成一種對罪犯而言，是更有力支持他們進行有意義且持久改變的文化。監獄應該是個人良善潛力可以得到肯定的學習之處。」

改變計畫是否有效，責任全在罪犯身上，他們有機會與能力做出新的選擇。這種作法強調的不是罪犯會發生什麼事，而是他會對其他人做什麼事。

在這樣的計畫裡，「決定」並不是由他人為罪犯而做出。計畫的重點在於罪犯做出決定所經歷的**過程**。一如守法的公民，罪犯終究要自己去選擇他們一生的工作，並且要在他們才能和努力允許的範圍內向前邁進。在負責任的選擇範圍內，總是存在著許多不同的機會。

改變的過程需要罪犯具備文明賴以維繫的道德價值。我們的目標是教導罪犯在不傷害他人的情況下生活。專欄作家格爾森（Michael Gerson）曾在《華盛頓郵報》上寫道：「認定罪犯一無是處、毫無希望……不但從道德層面來看是謬誤，還會帶來跨世代的後果。」[32]我們期待刑事司法改革可以把重點聚焦於需要關注思維錯誤的「矯治」之上，並將之視為改革的一個重要部分。

我在書中提出的都不是新議題：選擇的力量、自由的意識、善與惡的對立、個人對誘惑的反應，以及在面對困境時，個人展現出來的是勇氣，還是懦弱。大部分的宗教聖典裡，充滿了對欺騙、憤怒與驕傲的警告。《舊約聖經》也說：「因為他心怎樣思量，他為人就是怎樣。」（箴言第二十三篇第七節）我們的想法決定我們是什麼樣的人。如果不協助一個人改變他最核心的基本——他的思維——那麼我們就不可能幫助一個人放棄犯罪，負責任地生活。

注釋

1 Natalie Escobar, "One Author's Controversial View: 'In Defense of Looting,'" National Public Radio—WAMU, August 27, 2020, www.npr.org/sections/codeswitch/2020/08/27/906642178/one-authors-argument-in-defense-of-looting.

2 譯注：吉姆・克勞是「黑人」的貶抑詞，在一八三〇年代開始流行；「吉姆・克勞法」是美國南部各州於一八七〇年代開始執行的種族隔離法，屬於州政府法與地方法，直到一九六五年才廢止。

3 譯注：科納委員會：一九六七年七月由美國詹森總統指示負責調查美國各地社會騷亂事件的委員會，原名為市民騷亂問題國家諮詢委員會（National Advisory Commission on Civil Disorders），由於主席為當時伊利諾州的州長科納（Otto Kerner），又稱為科納委員會。該委員會除了調查一九六七年在底特律爆發的大規模黑人抗暴鬥爭，以及之前在美國主要城市發生的黑人與拉丁裔社區暴動事件，也為政府提供未來的建議。

4 National Commission on the Causes and Prevention of Violence, (The Violence Commission), *Final Report* (Washington, DC: U.S. Government Printing Office, 1969).

5 Milton S. Eisenhower Foundation, *Youth Investment and Community Reconstruction: Street Lessons on Drugs and Crime for the Nineties* (Washington, DC, Milton S. Eisenhower Foundation, 1990), p. 7.

6 "We've Been Here Before. This Time, Let's Try Something New," *Washington Post*, March 21, 2021.

7 U.S. Justice Department Bureau of Prisons, "Annual Determination of Average Cost of Incarceration," April 30, 2018, www.federalregister.gov/documents/2018/04/30/2018-09062/annual-determination-of-average-cost-of-incarceration.

8 California Legislative Analyst's Office, "How Much Does It Cost to Incarcerate an Inmate? California's Annual Costs to Incarcerate an Inmate 2018–2019," updated January 2019, lao.ca.gov/policyareas/cj/6_cj_inmatecost.

9 Mariel Alper, Matthew R. Durose, and Joshua Markman, "2018 Update on Prisoner Recidivism: A 9Year Followup Period (2005–2014)" (special report of the U.S. Department of Justice Bureau of Justice Statistics), May 2018, bjs.ojp.gov/content/pub/pdf/18upr9yfup0514.pdf.

10 Susan Gonzalez, "Yale Prison Education Program Receives $1.5 Million Mellon Grant," YaleNews, April 15, 2021, news.yale.edu/2021/04/15/yaleprisoneducationprogramreceives15millionmellongrant?utm_source=YaleToday&utm_medium=Emial&utm.

11 Lucas McGranahan, "Corrective Measures," *University of Chicago Magazine* 110 (Summer 2018).

12 Brent McCall and Michael Liebowitz, *Down the Rabbit Hole: How the Culture of Corrections Encourages Crime* (self published, 2017).

13 譯注：黛比・唐納：二〇〇四年在《週六夜現場》中出現的人物，由瑞秋・德拉奇（Rachel Dratch）飾演，是個總是負面看待事情，在大家興頭上潑人冷水，讓周遭氣氛一下降至冰點的悲觀主義人物，後來成為代表這種特質者的代名詞。

14 "Focusing on Past Successes Can Help You Make Better Decisions," *Harvard Men's Health Watch* (April 2021): 8.

15 "Jail Break," *Economist*, May 27, 2017, p. 13.

16 Jamil Zaki, "Calls for Racial Justice Gained Steam with Empathy," *Washington Post*, June 20, 2020.

17 "Personality Pursuits," *Monitor on Psychology*, November 2019.

18 Eric Steele, *A Model for the Imprisonment of Repetitively Violent Criminals* (Chicago: University of Chicago Law School Center for Study in Criminal Justice, 1974), p. 7.

19 Justin Fenton, "Mosby on Limb to Fight Arrests," *Baltimore Sun*, May 2, 2021.

20 U.S. Department of Justice Office of Justice Programs, "Drug Courts," May 4, 2021, www.ojp.gov/feature/drugcourts/overview?utm_campaign=ojpnewsw&utm_medium=email&utm_source=govdelivery.

21 Brent McCall and Michael Liebowitz, *Down the Rabbit Hole: How the Culture of Corrections Encourages Crime* (self-published, 2017).

22 Steele, *Model for the Imprisonment*, pp. 30-32.

23 "Jail Break," *Economist*, p. 13.

24 "Rethinking Violent Crime," *Think Tank*, PBS, transcript from July 31, 2003.

25 Peter Tomasek, "First Step Act of 2018: Two Years Later," Interrogating Justice, December 29, 2020, interrogatingjustice.org/prisons/first-step-act-of-2018-two-years-later/.

26 Amy Brittain et al., "Second-Chance Law for Young Criminals Puts Violent Offenders Back on D.C. Streets," *Washington Post*, December 3, 2016.

27 Abigail Jones, "What Schizophrenia Does to Families," *Washington Post Magazine*, January 19, 2020, p. 18.

28 Heather Stringer, "Careers in Corrections," *Monitor on Psychology* 51, no. 2 (March 2020): 62.

29 McGranahan, "Corrective Measures."

30 Danielle Kaeble and Mariel Alper, "Probation and Parole in the United States, 2017-2018" (U.S. Department of Justice Bureau of Justice Statistics bulletin, NCJ 252072), August 2020.

31 An-Li Herring, "Report: Probation, Parole 'Feed Mass Incarceration,' and the 'Problem Is Particularly Acute' in PA," WITF, August 1, 2020, www.witf.org/2020/08/01/report-probation-parole-feed-mass-incarceration-and-the-problem-is-particularly-acute-in-pa-2/.

32 Michael Gerson, "You Should Care About What Happens Behind Prison Walls," *Washington Post*, December 18, 2021.

謝辭

非常感謝以下這些閱讀原稿並提供重要意見的人：律師亞伯特・波寧（Albert Bonin）、資深優秀的生命科學編輯諾曼・葛洛斯布萊特（Norman Grossblatt）、位於諾克斯維爾的田納西大學商學教授泰瑞・李普（Terry Leap）、退休律師約瑟夫・林區（Joseph C. Lynch），以及一輩子的老友李查・史東伯格（Richard Stromberg）。

我還要謝謝我一生的至愛桃樂絲・沙門諾。結褵五十年，不論我做什麼，她始終開心地給我毫不保留的支持。

也謝謝翠莎・博茲科夫斯基（Tricia Boczkowski）接受我這次改版的建議，並在企鵝藍燈書屋出版本書。

深深感謝與我的編輯奧柏蕊・馬汀森（Aubrey Martinson）共事的機會。她在太多方面都展現出神隊友的神助力——嚴謹細緻的審稿、棒透了的建議、即時的回覆，以及永遠激勵、樂觀的態度。每次與她互動都獲益匪淺。我實在是再幸運不過了。

國家圖書館出版品預行編目資料

犯罪人格剖繪檔案（增訂版）/ 史丹頓・沙門諾（Stanton E. Samenow）著 ; 盧相如, 麥慧芬 譯. -- 增訂初版. -- 臺北市：商周出版, 城邦文化事業股份有限公司出版：英屬蓋曼群島商家庭傳媒股份有限公司城邦分公司發行, 2022.12
面； 公分.
譯自：Inside the criminal mind, newly revised ed.
ISBN 978-626-318-504-3（平裝）
1. CST: 犯罪心理學 2. CST: 青少年犯罪
548.52 111018804

犯罪人格剖繪檔案（增訂版）

原著書名 / Inside the Criminal Mind: Newly Revised Edition
作者 / 史丹頓・沙門諾（Stanton E. Samenow）
譯者 / 盧相如、麥慧芬
責任編輯 / 陳玳妮、李尚遠

版權 / 吳亭儀、游晨瑋
行銷業務 / 周丹蘋、林詩富
總編輯 / 楊如玉
總經理 / 彭之琬
事業群總經理 / 黃淑貞
發行人 / 何飛鵬
法律顧問 / 元禾法律事務所 王子文律師
出版 / 商周出版
城邦文化事業股份有限公司
115台北市南港區昆陽街16號4樓
電話：(02) 2500-7008 傳眞：(02) 2500-7579
E-mail：bwp.service@cite.com.tw
發行 / 英屬蓋曼群島商家庭傳媒股份有限公司城邦分公司
115台北市南港區昆陽街16號8樓
書虫客服服務專線：(02) 2500-7718・(02) 2500-7719
服務時間：週一至週五09:30-12:00・13:30-17:00
24小時傳眞服務：(02) 2500-1990・(02) 2500-1991
郵撥帳號：19863813 戶名：書虫股份有限公司
E-mail：service@readingclub.com.tw
歡迎光臨城邦讀書花園 網址：www.cite.com.tw
香港發行所 / 城邦（香港）出版集團有限公司
香港九龍土瓜灣土瓜灣道86號順聯工業大廈6樓A室
電話：(852) 2508-6231 傳眞：(852) 2578-9337
E-mail：hkcite@biznetvigator.com
馬新發行所 / 城邦（馬新）出版集團 Cité (M) Sdn. Bhd.
41, Jalan Radin Anum, Bandar Baru Sri Petaling,
57000 Kuala Lumpur, Malaysia
電話：(603) 9056-3833 傳眞：(603) 9057-6622
E-mail：services@cite.my

封面設計 / 李東記
排版 / 新鑫電腦排版工作室
印刷 / 韋懋實業有限公司
經銷商 / 聯合發行股份有限公司
電話：(02) 2917-8022 傳眞：(02) 2911-0053
地址：新北市231新店區寶橋路235巷6弄6號2樓

■2022年12月增訂初版
■2024年08月增訂初版2.3刷
定價 660元

Printed in Taiwan
城邦讀書花園
www.cite.com.tw

2022 Crown Trade Paperback Edition

ISBN 978-626-318-504-3

商周出版

廣　告　回
北區郵政管理登
台北廣字第0007
郵資已付，免貼

115台北市南港區昆陽街16號8樓

英屬蓋曼群島商家庭傳媒股份有限公司　城邦分公

請沿虛線對摺，謝謝！

商周出版

書號：BK5203　**書名：**犯罪人格剖繪檔案（增訂版）　**編碼：**

請於此處用膠水黏貼

商周出版

讀者回函卡

線上版讀者回函卡

感謝您購買我們出版的書籍！請費心填寫此回函卡，我們將不定期寄上城邦集團最新的出版訊息。

姓名：＿＿＿＿＿＿＿＿＿＿＿＿＿＿＿＿ 性別：□男 □女

生日：西元＿＿＿＿＿年＿＿＿＿＿月＿＿＿＿＿日

地址：＿＿＿＿＿＿＿＿＿＿＿＿＿＿＿＿

聯絡電話：＿＿＿＿＿＿＿＿ 傳真：＿＿＿＿＿＿＿＿

E-mail ：

學歷：□ 1. 小學 □ 2. 國中 □ 3. 高中 □ 4. 大學 □ 5. 研究所以上

職業：□ 1. 學生 □ 2. 軍公教 □ 3. 服務 □ 4. 金融 □ 5. 製造 □ 6. 資訊

□ 7. 傳播 □ 8. 自由業 □ 9. 農漁牧 □ 10. 家管 □ 11. 退休

□ 12. 其他＿＿＿＿＿＿＿＿＿＿＿＿

您從何種方式得知本書消息？

□ 1. 書店 □ 2. 網路 □ 3. 報紙 □ 4. 雜誌 □ 5. 廣播 □ 6. 電視

□ 7. 親友推薦 □ 8. 其他＿＿＿＿＿＿＿＿

您通常以何種方式購書？

□ 1. 書店 □ 2. 網路 □ 3. 傳真訂購 □ 4. 郵局劃撥 □ 5. 其他＿＿＿

您喜歡閱讀那些類別的書籍？

□ 1. 財經商業 □ 2. 自然科學 □ 3. 歷史 □ 4. 法律 □ 5. 文學

□ 6. 休閒旅遊 □ 7. 小說 □ 8. 人物傳記 □ 9. 生活、勵志 □ 10. 其他

對我們的建議：＿＿＿＿＿＿＿＿＿＿＿＿＿＿＿＿

＿＿＿＿＿＿＿＿＿＿＿＿＿＿＿＿

＿＿＿＿＿＿＿＿＿＿＿＿＿＿＿＿

請於此處用膠水黏貼